後漢書

本紀 〔二〕

劉宋・范曄 著
唐・李賢 注
渡邉義浩 訳

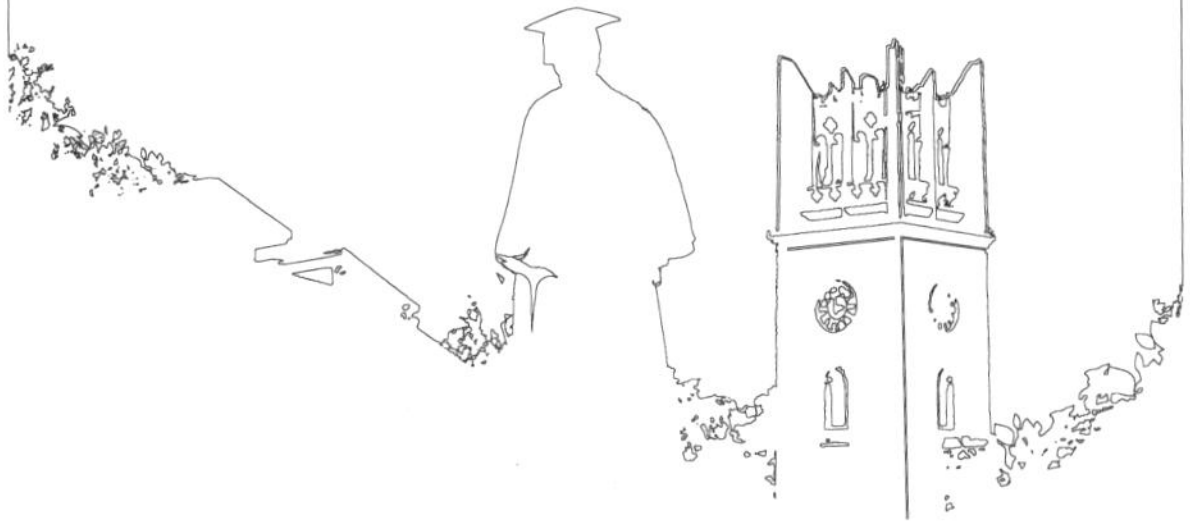

早稲田文庫
004

目次

凡例

・本シリーズの底本は、「上杉本」と通称される米沢上杉氏の旧蔵した宋慶元四年建安黄善夫刊『後漢書』百二十巻六十冊（国立歴史民俗博物館蔵）を百衲本や中華書局標点本で校勘した『全譯後漢書』全十九巻（汲古書院、二〇〇一～一六年）である。正字で表現された本文および注の原文と諸本との校勘、訓読と詳細な引用を伴う補注、および参校については、汲古書院本を参照されたい。

・上杉本では、李賢注は、割注の形式により本文に注記されている。本書では、煩を避けるため、主として底本の段落に従って本文を分け、〔 〕で囲まれた漢数字を附して本来の注記の位置を明らかにし、注自体は本文の後に一括して掲げた。また、本文の意味を補う場合には（ ）を用い、簡単な注記を補う場合には〔 〕を用いて、その中に語句を補った。

・李賢注の中には、対象となっている漢字がすでに翻訳されて置き換わっているため、本文と呼応しないものがある。その場合（原文の）などを補った。また、李賢注に示される地名は、唐代のそれであるため、適宜、本文中の地名に〔 〕により現在の地名を補った。

安帝紀第五

恭宗《きょうそう》（という廟号を持つ後漢《ごかん》第六代の）孝安《こうあん》皇帝は、諱《いみな》を祜《こ》といい〔一〕、（後漢第三代皇帝である）粛宗《しゅくそう》（という廟号を持つ）章《しょう》帝の孫にあたる。父は清河孝《せいがこう》王の劉慶《りゅうけい》、母は左《さ》姫《き》である。帝が（清河王の）宿舎に住んでいたころから〔二〕、（後の即位の予兆として）たびたび神光《しんこう》が差し込んで部屋を照らし、また（漢の皇帝の出現を象徴する）赤い蛇《へび》が寝台の簀《すのこ》の隙間に巻き付いていた〔三〕。十歳で好んで『史書《ししょ》』を学び〔四〕、（後漢第四代皇帝である）和《わ》帝はこれを褒めて、たびたび宮中で謁見《えっけん》した。

延平《えんぺい》元〔一〇六〕年、（和帝の崩御による殤《しょう》帝の即位に伴い、安帝の父の）劉慶は初めて封国である清河《せいが》国〔河北省清河県一円〕に赴任することになった。だが、（和帝の皇后であった）鄧《とう》皇太后は、特別に詔《みことのり》を下して、帝を（洛陽《らくよう》の）清河王の宿舎に留め置かせた。八月、殤帝が崩御すると、鄧太后は兄である車騎将軍《しゃきしょうぐん》の鄧騭《とうしつ》と共に、禁中において次の皇帝を定めた。その夜、鄧騭に（皇帝の使者を象徴する）節《せつ》を持たせ、（青色の傘をつけた）王の青蓋車《せいがいしゃ》で帝を迎えさせ、殿中で斎戒《さいかい》させた〔五〕。鄧太后は崇徳殿《すうとくでん》に鎮座し、百官はみな吉服を着て〔六〕、群臣は位に従って並び、（鄧太后が）帝を引見して長安《ちょうあん》侯とした〔七〕。

鄧太后は詔を下して、「先帝（和帝）は聖徳が盛んであったが、若年にして（崩御され）天下を去られた。朕《ちん》は皇帝（殤帝）を後見し、昼夜と無く日月に祈り、成長を願っていた。（ところが）思いもかけず突然お倒れになり、天から与えられた寿命も遂げず（崩御され）、悲痛により心が引き裂かれんばかりである。朕が思うに（和帝の長子である）平原《へいげん》王の劉勝《りゅうしょう》は生来疾患《しっかん》があり（皇帝には相応しくなく）、（祖先を祀る）宗廟《そうびょう》の重大性と、継嗣《けいし》の一統であるべきことを考え併せれば、ただ長安侯の劉祜《りゅうこ》だけが性格は忠孝で、小心翼翼とし〔八〕、よく『詩経《しきょう》』と『論語《ろんご》』に通じて、学問に勤め古《いにしえ》を楽しみ、仁恵で下々の者を愛する心を備えている。年は十三歳で、すでに成人の志《こころざし》を持っている。先帝の盛徳の後継者として、劉祜以上に相応しい者はいない〔九〕。『礼記《らいき》』（檀弓《だんぐう》篇上）に、「兄弟の子は自分の子に等しい」とあり〔一〇〕、『春秋《しゅんじゅう》』（公羊《くよう》伝）の義には、（成《せい》公十五年の条に）「人の後継者となったものはその子となる」とあり、（哀《あい》公三年の条に）「父の命により王父（祖父）の命を断らない」とある〔一一〕。そこで劉祜を孝和《こうわ》皇帝の継嗣《けいし》とし、祖宗《そそう》を奉戴《ほうたい》させようと思う。即位儀礼について検討して奏上せよ」とした。（鄧太后は）また策命《さくめい》を作り（劉祜に与え）、「この延平元年秋八月癸丑《きちゅう》、皇太后は「ああ長安侯の劉祜よ、孝和皇帝の懿徳《いとく》は高々とそびえ、四海《しかい》を照らし出された。大行《たいこう》皇帝〔殤帝〕は天寿が長くはなかった〔一二〕。朕が思うに侯は孝章《こうしょう》皇帝の（皇太子であった劉慶の子であるため）嫡孫《ちゃくそん》にあたり、謙恭で慈順であり、若年より勤勉に努めている〔一三〕。明らかに（天地を祀る）郊祭《こうさい》と（祖先を祀る）宗廟《そうびょう》を奉じて、大業を受け継ぐべきである。いま侯に孝和皇帝の後を嗣《つ》がせる。どうか謹んで漢帝国の君主となり、正しく中庸《ちゅうよう》の徳を守り政務を執ってもらいたい。（『尚書』呂刑篇に）「皇帝一人に慶賀のことがあれば、天下の万民がこれにより余福《よふく》を受ける」という。皇帝よ、どうか勉《つと》められよ」とした。策を読み終えると、太尉《たいい》が璽綬《じじゅ》を奉り、皇帝の位に即いた。年は十三歳であった。鄧太后が、なお臨朝《りんちょう》し（て政権を握り）続けた〔一四〕。

九月庚子《こうし》、（前漢の高祖劉邦を祀る）高廟《こうびょう》に拝謁《はいえつ》し（皇帝としての即位を告げ）た。辛《しん》丑《ちゅう》、光武廟《こうぶびょう》に拝謁し（皇帝としての即位を告げ）た。六つの州で大水があった。己未《きび》、謁者《えつしゃ》を派遣し手分けして実情を調査させ、被害を報告し、困窮者に施《ほどこ》した。丙寅《へいいん》、孝《こう》殤《しょう》皇帝を康陵《こうりょう》に葬った〔一五〕。乙亥《いつがい》、陳留《ちんりゅう》郡〔河南省開封県一円〕に隕石が落ちた。西域諸国が反乱を起こし、西域都護《さいいきとご》である任尚《じんしょう》を攻撃した。西域副校尉《ふくこうい》である梁慬《りょうきん》を派遣して任尚を救援させ、これを撃破した〔一六〕。冬十月、四つの州で大水があり、雹《あられ》が降った。詔を下して、宿麦《しゅくばく》の実らなかった土地については[一七]、貧人に穀物を給付した。十二月甲子《こうし》、清河王が薨去した。司空《しくう》に節を持たせて弔祭させ、車騎将軍の鄧騭に葬儀を取り仕切らせた。乙酉《いつゆう》、（曼延《まんえん》という獣が魚竜に変化する雑伎である）魚竜曼延百戯《ぎょりゅうまんえんひゃくぎ》の楽を廃止した[一八]。

[李賢注]

[一]（『逸周書《いつしゅうしょ》』）謚法解《しほうかい》篇に、「温和で度量のある態度を安という」とある。（伏無忌の）『伏侯《ふくこう》古今注《ここんちゅう》』に、「祜の字は、福という意味」とある。

[二]『倉頡篇《そうけつへん》』に、「（原文の）邸とは、宿舎」とある。『説文解字《せつもんかいじ》』（巻六下に）、「（邸とは）属国の宿舎」とある。『前書音義《ぜんしょおんぎ》』に、「（原文の）第とは、甲乙《こうおつ》の序列があることをいう」とある。

[三]（原文の）笫《し》とは、寝台の簀《すのこ》である。

[四]『史書《ししょ》』とは、周《しゅう》の宣《せん》王の太史《たいし》である籀《ちゅう》が編纂した書物である。全部で五十五篇あり、児童を教育するのによい。

[五]『続漢志《しょくかんし》』（『後漢書《ごかんじょ》』志二十九 輿服 上）に、「皇太子と皇子はみな安車《あんしゃ》を用い、（それは）朱色の模様の車輪、青色の傘と黄金の花飾りを備える。皇子が王となった場合には、そのま

ま下賜してこれに乗らせるので、王の青蓋車《せいがいしゃ》という。皇孫の場合は緑車《りょくしゃ》である」とある。

［六］洛陽《らくよう》の南宮に崇徳殿《すうとくでん》がある。（先帝が崩御したという）凶事（に応じて喪服）を身につけたまま（即位式をする）朝廷に臨むべきではないから、吉服を着るのである。

［七］すぐさま天子に立てず（長安《ちょうあん》）侯に封じたのは、微賤の身より皇帝の位に即くことを好ましく思わなかったからである。

［八］翼翼《よくよく》とは、敬い慎しむ様子である。『詩経《しきょう》』（大雅 大明）に、「文《ぶん》王は、小心翼翼〔細心にして万事慎み畏れ徳を修める人〕である」とある。

［九］（原文の）係とは、継という意味である。

［一〇］『礼記《らいき》』檀弓《だんぐう》篇の文である。

［一一］人の後継者となる者とは、（実家を）出て他家を継ぐ人のことである。王父とは、祖父をいう。『春秋穀梁伝《しゅんじゅうこくりょうでん》』（哀公二年）に、「衛《えい》の霊《れい》公が太子の蒯聵《かいかい》〔衛の荘公〕を廃位し、孫の輒《ちょう》〔衛の出公〕を立てようとした。（そのため）輒は、父の命によらず、王父〔祖父〕の命によった」とある。

［一二］『前書音義』に、「礼には、大行人があり小行人があり、謚号《しごう》を掌る官である」とある。韋《い》昭《しょう》は、「大行《たいこう》とは、還らないことをいう。天子が崩御して、その直後にはまだ謚《おくりな》が無いため、

大行と称する」としている。『春秋穀梁伝』〔桓公十八年〕に、「大行は、大名を受ける」とある。『風俗通《ふうぞくつう》』に、「天子が新たに崩御すると、まだ諡が無いため、大行皇帝と称する」とある。意味は、共に通じる。

[一三]〔原文の〕孺とは、幼いことである。ある本では〔原文の「孺に在りて勤む」を〕「孺に在りて丕《おお》いに勤む」に作っている。

[一四]『春秋公羊伝《しゅんじゅうくようでん》』〔正しくは『春秋穀梁伝』僖公三十一年〕に、「〔原文の〕猶とは、〔政権を取り続けることを〕止めるべきという意味を含む言い方である」とある。

[一五]〔孝殤皇帝の康《こう》〕陵は〔和帝の陵墓である〕慎陵《しんりょう》の塋《えい》中の庚〔西〕の地にあり、高さは五丈五尺〔約12.7m〕で、周囲は二百八歩〔約288m〕であった。

[一六]慬は、音が勤《きん》である。

[一七]宿とは、古いことである。麦は必ず年を越してから実るので、宿麦と称するのである。

[一八]『漢官典職《かんかんてんしょく》』に、「〔このとき〕九賓の楽を制定した。舎利《しゃり》の獣が西方より来て、庭にたわむれ、前殿に入り、水を波立たせてヒラメとなり、水を飲んで霧を吐き、化けて黄竜となった。その長《たけ》は八丈〔約18.5m〕である。水を出て庭に舞い、日光に身をきらめかせた」とある。曼延《まんえん》とは、獣の名である。張衡《ちょうこう》の「西京賦《せいけいふ》」にいう、「巨獣の百尋《ひろ》にも及ぶもの、これを曼

延という」である。音は以戦の反《はん》〔反切法《はんせつほう》。前の文字の子音と後の文字の母音で、説明する文字の音を示すもの〕である。

永初元《えいしょ》〔一〇七〕年春正月癸酉朔《きゆうさく》〔ついたち〕、天下に大赦した。蜀《しょく》郡〔四川省成都市一円〕の砦《とりで》の外の異民族である羌族《きょうぞく》が漢《かん》に帰順した[一]。戊寅《ぼいん》、犍為《けんい》郡〔四川省彭山県の東一円〕の南部を分けて〔犍為《けんい》〕属国《ぞくこく》〔雲南省の昭通市一円〕とし〔内属した異民族を統治する〕属国都尉《とい》を置いた。司隷《しれい》・兗《えん》州・豫《よ》州・徐《じょ》州・冀《き》州・并《へい》州の貧民に施しをした[二]。二月丙午《へいご》、広成苑《こうせいえん》内の游猟《ゆうりょう》地[三]、および被災した郡国の公田を貧民に貸与した。丁卯《ていぼう》、清河《せいが》国を分け〔広川国を新設し〕、帝の弟である劉常保《りゅうじょうほ》を広川《こうせん》王に封じた[四]。庚午《こうご》、司徒《しと》の梁鮪《りょうい》が薨去した。三月癸酉《きゆう》、日食があった。三公九卿《さんこうきゅうけい》、内朝・外朝の諸官、郡国の守相に詔《みことのり》を下して、賢良方正《けんりょうほうせい》でかつ道徳と学術を備えた士、政策に明るく、古今の事例に通じ、よく直言極諫をなす者をそれぞれ一人ずつ推挙させた。己卯《きぼう》、永《えい》昌《しょう》郡〔雲南省保山市の北東一円〕の砦の外の異民族である僬僥《しょうぎょう》種の異民族が貢ぎ物を献じて、漢に帰順した。甲申《こうしん》、清河孝《せいがこう》王の劉慶《りゅうけい》を葬り、竜旗《りゅうき》と虎賁《こほん》を贈った。夏五月甲戌《こうじゅつ》、長楽衛尉《ちょうらくえいい》の魯恭《ろきょう》を司徒とした[五]。丁丑《ていちゅう》、詔を下して北海《ほくかい》王の劉睦《りゅうぼく》の孫である寿光侯《じゅこう》の劉普《りゅうふ》を北海王とした。九真郡《きゅうしん》〔ヴェトナムの清化《タンホワ》省清化の西北一円〕の砦の外の夜郎《やろう》という蛮夷が土地ごと漢に帰順した［六］。六月戊申《ぼしん》、鄧《とう》皇太后の母である陰氏《いんし》に爵位を与えて新野君《しんやくん》とした。丁巳《ていし》、河東《かとう》郡〔山西省夏県の北西〕で地盤沈下があった。壬戌《じんじゅつ》、西域都護《さいいきとご》を廃止した。先零種《せんれいしゅ》の羌族が反乱をおこし、隴道《ろうどう》〔甘粛省の張家川県付近〕を封鎖し、大規模に略奪を行った。車騎《しゃき》将軍の鄧騭《とうしつ》・征西校尉《せいせいこうい》の任尚《じんしょう》を派遣して、これを討伐した。丁卯《ていぼう》、〔恩赦を与え〕羌族と結んで反逆を謀った者の罪を許した。秋九月庚午《こうご》、三公に詔を下して旧令を明らかにさせ、奢侈を禁じ、無用な飾り物を作り財産を尽くして、厚葬《こうそう》しないようにさせた。この日、太尉の徐防《じょぼう》を罷免した［七］。辛未《しんび》、司空《しくう》の尹勤《いんきん》を罷免した［八］。癸酉《きゆう》、揚州の五郡より租《そ》として徴収した米を選び［九］、東《とう》郡〔河南省濮陽の南西一円〕・済陰《せいいん》郡〔山東省定陶の北西一円〕・陳留《ちんりゅう》郡・梁《りょう》国〔河南省商丘県の南東一円〕・下邳《かひ》国〔江蘇省睢寧の北西一円〕・陳《ちん》国〔河南省淮陽一円〕・山陽《さんよう》郡〔山東省金郷の北西一円〕に賜与した。丁丑《ていちゅう》、詔を下して、「これより長吏〔県令・県長などの勅任の地方官〕のうち査問を受けたが罪には問われず［一〇］、父母の喪以外の理由でみだりに辞職した者についても、大県は十年、小県は五年以上を経ていれば、順次〔長吏に〕任用してかまわぬ」とした。壬午《じんご》、詔を下して、太僕《たいぼく》と少府《しょうふ》に黄門鼓吹《こうもんこすい》の人員を減らして羽林士《うりんし》に編入させ［一一］、厩舎《きゅうしゃ》の馬のうち、日ごろの乗輿《じょうよ》〔皇帝〕の御馬に適さないものは、みな飼葉を半分とさせ［一二］、もろもろの器物についても、宗廟《そうびょう》・園陵《えんりょう》の使用に供する物でないなら、しばらく製造を中止させた。丙戌《へいじゅつ》、詔を下して、死罪以下と亡命者に（罪を）贖《あがな》わせ、（罪科の軽重によって、その額には）それぞれ差があった。庚寅《こういん》、太傅《たいふ》の張禹《ちょうう》を太尉とし、太常《たいじょう》の周章《しゅうしょう》を司空とした［一三］。

冬十月、倭《わ》が使者を派遣して奉献した［一四］。辛酉《しんゆう》、新城《しんじょう》県〔河南省伊川県の南西〕の山から泉水が吹き出した［一五］。十一月丁亥《ていがい》、司空の周章が密かに（安帝を）廃位し（平原王の劉勝《りゅうしょう》を）冊立しようと謀ったため、罷免されて自殺した。戊子《ぼし》、司隷校尉《しれいこうい》、冀州・幷州の刺史《しし》に勅命して、「民がうわさに踊らされ、戦《おのの》いて旧居を捨てたため、老弱が路傍に困窮していると聞く。そこで各々の統括する長吏に厳命し、自ら分かりやすく誤解を解いて回らせよ。もし本郡に帰りたいと願う者があれば、所在の役所が長檄《ちょうげき》を封じて与えよ。願わねば無理強《じ》いせずともよい」とした［一六］。十二月乙卯《いつぼう》、潁川《えいせん》太守の張敏《ちょうびん》を司空とした。この年、郡国の十八ヵ所で地震があり、四十一ヵ所で大水があり、ある地域では鉄砲水が起こり、二十八ヵ所で大風があり、雹《あられ》が降った。

〔李賢注〕

〔一〕『東観漢記《とうかんかんき》』に、「砦《とりで》の外の羌族《きょうぞく》である竜橋《りゅうきょう》ら六種族が、漢《かん》の徳を慕って帰順した」とある。

〔二〕司隷《しれい》は、河南《かなん》郡〔河南省洛陽市の北東一円〕・河内《かだい》郡〔河南省武陟の南西一円〕・河東《かとう》郡・弘《こう》農《のう》郡〔河南省霊宝の北一円〕を統べ、洛陽《らくよう》〔河南省洛陽市の北東〕を治所とする。曹魏《そうぎ》の末にはこれを司《し》州とした。

〔三〕広城《こうじょう》は、苑囿《えんゆう》の名であり、（唐《とう》の）汝《じょ》州の西にある。

〔四〕広川《こうせん》は、県であり、信都《しんと》国〔河北省の冀県一円〕に属す。故城は唐の冀《き》州棗彊《そうきょう》県の東北にある。

〔五〕『前書《ぜんしょ》』（『漢書《かんじょ》』巻十九上 百官公卿表上）に、「衛尉《えいい》は秦の官、宮門の衛に宿営する兵士を率いる」とある。長楽《ちょうらく》・建章《けんしょう》・甘泉宮《かんせんきゅう》など、それぞれの預かる宮名を官名に付しており、官秩は中二千石《ちゅうにせんせき》である。

〔六〕九真《きゅうしん》は郡の名であり、唐の愛州県である。

〔七〕（太尉《たいい》の徐防《じょぼう》を罷免したのは）天譴《てんけん》がたびたび現れたためである。

〔八〕（司空《しくう》の尹勤《いんきん》を罷免したのは）雨水が流出したためである。

〔九〕五郡とは九江郡《きゅうこう》〔安徽省定遠の北西一円〕・丹陽郡《たんよう》〔安徽省宣城一円〕・廬江郡《ろこう》〔安徽省廬江県の南西一円〕・呉郡《ご》〔江蘇省蘇州市一円〕・豫章郡《よしょう》〔江西省南昌市一円〕である。揚州《よう》は六郡を領するが、会稽郡《かいけい》〔浙江省紹興市一円〕は最も遠く、そのため調《ちょう》され〔穀物を輸送され〕なかったのである。

〔一〇〕（原文の）考とは、その行状を考察することをいう。（原文の）報とは、有罪判決をいう。

〔一一〕『漢官儀《かんかんぎ》』に、「（天子の行列である鹵簿《ろぼ》に従って演奏する）黄門鼓吹《こうもんこすい》の定員は、百四十五人である。羽林左監《うりんさかん》は羽林の兵八百人を率い、羽林右監《うりんゆうかん》は九百人を率いる」とある。

〔一二〕乗輿《じょうよ》とは、天子の乗る馬車である。あえて貴人を名指ししないように、乗輿と称する（だけで皇帝を指す）のである。蔡邕《さいよう》の『独断《どくだん》』に見える。

〔一三〕『漢官儀』に、「周章《しゅうしょう》は字《あざな》を次叔《じしゅく》といい、荊《けい》州随《ずい》県の人である」とある。

〔一四〕倭《わ》国は、楽浪《らくろう》郡〔朝鮮民主主義人民共和国平壌《ピョンヤン》市の南一円〕を去ること一万二千里〔約五千km〕の彼方にあり、男子は入れ墨をして身体を飾り、その入れ墨の模様の左右・大小により、尊卑の差を区別している。（『後漢書《ごかんじょ》』列伝七十五）東夷伝《とういでん》に見える。

〔一五〕『東観漢記』に、「（山の泉水が奔出して）人の田を破壊し、水深は三丈《じょう》〔約6.9m〕となった」とある。

〔一六〕封とは、封印することをいう。長檄《ちょうげき》とは、ほぼ唐の長牒《ちょうちょう》と同じである。帰郷を願う者は、みな長牒を与えて手形とする。強は音が其両の反《はん》である。

永初《えいしょ》二〔一〇八〕年春正月、河南《かなん》郡・下邳《かひ》国・東萊《とうらい》郡〔山東省竜口市の東一円〕・河内《かだい》郡の貧民に施した〔一〕。車騎将軍《しゃきしょうぐん》の鄧騭《とうしつ》が、種羌《しゅきょう》と冀《き》県〔甘粛省甘谷県の東〕の西で戦って敗北した〔二〕。二月乙丑《いっちゅう》、光禄大夫《こうろくたいふ》の樊準《はんじゅん》と呂倉《りょそう》を分けて派遣し、冀《き》州・兗《えん》州の二州を巡察させ、流民に穀物を貸し与えた。夏四月甲寅《こういん》、漢陽《かんよう》城内で火災があり、三千五百七十人が焼け死んだ。五月、日照りがあった。（そこで）丙寅《へいいん》、鄧《とう》皇太后は洛陽《らくよう》の刑獄および（高官を取り調べる、少府に属する刑獄である）若盧《じゃくろ》獄《ごく》に行幸し、囚人を再調査させ、河南尹《かなんいん》・廷尉《ていい》・卿《けい》および官属以下に物品を身分に応じて賜ったところ（陰の気が整い）、その日のうちに雨が降った。六月、京師および郡国の四十ヵ所で大水があり、大風があり、雹《あられ》が降った〔三〕。

秋七月戊辰《ぼしん》、詔を下して、「いにしえの帝王は、天意を承けて民を治め、琁璣《せんき》玉衡《ぎょくこう》（という器具）を用いて（天文観測を行い）、（日・月・五星の運行に呼応する）七政を調え（自分の政治が天の心に合致しているか否かを確かめ）た〔四〕。朕は不徳でありながら恐れ多くも大業を受け継いだが、陰陽に食い違いが生じ、変異が方々に現れ、天下の民を飢饉のために流亡させ、羌族《きょうぞく》に反乱を起こさせた。昼夜となく己《おのれ》をふり返り、憂えて鬱《うつ》々とするばかりである［五］。さきごろ公卿《こうけい》・郡国の長に賢良《けんりょう》・方正《ほうせい》を推挙させ、遠近となく求め広範に選び、諫言を憚らせぬ筋道を立てたのは、至高の政策を得て（朕の）及ばぬところを指摘させようと願ったからであった。だが、（賢良・方正たちの）答案は、どれもすでに廃れた空論を持ち出して尊ぶばかりで、卓見も斬新さもない［六］。そこで百官および郡国の吏人のうち、道術を知り災異《さいい》に関する陰陽《いんよう》の法則と天文の法則に習熟する者があれば、事々について災異の示すところを指摘させ、言上するがよい。二千石と長吏は、詔書を公示して広く隠逸の士を求めよ［七］。朕が自ら試験をするが、そのさいには年功序列などは関係なく、ただ良きはかりごとを得て天の戒める所を承《うけたまわ》ることだけを願う」とした。閏月辛丑《しんちゅう》、広川《こうせん》王の劉常《りゅうじょう》保《ほ》が薨去した。子が無いため、国は除かれた。癸未《きび》、蜀《しょく》郡の呰の外の羌族が土地を奉じて漢に帰順した［八］。九月庚子《こうし》、詔を下して、「王国の官属のうち（国相《こくしょう》である）墨綬《ぼくじゅ》以下郎《ろう》・謁者《えつしゃ》に至るまで［九］、経に明るく博士《はくし》の任に堪え、郷里で廉清孝順の呼び名が高く、才覚があり為政を委ねるに足る者がいれば、国相が年ごとに名を書き出し、上計吏《じょうけいり》に持たせて尚書《しょうしょ》へ報告させ、三公府が選抜して、地方官に任ぜられるようにせよ」と言った〔一〇〕。

冬十月庚寅《こういん》、済陰《せいいん》郡・山陽《さんよう》郡・玄菟《げんと》郡〔遼寧省沈陽市の東一円〕の貧民に施した。征《せい》西校尉《せいこうい》の任尚《じんしょう》が、先零羌《せんれいきょう》と平襄《へいじょう》県〔甘粛省通渭の西〕で戦い、任尚の軍は大敗した〔一一〕。十一月辛酉《しんゆう》、鄧騭を拝命して大将軍《だいしょうぐん》とし、徴《め》して京師に戻らせ、任尚を隴右《ろうゆう》〔甘粛省の六盤山より西方一帯〕に駐屯させた。先零羌の滇零《てんれい》が北地《ほくち》郡〔寧夏回族自治区呉忠市の南西一円〕で天子を自称し〔一二〕、そうして三輔《さんぽ》を攻め、東は趙《ちょう》・魏《ぎ》を侵犯し、南は益《えき》州に侵入し、漢中太守《かんちゅうたいしゅ》の董炳《とうへい》を殺した。十二月辛卯《しんぼう》、東《とう》郡・鉅鹿《きょろく》郡〔河北省寧晋の南西一円〕・広陽《こうよう》郡〔北京市の南西一円〕・安定《あんてい》郡〔甘粛省鎮原の南東一円〕・定襄《ていじょう》郡〔山西省右玉の南方一円〕・沛《はい》国〔安徽省濉渓県の北西一円〕の貧民に施した。広漢《こうかん》郡〔四川省広漢の北方一円〕の砦の外の参狼羌《さんろうきょう》が降伏したので、広漢郡の北部を分け〔広漢〕属国都尉《ぞくこくとい》〔甘粛省文県の北西一円〕を置いた。この年、郡国の十二ヵ所で地震があった。

〔李賢注〕

〔一〕『古今注《ここんちゅう》』に、「このとき州郡は大飢饉となり、米一石が二千銭となり、人は互いに喰らいあい、老人と子供は道傍に捨てられた」とある。

［二］『続漢書《しょくかんじょ》』に、「種羌《しゅきょう》は、九千戸余りおり、隴西《ろうせい》郡〔甘粛省臨洮一円〕の臨洮谷《りんとうこく》に住んでいる」とある。冀は県であり、天水《てんすい》郡〔甘粛省通謂の西一円〕に属している。

［三］『東観漢記《とうかんかんき》』に、「雹《あられ》の大きなものは芋や卵ぐらいあり、風は樹を抜き屋根を吹き飛ばした」とある。

［四］孔安国《こうあんこく》が『尚書《しょうしょ》』（尭典篇）に注をつけて、「琁《せん》とは美玉である。琁を用いて観測器を作り、玉を用いて測定器を作る。王者は天文の観測道具を正す。七政とは、日・月・五星が、それぞれ政治を掌る所を異にする」としている。すわなち（琁璣玉衡は）唐の渾天儀《こんてんぎ》である。

［五］（原文の憂心京京は）『詩経《しきょう》』小雅（正月）に、「憂心京京」とあることを踏まえており、『爾雅《じが》』（釈訓）に、「京京とは、憂えるさま」とある。

［六］（原文の）卓爾とは、高遠なるさまである。『論語《ろんご》』（子罕篇）に、「（先生は）高くそびえ立つ」とある。

［七］（原文の）衍は、引と同じような意味である。

［八］『東観漢記』に、「砦の外の羌族である薄申《はくしん》ら八種族が、一族を率いて降服した」とある。

［九］『続漢書』に、「王国《おうこく》には中大夫《ちゅうたいふ》がおり、官秩は比六百石である。謁者《えつしゃ》は比四百石である。郎中《ろうちゅう》は二百石である」とある。

［一〇］（原文の）移とは、書くことである。（原文の）調とは、選ぶことである。
［一一］平襄《へいじょう》は県であり、天水郡に属す。もとの襄戎邑《じょうじゅうゆう》である。
［一二］滇零《てんれい》は、羌族《きょうぞく》の名である。（滇の）音は丁田の反《はん》である。

永初《えいしょ》三〔一〇九〕年春正月庚子《こうし》、皇帝の元服《げんぷく》の儀が行われた［一］。天下に大赦した。王・（皇帝の娘である）公主《こうしゅ》・（後宮の）貴人《きじん》・三公《さんこう》・九卿《きゅうけい》以下には金帛を身分に応じて、男子で後嗣となる者および（郷官の）三老《さんろう》・孝悌《こうてい》・力田《りきでん》の者には爵位《しゃくい》をそれぞれに二級、流民で定住を望む者にはそれぞれに一級を賜った。（羽林の騎兵を監督する）騎都尉《きとい》の任《じん》を派遣して先零羌《せんれいきょう》を討伐させたが成果は無く、羌族はついに臨洮県《りんとう》（甘粛省岷県）を落とした［二］。（朝鮮半島の王朝である）高句麗《こうくり》が使者を派遣して貢ぎ物を献上した。三月、京師に大飢饉があり、民が互いに喰らいあった。壬辰《じんしん》、公卿が宮城に詣《もう》でて（自分たちの輔政が至らぬため、大飢饉という災異が起こった）罪を詫びた。詔を下して、「朕《ちん》は、幼少の身で大業を受け継いだが、よく徳化を行き渡らせられず、陰陽《いんよう》が逆転し、百姓を飢えさせ、互いに喰らいあわせるに至った。永らくその罪科を悔やむことは、淵水に落ちて凍えるかのようである。咎《とが》は朕の身にあり、百官の責任ではない。それなのに（公卿が罪を詫びるなど）過度に自らを貶《おと》しめ、朝廷の不徳ぶりをなお重くしてはならない［三］。むしろ心を尽くし正常な状態が回復されるように思案し、朕の及ばぬ点を助けよ」といった。癸巳《きし》、詔を下して鴻池《こうち》の産物を貧民に与えた［四］。壬寅《じんいん》、司徒《しと》の魯恭《ろきょう》を罷免した。夏四月丙寅《へいいん》、（外交の職掌とする九卿の一つの）大鴻臚《だいこうろ》である九江《きゅうこう》郡出身の夏勤《かきん》を司徒とした［五］。三公が、国用の不足を補うため、吏人に銭穀を納めさせ（その多寡により、二十等爵の第十九級である）関内侯《かんだいこう》、虎賁《こほん》および羽林《うりん》に属する郎官《ろうかん》、（二十等爵の第九級）五大夫《ごたいふ》、官府の属吏、（執金吾に属し、赤黄色の衣裳を着けて巡回する）緹騎《ていき》、（屯騎・越騎・歩兵・射声・長水校尉の）営士《えいし》などの位を授けることを上奏した［六］。己巳《きし》、詔を下して上林苑《じょうりんえん》（河南省洛陽市の北東）・広成苑《こうせいえん》（河南省汝陽の北東）の耕作可能な地を貧民に貸与した。甲申《こうしん》、清河《せいが》王の劉虎威《りゅうこい》が薨去した。五月丙申《へいしん》、楽安《らくあん》王劉寵《りゅうちょう》の子である劉延平《りゅうえんぺい》を封じて清河王とした。丁酉《ていゆう》、沛《はい》王の劉正《りゅうせい》が薨去した。癸丑《きちゅう》、京師に大風があった。六月、（内モンゴルの遊牧民族である）烏桓《うがん》が代《だい》郡（山西省陽高の北西一円）・上谷《じょうこく》郡（河北省懐来県の南東一円）・涿《たく》郡（河北省涿県一円）に侵攻した。

秋七月、海賊の（勃海出身である）張伯路《ちょうはくろ》らが海に面する九郡から略奪を行った。（御史中丞の属官で監察・弾劾する事を職掌とする）侍御史《じぎょし》の龐雄《ほうゆう》を派遣して、州郡の兵を率いて討伐させ、これを破った。庚子《こうし》、詔を下して長吏に任地を視察し、宿麦・蔬食を植え、農地を埋め尽くさせ、貧者には種糲と食料とを施《ほどこ》させた。九月、鴈門《がんもん》郡〔山西省代県の北西一円〕の烏桓および鮮卑《せんぴ》が反乱を起こし、五原《ごげん》郡〔内蒙古自治区包頭市の北西一円〕の兵を高渠谷《こうきょこく》に破った[七]。冬十月、(匈奴の)南単于《みなみぜんう》が反乱を起こし、(宮城の警備を職掌とする武官である)中郎将《ちゅうろうしょう》の耿种《こうちゅう》を美稷《びしょく》県〔内蒙古自治区准格爾旗の北西一円〕に包囲した。十一月、行車騎将軍事《こうしゃきしょうぐんじ》の何熙《かき》を派遣し、これを討伐した。十二月辛酉《しんゆう》、郡国の九ヵ所で地震があった。乙亥《いつがい》、星が天苑《てんえん》をよぎった[八]。この年、京師および郡国の四十一ヵ所で雹《あられ》が降った[九]。幷《へい》州〔山西省太原市の南西一帯〕・涼《りょう》州〔甘粛省張家川県一帯〕の二州で大飢饉があり、人が互いに喰らいあった。

[李賢注]

[一]元服《げんぷく》とは、冠をかぶせることをいう。(『儀礼《ぎらい》』)士冠礼《しかんれい》篇に、「よき月よき日、おまえに元服を加える」とあり、鄭玄《じょうげん》は、「元とは、こうべである」としている。

[二](臨洮《りんとう》は)県の名であり、隴西《ろうせい》郡に属する。

[三](原文の)貶引とは、身を貶め責任を被ることをいう。重《ちょう》の音は直用《ちょくよう》の反《はん》である。

〔四〕『続漢書《しょくかんじょ》』（『後漢書《ごかんじょ》』志二十六 百官三）に、「鴻池《こうち》は洛陽《らくよう》の東二十里にある」とある。（原文の）仮とは、借りることである。鴻池の魚を採ることを許したのである。

〔五〕夏勤《かきん》は字を伯宗《はくそう》といい、寿春《じゅしゅん》県の人である。

〔六〕『続漢志《しょくかんし》』（『後漢書』志二十七 百官四）に、「執金吾《しっきんご》の緹騎《ていき》は二百人」とある。緹とは、赤黄色である。営士《えいし》とは、五校尉《ごこうい》の宿営の兵士をいう。『漢官儀《かんかんぎ》』に、「屯騎《とんき》・越騎《えっき》・歩兵《ほへい》・射《せき》声《せい》校尉はそれぞれ営士七百人を率い、長水《ちょうすい》校尉は千三百六十七人を預かり率いる」とある。

〔七〕『東観漢記《とうかんかんき》』には、「九原《きゅうげん》郡（内蒙古自治区包頭市の西）の高梁谷《こうりょうこく》で戦った」とある。「渠」の字と「梁」の字とは似ているので、（本文が渠とするのは）おそらく誤記であろう。

〔八〕天苑《てんえん》とは、星宿の名である。

〔九〕『続漢書』（『後漢書』志十五 五行三）に、「雹《あられ》の大きさは鴈《かり》の卵ほどであった」とある。

永初《えいしょ》四〔一一〇〕年春正月元日、元会儀《げんかいぎ》〔正月ごとに行われる大朝会〕にあたり楽奏を止め、充庭車《じゅうていしゃ》を並べなかった〔一〕。辛卯《しんぼう》、詔を下して三輔《さんぽ》が頻繁に異民族の侵入を受け、人民が家と職を失っている現状を鑑み、三年分の（未納の田租である）逋租《ほそ》・（役の代償金である一ヵ月三百銭の）過更《かこう》〔更賦〕・（人頭税である毎年一算〈百二十銭〉の）口算《こうさん》〔算賦〕・〔まぐさとわらを徴収する〕芻藁《すうこう》を免除し[二]、上《じょう》郡〔陝西省楡林県の南東一円〕の貧民に施し、困窮度により差をつけた。海賊の張伯路《ちょうはくろ》が平原《へいげん》郡〔山東省平原県の南方一円〕の強大な賊である劉文河《りゅうぶんか》・周文光《しゅうぶんこう》らと組んで、勃海《ぼっかい》郡の厭次《えんじ》県〔山東省陽信の南東一円〕を攻撃し、県令を殺した。御史中丞《ぎょしちゅうじょう》の王宗《おうそう》を派遣し、青州刺史《せいしゅうしし》の法雄《ほうゆう》を指揮して討伐させ、これをうち破った。度遼将軍《どりょうしょうぐん》の梁慬《りょうきん》・遼東太守《りょうとうたいしゅ》の耿夔《こうき》が討伐して、〔匈奴の〕南単于《みなみぜんう》を属国の故城で破った。丙午《へいご》、詔を下して、百官および州郡県の俸禄を減額すること、地位により差をつけた。二月丁巳《ていし》、九江《きゅうこう》郡の貧民に施した。南匈奴《みなみきょうど》が常山《じょうざん》郡〔河北省元氏の北西一円〕に侵攻した。乙丑《いっちゅう》、長安《ちょうあん》県〔陝西省西安市の北西〕に京兆虎牙都尉《けいちょうこがとい》、雍《よう》県〔陝西省鳳翔の南西〕に扶風都尉《ふうとい》の二軍営を設置した[三]。乙亥《いつがい》、詔を下して、建初《けんしょ》年間〔七六～八四年〕以来、怪しい言葉を広めたり、他の過ちを犯し辺境に流罪となっていた者は、それぞれ本郡に帰らせ、また財産を没収され官の奴婢となっていた者は、〔罪を〕免除して庶人《しょじん》とした。謁者《えつしゃ》の劉珍《りゅうちん》と五経博士《ごきょうはくし》に詔を下して、〔洛陽南宮の〕東観《とうかん》に保存されている五経・諸子・伝記・百家の技術関係の書物を校定して、誤字・脱字を整理し、文字を正させた[四]。

三月、南単于が降伏した。先零羌《せんれいきょう》が褒中《ほうちゅう》県〔陝西省漢中市の北〕に侵攻し[五]、漢中《かんちゅう》太守《たいしゅ》の鄭勤《ていきん》が戦没した。金城《きんじょう》郡（甘粛省永靖の北西一円）の郡治を襄武《じょうぶ》県（甘粛省隴西の南東）に移した〔六〕。戊子《ぼし》、（前漢宣帝《ぜんかんせん》の陵墓である）杜陵《とりょう》の園陵が火事にあった。癸《き》巳《し》、郡国の九ヵ所で地震があった。夏四月、（司隷・豫州・兗州・徐州・青州・冀州の）六州で蝗《いなご》の害があった。丁丑《ていちゅう》、天下に大赦した。秋七月乙酉《いつゆう》、三つの郡に水害があった。己卯《きぼう》、騎都尉《きとい》の任仁《じんじん》が、獄に下されて死んだ。九月甲申《こうしん》、益州《えきしゅう》郡（雲南省晉寧の北東一円）で地震があった。冬十月甲戌《こうじゅつ》、（鄧《とう》皇太后の母である）新野君《しんやくん》の陰氏《いんし》が薨じたので〔八〕、司空《しくう》に節《せつ》を持たせて葬儀を取り仕切らせた。大将軍《だいしょうぐん》の鄧騭《とうしつ》を罷免した。

〔李賢注〕

〔一〕つねに大朝会《だいちょうかい》（元会儀）では、必ず皇帝の法物と車輦《しゃれん》を庭に並べる。このため充庭車と言うのである。近年の飢饉を鑑み、並べなかったのである。

〔二〕『前書音義《ぜんしょおんぎ》』に、「天下の人民は、みな辺境を防備すること三日（従事することが義務）であるが、人民のすべてが自ら行くことはできない。（実際辺境まで）赴いた者は自らの分である三日の防備をこなしたからといって、行ってからすぐに帰っても割に合わないので、結局一年間は駐留することになる。諸々の兵役に行かない者は、三百銭を出して官に納め、官はこの金を駐留守備兵の給金とするのである。本来の「更《こう》（交替）」の日数を「過」ぎるので、このため「過更《かこう》」という」とある。また、「人民の十五歳以上より五十六歳以下に、賦銭を出させること人ごとに百二十銭、これを一算とする」とある。

[三]『漢官儀《かんかんぎ》』に、「京兆虎牙都尉《けいちょうこがとい》と扶風都尉《ふふうとい》は、涼《りょう》州が西羌《せいきょう》の居留地に近く、たびたび三輔《さんぽ》に侵入されるので、兵を率いて園陵《えんりょう》を護衛するためのものである。扶風都尉は雍《よう》県に駐留する。このため俗に「雍営《ようえい》」と呼ばれた」とある。（『後漢書《ごかんじょ》』列伝七十七）西羌伝に、「虎牙都尉は、長安県に駐留した」とある。

[四]『洛陽宮殿名《らくようきゅうでんめい》』に、「南宮に東観《とうかん》がある」という。『漢書《かんじょ》』（巻三十 藝文志）に、「およそ諸子は百八十九家」とある。百家というのは、大体の数を示したのである。

[五]（褒中《ほうちゅう》は）県の名、漢中《かんちゅう》郡〔陝西省漢中市一円〕に属し、唐《とう》の梁《りょう》州褒城《ほうじょう》県にあたる。

[六]襄武《じょうぶ》は、県の名であり、隴西《ろうせい》郡に属す。唐の渭州県にあたる。

[七]『東観漢記《とうかんかんき》』に、「司隷《しれい》・豫《よ》・兗《えん》・徐《じょ》・青《せい》・冀《き》の六州」とある。

[八]『東観漢記』に、「新野君《しんやくん》が薨去《こうきょ》したので、玄玉《げんぎょく》〔黒い玉〕、赤紱《せきふつ》〔赤い服〕、賻銭《ふせん》〔お布施〕を三千万銭、布を三万匹贈った」とある。

永初《えいしょ》五〔一一一〕年春正月庚辰朔《こうしんさく》、日食があった。丙戌《へいじゅつ》、郡国の十ヵ所で地震があった。己丑《きちゅう》、太尉《たいい》の張禹《ちょうう》を罷免した。甲申《こうしん》、（九卿の一つで宮殿の警備を担当する）光禄《こうろく》勲《くん》の李脩《りしゅう》を太尉とした〔一〕。二月丁卯《ていぼう》、詔を下して郡国より（皇帝の飲食係である）太官《たいかん》令《れい》に献上される食物（の種類）を減らした。先零羌《せんれいきょう》が河東《かとう》郡に侵攻し、そのまま河内《かだい》郡にまで至った。三月、詔を下して隴西《ろうせい》郡の民を襄武《じょうぶ》県に、安定《あんてい》郡（の民）を美陽《びよう》県〔陝西省武功の北西〕に〔二〕、北地《ほくち》郡（の民）を池陽《ちよう》県〔陝西省涇陽の北西〕に〔三〕、上《じょう》郡（の民）を衙《が》県〔陝西省白水県の北東〕に徙《うつ》させた〔四〕。（中国の東北地方から朝鮮半島東北にかけて居住していた）夫余《ふよ》という異民族が、国境の塞に侵入し、属吏と人民を殺傷した。

閏月丁酉《ていゆう》、涼《りょう》州の（酒泉・張掖・敦煌・武威の）河西《かせい》四郡の罪人に恩赦をした。戊戌《ぼじゅつ》、詔を下して、「朕は不徳でありながら郊廟《こうびょう》を奉じ、大業を承けたが、和を起こして善を広め、民のために福禄を祈《いの》れず、災異が起こり、寇賊が跳梁し、夷狄《いてき》が中華を乱し〔五〕、紛争は止まず、百姓は困窮し、徴発に疲弊している。そのうえ蝗《いなご》が大発生し、実った麦に害を及ぼし、秋の収穫を得ようとする時に（害に遭い）、まことに哀れむべきである。朕は道理に暗いため、統治の方法に適切さを欠き、まだ忠良の臣下を得て失政を正すこともできぬ。（『論語《ろんご》』季氏篇《きしへん》に）伝え聞くところでは、「転んでも助けおこさない。危うくても支えない。それならばなぜ宰相が必要であろう」という。公卿《こうけい》・大夫《たいふ》は、どうやって（朕を）正し救い、この危急の秋《とき》を平静に収め、天譴《てんけん》に対処しようとするのか。思うに政治の根本は、人を得るより良いことはなく、賢者を称え善人を表彰するのは、聖人が真っ先に行うべきことである。（『詩経《しきょう》』大雅《たいが》文王《ぶんおう》には）「済済《せいせい》なる多士があり、文王はそれゆえ安泰」とある〔六〕。願わくは忠良で正直な臣下を得て、朕の及ばぬ点を輔佐させたい。そこで三公《さんこう》・特進《とくしん》・列侯《れっこう》・中二千石《ちゅうにせんせき》・二千石・郡守・諸侯の国相《こくしょう》に、賢《けん》良方正《りょうほうせい》で儒教を身に付け、政治に通暁して直言極諫《ちょくげんきょくかん》できる士を一人ずつ、さらに至孝で、凡人とは異なる者を推挙させ、あわせて公車《こうしゃ》（皇帝が差し向ける車）により出迎えよ。朕が自ら諮問しよう」とした。

六月甲辰《こうしん》、楽成《らくせい》王の劉巡《りゅうじゅん》が薨去した。秋七月己巳《きし》、三公・特進・九卿《きゅうけい》・校尉《こうい》に詔を下し〔七〕、列将の子孫のうち戦陣に詳しく、将帥《しょうすい》の任に堪える者を推挙させた。九月、漢陽《かんよう》郡（甘粛省甘谷の南東一円）の人である杜琦《とき》と王信《おうしん》が反乱を起こし〔八〕、先零《せんれい》の羌族と共に上邽《じょうけい》城を攻略した。十二月、漢陽太守《かんようたいしゅ》の趙博《ちょうはく》が刺客を送り杜琦を刺殺した〔九〕。

この年、九つの州に蝗《いなご》の害があり、郡国の八ヵ所で水害があった。

［李賢注］

［一］『漢官儀《かんかんぎ》』に、「李脩《りしゅう》は字を伯游《はくゆう》といい、豫《よ》州 襄城《じょうじょう》県〔河南省襄城〕の人」とある。

［二］安定《あんてい》は郡であり、唐の涇《けい》州にあたる。美陽《びよう》は県であり、故城は唐の武功《ぶこう》県の北にある。

［三］北地《ほくち》は郡であり、唐の寧《ねい》州にあたる。池陽《ちよう》は県であり、故城は唐の涇陽《けいよう》県の北にある。

［四］上《じょう》郡は、唐の綏《すい》州にあたる。衙《が》は県であり、故城は（唐の）同州白水《はくすい》県の東北にある。『春秋左氏伝《しゅんじゅうさしでん》』（文公伝二年）に、「秦《しん》と晉《しん》が彭衙《ほうが》に戦った」とあるのは、この地のことである。

［五］猾とは、乱すことである。夏とは、華夏〔中華〕である。

［六］『詩経《しきょう》』の大雅《たいが》（文《ぶん》王）の詞《ことば》である。

［七］九卿とは、（儀礼を掌握する）太常《たいじょう》・光禄勲《こうろくくん》・（城門を警備する）衛尉《えいい》・（車駕を管理する）太《たい》僕《ぼく》・（外交を担当する）大鴻臚《だいこうろ》・（裁判を担当する）廷尉《ていい》・（帝室財政を管轄する）少府《しょうふ》・（宗室を管理する）宗正《そうせい》・（国家財政を管轄する）大司農《だいしのう》である。校尉とは、城門《じょうもん》・屯騎《とんき》・越騎《えつき》・歩《ほ》兵《へい》・長水《ちょうすい》・射声《せきせい》校尉などである。

［八］『東観漢記《とうかんかんき》』に、「杜琦《とき》は、安漢将軍《あんかんしょうぐん》と自称した」とある。

［九］『東観漢記』に、「漢陽《かんよう》の故吏である杜習《としゅう》が、手ずからこれを刺殺した」とある。

永初《えいしょ》六〔一一二〕年春正月庚申《こうしん》、詔を下して、越嶲《えつすい》郡〔四川省西昌市の南東一円〕に長利《ちょうり》・高望《こうぼう》・始昌《ししょう》の三つの苑囿《えんゆう》〔軍事演習でもある狩猟ができる狩場〕を置き〔一〕、また益州《えきしゅう》郡には万歳苑《ばんざいえん》、犍為《けんい》郡には漢平苑《かんへいえん》を置いた。三月、十の州で蝗《いなご》の害があった。夏四月乙丑《いっちゅう》、司空《しくう》の張敏《ちょうびん》を罷免した。己卯《きぼう》、太常《たいじょう》の劉愷《りゅうがい》を司空とした。

五月、日照りがあった。丙寅《へいいん》、詔を下して、中二千石（の九卿）より（二百石の）黄《こう》綬《じゅ》に至るまで、過失の罪で減俸を受けた者の官秩を戻し、罰金を返還し、爵位を賜うこと、それぞれ差があった。戊辰《ぼしん》、皇太后は雒陽《らくよう》の役所に行幸し、囚徒を記録し、冤罪《えんざい》で投獄されている者がいないか審理した。六月壬辰《じんしん》、豫章《よしょう》郡の員谿《うんけい》の原山《げんざん》が崩れた〔二〕。辛巳《しんし》、天下に大赦した。侍御史《じぎょし》の唐喜《とうき》を派遣して、漢陽《かんよう》の賊である王信《おうしん》を討伐し、破ってこれを斬った〔三〕。冬十一月辛丑《しんちゅう》、護烏桓校尉《ごうがんこうい》の呉祉《ごし》が獄に下されて死んだ。この年、先零羌《せんれいきょう》の滇零《てんれい》が死に、子の零昌《れいしょう》がまた（「天子」という）偽の称号を受け継いだ。

〔李賢注〕

〔一〕犍為《けんい》は、郡の名である。『前書音義《ぜんしょおんぎ》』に、「古《いにしえ》の夜郎《やろう》国」とある。故城は唐の眉《び》州隆山《りゅうざん》県の西北にある。

〔二〕員谿《うんけい》（の山）が、崩落したのである。

〔三〕『続漢志《しょくかんし》』に、「王信《おうしん》の首を洛陽《らくよう》に送らせ、穀城門《こくじょうもん》外でさらし首にした」とある。

永初《えいしょ》七〔一一三〕年春正月庚戌《こうじゅつ》、鄧《とう》皇太后が大臣の夫人を率いて宗廟《そうびょう》に拝謁した〔一〕。二月丙午《へいご》、郡国の十八ヵ所で地震があった。夏四月乙未《いつび》、平原《へいげん》王の劉勝《りゅうしょう》が薨去した。丙申晦《へいしんかい》、日食があった。五月庚子《こうし》、京師で大いに（雨乞いの祭である）雩祭《うさい》を行った〔二〕。八月丙寅《へいいん》、秋、（羌族を管轄する）護羌校尉《ごきょうこうい》の侯覇《こうは》と騎都尉《きとい》の馬賢《ばけん》が、先零羌《せんれいきょう》を破った。京師に大風があり、蝗《いなご》が飛んできて洛陽《らくよう》を過ぎた。詔を下して、民に爵位《しゃくい》を賜り、郡国のなかで蝗の害により、稲を傷めること十分の五以上に及んだ地域は、今年の田租《でんそ》を徴収しないことにし、それに満たない地域でも、実情に応じて徴税額を減らした。

九月、零陵《れいりょう》郡〔湖南省零陵一円〕・桂陽《けいよう》郡〔湖南省の郴州市一円〕・丹陽《たんよう》郡・豫章《よしょう》郡・会稽《かいけい》郡の租米を調達して〔三〕、南陽《なんよう》郡〔河南省南陽市〕・広陵《こうりょう》郡〔江蘇省揚州市の北西一円〕・下邳《かひ》国・彭城《ほうじょう》国〔江蘇省の徐州市一円〕・山陽《さんよう》郡・廬江《ろこう》郡・九江《きゅうこう》郡の飢民《きみん》に配給し、また河川沿いの県の穀物を調達して、（食糧貯蔵庫である）敖倉《ごうそう》〔河南省滎陽の北東の敖山のふもと」に運んだ[四]。

[李賢注]

[一]（『儀礼《ぎらい》』）喪服伝《そうふくでん》に、「（原文の）命夫とは、男子の大夫である。（原文の）命婦とは、大夫の夫人である」とある。（唐《とう》の）臣である李賢《りけん》が考えますに、『東観漢紀《とうかんかんき》』・『続漢書《しょくかんじょ》』・袁山松《えんさんしょう》の『後漢書《ごかんじょ》』・謝沈《しゃしん》の『後漢書』・『古今注《ここんちゅう》』はみな、「六年正月甲寅《こういん》、宗廟に拝謁した」としております。ここで「七年庚戌《こうじゅつ》」というのは、おそらくは本紀の（記述が）誤りでしょう。

[二]『春秋左氏伝《しゅんじゅうさしでん》』（桓公伝五年）に、「竜が現れたので雩祭《うさい》を行う」とある。杜預《どよ》は注をつけて、「建巳《けんし》の月に、（二十八宿のうち東方七宿の蒼竜《そうりゅう》にあたる）竜星の中の角《かく》宿と亢《こう》宿が東方に現れる（時、すなわち六月に、雨乞いのために雩祭を行う）ことをいう。雩とは、遠いという意味である。遠く百穀のために、恵みの雨を求めるのである」としている。『周礼《しゅらい》』（春官宗伯）司巫《しふ》に、「もし国が大日照りとなれば、帥巫《すいふ》は雩祭のために舞う」とある。鄭玄《じょうげん》は注をつけて、「雩とは、（嘆く声の）吁《う》のことである。（日照りを）嘆いて雨を求めるのである」としている。

[三]零陵《れいりょう》は、郡の名であり、唐《とう》の永州《えいしゅう》県にあたる。丹陽《たんよう》は、郡の名であり、唐の潤《じゅん》州江寧《こうねい》県

にあたる。他（の郡）はみな（すでに）これまでに見え（注をつけ）ている。

［四］『詩経《しきょう》』（小雅 車攻）に、「敖で狩を行う」とあるのが、この土地のことである。秦はここに大きな倉を築き、敖庾《ごうゆ》とも呼んだ。唐の鄭州《てい》滎陽《けいよう》県の西北にあたる。『東観漢記』に、「河川に沿った県を持つ彭城《ほうじょう》国・広陽《こうよう》郡・廬江《ろこう》郡・九江《きゅうこう》郡の穀物九千万斛《こく》を敖倉《ごうそう》に送った」とある。

元初《げんしょ》元〔一一四〕年春正月甲子《こうし》、元初と改元した。民に爵位を賜ることそれぞれに二級、孝悌《こうてい》・力田《りきでん》には人ごとに三級、爵位が（民として持てる上限である第八級の）公乗《こうじょう》を過ぎた者は、子もしくは同母兄弟・同母兄弟の子に（爵位を）移し与えることを許し、民で（逃散したため）戸籍から名の抜けている者および流民で定住を願う者にはそれぞれに一級、（男やもめである）鰥《かん》・（女やもめである）寡《か》・（父の無い子である）孤・（子の無い老人である）独《どく》・（重病人である）篤癃《とくりゅう》・貧しくて自活できない者には穀物をそれぞれに三斛《こく》、貞婦には帛《はく》をそれぞれ一匹賜った。二月己卯《きぼう》、日南《にちなん》郡〔ヴェトナム平治天省広治河一円〕で地割れがあった〔一〕。

三月癸酉《きゆう》、日食があった。夏四月丁酉《ていゆう》、天下に大赦した。京師および郡国の五ヵ所に日照りと蝗《いなご》の害があった。詔を下して、三公《さんこう》・特進《とくしん》・列侯《れつこう》・中二千石《ちゅうにせんせき》・二千石・郡守《ぐんしゅ》に敦厚質直《とんこうしっちょく》な者をそれぞれ一人推挙させた。五月、先零羌《せんれいきょう》が、雍城《ようじょう》に侵攻した。六月丁巳《ていし》、河東《かとう》郡で地盤沈下があった。秋七月、蜀《しょく》郡の異民族が、蚕陵《さんりょう》県〔四川省茂汶の北〕に侵攻し、県令を殺した[二]。

九月乙丑《いっちゅう》、太尉《たいい》の李脩《りしゅう》を罷免した。先零羌が、武都《ぶと》郡〔甘粛省成県の西一円〕・漢中《かんちゅう》郡に侵攻し、隴道《ろうどう》が断絶した。辛未《しんび》、大司農《だいしのう》である山陽《さんよう》郡の司馬苞《しばほう》を太尉とした[三]。冬十月戊子朔《ぼしさく》、日食があった。先零羌が、涼州刺史《りょうしゅうしし》である皮陽《ひよう》を狄道《てきどう》に破った。乙卯《いつぼう》、詔を下して、三輔《さんぽ》の三年分の田租《でんそ》・更賦《こうふ》・口算《こうさん》を除いた[四]。十一月、この年、郡国の十五ヵ所で地震があった。

〔李賢注〕

[一]『東観漢記《とうかんかんき》』に、「（日南郡の）地割れは長さ百八十二里（約75.7㎞）、幅五十六里（約23.3㎞）であった」とある。

[二]蚕陵《さんりょう》は、県である。蜀《しょく》郡に属し、故城は唐《とう》の翼《よく》州翼水《よくすい》県の西にある。蚕陵山があり、これに因《ちな》んで県名が付けられた。

〔三〕謝承《しゃしょう》の『後漢書《ごかんじょ》』に、「（司馬）苞は字を仲成《ちゅうせい》といい、東緡県《とうこん》〔河南省蘭考の北〕の人」とある。

〔四〕（田租・更賦・口算の）解釈は、光武紀に（すでに）見えている。

元初《げんしょ》二〔一一五〕年春正月、詔を下して、三輔《さんぽ》および幷州《へい》と涼州《りょう》の六つの郡の流民となった貧民に施《ほどこ》した。蜀《しょく》郡の青衣道《せいいどう》県〔四川省名山県の北〕の異民族（の堂律《どうりつ》たち）が奉献して、漢《かん》に帰順した〔一〕。（戦国魏《ぎ》の文侯《ぶんこう》に仕えた鄴令《ぎょうれい》の）西門豹《せいもんひょう》が漳水《しょうすい》を分けて造った支渠《しきょ》を修理して、民の田に灌漑した〔二〕。二月戊戌《ぼじゅつ》、中謁者《ちゅうえつしゃ》を派遣して、故郷を離れ京師で死去して家族もなく棺も朽ちた者を集めて埋葬し、みな祭壇を設けて祀らせた。家族がいても、貧しく埋葬できない者には、それぞれ五千銭を賜った。辛酉《しんゆう》、詔を下して、三輔・河内《かだい》郡・河東《かとう》郡・上党《じょうとう》郡〔山西省長子の西一円〕・趙国《ちょう》〔河北省の邯鄲市一円〕・太原《たいげん》郡〔山西省太原市南西の晉源鎮一円〕の古い渠を修理させ、水の通り道を確保し、公私となく美田を潤わせた〔三〕。

三月癸亥《きがい》、京師に大風があった。先零羌《せんれいきょう》が益《えき》州に侵攻したため、中郎将《ちゅうろうしょう》の尹就《いんしゅう》を派遣して、これを討伐させた。夏四月丙午《へいご》、貴人の閻氏《えんし》を立てて皇后とした。五月、京師が日照りとなり、河南《かなん》郡ほか郡国の十九ヵ所に蝗《いなご》の害があった。甲戌《こうじゅつ》、詔を下して、「朝廷が明察でないため、諸事に中庸を欠き、そのため災異は止まず、憂い恐れて気の休まる暇《いとま》もない。蝗の害が出るようになって七年になるが、州郡では（責任を恐れて）被害を隠し、わずか数頃《けい》程度の被害に過ぎない、などと言う者ばかりである〔四〕。今（蝗が）群れなして飛び、天を覆う有様を見ると、被害は遙か彼方に及ぶであろうが、報告に聞くものと朕がこの目で見るものとは、なぜこうした相異があるのか。三公《さんこう》の職務は、内外を総覧することにあるはずだが、奏聞もなく、また（朕の非を）指摘し正そうとする素振りもない。天災とは（悪政に対する天譴《てんけん》であり）至って重いものなので、これをごまかした罪は大きい。今は盛夏であるから（罪を加えることはやめ）、しばらく寛容を旨とし、今後の経過で判断しよう〔五〕。力を尽くして災異を消滅させ、下々の者を慰撫してやるがよい」とした。

六月丙戌《へいじゅつ》、太尉《たいい》の司馬苞《しばほう》が薨去した〔六〕。洛陽《らくよう》県と新城《しんじょう》県〔河南省伊川県の南西〕で地割れがあった。秋七月辛巳《しんし》、太僕《たいぼく》である泰山《たいざん》郡〔山東省泰安市の北東一円〕の馬英《ばえい》を太尉とした〔七〕。八月、遼東《りょうとう》の鮮卑《せんぴ》が、無慮《むりょ》県〔遼寧省北鎮南東の大亮甲村〕を包囲した〔八〕。九月、また（鮮卑が）夫犂《ふり》県〔遼寧省朝陽市の南東〕の軍営を攻め、県令《けんれい》を殺した

[九]。壬午晦《じんごかい》、日食があった。
冬十月、中郎将の任尚《じんしょう》を派遣して、三輔に駐屯させた。詔を下して、郡国と（司隷校尉の属官である）中都官《ちゅうとかん》に繋がれている囚人の死一等を減刑して、笞《むち》打つことなく、左馮翊《さひょうよく》（陝西省高陵の南西一円）・右扶風《ゆうふふう》（陝西省興平の南東一円）に駐屯させ、その妻子が自発的に従う場合には戸籍につけ、女子は労働させないことにした[一〇]。亡命者も死罪以下であれば、罪を贖《あがな》わせること、それぞれ差があった。また吏人が集まって盗賊をした場合でも、過ちを悔いた者があれば、その罪を除いた。乙未《いつび》、右扶風の仲光《ちゅうこう》・安定太守《あんていたいしゅ》の杜恢《とかい》・京兆虎牙都尉《けいちょうこがとい》の耿溥《こうふ》が、先零羌《せんれいきょう》と（北地郡の）丁奚城《ていけいじょう》に戦い[一一]、仲光らは大敗して、みな戦没した。（救援しなかった）左馮翊の司馬鈞《しばきん》は、獄に下され、自殺した[一二]。十一月庚申《こうしん》、郡国の十ヵ所で地震があった。十二月、武陵《ぶりょう》郡の澧中蛮《れいちゅうばん》（の田山《でんさん》と高少等《こうしょうとう》）が反乱を起こし、州郡の兵がこれを撃破した[一三]。己酉《きゆう》、司徒《しと》の夏勤《かきん》を罷免した。庚戌《こうじゅつ》、司空《しくう》の劉愷《りゅうがい》を司徒とし、光禄勲《こうろくくん》の袁敞《えんしょう》を司空とした。

[李賢注]
[一] 青衣道《せいいどう》は、県の名であり、大江《たいこう》と青衣という二つの川が合流する地にある。唐《とう》の嘉《か》州竜《りゅう》

遊《ゆう》県にあたる。『東観漢記《とうかんかんき》』に、「青衣《せいい》県の異民族である堂律《どうりつ》たちが（漢に）帰順した」とある。

［二］『史記《しき》』（巻一百二十六 滑稽列伝）に、「西門豹《せいもんひょう》は鄴《ぎょう》の県令となり、人びとを徴発して十二の渠をうがち、水を引いて田畑に灌漑した」とある。（西門豹が）うがった渠は、唐の相州《そう》鄴《ぎょう》県の西にある。

［三］（原文にある疇について）『前書音義《ぜんしょおんぎ》』に、「美田を疇《ちゅう》という」とある。

［四］（原文の）「裁」の字と「纔」の字とは同じ（「わずか」という）意味で、古字では通用した。

［五］（原文の）仮貸は、ほぼ寛容と同じ意味である。盛夏には、刑罰を加えてはならないので、寛容であろうとしたのである。

［六］謝承《しゃしょう》の『後漢書《ごかんじょ》』に、「（司馬）苞《ほう》は、太尉となっても、常に質素な食事をし、布衣を着て、妻子を官舎に入れなかった。たまたま司徒の楊震《ようしん》が、（宦官の）樊豊《はんぽう》たちの譏言《ざんげん》を受け、苞も連座した。苞は辞任を願い出たが、許されないうちに、病気により薨去した」とある。

［七］（馬）英《えい》は、字を文思《ぶんし》といい、兗《えん》州蓋《がい》県の人である。

［八］（無慮県は）遼東《りょうとう》郡に属する。慮《りょ》の音は閭である。（県には）医無閭山《いむりょさん》があり、これにより名づけられた。

〔九〕夫犂《ふり》は、県の名であり、遼東属国に属する。
〔一〇〕（原文の「輸する勿し」とは）労働させないことである。
〔一一〕『東観漢記』に、「北地《ほくち》郡の霊《れい》州の丁奚城《ていけいじょう》に至った」とある。
〔一二〕『東観漢記』に、「安定太守の杜恢《とかい》が、司馬鈞《しばきん》らと力を合わせて羌族と戦った際、杜恢は勝ちに乗じて深入りをし、敵によって殺された。司馬鈞は、兵を擁しながら、これを救わなかったため、捕らえて獄に下したのである」とある。
〔一三〕『東観漢記』に、「蛮族の首長である田山《でんさん》と高少等《こうしょうとう》が城を攻め、長吏を殺した。州郡は、五里の蛮夷と六亭の兵を募って追撃し、田山と高少等は、みな降伏した。五里・六亭の首長に金帛を賜ること、それぞれ差があった」とある。

元初《げんしょ》三〔一一六〕年春正月甲戌《こうじゅつ》、太原《たいげん》郡の古い溝渠を修理して、官田・私田を灌漑した〔一〕。東平陸《とうへいりく》県〔山東省汶上の北西〕が、「木連理《もくれんり》を発見した」と上言した〔二〕。蒼梧《そうご》郡〔広西省梧州市一円〕・鬱林《うつりん》郡〔広西省桂平の西方一円〕・合浦《ごうほ》郡〔広東省合浦の北東一円〕の異民族が反乱を起こした〔三〕。二月、侍御史《じぎょし》の任逴《じんたく》を派遣して、州郡の兵を率いて、蒼梧郡・鬱林郡・合浦郡の異民族を討伐させた〔四〕。郡国の十ヵ所で地震があった。三月辛亥《しんがい》、日食があった。丙辰《へいしん》、蒼梧郡・鬱林郡・合浦郡・南海郡《なんかい》〔広東省広州市一円〕の吏人で、賊に脅迫されて従っていた者の罪を許した。夏四月、京師で日照りがあった。五月、武陵《ぶりょう》の異民族が、また反乱を起こした。州郡が討伐して、これを破った。癸酉《きゆう》、度遼将軍《どりょうしょうぐん》の鄧遵《とうじゅん》が、南匈奴《みなみきょうど》を率いて、先零羌《せんれいきょう》を霊州県《れいしゅう》〔寧夏回族自治区霊武の北〕に撃ち、これを破った［五］。越嶲郡《えつすい》の砦《とりで》の外の異民族が種族を挙げて漢《かん》に帰順した。

六月、中郎将《ちゅうろうしょう》の任尚《じんしょう》が、兵を派遣して先零羌を丁奚城《ていけいじょう》に撃破した。秋七月、武陵《ぶりょう》蛮《ばん》がまた反乱を起こし、州郡が討伐してこれを平定した。緱氏県《こうし》〔河南省偃師の南東〕で地割れがあった。九月辛巳《しんし》、趙王《ちょう》の劉宏《りゅうこう》が薨去した。冬十一月、蒼梧郡・鬱林郡・合浦郡の異民族が降伏した。丙戌《へいじゅつ》、初めて大臣・二千石・刺史に三年の喪に服することを許した［六］。癸卯《きぼう》、郡国の九ヵ所で地震があった。十二月丁巳《ていし》、任尚が兵を派遣して、先零羌を北地《ほくち》郡に撃破した。

［李賢注］

［一］酈道元《れきどうげん》の『水経注《すいけいちゅう》』に、「むかし〔春秋時代の晉の卿である〕智伯《ちはく》が、晉水を引いて晉陽県《しんよう》〔山東省太原市の南西の晉原鎮〕に注がせた。後人は、その遺構を継承して、蓄えて沼とし、

分けて二つの流れとした。（そのうち）北瀆《ほくとく》が、智氏の故《もと》の渠である。その瀆は高さを利用して、東北より晉陽城に注ぎ込み、これにより灌漑した。（その流れは）東南より城を出て汾水《ふんすい》に注ぐ」とある。いま修理した溝渠は、これを言っている。

［二］東平陸《とうへいりく》は、県の名であり、古の厥《くつ》国である。東平国《とうへい》〔山東省東平の東一円〕に属し、唐《とう》の兗《えん》州平陸《へいりく》県にあたる。（范曄の）『序例《じょれい》』に、「およそ瑞祥は、和《わ》帝以前については政事に美点が多く、実態のあるものが多かった。そのため某所に現れると書いた。（これに対して）安《あん》帝以降は王道が衰微しており、（瑞祥は）虚飾に過ぎないものもあった。ゆえに某所が上言したと書いた」とある。

［三］蒼梧《そうご》は、郡であり、唐の梧州《ごしゅう》県にあたる。合浦《ごうほ》は、郡であり、唐の廉州《れんしゅう》県にあたる。

［四］逴《たく》は、音が丁角《ていかく》の反《はん》である。

［五］霊《れい》州は、県の名である。北地《ほくち》郡に属し、故城は唐の慶《けい》州馬領《ばりょう》県の西北にある。

［六］（前漢の）文《ぶん》帝の遺詔《いしょう》に、「（服喪期間の三年三十六ヵ月を三十六）日をもって（三十六ヵ）月に替えよ」とある。後世も大臣（が自分の父母の喪に服す際）については、これを常態としていたが〔これを大臣奪服制という〕、ここに至ってまた古制に従っ（て二十五ヵ月の正式な三年喪に服してもよいように定め）たのである。

元初《げんしょ》四〔一一七〕年春二月乙巳《いっし》朔《さく》、日食があった。乙卯《いつぼう》、天下に大赦した。壬戌《じんじゅつ》、武器庫に火災があった。夏四月戊申《ぼしん》、司空《しくう》の袁敞《えんしょう》が薨去した。己巳《きし》、鮮卑《せんぴ》が遼西郡《りょうせい》〔遼寧省義県一円〕に侵攻し、遼西郡の兵が烏桓《うがん》と共にこれを撃破した〔一〕。五月丁丑《ていちゅう》、太《たい》常《じょう》の李郃《りこう》を司空とした。六月戊辰《ぼしん》、三郡に雹《あられ》が降った。

秋七月辛丑《しんちゅう》、陳《ちん》王の劉鈞《りゅうきん》が薨去した。京師および郡国の十ヵ所で、長雨のため水害が起こった。詔を下して、「今年の秋の作物は実りが多く、稲穂は垂れて収穫すべき時であるが、連日の雨はいまだに止まず〔二〕、必ずや冠水して水害が起こることを恐れる。終日ただ憂い、（水害という天譴をもたらした自らの政治の）咎《とが》を思っている。そもそも霖《りん》雨《う》というものは、人の怨みが引き起こすものであるという〔三〕。武吏で威勢を借りて民に暴力を振るう者がいるのか、文吏でみだりに刑罰に当て苛刻な者がいるのか、郷吏で公権を利用して悪事を働く者がいるのか。（いずれにせよ）人々の患い苦しむ原因となっている者は、役人がその賞罰を明らかにせよ。また（『礼記《らいき》』）月令《がつりょう》篇（の養老礼）に、「仲秋には年寄りをいたわり、脇息《きょうそく》と杖《つえ》を授け、粥《かゆ》を賜る」とある〔四〕。（それなのに）いま（仲秋八月の）戸籍調査の時に〔五〕、郡県は多く（『礼記』月令に定められた養老礼を）行っていない。（たとえ施す）粥があっても、糠《ぬか》と屑米《くずまい》が半分を占めるようなもので、長官は仕事をさぼり、自ら（養老を）行おうとはせず、詔書で述べた養老の意と大きく違っている。（郡県は）務めて仁恕《じんじょ》を尊び、寡《やもめ》や独《やもお》に施し、朕の意に叶《かな》え」とした。

九月、護羌校尉《ごきょうこうい》の任尚《じんしょう》が、反乱する羌族《きょうぞく》の（首長である）零昌《れいしょう》を刺客に殺させた。冬十一月己卯《きぼう》、彭城《ほうじょう》王の劉恭《りゅうきょう》が薨去した。十二月、越巂《えっすい》郡の異民族が、遂久《すいきゅう》県〔雲南省麗江県の北〕に侵攻し、県令を殺した［六］。甲子《こうし》、任尚および騎都尉《きとい》の馬賢《ばけん》が、先零《せんれい》羌《きょう》と富平《ふへい》県〔寧夏回族自治区呉忠市の南西〕の上河《じょうが》に戦い、大いにこれを破った［七］。虔《けん》人羌《じんきょう》（の大豪である恬狼《てんろう》たち）が一族を率いて降伏し［八］、隴右《ろうゆう》が平定された。この年、郡国の十三ヵ所で地震があった。

［李賢注］

［一］遼西《りょうせい》は郡であり、故城は唐《とう》の平《へい》州東陽楽《とうようらく》城にあたる。

［二］（原文の）霽《せい》とは、雨が止むことである。

［三］『春秋左氏伝《しゅんじゅうさしでん》』（隠公伝九年）に、「およそ雨が三日以上降り続けることを霖という」とある。京房《けいぼう》は、災異を解釈して、「人がつかれ怨み苦しめば、雨や水が道を絶つ」とする。

〔四〕鄭玄《じょうげん》は（『礼記《らいき》』月令篇の養老礼に）注をつけて、「（年寄りをいたわるのは）老いの気を助けるためである。（原文の）行とは、賜と同じような意味である」としている。

〔五〕（原文の案比《あんぴ》について）『東観漢記《とうかんかんき》』に、「いまは八月にあたり、案比〔戸籍調査〕の時である」という。（案比とは）戸口を調査して、これを順次報告することをいう。

〔六〕遂久《すいきゅう》は、県であり、越嶲郡《えつすい》に属する。

〔七〕富平《ふへい》は県であり、北地郡《ほくち》に属す。故城は唐の霊州《れい》回楽県《かいらく》の西南にある。酈道元《れいどうげん》の『水経《すいけい》注《ちゅう》』（巻二河水）に、「河水は、ここから上河《じょうが》という名で呼ばれる」とある。

〔八〕虔人は、羌族《きょうぞく》の号《よびな》である。『東観漢記』に、「虔人種の羌族の大豪である恬狼《てんろう》たちが、度《ど》遼将軍《りょうしょうぐん》に至って降伏した」とある。

元初《げんしょ》五〔一一八〕年春正月、越嶲郡《えつすい》の異民族が反乱を起こした。二月壬戌《じんじゅつ》、中山王《ちゅうざん》の劉憲《りゅうけん》が薨去した。三月、京師および郡国の五ヵ所で日照りとなり、詔を下して、日照りに遇い貧窮している者へ施した。夏六月、高句驪《こうくり》が穢貊《わいはく》と共に玄菟郡《げんと》に侵寇した〔一〕。秋七月、越嶲郡の異民族と旄牛県《ぼうぎゅう》の豪族が反乱をおこし、長吏を殺害した〔二〕。丙子《へいし》、詔を下して、「漢の旧令《きゅうれい》に定められた制度では、それぞれ（身分に応じた服飾の）規定があり〔三〕、万民に節約を尊ばせようとしていた。永初《えいしょ》年間〔一〇七～一一三年〕、人民が飢饉の害を受けるに及び、朝廷は率先して（費用を）切りつめ、贅沢な装飾を止め、二品以上の料理を食べず、二色以上の衣裳を着なかった。このごろ豊作となったが、なお蓄えは十分とは言えない。しかし、小人は思慮が足りず、長久の備えを図らずに、婚礼や葬儀を飾りたてた華美なものとし、使い走りの奴婢にすら綾絹や紗《しゃ》を着せ、珠玉を佩《お》びさせている〔四〕。京師ですらこの状態で、どうして遠方に範を垂れられようか。法律による禁止は丁寧で明白なのに、取り締まるべき役人は（仕事を）怠り、職務放棄にまで至っている。すでに立秋をむかえ、鷙鳥《しちょう》の（獲物を獲《と》ることと同じように刑罰が）まさに用いられる時である〔五〕。そこでまた重ねて申し渡し、将来の効果を見ることにする」とした。

八月丙申《へいしん》朔、日食があった。鮮卑《せんぴ》が、代《だい》郡に侵攻し、長吏を殺害した。冬十月、鮮卑が、上谷郡《じょうこくぐん》に侵攻した。十二月丁巳《ていし》、中郎将《ちゅうろうしょう》の任尚《じんしょう》が罪を犯し、公開処刑となった。この年、十四ヵ所の郡国で地震があった。

［李賢注］

［一］（玄菟は）郡の名であり、遼東《りょうとう》郡の東にある。

［二］旄牛《ぼうぎゅう》は、県であり、蜀《しょく》郡に属する。『華陽国志《かようこくし》』に、「（旄牛県は）邛来山《きょうらいざん》のそばにある」という。

［三］（服飾の規定は）漢《かん》の令である。唐《とう》では亡逸している。

［四］（原文の）綺《き》は、模様のついた綾絹であり、（原文の）縠《こく》は、紗である。（原文の）璣《き》は、珠のうち円形でないものをいう。

［五］鷙鳥《しちょう》は、鷹《たか》や隼《はやぶさ》である鸇《せん》の類（の猛禽）である。『広雅《こうが》』（巻三）に、「鷙《し》は、執という意味である。鷙が、よく多くの鳥を獲《と》ることによる」とある。『礼記《らいき》』月令《がつりょう》篇に、「孟秋《もうしゅう》、鷹が鳥を祭るために（捕らえる季節となるので）、始めて殺戮を行う」とある。（詔で）言っているのは、役人が怠惰で法令に従わないので、その罪を正そうとしているのである。秋という季節に従い誅殺するのは、鷹鸇《ようせん》が獲物を攻撃するのと同じである。

元初《げんしょ》六〔一一九〕年春二月乙巳《いっし》、京師および郡国の四十二ヵ所で地震があり、一部では地割れが起こり、水が湧き出して泉となった。壬子《じんし》、詔を三公《さんこう》府に下して、（三公の属僚である）掾属《えんぞく》の成績優秀者、民を治める能力の高い者をそれぞれ五人、光禄勲《こうろくくん》と中《ちゅう》郎将《ろうしょう》には、（配下の）孝廉《こうれん》に挙げられた者と郎官のうち、寛容で智謀に長《た》け、清廉潔白で行いの立派な者を五十人選ばせ、地方に出向させて県令《けんれい》〔一万戸以上の県の行政長官〕・県長《けんちょう》〔一万戸未満の県の行政長官〕・県丞《けんじょう》〔県の行政次官〕・県尉《けんい》〔県の軍事官〕に任命した。

乙卯《いつぼう》、詔を下して、「そもそも政治とは、京師より始めて、後に中華全土へ及ぼすものである。『礼記《らいき》』月令《がつりょう》篇に、「仲春は幼少の者を養い、孤児を庇護する。季春は貧しい者に施し、困窮者に賑恤する。婦人の針仕事を省き、貞女を顕彰する」とあるのは、（春の）陽の気に従い、成長を尊ぶためである〔一〕。そこで民の大いに貧困している者、孤児、身寄りのない者に穀物を賜ること人ごとに三斛《こく》とし、貞婦の節義ある者には十斛を賜る。門閭《もんりょ》に掲げ、その行いを旌表《せいひょう》せよ」とした〔二〕。

三月庚辰《こうしん》、始めて六宗《りくそう》〔上下四方の宗〕を立て、洛陽《らくよう》城の西北に祀った〔三〕。夏四月、会稽《かいけい》郡で疫病が大流行した。光禄大夫《こうろくたいふ》を派遣し、太医令《たいいれい》を指揮して治療させ、（死者には）棺木を賜り〔四〕、田租《でんそ》と口賦《こうふ》を免除した。沛《はい》国と勃海《ぼっかい》郡に大風があり、雹《あられ》が降った。五月、京師が日照りとなった。六月丁丑《ていちゅう》、楽成《らくせい》王の劉賓《りゅうひん》が薨去した。丙戌《へいじゅつ》、平原《へいげん》王の劉得《りゅうとく》が薨去した。

秋七月、鮮卑《せんぴ》が馬城《ばじょう》県〔河北省懐安の西〕に侵攻し［五］、度遼将軍《どりょうしょうぐん》の鄧遵《とうじゅん》が、（匈奴の）南単于《みなみぜんう》を率いて、これを撃破した。九月癸巳《きし》、陳《ちん》王の劉竦《りゅうしょう》が薨去した。十二月戊《ぼ》午《ご》朔、皆既日食があった。郡国の八ヵ所で地震があった。この年、永昌《えいしょう》郡・益州《えきしゅう》郡・蜀《しょく》郡の異民族が反乱を起こし、越嶲《えつすい》郡の異民族と共に（諸郡の）長吏を殺し、城邑を焼き討ちした。益州刺史《えきしゅうしし》の張喬《ちょうきょう》が討伐して破り、これを降した。

［李賢注］

［一］（原文の婦使について）鄭玄《じょうげん》は、「婦使《ふし》とは、針仕事のことをいう」としている。

［二］節とは、志操のことをいう。義とは、推譲のことをいう。（原文の）甄とは、明らかにすることである。旌とは、章《あき》らかにすることである。里の門を閭という。旌表とは、唐《とう》で門を建てて顕彰することに似ている。

［三］『続漢志《しょくかんし》』（志二十八 百官五）に、「元初《げんしょ》六〔一一九〕年、尚書欧陽家《しょうしょおうようか》の説により、六宗とは、天地四方の中にあり、上下四方の宗である、とした。（王莽の）元始《げんし》中の故事に基づき、六宗を易《えき》の六子の気である日・月・雷公・風伯・山・沢と解釈するのは誤りである。六宗を変更

し、戊亥《じゅつがい》の地に祀り、礼は大社《たいしゃ》の礼と同じにした」とある。
〔四〕『漢官儀《かんかんぎ》』に、「太医令《たいいれい》は定員は一名、官秩は六百石」とある。
〔五〕『捜神記《そうじんき》』に、「むかし秦《しん》の人が、武周塞《ぶしゅうさい》を築いて異民族に備えようとしたが、ようやく完成しそうになると崩れることが度々あった。駆け回る馬がおり、同じ場所をぐるぐると繰り返して廻った。父老はこれを不思議なことだと考え、馬の廻った場所に城を築くと、城は崩れなかった。これにより（馬城と）名付けた」とある。その故城は、唐の朔州にある。

永寧《えいねい》元〔一二〇〕年春正月甲辰《こうしん》、任城《じんじょう》王の劉安《りゅうあん》が薨去した。三月丁酉《ていゆう》、済北《せいほく》王の劉《りゅう》寿《じゅ》が薨去した。車師後王国《しゃしこうおうこく》が反乱を起こし、（車師後王国に駐屯していた武官の）部司馬《ぶしば》を殺した。沈氏羌《しんていきょう》が、張掖郡《ちょうえき》に侵攻した〔一〕。

夏四月丙寅《へいいん》、皇子の劉保《りゅうほ》を立てて皇太子とし、永寧と改元して、天下に大赦した。王・公主《こうしゅ》・三公《さんこう》・列侯《れっこう》より、下は郎官《ろうかん》・近臣に至るまでに金帛を賜り、また民には爵位と布や粟《ぞく》を賜わること、それぞれ差があった。己巳《きし》、陳《ちん》王の劉羨《りゅうせん》の子である劉崇《りゅうすう》を封建して陳王とし、済北王の子である劉萇《りゅうちょう》を楽成《らくせい》王とし、河間《かかん》王の子の劉翼《りゅうよく》を平原《へいげん》王とした。壬午《じんご》、琅邪《ろうや》王の劉寿《りゅうじゅ》が薨去した。六月、沈氏羌が反乱を起こし、張掖郡に侵攻したので、護羌校尉《ごきょうこうい》の馬賢《ばけん》が、討伐して沈氏羌を破った。秋七月乙酉《いつゆう》朔、日食があった。

冬十月己巳、司空《しくう》の李郃《りこう》を罷免した。癸酉《きゆう》、衛尉《えいい》である盧江《ろこう》郡出身の陳褒《ちんほう》を司空とした[二]。十二月、三月よりこの月に至るまで、京師および郡国の三十三ヵ所で大風、長雨があった。永昌《えいしょう》郡の砦《とりで》の外の国である撣《せん》国が、使者を派遣して貢献した[三]。戊辰《ぼしん》、司徒《しと》の劉愷《りゅうがい》を罷免した。遼西《りょうせい》郡の鮮卑《せんぴ》が降伏した。癸酉、太常《たいじょう》の楊震《ようしん》を司徒とした。この年、郡国の二十三ヵ所で地震があった。夫余《ふよ》王が、子を派遣して宮殿の門に至って貢献した。焼当羌《しょうとうきょう》が反乱を起こした。

[李賢注]

[一] 沈氏《しんてい》は、羌族《きょうぞく》の名称である。『続漢志《しょくかんし》』に、「羌族の中で上《じょう》郡と西河《せいが》郡（山西省離石県一円）に住む者は、沈氏と呼ばれる」とある。

[二] 陳褒《ちんほう》は、字を伯仁《はくじん》といい、（盧江郡）舒《じょ》県の人である。

[三] 撣《せん》は、音が擅《せん》である。

建光元《けんこう》〔一二一〕年春正月、幽州刺史《ゆうしゅうしし》の馮煥《ふうかん》が、二郡の太守を率いて、高句驪《こうくり》・穢《わい》貊《はく》を討伐したが、勝てなかった。二月癸亥《きがい》、天下に大赦した。（先帝の死後）諸園を守っている貴人《きじん》[一]・王・公主・三公《さんこう》・九卿《きゅうけい》以下に、銭や布を賜ること、それぞれ差があった。三公・九卿・校尉《こうい》・尚書《しょうしょ》の子弟一人を郎官《ろうかん》や太子舎人《たいししゃじん》とした。三月癸巳《きし》、皇太后の鄧氏《とうし》が崩御した。丙午《へいご》、和熹《わき》皇后（鄧皇太后）を葬った。丁未《ていび》、楽安《らくあん》王の劉寵《りゅうちょう》が薨去した。戊申《ぼしん》、安《あん》帝の父の清河孝《せいがこう》王劉慶《りゅうけい》を追尊して孝徳皇《こうとくこう》とし、安帝の母の左氏《さし》を孝徳《こうとく》皇后、安帝の祖母の宋貴人《そうきじん》を敬隠《けいいん》皇后とした。

夏四月、穢貊がまた鮮卑《せんぴ》と共に、遼東《りょうとう》郡に侵攻したので、遼東太守の蔡諷《さいふう》が追撃したが、（敗れて）戦没した。丙辰《へいしん》、広川《こうせん》県〔河北省景県南西〕を清河《せいが》国に併合した。丁巳《ていし》、父の孝徳皇のもとの嫡室であった耿氏《こうし》を尊重して甘陵大貴人《かんりょうだいきじん》とした[二]。甲子《こうし》、楽成《らくせい》王の劉萇《りゅうちょう》に罪があったため、王位を廃して臨湖《りんこ》侯とした[三]。己巳《きし》、三公・九卿・特進・諸侯・中二千石《ちゅうにせんせき》・二千石・郡国の守相に、有道の士をそれぞれ一人推挙させた。（男やもめである）鰥《かん》・（女やもめである）寡《か》・（父の無い子である）孤・（子の無い老人である）独・貧しくて自活のできない者に、穀物を一人あたり三斛ずつ賜った。甲戌《こうじゅつ》、遼東属《りょうとうぞく》国都尉《こくとい》の龐奮《ほうふん》が、偽の璽書《じしょ》を受けて、玄菟太守《げんとたいしゅ》の姚光《ようこう》を殺した。五月庚辰《こうしん》、特進侯《とくしんこう》の鄧《とう》騭《しつ》と度遼将軍《どりょうしょうぐん》の鄧遵《とうじゅん》が、ともに（鄧太后下での外戚としての専横を）誹《そし》られて自殺した［四］。丙申《へいしん》、平原《へいげん》王の劉翼《りゅうよく》を降格して都郷《ときょう》侯とした。

秋七月己卯《きぼう》、建光《けんこう》と改元し、天下に大赦した。壬寅《じんいん》、太尉《たいい》の馬英《ばえい》が薨去した。八月、護羌校尉《ごきょうこうい》の馬賢《ばけん》が、焼当羌《しょうとうきょう》を金城《きんじょう》郡〔甘粛省永靖の北西〕に討伐したが、成果がなかった。甲子《こうし》、さきの司徒である劉愷《りゅうがい》を太尉とした。鮮卑が居庸関《きょようかん》に侵攻した。九月、雲中太守《うんちゅうたいしゅ》の成厳《せいげん》が（居庸関に侵寇した）鮮卑を撃ったが、戦没した。鮮卑が、護烏桓校《ごうがんこう》尉《い》を馬城に包囲し、度遼将軍の耿夔《こうき》がこれを救援した。戊子《ぼし》、衛尉《えいい》である馮石《ふうせき》の衛尉府に行幸した［五］。この秋、京師および二十九ヵ所の郡国に水害があった。

冬十一月己丑《きちゅう》、郡国の三十五ヵ所に地震があり、ある場所では地割れを起こした。詔を下して、三公以下に、それぞれ密封した意見書により政治の是非を具申させた。（さらに）光禄大夫《こうろくたいふ》を派遣して巡察させ、（被害地域の）死者には銭を賜ること、人ごとに二千銭とした。今年の田租を免除した。さらに被害が甚大なものは、口賦も免除した。鮮卑が玄菟郡に侵攻した。庚子《こうし》、また大臣や二千石以上の者が、三年の喪に服することを禁止した。癸卯《きぼう》、詔を下して、三公・特進・諸侯・九卿・校尉に、勇猛で軍を率いる任務に耐え得る者をそれぞれ五人ずつ推挙させた。丙午《へいご》、詔を下して、京師および郡国の水害により、収穫が損なわれた者は、被害面積に従って田租を減らした。甲子《こうし》、初めて漁陽《ぎょよう》郡〔北京市密雲の南西一円〕に営兵《えいへい》を置いた[六]。冬十二月、高句驪・馬韓《ばかん》・穢貊が、玄菟城を包囲したが、夫余《ふよ》王が子を派遣して、州郡と力を併せて討伐し、これを破った。

［李賢注］

［一］（貴人とは、先帝の後宮に仕えた）宮人のうち子がなく（先帝の）園陵《えんりょう》を守る者をいう。

［二］甘陵《かんりょう》は孝徳《こうとく》皇后の陵である。これによって県とした。唐《とう》の貝《ばい》州清河《せいが》県の東にある。

［三］『続漢書《しょくかんじょ》』に、「（人を）軽んじ侮り不孝の罪に当たった」とあり、このため（王より）降格された。臨湖《りんこ》は県の名であり、廬江《ろこう》郡に属する。

［四］（安帝の）乳母の王聖《おうせい》と中黄門《ちゅうこうもん》の李閏《りじゅん》たちは、尚書の鄧訪《とうほう》たちが（安帝の）廃立をたくらんでおりますと（安帝に）誣告《ぶこく》をし、（鄧太后の死後、鄧氏は打倒され、鄧氏の）宗族はみな免官され、鄧騭と鄧遵はともに自殺した。

［五］『続漢書』に、「（安帝は馮石《ふうせき》に）宝剣《ほうけん》・玉玦《ぎょくけつ》・もろもろの絹の類などを賜った」とある。

［六］伏侯《ふくこう》の『古今注《ここんちゅう》』に、「（漁陽《ぎょよう》郡に）営兵を千人置いた」とある。

延光元《えんこう》〔一二二〕年春二月、夫余《ふよ》王が子（の尉仇台《いきゅうだい》）を派遣し、兵を率いて玄菟《げんと》城を救援し〔一〕、高句驪《こうくり》・馬韓《ばかん》・穢貊《わいはく》を討って、これを破った。（高句麗らは）かくて使者を派遣し、貢献してきた。三月丙午《へいご》、延光と改元し、天下に大赦した。流刑者を帰還させ、元の戸籍に戻した。民に爵を賜い、三老《さんろう》・孝悌《こうてい》・力田《りきでん》には人ごとに二級、加えて鰥《かん》・寡《か》・孤《こ》・独《どく》・篤癃《とくりゅう》・貧しいため自活のできない者には、粟を人ごとに三斛《こく》ずつ、貞婦には帛を人ごとに二匹ずつ賜った。

夏四月癸未《きび》、京師および郡国の二十一ヵ所で雹《あられ》が降った。癸巳《きし》、司空《しくう》の陳褒《ちんほう》を罷免した。五月庚戌《こうじゅつ》、宗正《そうせい》である彭城《ほうじょう》国の劉授《りゅうじゅ》を司空とした〔二〕。己巳《きし》、楽成《らくせい》国を改めて安《あん》平《へい》国とし、河間《かかん》王劉開《りゅうかい》の子の劉得《りゅうとく》を封建して安平王とした。六月、郡国に蝗《いなご》が発生した。秋七月癸卯《きぼう》、京師および郡国の十三ヵ所で地震があった。高句驪が降った。虔人《けんじん》羌《きょう》が反乱を起こし、穀羅城《こくらじょう》を攻め〔三〕、度遼将軍《どりょうしょうぐん》の耿夔《こうき》が討伐して、これを破った。

八月戊子《ぼし》、（景帝《けい》の）陽陵《ようりょう》の園寝《えんしん》で火事があった〔四〕。辛卯《しんぼう》、九真《きゅうしん》郡より黄竜が無功《むこう》県に現れたと報告があった〔五〕。己亥《きがい》、詔を下し三公《さんこう》・中二千石《ちゅうにせんせき》（である九卿《きゅうけい》）に刺《し》史《し》・二千石・県令《けんれい》・県長《けんちょう》・侯相《こうしょう》で、政治を行うこと一年以上十年以下の者で、清白で民のために尽くし、よく身を慎んで部下を率い、姦を防いで煩雑を治め、人に利益をもたらした者を推挙させた。その際、官僚名簿の序列にこだわらずとも（破格に昇任させて）よいとした［六］。刺史は、監察対象の郡守と国相、郡守と国相は（配下の）県の令・長を推挙し、自ら細やかに審査をして、うわべだけの者を推挙してはならないとした［七］。
九月甲戌《こうじゅつ》、郡国の二十七ヵ所で地震があった。冬十月、鮮卑《せんぴ》が鴈門《がんもん》郡・定襄《ていじょう》郡に侵攻した。十一月、鮮卑が太原《たいげん》郡に侵攻した。焼当羌《しょうとうきょう》の首長が降伏した。十二月、九真郡の砦《とりで》の外の蛮夷が、貢献して漢《かん》に帰順した。この年、京師および郡国の二十七ヵ所で長雨・大風があり、死者が出た。詔を下して、溺死者のうち七歳以上の者（の家族）には銭を人ごとに二千銭ずつ、家屋を破壊され食糧を失った者には粟を人ごとに三斛ずつ、また田畑に被害のあった者からは、一切の田租を徴収せず、もし一家そろって被災し、生活弱者のみ生き残った場合には、郡県の役人に（代わって死者を）埋葬させた。虔人羌が（反乱を起こして）穀羅城《こくらじょう》を攻め、度遼《どりょう》将軍の耿夔が討伐して、これを破った。

［李賢注］
［一］夫余《ふよ》王の子とは、尉仇台《いきゅうだい》である。

〔二〕『漢官儀《かんかんぎ》』に、「宗正卿《そうせいけい》は、官秩は中二千石《ちゅうにせんせき》」とある。劉授《りゅうじゅ》は、字を孟春《もうしゅん》といい、徐《じょ》州（彭城国）武原《ぶげん》県の人である。

〔三〕穀羅《こくら》は、西河《せいが》郡に属する。

〔四〕（陽陵《ようりょう》は）景《けい》帝の陵である。

〔五〕無功《むこう》は、県であり、九真《きゅうしん》郡に属している。

〔六〕清白とは、貞正なことをいう。（原文の）愛利とは、人を愛し利益をもたらすことをいう。（原文の）「官簿にこだわらない」とは特進を許し、通常の序列にこだわらないことをいう。

〔七〕（原文の）墨綬《ぼくじゅ》とは、（県の）令・長の類をいう。（原文の）隠親とは、自ら細やかに審査することをいう。（原文の）悉とは、ことごとくという意味である。言いたいことは、三公《さんこう》以下にそれぞれ知る人物を推挙させ、みな自ら細やかに審査を尽くし、うわべだけで実のない者を挙げさせないようにする、ということである。

延光《えんこう》二〔一二三〕年春正月、旄牛《ぼうぎゅう》の異民族が反乱を起こし、霊関道《れいかんどう》（四川省峨辺の南）に侵攻して、県令《けんれい》を殺した〔一〕。益州刺史《えきしゅうしし》・蜀郡西部都尉《しょくぐんせいぶとい》が、これを討伐した。詔を下して、（五官署と左署と右署の）三署《さんしょ》に属する郎官〔二〕、および吏人でよく『古文尚《こぶんしょう》書《しょ》』『毛詩《もうし》』『春秋穀梁伝《しゅんじゅうこくりょうでん》』に通じている者をそれぞれ一人ずつ選ばせた。丙辰《へいしん》、河《か》東《とう》・潁川《えいせん》の二郡に大風があった。夏六月壬午《じんご》、郡国の十一ヵ所で台風があった。九真《きゅうしん》郡より（瑞祥である）嘉禾《かか》が生えたと上言があった[三]。丙申《へいしん》、北海《ほっかい》王の劉普《りゅうふ》が薨去した。
　秋七月、丹陽《たんよう》郡で山が崩れた。八月庚午《こうご》、初めて三署の郎官の中から経学に通じ、民を治める地方長官の資格が三年以上ある者ならば、みなさらに察挙《さつきょ》を受けられるようにした。九月、郡国の五ヵ所で水害があった。冬十月辛未《しんび》、太尉《たいい》の劉愷《りゅうがい》を罷免した。甲《こう》戌《じゅつ》、司徒《しと》の楊震《ようしん》を太尉とし、光禄勲《こうろくくん》である東萊《とうらい》郡の劉熹《りゅうき》を司徒《しと》とした[四]。十一月甲辰《こうしん》、上林苑《じょうりんえん》で狩りをした。鮮卑《せんぴ》が南匈奴《みなみきょうど》を曼柏《まんはく》県〔内蒙古自治区准格爾旗の北西の楡樹〕に破った。この年、蜀《しょく》郡の西部を分けて属国都尉《ぞくこくとい》とした。京師と郡国の三ヵ所で地震があった。

［李賢注］
［一］霊関《れいかん》は、（辺地に置かれた行政区画で、県に相当する）道《どう》であり、越巂《えつすい》郡に属する。
［二］（五官署と左署と右署という）三署についての解説は、和帝紀に見える。
［三］『東観漢記《とうかんかんき》』に、「（嘉禾《かか》とは）禾《いね》が百五十六本で、七百六十八の穂がついたものである」と

ある。

[四] 劉熹《りゅうき》は、字を季明《きめい》といい、青州《せい》〔東萊郡〕長広《ちょうこう》県の人である。

延光《えんこう》三〔一二四〕年春二月丙子《へいし》、東方に巡狩した。丁丑《ていちゅう》、陳留太守《ちんりゅうたいしゅ》に告げて、（光武帝の父である）南頓君《なんとんくん》と光武《こうぶ》皇帝を済陽《せいよう》県〔河南省蘭考の北東〕に祀らせ、済陽県の今年分の田租《でんそ》・（まぐさの税である）芻槀《すうこう》を免除した。庚寅《こういん》、使者を派遣して（漢《かん》が遠祖と考える）帝尭陶唐氏《ていぎょうとうとうし》を成陽《せいよう》県〔山東省荷沢市の北東〕に祀った[一]。戊子《ぼし》、済南《せいなん》郡より、「鳳皇《ほうおう》が台《たい》県〔山東省済南市の北東〕の丞《じょう》である霍収《かくしゅう》の宿舎の樹の上に集まった」と上言があった[二]。（それを寿《ことほ》ぎ）台県の県長《けんちょう》に帛を五十匹、県丞《けんじょう》に二十匹、県尉《けんい》にはその半分、吏卒には人ごとに三匹ずつを賜った。鳳皇が飛び去った亭部《ていぶ》では、今年の田租を免除した。男子に爵を人ごとに二級ずつ賜った。辛卯《しんぼう》、泰山《たいざん》に行幸し、柴を焼いて岱宗《たいそう》で（政治の状況を天に）報告した[三]。斉《せい》王の劉無忌《りゅうむき》・北海《ほくかい》王の劉翼《りゅうよく》・楽安《らくあん》王の劉延《りゅうえん》が来朝した。壬辰《じんしん》、（青帝・赤帝・黄帝・白帝・黒帝の）五帝《ごてい》を汶水《ぶんすい》のほとりの明堂《めいどう》に祀った。癸巳《きし》、（高祖劉邦《りゅうほう》と世祖光武《こうぶ》帝劉秀《りゅうしゅう》の）二祖《にそ》と（太宗文《ぶん》帝・世宗武《ぶ》帝・中宗宣《せん》帝・高宗元《げん》帝・顕宗明《めい》帝・粛宗章《しょう》帝の）六宗《りくそう》を祀り[四]、（祭祀に関わった）郡県をねぎらい、宴を行った。

三月甲午《こうご》、陳《ちん》王の劉崇《りゅうすう》が薨去した。戊戌《ぼじゅつ》、孔子《こうし》および七十二弟子《ていし》を闕里《けつり》に祀り、魯《ろ》の国相・県令《けんれい》・県丞・県尉より、孔氏の親族・婦女・諸生に及ぶまでをすべて集め、（孔子の直系子孫である）褒成《ほうせい》侯より、帛をそれぞれの身分に応じて賜った。（帝は一度洛陽《らくよう》に）帰還して、東平《とうへい》国に行幸し、東《とう》郡に至り、魏《ぎ》郡・河内《かだい》郡を経由した。壬戌《じんじゅつ》、皇帝は京師に帰還し、太学《たいがく》に行幸した。この日、太尉《たいい》の楊震《ようしん》を罷免した。夏四月乙丑《いっちゅう》、皇帝は洛陽《らくよう》に帰還し、祖父と父の廟に至った[五]。壬戌《じんじゅつ》、沛《はい》国より甘露が豊《ほう》県〔江蘇省豊県〕に降ったと上言があった。戊辰《ぼしん》、光禄勲《こうろくくん》の馮石《ふうせき》を太尉とした。五月、南匈奴《みなみきょうど》の左日逐王《さにちちくおう》が反乱を起こし、使匈奴中郎将《しきょうどちゅうろうしょう》の馬翼《ばよく》が討伐して、これを破った。日南《にちなん》郡の砦の外の異民族が漢に帰順した。

六月、鮮卑《せんぴ》が玄菟《げんと》郡に侵攻した。庚午《こうご》、閬中《ろうちゅう》郡で山が崩れた[六]。辛未《しんび》、右扶風《ゆうふふう》より白鹿が雍《よう》県に現れたと上言があった。辛巳《しんし》、侍御史《じぎょし》を分けて派遣して、青《せい》州・冀《き》州の被害を視察させ、盗賊を督察して取り調べた。秋七月丁酉《ていゆう》、また（将作大匠の属官として）右校令《ゆうこうれい》・左校令《さこうれい》と丞の官を置いた[七]。日南郡の砦の外の異民族の豪帥が、宮城の門に至り貢献した。左馮翊《さひょうよく》より甘露が頻陽《ひんよう》県〔陝西省富平の北東〕・衙《が》県に降ったと上言があった〔八〕。潁川《えいせん》郡より（瑞祥の）木連理《もくれんり》が見つかり、白鹿・麒麟が陽翟《ようてき》県に現れたと上言があった。鮮卑が高柳《こうりゅう》県〔山西省の陽高〕に侵攻した。梁《りょう》王の劉堅《りゅうけん》が薨去した〔九〕。

八月辛巳《しんし》、大鴻臚《だいこうろ》の耿宝《こうほう》を大将軍とした。戊子《ぼし》、潁川郡より麒麟一頭、白虎二頭が陽翟県に現れたと上言があった。九月丁酉《ていゆう》、皇太子の劉保《りゅうほ》を廃位して済陰《せいいん》王とした〔一〇〕。乙巳《いっし》、詔を下して、郡国や中都官《ちゅうとかん》の死刑囚の罪一等を減じさせ、敦煌《とんこう》郡・隴西《ろうせい》郡および度遼将軍《どりょうしょうぐん》の軍営に行かせた〔一一〕。足斬り以下の罪人と亡命者に罪を贖《あがな》わせ、その軽重によって金額に差があった。辛亥《しんがい》、済南《せいなん》国より黄竜が歴城《れきじょう》県〔山東省済南市〕に現れたと上言があった〔一二〕。庚申《こうしん》晦、日食があった。

冬十月、（皇帝は）長安に行幸した。壬午《じんご》、新豊《しんほう》県〔陝西省臨潼の北東〕より鳳皇が西《せい》界亭《かいてい》に集ったと上言があった〔一三〕。丁亥《ていがい》、三輔《さんぽ》の郡守・県令・掾史《えんし》を長安に集め、宴を行った。閏月乙未《いつび》、高廟を祀り、（前漢の）十一陵を祀り、上林苑《じょうりんえん》・昆明池《こんめいち》を遊覧した。使者を派遣し太上皇《たいじょうこう》を万年《まんねん》県に祀り、中牢《ちゅうろう》により（前漢の功臣である）蕭何《しょうか》・曹参《そうさん》・霍光《かくこう》を祀った。十一月乙丑《いっちゅう》、（皇帝は）長安より帰還した。十二月乙未《いつび》、琅邪《ろうや》郡より黄竜が諸《しょ》県〔山東省諸城市の南西〕に現れたと上言があった〔一四〕。この年、京師および郡国の二十三ヵ所で地震があり、三十六ヵ所で洪水と突風があり、雹《あられ》が降った。

［李賢注］

［一］（成陽《せいよう》県は）古《いにしえ》の成伯《せいはく》国であり、故城は唐《とう》の濮《ぼく》州雷沢《らいたく》県の北にある。『述征記《じゅつせいき》』に、「成陽《せいよう》県の東南に尭《ぎょう》の塚がある」という。

［二］台《たい》県は、済南《せいなん》郡に属し、故城は唐の斉《せい》州平陵《へいりょう》県の北にある。

［三］泰山《たいざん》は、王者が代替わりを告げる場所であり、五岳の宗であることから、岱宗《たいそう》という。柴を焚いて天に報告する。

［四］二祖とは、高祖《こうそ》（劉邦《りゅうほう》）と光武《こうぶ》帝（劉秀《りゅうしゅう》）である。六宗とは、孝文《こうぶん》帝を太宗《たいそう》、孝武《こうぶ》帝を代《だい》宗《そう》、孝宣《こうせん》帝を中宗《ちゅうそう》、孝元《こうげん》帝を高宗《こうそう》、孝明《こうめい》帝を顕宗《けんそう》、孝章《こうしょう》帝を粛宗《しゅくそう》といい、これら（六名）のことをいう。

［五］（原文の）仮の音は格である。格とは、至ることである。

［六］閬中《ろうちゅう》は、県であり、巴《は》郡に属する。閬中水に接するので、これにより名付けられた。唐の隆州《りゅうしゅう》県にあたる。

［七］『続漢書《しょくかんじょ》』（志二十七百官四）に、「将作大匠《しょうさくたいしょう》の属官には、左右の校があり、ともに（属官として）令・丞がある」とある。（前漢《ぜんかん》にはあり）光武帝の中興より設置されていなかったが、

ここではじめて復活した。

〔八〕頻陽《ひんよう》は、県であり、故城は唐の雍《よう》州美原《びげん》県の西南にある。衙については、先に述べた通りである。

〔九〕（梁《りょう》王の劉堅《りゅうけん》は）明《めい》帝の孫、梁節《りょうせつ》王劉暢《りゅうちょう》の子である。

〔一〇〕（皇太子の劉保《りゅうほ》が廃位されたのは）中常侍《ちゅうじょうじ》の江京《こうけい》らが讒言《ざんげん》したためである。

〔一一〕『漢官儀《かんかんぎ》』に、「度遼将軍《どりょうしょうぐん》は、五原《ごげん》郡曼柏《まんはく》県に駐屯する」とある。

〔一二〕歴城《れきじょう》は、県であり、済南《せいなん》国に属し、唐の斉州《せいしゅう》県にあたる。

〔一三〕唐の新豊《しんほう》県の西南には鳳皇原《ほうおうげん》があり、言い伝えではこのとき鳳凰《ほうおう》が集った地であるという。

〔一四〕諸《しょ》は、県の名であり、故城は唐の密《みつ》州諸城《しょじょう》県の西南にある。

延光《えんこう》四〔一二五〕年春正月壬午《じんご》、東《とう》郡より、黄竜二頭と麒麟一頭が、濮陽《ぼくよう》県〔河南省濮陽の南西〕に現れたと上言があった〔一〕。二月乙亥《いつがい》、下邳《かひ》王の劉衍《りゅうえん》が薨去した。甲辰《こうしん》、南方に巡狩した。三月戊午《ぼご》朔、日食があった。庚申《こうしん》、宛《えん》県〔河南省の南陽市〕に行幸し、（そこで）安《あん》帝が危篤となった。辛酉《しんゆう》、大将軍の耿宝《こうほう》に、太尉《たいい》の業務を兼任させた。章《しょう》陵《りょう》の園廟を祀り、長沙太守《ちょうさたいしゅ》と零陵太守《れいりょうたいしゅ》にそれぞれ（光武《こうぶ》帝の先祖である）長沙定王《ちょうさていおう》と

（光武帝の四世祖である）春陵節侯《しょうりょうせっこう》と（三世祖の）鬱林府君《うつりんふくん》を祀らせた。乙丑《いっちゅう》、宛県より帰還した。丁卯《ていぼう》、葉県《しょう》〔河南省葉県の南西〕に行幸し、安帝は行幸の道中の車の内で崩御した。享年三十二であった。

（その死は）秘密とされ、あえて公表されず、（皇帝の）所在に食事をのぼらせ、起居を問うことも元の通りであった。庚午《こうご》、洛陽宮《らくようきゅう》に帰還した。辛未《しんび》の夕方になって、（安帝の）喪を発した。閻《えん》皇后を尊んで皇太后とした。閻皇太后は臨朝《りんちょう》し、太后の兄である大鴻臚《だいこうろ》の閻顕《えんけん》を車騎将軍《しゃきしょうぐん》とし、宮中において誰を次の天子に立てるべきかを相談し、章《しょう》帝の孫であり、済北恵王《せいほくけいおう》の劉寿《りゅうじゅ》の子にあたる北郷侯《ほくきょうこう》の劉懿《りゅうい》を擁立した〔二〕。甲戌《こうじゅつ》、済南《せいなん》王の劉香《りゅうきょう》が薨去した〔三〕。乙酉《いつゆう》、北郷侯が皇帝に即位した。

夏四月丁酉《ていゆう》、太尉の馮石《ふうせき》を太傅《たいふ》、司徒の劉熹《りゅうき》を太尉・録尚書事《ろくしょうしょじ》とし〔四〕、さきの司《し》空《くう》である李郃《りこう》を司徒《しと》とした。辛卯《しんぼう》、（新たに権力を掌握した外戚の閻顕により）大将軍《だいしょうぐん》の耿宝、中常侍《ちゅうじょうじ》の樊豊《はんほう》、侍中《じちゅう》の謝惲《しゃうん》・周広《しゅうこう》、乳母である野王君の王聖《おうせい》らが互いに徒党を組んでいた罪に当てられ、樊豊と謝惲と周広は獄に下されて死に、耿宝は自殺し、王聖は鴈門《がんもん》郡に流罪となった。己酉《きゆう》、孝安《こうあん》皇帝を恭陵《きょうりょう》に葬った〔五〕。廟号を恭宗という。

六月乙巳《いっし》、天下に大赦した。詔を下して、先帝が巡狩の際に行幸された地域は、みな今年の田租を半分とした。秋七月、西域長史《さいいきちょうし》の班勇《はんゆう》が[六]、車師後王《しゃしこうおう》を撃破し、これを斬った。丙午《へいご》、東海《とうかい》王の劉粛《りゅうしゅく》が薨去した。冬十月丙午、越巂《えつすい》郡で山が崩れた。辛亥《しんがい》、（北郷侯であった）少帝《しょう》（劉懿）が薨去した。この冬、洛陽に疫病が蔓延した。

[李賢注]

[一] 濮陽《ぼくよう》は、県の名であり、東《とう》郡に属する。古《いにしえ》の昆吾《こんご》国であり、顓頊《せんぎょく》の居城である。唐《とう》の濮《ぼく》州《しゅう》県である。

[二] 『東観漢記《とうかんかんき》』と『続漢書《しょくかんじょ》』は、ともに「北郷《ほくきょう》侯劉犢《りゅうとく》」としている。ここで「懿《い》」とするのは、おそらく二つの名があったのであろう。

[三] （劉香《りゅうきょう》は）光武《こうぶ》帝の曾孫である済南簡《せいなんかん》王の劉錯《りゅうそ》の子である。

[四] 馮石《ふうせき》は、字を次初《じしょ》といい、荊《けい》州湖陽《こよう》県の人で、馮魴《ふうほう》の孫である。

[五] （恭陵《きょうりょう》は）唐《とう》の洛陽《らくよう》の東北二十七里にある。伏侯《ふくこう》の『古今注《ここんちゅう》』に、「（安《あん》帝の）恭陵は周囲二百六十丈〔約600m〕であり、高さ十五丈〔約35m〕である」という。

[六] （西域長史《さいいきちょうし》は）西域都護《さいいきとご》の長史である。

論にいう、孝安帝《こうあんてい》は、帝号を称し玉座に就いてはいたが、実権は鄧《とう》太后が握っていた。衣食を制限し、よく政道に思いを廻《めぐ》らせたが、しかしその命令は奥の帳《とばり》の内から発せられていた。このため威光を中華の隅々に行き渡らせられず、かくて受け継がれてきた帝権を損ない、次第に衰えさせることになった。まして金銭に応じて官爵を授け〔一〕、民を移住させることにより夷狄の侵攻から逃れさせ〔二〕、罪を三公《さんこう》に着せて天の災いに応じた〔三〕。旧来より「哲婦が城を傾ける」といい、「これでは家も終わり」という通りである〔四〕。

［李賢注］

［一］永初《えいしょ》元〔一〇七〕年、吏人に銭や穀物を納めさせて関内侯《かんだいこう》となることを許した。

［二］羌族《きょうぞく》の勢力が盛んであったため、詔を下して、隴西《ろうせい》郡の民を襄武《じょうぶ》県、安定《あんてい》郡の民を美陽《びよう》県、北地《ほくち》郡の民を池陽《ちよう》県に移住させた。

［三］（原文の）台《だい》とは、三台星をいい、三公《さんこう》の象である。（原文の）衡とは、平らかなことで、天下を平らかにする場所であることをいう。（殷《いん》王朝の名宰相の）伊尹《いいん》を「阿衡」と呼ぶのは、その意味である。

［四］哲とは、知謀である。（原文の）索とは、尽きることである。鄧《とう》皇后が臨朝し、権力を掌握したことをいう。『詩経《しきょう》』（大雅 瞻卬）に、「哲夫は城を建て、哲婦は城を傾ける」とあり、『尚書《しょうしょ》』（牧誓篇）に、「めんどりが鳴くようでは、その家も終わりである」とある。

賛にいう、安《あん》帝の徳は、高みに登らず、漢《かん》の王制を台無しにした［一］。太子を廃位し、（江京《こうけい》ら）姦邪の徒がのさばった［二］。馮石《ふうせき》は寵用され、楊震《ようしん》は怒りにあった［三］。君道は明らかでなく、天道を侵した［四］。

［李賢注］

［一］（原文の）秕《ひ》とは、穀物の実らないことである。政教の誤りを喩えている。『春秋左氏伝《しゅんじゅうさしでん》』（昭公 伝十二年）の祈招の詩に、「わが王制を思う」とある。

［二］（原文の）儲嫡《ちょてき》とは、太子をいう。（原文の）邪蠱《じゃこ》とは、江京たちをいう。

［三］『続漢書《しょくかんじょ》』に、「安《あん》帝は、衛尉《えいい》の馮石《ふうせき》に宝剣・玉玦・絹などを賜った」とある。このため寵用したというのである。（原文の）楊《よう》公とは、楊震《ようしん》である。怒りにあったとは、樊豊《はんぽう》らが楊震を誹《そし》って（楊震は安帝に）恨みの心を抱いていると言い、安帝が楊震を罷免したことをいう。

［四］（原文の）日とは、君道である。（原文の）微とは、明らかでないことである。（原文の）祲《しん》とは、陰陽が互いに侵しあう邪気である。『詩経《しきょう》』（小雅 十月之交）に、「（政治が悪いために日食が頻発し）あの月にも（太陽が）かけ、この日にも（太陽が）かけた」とある。君道は混乱し、政化は次第に悪化し、漢祚《かんそ》〔漢の寿命〕の衰微は、この時より始まった。そのために天道を侵した、というのである。

順・沖・質帝紀第六

孝順《こうじゅん》皇帝は、諱《いみな》を保《ほ》といい〔一〕、安《あん》帝の子である。母の李氏《りし》は、閻《えん》皇后によって殺害された。永寧《えいねい》元〔一二〇〕年、皇太子となった。延光《えんこう》三〔一二四〕年、安帝の乳母である王聖《おうせい》・大長秋《だいちょうしゅう》の江京《こうけい》〔二〕・中常侍《ちゅうじょうじ》の樊豊《はんぽう》らが、皇太子の乳母である王男《おうなん》・厨監《ちゅうかん》の邴吉《へいきつ》らを誹り、刑死《そし》させた。皇太子は（このことを）事あるごとに歎いた。王聖らは、報復を恐れ、樊豊・江京たちと共謀して皇太子を陥れ、（その結果）皇太子は廃されて、済陰《せいいん》王におとされた。翌〔延光四、一二五〕年三月、安帝は崩御し、北郷《ほくきょう》侯が即位した。済陰王は、貶《おと》められた身であったために、上殿して帝の棺に見《まみ》えることができず、悲嘆にくれて食事も取らなかった。内朝・外朝の群臣で、これを哀《かな》しまない者はいなかった。北郷侯が薨去すると、車騎将軍《しゃきしょうぐん》の閻顕《えんけん》と江京は、中常侍の劉安《りゅうあん》・陳達《ちんたつ》たちと共に閻皇太后に申し上げ、（北郷侯の死を）秘密として喪を発さず、また諸国の王子を呼び寄せて、帝位に即《つ》けようと画策した。そこで宮門を閉じ、兵を待機させて守りを固めた。

十一月丁巳《ていし》、京師および郡国の十六ヵ所で地震があった。この夜、中黄門《ちゅうこうもん》の孫程《そんてい》たち十九人は〔三〕、共謀して江京・劉安・陳達たちを斬り、済陰王を徳陽殿《とくようでん》の西鍾《せいしょう》の下より迎え入れ[四]、皇帝の位に即かせた。十一歳であった。近臣の尚書《しょうしょ》以下は（皇帝の車である）輦《れん》に従い、南宮に着き、雲台《うんだい》に登り、百官を招集した。尚書令《しょうしょれい》の劉光《りゅうこう》らが上奏して、「孝安《こうあん》皇帝は、聖徳が盛んであられましたが、早く他界されました。陛下は、その正統（な後継者）で、まさしく宗廟《そうびょう》を受け継ぐべきでしたが、姦臣どもが互いに企《たくら》み、かくて陛下を藩国《はんこく》に隠し[五]、群僚は遠近となく失望しない者はありませんでした。しかし、天命には常道があり、北郷侯は長生きされませんでした。漢《かん》の徳が盛んで、幸いがたいへん明らかなればこそです[六]。近臣の者は建策し、左右の者は補佐し、内外は心を同じくして、天命を受け入れます。どうか陛下は帝位を継ぎ、（漢帝国の継承という）大業を奉戴《ほうたい》し、郊廟《こうびょう》の主となり、祖宗《そそう》の無窮な功業を継承され、上は天の心に則り、下は民の望を満たされますように。なお、このたびの即位のような慌ただしい事態では、儀礼や典範に多く欠ける点がありますので、（儀礼の）次第について検討し、詳細を奏上いたします」と申し上げた。順《じゅん》帝はこれを可《よし》とした。

（順帝は）公卿《こうけい》・百僚を招集し、虎賁《こほん》の士と羽林《うりん》の士を洛陽《らくよう》の南宮と北宮の諸門に駐屯させた[七]。閻顕兄弟は、順帝の即位を聞き、兵を率いて北宮に入ったが、尚書の郭鎮《かくちん》がこれと刃を交えて戦い、ついに閻顕の弟である衛尉《えいい》の閻景《えんけい》を斬った。戊午《ぼご》、使者を派遣して禁中に入らせ、（天子の）璽綬《じじゅ》を奪い取ると、（順帝は）嘉徳殿《かとくでん》に行幸し、侍御史《じぎょし》を派遣して、（天子の使者の証《あかし》である）節《せつ》を持たせて、閻顕とその弟である城門校尉《じょうもんこうい》の閻耀《えんよう》・執金吾《しっきんご》の閻晏《えんあん》を捕らえさせ、みな獄に下して誅殺した。己未《きび》、門を開き、駐屯兵を解散させた。壬戌《じんじゅつ》、司隷校尉《しれいこうい》に詔を下して、「ただ閻顕・江京の一族だけを誅殺し、それ以外の者はなるべく寛大に扱え」とした。壬申《じんしん》、（高祖劉邦《りゅうほう》を祀る）高廟《こうびょう》に（即位を告げるため）拝謁した。癸酉《きゆう》、（世祖光武帝《こうぶ》を祀る）光武廟に（即位を告げるため）拝謁した。乙亥《いつがい》、益州刺史《えきしゅうしし》に詔を下して、子午道《しごどう》を閉鎖し、褒斜路《ほうやろ》を開通させた［八］。己《き》卯《ぼう》、（北郷侯から即位した）少《しょう》帝を諸王の礼で葬った。司空《しくう》の劉授《りゅうじゅ》を罷免した［九］。公卿以下に銭穀を身分に応じて賜った。

十二月甲申《こうしん》、少府《しょうふ》である河南《かなん》郡の陶敦《とうとん》を司空とした［一〇］。郡国の守相となって政務に従事して一年に満たない者であっても、すべて孝廉《こうれん》に属吏を推挙することを許した［一一］。癸卯《きぼう》、尚書が奏請して、「役人に命令を下して、かつて延光三〔一二四〕年九月丁酉《ていゆう》に配布されました、（順帝を貶めて）皇太子を済陰《せいいん》王とした詔書を（順帝の名誉のために）撤回させましょう」と申し上げた。上奏は許可された。京師の洛陽で疫病が蔓延した。辛亥《しんがい》、公卿・郡守・国相に詔を下して、賢良方正《けんりょうほうせい》、およびよく直言極諫《ちょくげんきょくかん》できる者をそれぞれ一人ずつ推挙させた。（順帝即位の政変の際）尚書令を筆頭として、順帝の南宮への行幸に従っ（て順帝を支持し）た者に、みな官秩を増して布を賜うこと、それぞれ差があった。

［李賢注］

［一］（『逸周書《いっしゅうしょ》』）謚法解《しほうかい》篇に、「慈愛に満ち、和やかで、すべての人々を服従させることを順という」とある。伏侯《ふくこう》の『古今注《ここんちゅう》』に、「保の字は、守という意味」とある。

［二］『漢書《かんじょ》』（巻十九上 百官公卿表上）に、「長秋《ちょうしゅう》は、皇后の官。もとは秦《しん》の官である将行《しょうこう》にあたる。景《けい》帝が、名を大長秋に改めた。時に宦官、時に士大夫を用いた。官秩は、二千石である」とある。（後漢《ごかん》の）中興以降は、常に宦官が用いられた。

［三］十九人については、（『後漢書《ごかんじょ》』列伝六十八 宦者）孫程《そんてい》伝に（中黄門《ちゅうこうもん》の孫程・王康《おうこう》、長楽太官丞《ちょうらくたいかんじょう》の王国《おうこく》、中黄門の黄竜《こうりゅう》・彭愷《ほうがい》・孟叔《もうしゅく》・李建《りけん》・王成《おうせい》・張賢《ちょうけん》・史汎《しはん》・馬国《ばこく》・王道《おうどう》・李元《りげん》・楊佗《ようた》・陳予《ちんよ》・趙封《ちょうほう》・李剛《りごう》・魏猛《ぎもう》・苗光《びょうこう》であると）見える。

［四］『漢官儀《かんかんぎ》』に、「崇賢門《すうけんもん》内の徳陽殿《とくようでん》」とある。

［五］皇太子より廃位されて（済北）王となったので、藩国に隠したというのである。

〔六〕（原文の）孔とは、甚だしいことである。（原文の）章とは、明らかなことである。

〔七〕『漢官儀』に、「『尚書《しょうしょ》』（牧誓篇）に、「虎賁三百人」と称している。その猛々しい様子は虎が突進するかのようというのである。（前漢《ぜんかん》の）孝武《こうぶ》帝の建元《けんげん》三（前一三八）年に初めて期《き》門《もん》を置き、平《へい》帝の元始《げんし》元（一）年に名を虎賁郎《こほんろう》と改めた」とある。また、「武《ぶ》帝の太初《たいしょ》元（前一〇四）年に初めて建章営騎《けんしょうえいき》を設置し、後に名を羽林《うりん》と改めた。天に羽林の星があることから、それから取って名づけたのである。また従軍して戦死した者の子孫を引き取り、羽林官で育て、五兵の術を教え込んだ者を号して羽林孤児《うりんこじ》という。光武《こうぶ》帝は、中興の際、征伐に従った士のうち、苦労のあった者をこれに当てたので、名を羽林士《うりんし》とした」とある。

〔八〕子午道は、平《へい》帝の時に、王莽《おうもう》が開通させた。『三秦記《さんしんき》』に、「子午は、長安《ちょうあん》の真南である」と。山は、秦嶺谷《しんれいこく》という名を持ち、あるいは樊川《はんせん》という名も持つ。褒斜《ほうや》は、漢中の谷の名である。南の谷の名を褒、北の谷の名を斜と呼び、道のりは七百里（約291㎞）である。

〔九〕『東観漢記《とうかんかんき》』に、「（劉授《りゅうじゅ》は）江京《こうけい》らに、おもねって相応《ふさわ》しくない人物を辟召《へきしょう》したため、罷免されたのである」とある。

〔一〇〕陶敦《とうとん》は、字《あざな》を文理《ぶんり》といい、京《けい》県の人である。

〔一一〕漢の法では、（郡国の守相は、地方で）政務に従事すること一年を経て、はじめて推挙できた。このときは、順帝《じゅん》が新たに即位した恩恵により、一年を超えない者でも推挙を許したのである。

永建元《えいけん》〔一二六〕年春正月甲寅《こういん》、詔を下して、「先帝は聖徳であったが、在位期間は短く、早々に天子としての大業を放棄した。姦悪な人間が隙につけこみ、人々は怨毒の心を抱いて誹謗し、それが天の調和した気を冒し、疫病が災いを惹《ひ》き起している。朕は、大業を受け継いだが、いまだ平穏無事な世にはできていない。思うに政治を整える根本は、徳恵をひろめ、宿悪を除き、人々と共に心機一転することにある。そこで天下に大赦を行う。男子に爵《しゃく》を賜うこと、人ごとに二級ずつ、後嗣となる者・三老《さんろう》・孝悌《こうてい》・力田《りきでん》には、人ごとに三級ずつ、流民で定住を望む者には一級、鰥《かん》・寡《か》・孤《こ》・独《どく》・篤癃《とくりゅう》・貧しくて自活のできない者には、粟を人ごとに五斛《こく》ずつ、貞婦には帛を人ごとに三匹ずつ与えよ。法に触れて流刑とすべき者でも、流してはならない。亡命者の（手配書を）伝達して逮捕すべき者でも、伝えなくてよい［二］。宗室で罪により（皇室との関係を）断絶された者は、みな宗室の戸籍に戻せ。また閻顕《えんけん》・江京《こうけい》などに関わった者でも、すべてを取り調べる必要はない。（役人は）努力して自分の職務を全うし、それにより我が民を安んぜよ」とした。

辛未《しんび》、皇太后の閻氏《えんし》が崩御した。辛巳《しんし》、太傅《たいふ》の馮石《ふうせき》、太尉《たいい》の劉熹《りゅうき》、司徒《しと》の李郃《りこう》を罷免した[二]。二月甲申《こうしん》、安思《あんし》皇后（と諡《おくりな》された閻皇太后）を葬った。丙戌《へいじゅつ》、太常《たいじょう》の桓焉《かんえん》を太傅、大鴻臚《だいこうろ》の朱寵《しゅちょう》を太尉・参録尚書事《さんろくしょうしょじ》となし、長楽少府《ちょうらくしょうふ》である九江《きゅうこう》郡の朱倀《しゅちょう》を司徒とした[三]。百官の中で（即位の政変の際）天子に随従し宿営して、官を拝命した者に、布を賜うことそれぞれ差があった。隴西《ろうせい》郡〔甘粛省臨洮一円〕の鍾羌《しょうきょう》が反乱を起こしたが、護羌校尉《ごきょうこうい》の馬賢《ばけん》が討伐してこれを破った。

夏五月丁丑《ていちゅう》、幽《ゆう》州・并《へい》州・涼《りょう》州の刺史《しし》に詔《みことのり》を下して、それぞれ二千石から（二百石の）黄綬《こうじゅ》までの官僚で、年老いて体力が衰え、軍務に耐えられない者を調査して[四]、名前を報告させた。厳しく堡塁《ほるい》（を守る役人）に命じて、屯営《とんえい》の防備を修繕させ、立秋の後に軍馬の演習を行え、とした。六月己亥《きがい》、済南《せいなん》王の劉錯《りゅうさく》の子である劉顕《りゅうけん》を済南王とした。秋七月庚午《こうご》、衛尉《えいい》の来歴《らいれき》を車騎将軍《しゃきしょうぐん》とした。八月、鮮卑《せんぴ》が、代《だい》郡に侵寇し、（迎え撃った）代郡太守の李超《りちょう》は戦没した。九月辛亥《しんがい》、初めて三公・尚書を（内朝の中まで）入れて、事を上奏させた。

冬十月辛巳《しんし》、詔を下して、死罪以下の者の罪を減らして辺境防衛に赴かせ、名籍を失った逃亡者に罪を購《あがな》わせること、それぞれ差があった。丁亥《ていがい》、司空《しくう》の陶敦《とうとん》を罷免した。鮮卑が辺境に侵寇した。庚寅《こういん》、黎陽営《れいようえい》の兵を派遣して、中山国《ちゅうざん》〔河北省定県一円〕の北の地域に駐屯させた。幽州刺史《ゆうしゅうしし》に告げ、（鮮卑の勢力圏と）隣接する郡では歩兵を増員して、（国境線の）塞《とりで》の付近に駐屯させた。（長水・歩兵・射声・屯騎・越騎校尉配下の）五営《ごえい》の弩《ど》〔いしゆみ〕の射撃教官を選び、郡は（射撃教官の）五人と共に、戦射の技術を教習させた[五]。壬寅《じんいん》、廷尉《ていい》の張皓《ちょうこう》を司空とした。甲辰《こうしん》、詔を下して、疫病と水害を理由に、今年の田租を半分とし、被害が十分の四より上の者からは徴収せず、十分の四に満たぬ者も実損に応じて（課税を）免除した。十二月辛巳《しんし》、王と公主と貴人と公卿より下（の官僚）に、布をそれぞれ身分に応じて賜った。

［李賢注］
［一］四人のうち、逃亡したので次々と触れ伝えて逮捕せねばならない者も、これを許して捕らえてはならない、としたのである。
［二］馮石《ふうせき》は、字を次初《じしょ》という。『東観漢記《とうかんかんき》』に、「馮石と劉熹《りゅうき》は、勢力の強い者に媚びへつらい朋党を作ったため、（また）李部《りこう》は、民に疫病の多いことの責任により罷免した」とある。

［三］朱寵《しゅちょう》は字を仲威《ちゅうい》といい、京兆尹《けいちょういん》杜陵《とりょう》県の人である。朱倀《しゅちょう》は字を孫卿《そんけい》といい、寿春《じゅしゅん》県〔安徽省寿県〕の人である。倀は音が丑良《ちゅうりょう》の反《はん》である。

［四］（原文の）実とは、調査をいう。二千石とは、太守をいう。黄綬とは、県丞《けんじょう》や県尉《けんい》のことをいう。『漢書《かんじょ》』（巻十九上 百官公卿表上）に、「比二百石以上は、（官印は）銅印であり（その印を提げる紐は）黄綬」とある。

［五］（原文の）調とは、選ぶことである。五営《ごえい》とは、五校である。長水《ちょうすい》・歩兵《ほへい》・射声《せきせい》・屯騎《とんき》・越騎《えつき》の五校尉をいう。

永建《えいけん》二（一二七）年春正月戊申《ぼしん》、楽安《らくあん》王の劉鴻《りゅうこう》が来朝した。丁卯《ていぼう》、常山《じょうざん》王の劉章《りゅうしょう》が薨去した。二月、鮮卑《せんぴ》が遼東《りょうとう》郡と玄菟《げんと》郡に侵寇した。甲辰《こうしん》、詔を下して、荊《けい》州・豫《よ》州・兗《えん》州・冀《き》州の四州の流民と貧民に穀物を支給し、それぞれの場所で生業がたつようにし、病気の者には医者と薬を施《ほどこ》した。護烏桓校尉《ごうがんこうい》の耿曄《こうよう》が、（匈奴《きょうど》の）南単于《みなみぜんう》を率いて鮮卑を撃ち、これを破った。三月、日照りがあった。使者を派遣して、囚徒に無実の罪がないか、取り調べが正しく行われているかを再尋問させた。疏勒《そろく》国が使者を派遣して奉献した。

夏六月乙酉《いつゆう》、追尊して皇帝の母である李氏《りし》に恭愍皇后《きょうびん》と諡《おくりな》をして、（安《あん》帝の）恭陵の北に埋葬し直した。西域長史《さいいきちょうし》の班勇《はんゆう》、敦煌太守《とんこうたいしゅ》の張朗《ちょうろう》が、焉耆《えんき》国・尉犂《いり》国・危須《きしゅ》国の三国を討ち、これらを破った。（三国は）みな（人質となる）侍子《じし》を派遣して貢献した。秋七月甲戌朔《こうじゅつさく》、日食があった。壬午《じんご》、太尉《たいい》の朱寵《しゅちょう》、司徒《しと》の朱倀《しゅちょう》を罷免した。庚子《へいし》、太《たい》常《じょう》の劉光《りゅうこう》を太尉《たいい》・録尚書事《ろくしょうしょじ》、光禄勳《こうろくくん》の許敬《きょけい》を司徒とした［一］。辛丑《しんちゅう》、下邳《かひ》王の劉成《りゅうせい》が薨去した。

［李賢注］

［一］劉光《りゅうこう》は、字を仲遼《ちゅうりょう》といい、太尉の劉矩《りゅうく》の弟である。許敬《きょけい》は、字を鴻卿《こうけい》といい、平輿県《へいよけん》の人である。

永建《えいけん》三〔一二八〕年春正月丙子《へいし》、京師に地震があり、漢陽《かんよう》郡〔甘粛省甘谷の南東〕では地盤が沈下して地割れを起こした。甲午《こうご》、詔を下して実態を調査させ、被害者で七歳以上の者には銭を人ごとに二千ずつ賜与し、一家ごと死亡した場合には、郡県に埋葬させた。乙未《いつび》、詔を下して、漢陽郡の今年の田租・口賦を徴収するな、と伝えた。夏四月癸卯《きぼう》、光禄大夫《こうろくたいふ》を派遣して、漢陽郡および河内郡《かだい》・魏郡《ぎ》・陳留郡《ちんりゅう》・東郡《とう》を巡行させ、貧民には穀物を賜与した。六月、日照りがあった。使者を派遣して、囚人に無実の罪がないか、取り調べが正しく行われているかを再尋問させ、軽罪の刑徒を（釈放する方向で）再審理させた。甲寅《こういん》、済南《せいなん》王の劉顕《りゅうけん》が薨去した。

秋七月丁酉《ていゆう》、（前漢《ぜんかん》武帝《ぶ》の陵である）茂陵《もりょう》の園陵に設けられている寝《しん》と廟《びょう》が焼け（たことを天からの戒めと考え）、順《じゅん》帝は白い喪服を着て正殿を避け（て謹慎し）た[一]。辛亥《しんがい》、太常《たいじょう》の王龔《おうきょう》に節を持たせて、茂陵で報告のための祭祀をさせた。九月、鮮卑《せんぴ》が漁陽《ぎょよう》郡に侵寇した。冬十二月己亥《きがい》、太傅《たいふ》の桓焉《かんえん》を罷免した[二]。この年、車騎将軍《しゃきしょうぐん》の来歴《らいれき》を罷免した。

［李賢注］

［一］（原文の縞《こう》について）『爾雅《じが》』に、「縞とは、皓《しろ》いことである。繒《きぬ》の精白なものを縞という」とある。

［二］『東観漢記《とうかんかんき》』に、「（桓焉《かんえん》は）清らかで飾らない士を辟召《へきしょう》しないことを理由に、罷免した」とある。

永建《えいけん》四〔一二九〕年春正月丙寅《へいいん》、詔を下して、「朕は、諸王や三公《さんこう》の上に身を置いて（皇帝となって）いるものの、政道に関わってより日は浅く、政治はみな中庸を失い、陰陽の気は阻害されて調和せず、寇盗は跳梁し、刑獄は溢《あふ》れかえり、（それを）憂い憔《しょう》悴《すい》して長く歎き、その痛みは頭痛のようである。『詩経《しきょう》』（小雅巧言）に、「君子が正人に福を与えれば、乱は速やかに止み、天下は平安になろう」とある〔一〕。（月の朝である朔・歳の朝である旦・歳の朝である立春という）三朝《さんちょう》の会にあたる朔旦立春《さくたんりっしゅん》において、天下の民と共に心を洗い清めて、心機一転をはかる。そこで天下に大赦する。永建元〔一二六〕年春正月甲寅《こういん》に発した大赦令以後（罪を犯したもの）については、官秩と属籍《ぞくせき》を復活し、永建三〔一二八〕年正月以後（罪を犯したもの）については、贖罪のために納めた銭を返還せよ。閻顕《えんけん》や江京《こうけい》たちと面識や婚姻関係があることで禁錮《きんこ》〔官僚に登用されない〕とされていた者も、一律に赦《ゆる》して禁錮を解け〔二〕。務めて寛容に支配し、敬《つつし》んで時令《じれい》に則り、経典に従って苛政を遠ざけ、朕の思いに適《かな》った政治をせよ」とした。

丙子《へいし》、皇帝が元服式を行った〔三〕。王・公主・貴人・公卿より下に金帛を賜ることは、それぞれ差があり、男子に爵《しゃく》を賜い、および流民の定住を望む者には人ごとに一級ずつ、後嗣となる者・三老《さんろう》・孝悌《こうてい》・力田《りきでん》には人ごとに三級ずつ、鰥《かん》・寡《か》・孤《こ》・独《どく》・篤癃《とくりゅう》・貧しくて自活のできない者には帛を人ごとに一匹ずつ与えた。二月戊戌《ぼじゅつ》、詔を下して、民が山に入って石を切り出し、地中の蔵気を漏らしたため、役人に命令して禁止区域を検察させること、建武《けんむ》年間〔二五～五五年〕や永平《えいへい》年間〔五八～七五年〕の故事のようにした。夏五月壬辰《じんしん》、詔を下して、「天下にしきりと災異が起こるので、朝廷は政治を修め、太官令《たいかんれい》には膳を減らさせ、珍玩を手すさぶことも止めた。それなのに桂陽太守《けいようたいしゅ》の文礱《ぶんろう》は〔四〕、忠節を尽くし、わが朝廷の徳を宣揚しようと思わず、遠来より大珠を寄越し、寵遇を得ようとした。いま封印してこれを（蒲密に）返還する」とした。五州で水害があった。

秋八月庚子《こうし》、使者を派遣して死亡した者の実態を調査し、（死者を）収容して（貧者に食料を）支給した。丁巳《ていし》、太尉《たいい》の劉光《りゅうこう》と司空《しくう》の張晧《ちょうこう》を罷免した〔五〕。九月、安定《あんてい》郡・北地《ほくち》郡・上《じょう》郡を復活して、（住民を）もとの土地に戻らせた〔六〕。癸酉《きゆう》、大鴻臚《だいこうろ》の龐参《ほうさん》を太尉・録尚書事《ろくしょうしょじ》とした。太常《たいじょう》の王龔《おうきょう》を司空とした。冬十一月庚辰《こうしん》、司徒《しと》の許敬《きょけい》を罷免した〔七〕。鮮卑《せんぴ》が朔方《さくほう》郡〔内蒙古自治区磴口県の北一円〕に侵寇した。十二月乙卯《いつぼう》、宗正《そうせい》の劉崎《りゅうき》を司徒とした〔八〕。この年、会稽《かいけい》郡を分けて呉《ご》郡〔江蘇省蘇州市一円〕を置いた。

拘弥《こうび》国が使者を派遣して貢献した。

［李賢注］

［一］（『詩経《しきょう》』小雅 巧言の）解釈は、章《しょう》帝紀に示した。

［二］妻の父を婚といい、婿の父を姻という。（原文の）一《いつ》とは、ほぼ皆と同じという意味である。

［三］（元服とは）加冠のことである。

［四］（礱《ろう》の）音は力公の反《はん》である。

［五］『東観漢記《とうかんかんき》』に、「（太尉《たいい》の劉光《りゅうこう》と司空《しくう》の張皓《ちょうこう》は）陰陽が調和していないのに、ながらく病にかこつけ（て参内しなかっ）たので、罷免した」とある。

［六］安《あん》帝の永初《えいしょ》五〔一一一〕年に（住民を）移し、今これを戻したのである。

［七］『東観漢記』に、「（許敬《きょけい》は）使者を侮辱したので策（という文書）により罷免したが、千石の棄て扶持を賜って、生涯を終えさせた」とある。

［八］劉崎《りゅうき》は、字を叔峻《しゅくしゅん》といい、華陰《かいん》県の人である。

永建《えいけん》五〔一三〇〕年春正月、疏勒《そろく》王が侍子《じし》〔人質〕を派遣して、大宛《だいえん》王と莎車《さしゃ》王が共に使者を派遣して貢献した。夏四月、京師で日照りがあった。辛巳《しんし》、詔を下して、郡国の貧民で被災した者からは、今年分の（兵役代納金である）過更銭《かこうせん》を徴収してはならないとした。京師および郡国の十二ヵ所で蝗《いなご》の害があった。冬十月丙辰《へいしん》、詔を下して、郡国と中都官《ちゅうとかん》に繋がれている死刑囚は、みな罪一等を減じて、北地《ほくち》郡・上《じょう》郡・安定《あんてい》郡に送って戍卒《じゅそつ》〔長城の守備兵〕とした。乙亥《いつがい》、定遠《ていえん》侯の班始《はんし》が、その妻である陰城公主《いんじょうこうしゅ》を殺した罪で腰斬《ようざん》となり〔一〕、兄弟はみな公開処刑された。

［李賢注］

〔一〕班始《はんし》は、班超《はんちょう》の孫であり、順《じゅん》帝の姑《おば》である陰城公主《いんじょうこうしゅ》を娶っていた。『東観漢記《とうかんかんき》』に、「陰城公主は、名を賢得《けんとく》という」とある。

永建《えいけん》六（一三一）年春二月庚午《こうご》、河間《かかん》王の劉開《りゅうかい》が薨去した。三月辛亥《しんがい》、伊吾《いご》の屯田を復活して〔一〕、伊吾司馬《いごしば》を一人設置した。秋九月辛巳《しんし》、太学《たいがく》を修繕した。護烏桓校尉《ごうがんこうい》の耿曄《こうよう》が、兵を派遣して鮮卑《せんび》を撃ち、これを破った。丁酉《ていゆう》、于闐《うてん》王が、侍子を派遣して貢献した。冬十一月辛亥《しんがい》、詔を下して、「水害が連年あり、冀《き》州が最もひどい。ちかごろ実害を被った分の租税を免除して、生活困窮者を経済的に援助したが、それでも人々には生業を棄てて、流亡する者が絶えない。それは郡県が（救済に）心を砕かず怠惰で、恩沢が施されていないからではないか。『周易《しゅうえき》』（風雷益卦）に、「上（の君主）が己のものを減らして下（の人々）を増やす」ことを美《ほ》め、『尚書《しょうしょ》』（皐陶《こうよう》謨《ぼ》篇）に、「民を安んずるものは仁愛」とある〔二〕。そこで冀州に令して今年の田租とまぐさの税を徴収しない」とした。十二月、日南《にちなん》郡〔ヴェトナム平治天省一円〕の砦《とりで》の外の（異民族の国である）葉調《しょうちょう》国と撣《せん》国が、使者を派遣して貢献した〔三〕。壬申《じんしん》、客星が牽牛宿《けんぎゅうしゅく》に現れた。于闐王が侍子を派遣して、宮城の門に至らせて貢献した。

［李賢注］

［一］（伊吾《いご》の屯田は）章《しょう》帝の建初《けんしょ》二〔七七〕年に廃止していた。

［二］『周易《しゅうえき》』風雷益卦に、「上（の君主）が己のものを減らして下（の人々）を増やせば、人々の喜ぶことは限りがない」とある。（原文の）恵とは、いつくしむことである。『尚書《しょうしょ》』皐陶謨篇に、「民を安んずるものは仁愛で、（それにより）多くの民はこれに懐く」とある。

［三］『東観漢記《とうかんかんき》』に、「葉調国王《しょうちょうこくおう》が、使者の師会《しかい》を派遣して、宮城の門に至らせて貢献した。

師会を漢帰義葉調邑君《かんきぎしょうちょうゆうくん》に封じ、その主君（である葉調国王）には紫綬《しじゅ》を授けた。また撣国《せんこく》王《おう》の雍由《ようゆう》にも金印紫綬を賜った」とある。撣《せん》は音が擅である。

陽嘉《ようか》元〔一三二〕年春正月乙巳《いっし》、皇后に梁氏《りょうし》を立てた。爵を賜ること人ごとに二級ずつ、三老・孝悌・力田には三級ずつ、民の爵位が公乗《こうじょう》を越えた者には、子もしくは兄弟・兄弟の子に移し与えることを許し、民の戸籍の無い者および流民の定住を望む者には人ごとに一級ずつとした。鰥《かん》・寡《か》・孤《こ》・独《どく》・篤癃《とくりゅう》・貧しく自活のできない者には粟《ぞく》を人ごとに五斛ずつ与えた。二月、海賊の曾旌《そうせい》たちが、会稽《かいけい》郡に侵寇して、句章《くしょう》県〔浙江省余姚の南〕・鄞《きん》県〔浙江省奉化市の東〕・鄮《ぼう》県〔浙江省寧波市の東〕の三県の県長《けんちょう》を殺し[一]、会稽東部都尉《かいけいとうぶとい》を攻撃した。海に面した県に詔を下して、それぞれ軍兵を駐屯させて守らせた。丁巳《ていし》、皇后が高廟《こうびょう》・光武廟《こうぶびょう》に拝謁した。詔を下して、甘陵《かんりょう》県〔山東省臨清市の北東〕の貧民に穀物を賜り、歳の老若により、それぞれ差があった。京師で日照りがあった。庚申《こうしん》、郡国の太守に勅命を下して、それぞれ名山や五岳・四瀆《しとく》に（雨を）祈らせ、大夫《たいふ》・謁者《えつしゃ》を派遣して中岳嵩山《ちゅうがくすうざん》と首陽山《しゅようざん》に到らせ（雨を祈らせ）、あわせて黄河《こうが》と洛水《らくすい》を祀って、雨乞いをさせた[二]。戊辰《ぼしん》、（雨乞いの儀礼である）雩祭《うさい》を行った。冀州《き》では、ここ数年水害が続き、民が食糧に事欠く有様なため、詔を下して、被害の実情を視察し、種籾を貸し付け、農耕を奨励し、貧窮者には穀物を配った。

甲戌《こうじゅつ》、詔を下して、「政治が和を欠いているため、陰陽の二気が失調をきたし、冬に根雪が少なく、春に恵みの雨が降らない。手分けして雨を祈り、神とあらば雨乞いの祭祀を行わぬものはないほどなのにである[三]。よもや在所の者どもが（『論語《ろんご》』八佾篇の）「神を祭る時は、そこに神がおわすかのごとく祭る」という義に違っているためではないかと、疑わずにはいられない[四]。いま侍中の王輔《おうほ》らを派遣し、節を持たせ岱山《たいざん》・東《とう》海《かい》・滎陽《けいよう》・黄河《こうが》・洛水《らくすい》に向かわせ、心を尽くして祈禱させる」とした[五]。三月、揚《よう》州の六郡の妖賊である章河《しょうが》たちが、四十九の県に侵寇し、長吏を殺傷した。庚寅《こういん》、帝は辟雍《へきよう》に臨んで饗射礼《きょうしゃれい》を行い、天下に大赦して、陽嘉と改元した。詔を下して、宗室の属籍を除かれた者を特別に復籍させ、冀州の貧民に稲を貸し、今年の（兵役代納金である）過更《かこう》・（土地税である）田租《でんそ》・（人頭税である）口賦《こうふ》を免除した。

夏五月戊寅、阜陵《ふりょう》王の劉恢《りゅうかい》が薨去《こうきょ》した。秋七月、史官において初めて（地震計である）候風地動銅儀《こうふうちどうどうぎ》を作成した[六]。丙辰《へいしん》、太学を補修し終えたので、明経《めいけい》の者を試験し、成績劣等な者は博士弟子《はくしていし》とした。（博士弟子の射策《せきさく》の合格者である）甲科《こうか》・乙科《おつか》の人員をそれぞれ十人ずつ増員した［七］。郡国の宿儒九十人を登用して郎官《ろうかん》と舎人《しゃじん》に任命した。九月、詔を下して郡国と中都官《ちゅうとかん》に繋がれている囚人は、みな死罪一等を減じ、亡命者には罪を贖《あがな》わせること、それぞれ差があった。鮮卑《せんぴ》が遼東《りょうとう》郡に侵寇した。冬十一月甲《こう》申《しん》、望都《ぼうと》県〔河北省唐県の北東〕と蒲陰《ほいん》県〔河北省完県の北西〕の狼が、女や子ども九十七人を殺した［八］。詔を下して、狼が殺した者（の家族）へ銭を賜うこと、人ごとに三千銭ずつであった。辛卯《しんぼう》、初めて郡国（の太守と国相）に孝廉《こうれん》を推挙させる際に、年齢は四十歳以上に限るとし、〔儒教を学ぶ〕諸生《しょせい》であれば章句〔経典解釈〕に通暁し、〔法律を学ぶ〕文吏《ぶんり》であれば牋奏〔上奏文〕を得意とするものを、孝廉の選挙に応じさせることにした。ただし優れた才能と行いが顔淵《がんえん》や子奇《しき》のような者については、年齢に拘《こだわ》らないとした［九］。十二月丁未《ていび》、東平《とうへい》王の劉敞《りゅうしょう》が薨去した。庚戌《こうじゅつ》、また玄菟《げんと》郡に、屯田を六部置いた。

閏月丁亥《ていがい》、詔によって郎官《ろうかん》を拝命したもので、年齢が四十以上であれば、孝廉科《こうれんか》のような察挙に参加することを認め、歳ごとに一人を推挙させるとした。戊子《ぼし》、客星が天苑《てんえん》に出現した。辛卯《しんぼう》、詔を下して、「さきごろより、役人が仕事に勤めず、そのため災異が再三起こり、盗賊が多発している。退いてその原因を考えてみると、みな選挙が実体通りでなく、官にその人を得ない（ことが理由である）。このため天の心を得られず、人の情に怨む所が多くなっている。『尚書《しょうしょ》』（皐陶謨篇）は、股肱の善良を歌い、『詩経《しきょう》』（小雅 雨無正）は、三公《さんこう》の任務を戒めている〔一〇〕。いま刺史《しし》・二千石《にせんせき》の任命は、三公に委任している〔一一〕。（三公は）先後をはっきりと順序づけ、高下をしっかりと把握して、（官僚としての）年功の順序、文官武官の適否、それらの中庸を考えて任用せよ」とした。庚子《こうし》、（安《あん》帝の）恭陵《きょうりょう》の百丈（231ｍ）に及ぶ回廊に災害があった〔一二〕。この年、西苑《せいえん》を建造し、宮殿を改築した。

［李賢注］

〔一〕（句章《くしょう》県・鄞《きん》県・鄮《ぼう》県の）三県は、みな会稽《かいけい》郡に属している。鄮《ぼう》県は、唐《とう》の越州《えつしゅう》県にあたる。句章県の故城は、唐の鄮県の西にある。鄞県の故城は、鄮県の東南にある。鄞の音は銀、鄮の音は茂である。

〔二〕首陽山《しゅようざん》は、洛陽《らくよう》の東北にある。

〔三〕（原文の禜《えい》について）『説文解字《せつもんかいじ》』（巻一上）に、「禜とは、縄を張りめぐらせて束ねた茅《ちがや》を四隅に立てて場所を囲み、水旱の解消を祈ることである」という。禜は、音が詠である。『詩《し》経《きょう》』（大雅 雲漢）に、「神という神を一々あげても祭らぬということはない（ほど多くの神をまつる）」とある。

[四]『論語《ろんご》』（八佾篇）に、「神を祭る時は、そこに神がおわすかのごとく祭る」とある。

[五] 済水《せいすい》は、四瀆《しとく》の一つである。河南に至って溢《あふ》れて滎沢《けいたく》となる。そのため滎陽《けいよう》でこれを祀るのである。

[六] このとき張衡《ちょうこう》が太史令《たいしれい》となり、これを作った。

[七]『前書音義《ぜんしょおんぎ》』に、「甲科（は次のようなものである）。竹簡に書かれた設問を机の上に並べて置き、試験を受ける者が、（自分の）意志により任意に（設問を）選びとって、これに答える。これを射策《せきさく》という。成績上位の者を甲とし、次点の者を乙とする。もし政治や教化の得失を記録して、明確にこれを問えば、これ（への答え）を対策《たいさく》という」とある。

[八] 望都《ぼうと》は、県の名であり、中山《ちゅうざん》国に属する。唐の定州《ていしゅう》県にあたる。章《しょう》帝が曲逆《きょくぎゃく》県を改名して蒲陰《ほいん》県とし、また中山国に属させた。望都県と近い。故城は唐の定州の北にある。『東《とう》観漢記《かんかんき》』もまた「蒲」の字に作り、俗本が多く「満」の字に作ることは、誤りである。『東観漢記』にはまた、「北岳を祀らないことで（狼に女や子どもが殺される事件が）起きた。詔を下して、政治が中庸を失ったので、狼の災異が応として起こり、身寄りのない者や幼児を

無残にも食い殺すに至った。広くその理由を考えると、山岳は尊い霊であり、国家が遙かに望んで祀るべきものである。だが、このごろは奉祀をせず、またみだりに刑罰が行われたので、害が妊婦に加えられたのであろう、とした」とある。

［九］『史記《しき》』（巻六十七 仲尼弟子列伝）に、「顔回《がんかい》は、魯《ろ》国の人である。学問を好み、二十九歳で、髪はことごとく白く（なるほど努力し）、若くして死んだ」とある。（劉向《りゅうきょう》の）『新序《しんじょ》』に、「子奇《しき》が十八歳の時、斉《せい》の君主は、子奇を派遣して阿《あ》県を教化させようとした。阿県に着任すると、（子奇は）その兵器庫の武器を鋳つぶして農耕具に変え、米倉を開けて貧窮した者に施したところ、阿県は大いに教化された」とある。

［一〇］『尚書《しょうしょ》』（唐《とう》代の『偽古文尚書《ぎこぶんしょうしょ》』では）益稷《えきしょく》篇（だが漢《かん》代の『今文尚書《きんぶんしょうしょ》』では皐陶謨篇）に、帝舜《しゅん》は歌を作り、「君主は努めよ、股肱は善良であれ」としている。『詩経《しきょう》』小雅《しょうが》（雨無正）に、「三卿や大夫たちも、朝早くから夕べまで（朝廷に出て政治を）するものがない。邦君たる諸侯も、朝夕に王朝に出（て政治をするものは）ない」とある。

［一一］（原文の）三司《さんし》とは、三公《さんこう》のことである。すなわち太尉《たいい》・司空《しくう》・司徒《しと》のことである。（原文の）帰とは、委任するという意味である。

［一二］恭陵《きょうりょう》とは、安《あん》帝の陵である。廡とは、廊屋《ろうおく》である。『説文解字《せつもんかいじ》』（巻九）に、「堂のまわり

の周屋《しゅうおく》を廡という」とある。

陽嘉《ようか》二（一三三）年春二月甲申《こうしん》、詔を下して、呉《ご》郡と会稽《かいけい》郡の飢饉に対して、種籾を貸し付けた。三月、使匈奴中郎将《しきょうどちゅうろうしょう》の王稠《おうちょう》が、左骨都侯《さこつとこう》（の夫沈）たちを率いて鮮卑《せんぴ》を撃ち、これを破った。辛酉《しんゆう》、京師の宿儒のうち、六十歳以上の者四十八人を登用して、（皇帝の）郎官《ろうかん》・舎人《しゃじん》および諸王国の郎官に任用した。夏四月、また隴西南部都尉《ろうせいなんぶとい》の官を設置した[一]。己亥《きがい》、京師で地震があった。五月庚子《こうし》、詔を下して、「朕は不徳の身でありながら、大業を継承したが、天地の理法に従い、陰陽の気を調和できず、災異がしばしば現れ、咎《とが》めの証《しるし》がしきりに至るようになった。地が動くという異変が京師に起こされ、（その天譴に対して）矜矜《きょうきょう》と身を慎み、自ら裁く手段を知らぬ。各官庁の長官は、いかにして朕の至らぬ点を匡《ただ》し助け、天が戒めとして示した異変に応えようとするのか。災異は理由無く起こらず、必ず応（ずる悪政）に対応している。そこで各々心を尽くし、悪い点を直言し、隠してはならぬ」とした。戊午《ぼご》、司空《しくう》の王龔《おうきょう》を罷免した。

六月辛未《しんび》、太常《たいじょう》である魯《ろ》国の孔扶《こうふ》を司空とした[二]。疏勒《そろく》国が、獅子と封牛《ほうぎゅう》を献上した[三]。丁丑《ていちゅう》、洛陽《らくよう》で地盤が陥没した。この月に日照りがあった。秋七月己未《きび》、太尉《たいい》の龐参《ほうさん》を罷免した。八月己巳《きし》、大鴻臚《だいこうろ》である沛《はい》国の施延《しえん》を太尉とした[四]。鮮卑が代《だい》郡に侵寇した。冬十月庚午《こうご》、辟雍《へきよう》で大射礼《たいしゃれい》を行い、（冬至の十月に配当される）応鐘《おうしょう》（の音楽）を奏《かな》で、初めて（音律の基準となる）黄鐘《こうしょう》を復興し、楽器を作る時にそれぞれの月の律に従わせることにした[五]。

［李賢注］

［一］武《ぶ》帝の元朔《げんさく》四〔前一二五〕年、初めて隴西南部都尉《ろうせいなんぶとい》を隴西《ろうせい》郡臨洮《りんとう》県に設置した。（光武《こうぶ》帝の）中興以来（隴西南部都尉は）廃止されていたが、ここに至り再びこれを設置した。

［二］孔扶《こうふ》は、字を仲淵《ちゅうえん》という。

［三］『東観漢記《とうかんかんき》』に、「疏勒《そろく》王の盤《ばん》は、使者の文時《ぶんじ》を派遣して、宮殿の門に至らせた」とある。師子《しし》は、虎に似て、からだの色は黄色で、たてがみがあり、尾の端は茸毛《にこげ》でその大きさは斗《ますがた》のようである。封牛《ほうぎゅう》は、その首周りの肉が隆起して封《つちもり》のようなので、このように名づけられた。すなわち唐の峯牛《ほうぎゅう》である。

［四］施延《しえん》は、字を君子《くんし》といい、蘄《き》県〔安徽省宿県の南〕の人である。

［五］（十二支のうち）子を黄鐘《こうしょう》に配当する、（黄鐘の）律管の長さは九寸〔約21㎝〕である。（相

対音高である）声《せい》に、軽重と長短があるように、度量〔衡の軽重と長短〕も、みな黄鍾を基準とする。（楽器を作る時にそれぞれの）月の律に沿わせるとは、『礼記《らいき》』月令《がつりょう》篇に、「正月の律は太蔟《たいそう》にあたり、二月の律は夾鍾《きょうしょう》にあたり、三月の律は姑洗《こせん》にあたり、四月の律は仲呂《ちゅうりょ》にあたり、五月の律は蕤賓《すいひん》にあたり、六月の律は林鍾《りんしょう》にあたり、七月の律は夷則《いそく》にあたり、八月の律は南呂《なんりょ》にあたり、九月の律は無射《ぶえき》にあたり、十月の律は応鍾《おうしょう》にあたり、十一月の律は黄鍾《こうしょう》にあたり、十二月の律は大呂《たいりょ》にあたる」とある（ことに合わせることである）。『東観漢記』に、「元和《げんわ》年間〔八四～八六年〕以来、音律は狂い調わなかったので、修復してもとの通りにした」とある。蔟の音は湊《そう》である。

陽嘉《ようか》三〔一三四〕年春二月己丑《きちゅう》、詔を下して、「久しく日照りが続いているので、京師《けいし》の諸獄（に繋がれている囚人）は軽重となく、みなしばらく尋問をせず、恵みの雨を得るまで待て」とした。三月庚戌《こうじゅつ》、益州《えき》の盗賊が、県令《けんれい》や県長《けんちょう》をおびやかし、列侯《れっこう》を殺した。夏四月丙寅《へいいん》、車師後部司馬《しゃしこうぶしば》が、車師後部王の加特奴《かとくど》たちと共に、匈奴《きょうど》を急襲して大いに破り、（単于の）末の叔母を捕らえた。五月戊戌《ぼじゅつ》、制詔して、「むかし我が太《たい》宗文帝《そうぶん》は、大いなる明徳を上下に行き渡らせ、倹約の徳により民を慈しみ、政治の安定をもたらした。朕の手腕は未熟で、政治に道を失うことが多いので、天地は大いに怒り、災異がしきりに起きている。春夏と続けて日照りがあり、寇賊はいよいよ勢いを増し、民草は被害を受け、朕は慙愧《ざんき》に耐えぬ。天下と共に心を洗い清め、新たに始めることが望ましい。そこで天下に大赦し、斬首以下、謀反や大逆などの犯罪で恩赦の対象とならない者であっても、みな恩赦して罪を除け。民の八十歳以上の者には、一人ごとに米一斛、肉二十斤《きん》、酒五斗《と》ずつを賜い、九十歳以上の者には、さらに一人ごとに帛二匹、絮《じょ》三斤ずつを賜与する」とした。

秋七月庚戌《こうじゅつ》、鍾羌《しょうきょう》が隴西《ろうせい》郡と漢陽《かんよう》郡に侵寇した。冬十月、護羌校尉《ごきょうこうい》の馬続《ばしょく》が撃って、これを破った。十一月壬寅《じんいん》、司徒《しと》の劉崎《りゅうき》と司空《しくう》の孔扶《こうふ》を罷免した。乙巳《いつし》、大司農《だいしのう》である南《なん》郡の黄尚《こうしょう》を司徒とし、光禄勲《こうろくくん》である河東《かとう》郡の王卓《おうたく》を司空とした〔一〕。丙午《へいご》、武《ぶ》都《と》郡の辺境に群がっている羌族《きょうぞく》と辺境外の羌族が、駐屯している役人を撃破し、住民と家畜を略奪した。

〔李賢注〕

〔一〕黄尚《こうしょう》は、字を伯《はく》といい、河南《かなん》郡邔県《きけん》〔湖北省宜城の北〕の人である。王卓《おうたく》は、字を仲遼《ちゅうりょう》といい、河東《かとう》郡解《かい》県〔山西省臨猗の南西〕の人である。邛の音は求紀《きゅうき》の反《はん》である。

陽嘉《ようか》四〔一三五〕年春二月丙子《へいし》、初めて宦官が養子を取り継嗣となし、封爵を世襲することを許した。昨年の冬より日照りとなり、この月まで続いた。謁者《えつしゃ》の馬賢《ばけん》が鍾羌《しょうきょう》を撃ち、大いにこれを破った。夏四月甲子《こうし》、太尉《たいい》の施延《しえん》を罷免した[一]。戊寅《ぼいん》、執金吾《しっきんご》の梁商《りょうしょう》を大将軍《だいしょうぐん》とし、前《さき》の太尉である龐参《ほうさん》を太尉とした。六月己未《きび》、梁《りょう》王の劉匡《りゅうきょう》が薨去した。

秋七月己亥《きがい》、済北《せいほく》王の劉登《りゅうとう》が薨去した。閏月丁亥《ていがい》朔、日食があった。冬十月、烏桓《うがん》が雲中《うんちゅう》郡に侵寇した。十一月、度遼将軍《どりょうしょうぐん》の耿曄《こうよう》が〔烏桓に〕蘭池《らんち》で包囲され[二]、諸郡の兵を発してこれを救援し、烏桓は逃走した。十二月甲寅《こういん》、京師で地震があった。

〔李賢注〕

[一]『東観漢記《とうかんかんき》』に、「選挙の不正によって〔施延を〕罷免した」とある。

[二]『続漢書《しょくかんじょ》』〔志二十三 郡国五〕に、「雲中《うんちゅう》郡の沙南《しゃなん》県〔内蒙古自治区准格爾旗の北東〕に蘭池《らんち》城がある」とある。

永和《えいわ》元〔一三六〕年春正月、夫余《ふよ》王が来朝した。乙卯《いつぼう》、詔を下して、「朕は政務を執ることが明らかではなく、（それを戒めて）災異がしばしば起きている。（しかも、災異の中で）経典《けいてん》がとくに忌む地震と日食が重ねて起きている。いま日食は遠方で生じ、地震は京師《けいし》を揺るがした〔一〕。災異は理由無く起こらず、必ず応ずるべきことに対応するものである。各官庁の長官はそれぞれ封事を奉り、政治の得失を指摘して、憚《はばか》ることのないように」とした。己巳《きし》、明堂《めいどう》に宗祀して、霊台《れいだい》に登り、永和と改元し、天下に大赦した。

秋七月、偃師《えんし》県〔河南省偃師の南東〕で蝗《いなご》の害があった。冬十月丁亥《ていがい》、承福殿《しょうふくでん》で火事があり、帝は御雲台《ぎょうんだい》に身を避けた。十一月丙子《へいし》、太尉《たいい》の龐参《ほうさん》を罷免した。十二月、象《しょう》林《りん》県〔ヴェトナム広南省峴港維川の南〕の異民族が反乱を起こした。乙巳《いつし》、前の司空《しくう》である王龔《おうきょう》を太尉とした。

〔李賢注〕

〔一〕『東観漢記《とうかんかんき》』に、「陽嘉《ようか》四〔一三五〕年に詔を下して、「朕が不徳であるばかりに、罪が天に現れ、零陵《れいりょう》郡より日食の報告があったが、京師では確認されなかった」とした」とある。
このためここでは、「日食が遠方で生じた」とするのである。

永和《えいわ》二〔一三七〕年春正月、武陵蛮《ぶりょうばん》が反乱を起こし、充《しょう》県〔湖南省桑植県〕を包囲し、また夷道《いどう》県〔湖北省枝城市〕に侵寇した[一]。二月、広漢属国都尉《こうかんぞくこくとい》が、白馬羌《はくばきょう》を撃破した。武陵太守《ぶりょうたいしゅ》の李進《りしん》が反《そむ》いた蛮族を撃ち、これを破った。三月辛亥《しんがい》、北海《ほくかい》王の劉翼《りゅうよく》が薨去した。乙卯《いつぼう》、司空《しくう》の王卓《おうたく》が薨去した。丁丑《ていちゅう》、光禄勲《こうろくくん》である左馮翊《さひょうよく》の郭虔《かくけん》を司空とした[二]。夏四月丙申《へいしん》、京師で地震があった。五月、日南《にちなん》郡の反《そむ》いた蛮族が郡府を攻撃した。秋七月、九真《きゅうしん》郡と交阯《こうし》郡の二郡の兵が反乱を起こした。八月庚子《こうし》、火星が南斗宿《なんとしゅく》を犯した[三]。江夏《こうか》郡の盗賊が邾《しゅ》県〔湖北省黄岡県の北西〕の県長《けんちょう》を殺した[四]。冬十月甲申《こうしん》、長安《ちょうあん》に行幸し、その経路に住む鰥《かん》・寡《か》・孤《こ》・独《どく》・貧しくて自活のできない者には粟《ぞく》を人ごとに五斛《こく》ずつ賜った。庚子《こうし》、未央宮《びおうきゅう》に行幸し、三輔《さんぽ》の郡守《ぐんしゅ》や都尉《とい》およびその部下たちを集め、労《ねぎら》いのため音楽〔の演奏〕を賜与した。十一月丙午《へいご》、高《こう》廟《びょう》を祀り、丁未《ていび》、〔前漢《ぜんかん》の高祖劉邦《りゅうほう》の長陵から平《へい》帝の康陵までの〕十一陵《りょう》を祀った。丁《てい》卯《ぼう》、京師で地震があった。十二月乙亥《いつがい》、長安より帰還した。

［李賢注］

［一］充《しょう》県は、武陵《ぶりょう》郡に属する。故城は（唐《とう》の）澧《ほう》州崇義《すうぎ》県の東北にある。充は音が衝《しょう》である。夷道《いどう》県は、南《なん》郡に属する。

［二］郭虔《かくけん》は、字を君賢《くんけん》といい、池陽《ちよう》県の人である。

［三］熒惑《けいわく》とは、火星である。南斗《なんと》とは、北方の星宿である。『前書音義《ぜんしょおんぎ》』に、「犯すとは（その星の）七寸以内に光の及ぶことをいう」とある。

［四］邾《しゅ》は、県であり、江夏《こうか》郡に属する。故城は唐《とう》の復《ふく》州竟陵《きょうりょう》県の東にある。邾は音が朱である。

永和《えいわ》三〔一三八〕年春二月乙亥《いつがい》、京師および金城《きんじょう》郡と隴西《ろうせい》郡で地震があり、二郡では崖が崩れ、地面が陥没した。戊子《ぼし》、（金星である）太白星《たいはくせい》が（火星である）熒惑星《けいわくせい》を犯した。夏四月、九江《きゅうこう》郡の賊である蔡伯流《さいはくりゅう》が（九江の）郡境を荒らし、広陵《こうりょう》郡〔江蘇省揚州市の北西一円〕に至って江都《こうと》県の県長《けんちょう》を殺した。戊戌《ぼじゅつ》、光禄大夫《こうろくたいふ》を派遣し金城郡と隴西郡を視察させ、死者のうち七歳以上の者には（その家族に）人ごとに二千銭を賜い、一家がみな死んでいる場合は（官が）埋葬した。今年の田租《でんそ》を免除とし、被害の甚だしい者については口賦《こうふ》も徴収させなかった。閏月、蔡伯流たちは配下を率いて徐州《じょしゅう》刺史《しし》の応志《おうし》に降った[一]。己酉《きゆう》、京師に地震があった。五月、呉《ご》郡の丞《じょう》である羊珍《ようちん》が反乱を起こして郡府を攻めた。（しかし呉郡）太守《たいしゅ》の王衡《おうこう》が破ってこれを斬った。六月辛丑《しんちゅう》、琅邪《ろうや》王の劉遵《りゅうじゅん》が薨去した。九真太守《きゅうしんたいしゅ》の祝良《しゅくりょう》と交阯刺史《こうししし》の張喬《ちょうきょう》が日南《にちなん》郡の反蛮を懐柔して降伏させ、嶺南は安定した[二]。

秋七月丙戌《へいじゅつ》、済北《せいほく》王の劉多《りゅうた》が薨去した。八月己未《きび》、司徒《しと》の黄尚《こうしょう》を罷免した。九月己《き》酉《ゆう》、光禄勲《こうろくくん》である長沙《ちょうさ》郡の劉寿《りゅうじゅ》を司徒とした[三]。丙戌《へいじゅつ》、大将軍《だいしょうぐん》・三公《さんこう》にそれぞれもとの刺史《しし》・二千石《にせんせき》および現任の県令《けんれい》・県長・郎官《ろうかん》・謁者《えつしゃ》・（大将軍・三公が開いている）四府の属官の中で剛毅で武勇があり知謀を備えて将帥の任に堪える者をそれぞれ二名、特進《とくしん》・九卿《きゅうけい》・校尉《こうい》にはそれぞれ一名を推挙させた。冬十月、焼当羌《しょうとうきょう》が金城郡に侵寇した。護羌校尉《ごきょうこうい》の馬賢《ばけん》がこれを撃破したが、羌はついに協力して反乱を起こすようになった。十二月戊戌朔《ぼじゅつ》、日食があった。

〔李賢注〕

［一］『続漢書《しょくかんじょ》』に、「応志《おうし》は字を仲節《ちゅうせつ》といい、汝南《じょなん》郡南頓《なんとん》県の人である。曾祖父は応順《おうじゅん》である」とある。

［二］『続漢書』に、「祝良《しゅくりょう》は字を邵卿《しょうきょう》といい、長沙《ちょうさ》郡臨湘《りんしょう》県の人である」とある。

［三］劉寿《りゅうじゅ》は字を伯長《はくちょう》といい、臨湘県の人である。


永和《えいわ》四〔一三九〕年春正月庚辰《こうしん》、中常侍《ちゅうじょうじ》の張逵《ちょうき》・蘧政《きょせい》・楊定《ようてい》らが〔外戚の梁商《りょうしょう》が天子の廃立を謀っていると誣告《ぶこく》した〕罪により誅殺され［一］、弘農太守《こうのうたいしゅ》の張鳳《ちょうほう》・安平相《あんぺいしょう》の楊《よう》晧《こう》らが連座し、獄に下されて死んだ。三月乙亥《いつがい》、京師で地震があった。夏四月癸卯《きぼう》、護《ご》羌校尉《きょうこうい》の馬賢《ばけん》が焼当羌《しょうとうきょう》を討伐し、大いにこれを破った。戊午《ぼご》、天下に大赦した。民に爵と粟・帛をそれぞれに応じて賜った。五月戊辰《ぼしん》、故の済北恵王《せいほくけいおう》劉寿《りゅうじゅ》の子である劉安《りゅうあん》を封建して済北王とした。秋八月、太原《たいげん》郡で日照りとなり、庶民が流亡した。癸丑《きちゅう》、光禄大夫《こうろくたいふ》を派遣して巡察して稲を貸し付け、更賦《こうふ》を免除した。冬十月戊午《ぼご》、上林苑《じょうりんえん》で校猟《こうりょう》〔地域を閉鎖して行う狩猟〕し、函谷関《かんこくかん》を経て帰還した。十一月丙寅《へいいん》、広成苑《こうせいえん》に行幸した。

〔李賢注〕

〔一〕（張逵《ちょうき》らが罪を得るに至った）事の次第は（『後漢書《ごかんじょ》』列伝二十四）梁商伝に見える。

永和《えいわ》五〔一四〇〕年春二月戊申《ぼしん》、京師で地震があった。夏四月庚子《こうし》、中山《ちゅうざん》王の劉弘《りゅうこう》が薨去した。南匈奴左部《みなみきょうどさぶ》の句竜《こうりゅう》王である吾斯《ごし》と車紐《しゃちゅう》たちが反乱を起こし、美稷《びしょく》県〔内蒙古自治区准格爾旗の北西〕を包囲した〔一〕。五月、度遼将軍《どりょうしょうぐん》の馬続《ばしょく》が吾斯・車紐を討伐して、これを破り、使匈奴中郎将《しきょうどちゅうろうしょう》の陳亀《ちんき》が（反乱の責任を）問い詰めて南単《みなみぜん》于《う》を殺した。己丑《きちゅう》晦、日食があった。且凍羌《しょとうきょう》が三輔《さんぽ》に侵寇し、県令《けんれい》・県長《けんちょう》を殺した〔二〕。丁丑《ていちゅう》、死刑囚以下（の罪人）から亡命者に及ぶまでの罪を購《あがな》わせること、それぞれ差があった。九月、扶風《ふふう》と漢陽《かんよう》郡に命じて隴道《ろうどう》に砦《とりで》を三百ヵ所築かせて、兵を駐屯させた。辛未《しんび》、太尉《たいい》の王龔《おうきょう》を罷免した。且凍羌が武都《ぶと》郡に侵寇して、隴関《ろうかん》を焼いた〔三〕。壬午《じんご》、太常《たいじょう》の桓焉《かんえん》を太尉とした。丁亥《ていがい》、西河《せいが》郡（の住民）を離石《りせき》県〔山西省離石県〕に〔四〕、上《じょう》郡（の住民）を夏陽《かよう》県〔陝西省韓城市の南西〕に、朔方《さくほう》郡（の住民）を五原《ごげん》県〔内蒙古自治区包頭市の北西〕に移住させた。（南匈奴の）句竜王の吾斯たちは東の烏桓《うがん》を引き込み、西の羌族《きょうぞく》を味方に付けて、上《じょう》郡に侵寇し、車紐を立てて単于とした。冬十一月辛巳《しんし》、使匈奴中郎将の張耽《ちょうたん》を派遣してこれを撃破し、車紐は降伏した。

〔李賢注〕

〔一〕美稷《びしょく》は県であり、西河《せいが》郡に属している。

〔二〕且《しょ》は音が子余《しょ》の反《はん》である。

〔三〕（隴関《ろうかん》は）隴山《ろうざん》の関である。唐《とう》では大震関と名づけており、唐の隴州汧源《けんげん》県の西にあたる。

〔四〕離石《りせき》は、県の名であり、郡の南五百九里にある。西河国はもとは平定《へいてい》県を国都としていたが、ここに至り離石県に徙《うつ》した。

永和《えいわ》六〔一四一〕年春正月丙子《へいし》、征西将軍《せいせいしょうぐん》の馬賢《ばけん》と且凍羌《しょとうきょう》が射姑山《しゃこさん》に戦い、馬賢軍は惨敗し、（これを救援しなかった）安定太守《あんていたいしゅ》の郭璜《かくこう》が獄に下され死んだ。詔を下して王や侯より、その国の租一年分を借り入れた。閏月、鞏唐羌《きょうとうきょう》が隴西《ろうせい》郡に侵寇し、ついに三輔《さんぽ》にまで及んだ。二月丁巳《ていし》、彗星が（二十八宿の一つで、天子の常居とされる）営室《えいしつ》宿《しゅく》に現れた。三月、武威太守《ぶいたいしゅ》の趙沖《ちょうちゅう》が鞏唐羌《きょうとうきょう》を撃ち、これを破った。庚子《へいし》、司空《しくう》の郭虔《かくけん》を罷免した。乙巳《いっし》、河間《かかん》王の劉政《りゅうせい》が薨去した。丙午《へいご》、太僕《たいぼく》の趙戒《ちょうかい》を司空とした〔一〕。

夏五月庚子《へいし》、斉王《せい》の劉無忌《りゅうむき》が薨去した。使匈奴中郎将《しきょうどちゅうろうしょう》の張耽《ちょうたん》が大いに烏桓《うがん》と羌族《きょうぞく》を天山山脈に破った[三]。翟唐羌が北地郡《ほくち》〔寧夏回族自治区呉忠市の南西一円〕に侵寇した。秋七月甲午《こうご》、詔を下して民間の資産家から一戸あたり一千銭を借り入れた。八月丙辰《へいしん》、大将軍《だいしょうぐん》の梁商《りょうしょう》が薨去した。壬戌《じんじゅつ》、河南尹《かなんいん》の梁冀《りょうき》を大将軍《だいしょうぐん》とした。九月、羌の諸族が武威郡《ぶい》に侵寇した。辛亥晦《しんがい》、日食があった。冬十月癸丑《きちゅう》、安定郡《あんてい》（の住民）を扶風《ふふう》〔陝西省興東の南東一円〕に、北地郡《ほくち》（の住民）を馮翊《ひょうよく》〔陝西省高陵の南西一円〕に移住させた。十一月庚子《こうし》、執金吾《しつきんご》の張喬《ちょうきょう》を行車騎将軍《こうしゃきしょうぐん》とし、兵を率いて三輔に駐屯させた。

〔李賢注〕

〔一〕趙戒《ちょうかい》は字を志伯《しはく》といい、蜀郡成都《しょくぐんせいと》県の人である。

〔二〕『東観漢記《とうかんかんき》』に、「張耽《ちょうたん》は吏兵を率い、縄を懸けて通天山《つうてんさん》に登った」とある。

漢安《かんあん》元〔一四二〕年春正月癸巳《きし》、明堂《めいどう》で宗祀を行い、天下に大赦をし、漢安と改元した。二月丙辰《へいしん》、詔を下し大将軍《だいしょうぐん》・三公《さんこう》・九卿《きゅうけい》に賢良方正《けんりょうほうせい》と奥深く隠れた道理を探求できる者をそれぞれ一名ずつ推挙させた[一]。秋七月、はじめて承華廐令《しょうかきゅうれい》を置いた[二]。

八月、南匈奴左部《みなみきょうどさぶ》の王である句竜《こうりゅう》の吾斯《ごし》と薁鞬《いくけん》王の台耆《たいき》たちがともに反乱を起こした[三]。丁卯《ていぼう》、侍中《じちゅう》の杜喬《ときょう》・光禄大夫《こうろくたいふ》の周挙《しゅうきょ》・守光禄大夫《しゅこうろくたいふ》の郭遵《かくじゅん》・馮羨《ふうせん》・欒巴《らんは》・張綱《ちょうこう》・周栩《しゅうく》・劉班《りゅうはん》ら八人を各州郡に手分けして視察させ、教化を宣諭し、地方官の善悪の実情を調査させた。九月庚寅《こういん》、広陵《こうりょう》郡の盗賊である張嬰《ちょうえい》たちが郡県に侵寇した。冬十月辛未《しんび》、太尉《たいい》の桓焉《かんえん》および司徒《しと》の劉寿《りゅうじゅ》を罷免した。甲戌《こうじゅつ》、行車騎将軍《こうしゃきしょうぐん》の張喬《ちょうきょう》を罷免した。十一月壬午《じんご》、司隷校尉《しれいこうい》の趙峻《ちょうしゅん》を太尉とし、大司農《だいしのう》の胡広《ここう》を司徒とした[四]。癸卯《きぼう》、大将軍と三公に詔して、武勇を備え戦での実績があり、将校の任に堪えられる者をそれぞれ一名ずつ推挙させた。この年、広陵郡の盗賊である張嬰らが太守《たいしゅ》の張綱に降伏した。

［李賢注］

［一］（原文の）賾《さく》とは、幽深である。（原文の）索とは、求めることである。

［二］『東観漢記《とうかんかんき》』に、「このとき遠近となく馬を献上する者が多く、厩舎がいっぱいになったので、はじめて承華厩令《しょうかきゅうれい》を置き、官秩は六百石とした」とある。

［三］薁《いく》は音が於六の反《はん》である。鞬《けん》は音が居言の反である。

［四］趙峻《ちょうしゅん》は字を伯師《はくし》といい、下邳《かひ》国徐《じょ》県の人である。

漢安《かんあん》二〔一四三〕年春二月丙辰《へいしん》、鄯善《ぜんぜん》国が使者を派遣し貢献した。夏四月庚戌《こうじゅつ》、護《ご》羌校尉《きょうこうい》の趙沖《ちょうちゅう》と漢陽太守《かんようたいしゅ》の張貢《ちょうこう》が焼当羌《しょうとうきょう》と何羌《かきょう》を参繺《さんれん》県〔甘粛省慶陽の北西〕に撃ち、これを破った[一]。六月乙丑《いっちゅう》、（火星である）熒惑星《けいわくせい》が（土星である）鎮星《ちんせい》を犯した。丙寅《へいいん》、南匈奴《みなみきょうど》の守義《しゅぎ》王である兜楼儲《とうろうちょ》を即位させて南単于《みなみぜんう》とした。冬十月辛丑《しんちゅう》、郡国と中都官《ちゅうとかん》の囚人の死刑以下の者について縑《きぬ》を出して罪を購《あがな》わせること、それぞれ差があった。贖《しち》を収められない者は、臨羌《りんきょう》県〔青海省湟源の南東〕へ至らせ、労役に服させること二年とした。甲辰《こうしん》、百官の俸禄を減らした。丙午《へいご》、民間での酒の売買を禁じ、また王国や侯国から一年分の租税額を借りあげた。閏月、趙沖が焼当羌を阿陽《あよう》県〔甘粛省静寧の南西〕に討伐し、これを破った[二]。十一月、使匈奴中郎将《しきょうどちゅうろうしょう》の馬寔《ばしょく》が刺客を放って句竜《こうりゅう》王の吾斯《ごし》を刺殺した。十二月、揚《よう》州・徐《じょ》州の盗賊が攻めて城邑と官舎を焼き、吏民を殺し略奪を行った。この年、涼《りょう》州で百八十回にわたって地震があった。

〔李賢注〕

〔一〕参繺《さんれん》は、県であり、安定《あんてい》郡に属する。繺は音が力全《りきぜん》の反《はん》。

［一］阿陽《あよう》は、県であり、漢陽《かんよう》郡に属する。故城は唐《とう》の秦州隴城《ろうじょう》県の西北にある。

建康《けんこう》元〔一四四〕年春正月辛丑《しんちゅう》、詔を下して、「隴西《ろうせい》郡・漢陽《かんよう》郡・張掖《ちょうえき》郡・北地《ほくち》郡・武威《ぶい》郡・武都《ぶと》郡は、去年の九月より、地震が百八十回もあり、山や谷は崩落し、町や官舎は崩壊し、民草も死んだ。夷狄は反逆し、賦役は重く頻繁なので、内外で怨嗟の声があがり、（朕に下った）天譴《てんけん》の重さを思い歎息するばかりである。そこで光禄大夫《こうろくたいふ》を派遣して視察させ、朝廷の恩沢を施して、これらの地の下民をいつくしみ、面倒を引き起こしてはならぬ」とした。三月庚子《こうし》、沛王の劉広《りゅうこう》が薨去した。領護羌校尉《りょうごきょうこうい》の衛琚《えいきょ》が反《そむ》いた羌族《きょうぞく》を追撃して、これを破った［一］。南《なん》郡と江夏《こうか》郡の盗賊が町や都市に侵寇したが、州郡（の兵）が討伐してこれを平定した。夏四月、使匈奴中郎将《しきょうどちゅうろうしょう》の馬寔《ばしょく》が南匈奴《みなみきょうど》の左部を討伐して、これを破り、ここにおいて羌族も烏桓《うがん》もことごとく馬寔を訪れて服属した。辛巳《しんし》、皇子の劉炳《りゅうへい》を立てて皇太子とし、建康と改元し、天下に大赦した。人びとに爵位《しゃくい》を賜ることとそれぞれ差があった。

秋七月丙午《へいご》、清河《せいが》王の劉延平《りゅうえんぺい》が薨去した。八月、揚《よう》州と徐《じょ》州の盗賊である范容《はんよう》・周生《しゅうせい》たちが町や都市に侵寇した。御史中丞《ぎょしちゅうじょう》の馮赦《ふうしゃ》を派遣し、州郡の兵を率いて、これを討たせた。庚午《こうご》、順帝《じゅん》は（南宮の）玉堂《ぎょくどう》の前殿で崩御した。時に享年三十であった。遺詔して、新たに寝廟《しんびょう》〔祭祀の建物で、寝では毎日、廟では毎月祭祀する〕を建てず、納棺の際には常服を着せ、華美な副葬品を禁じた。

［李賢注］

［一］琚《きょ》は、音が居である。

論にいう、古《いにしえ》の人君には、追放され流浪した後、国に帰って位を継いだ者がある。（こうした苦しみを経験した君主は、晋《しん》の文《ぶん》侯のように）前政の誤りを正そうとし、民情を知り尽くさないことはなく、流浪したときの辛さも忘れることがないので［一］、その国を中興させるものである。（しかしながら）順《じゅん》帝の政治を見る限り、ほとんどこうはならなかった。どうしてこう前朝の失政ばかり真似てしまったのだろうか［二］。

［李賢注］

［一］（原文の）離《り》とは、遭《あ》うことである。（原文の）矯とは、正すことである。『春秋《しゅんじゅう》左《さ》氏《し》伝《でん》』

（僖公伝二十八年）に、「晋《しん》侯（文《ぶん》公）は国外にあること十九年、あらゆる艱難辛苦をなめ、民の機微を知り尽くしていた」とある。

［二］（原文の）殆は、近いことである。順《じゅん》帝は前朝の誤りにならい、改正できなかった。

孝沖《こうちゅう》皇帝は諱を炳《へい》［一］、順《じゅん》帝の子である。母は虞貴人《ぐきじん》という。建康《けんこう》元〔一四四〕年、立てられて皇太子となった。その年の八月庚午《こうご》、皇帝の位に即いた。二歳であった。梁《りょう》皇后を尊んで梁皇太后とし、梁皇太后が臨朝《りんちょう》した。丁丑《ていちゅう》、太尉《たいい》の趙峻《ちょうしゅん》を太傅《たいふ》とし、大司農《だいしのう》の李固《りこ》を太尉《たいい》・参録尚書事《さんろくしょうしょじ》とした。九月丙午《へいご》、孝順《こうじゅん》皇帝を憲陵《けんりょう》に葬り［二］、廟号《びょうごう》を敬宗《けいそう》とした。この日、京師および太原《たいげん》郡と鴈門《がんもん》郡〔山西省代県の北西一円〕で地震があり、三郡では水が涌きだし地面に亀裂が生じた。庚戌《こうじゅつ》、詔を下して三公《さんこう》・特《とく》進《しん》・諸侯・九卿《きゅうけい》・校尉《こうい》に賢良方正《けんりょうほうせい》と逸民で修養に努めている人士をそれぞれ一人ずつ推挙させ、百官には（政治を正すための）封事を奉らせた。己未《きび》、九江太守《きゅうこうたいしゅ》の丘騰《きゅうとう》に罪があり、獄に下されて死んだ［三］。揚州《ようしゅう》刺史《しし》の尹耀《いんてき》と九江太守の鄧顕《とうけん》が賊である范容《はんよう》らを歴陽《れきよう》県〔安徽省和県〕に討伐したが、軍は敗れ、尹耀と鄧顕は賊に殺された。

冬十月、日南《にちなん》郡の異民族が侵寇して町や都市を焼いたが、交阯《こうし》刺史《しし》の夏方《かほう》が懐柔して降伏させた。壬申《じんしん》、常山《じょうざん》王の劉儀《りゅうぎ》が薨去した。己卯《きぼう》、零陵《れいりょう》太守《たいしゅ》の劉康《りゅうこう》が無実の民を殺した罪により、獄に下されて死んだ。十一月、九江《きゅうこう》郡の盗賊である徐鳳《じょほう》と馬勉《ばべん》たちは無上《むじょう》将軍《しょうぐん》を自称し、攻めて町や都市を焼いた。己酉《きゆう》、郡国と中都官《ちゅうとかん》に繋《つな》がれている死刑囚の罪一等を減じ、辺境に移住させたが、謀反大逆の者については、この限りではなかった。十二月、九江郡の賊である黄虎《こうこ》たちが合肥《ごうひ》侯国〔安徽省合肥市〕に進攻した。この年、郡盗が（順帝の）憲陵を暴いた。護羌校尉《ごきょうこうい》の趙沖《ちょうちゅう》が背いた羌族《きょうぞく》を鸇陰《せんいん》河《が》に追撃して、戦没した〔四〕。

〔李賢注〕

〔一〕（『逸周書《いっしゅうしょ》』）謚法解篇《しほうかいへん》に、「幼少で位にあることを沖《ちゅう》という」とあり、司馬彪《しばひょう》は、「幼くして早死にする、このため謚《おくりな》を沖という」とする。伏侯《ふくこう》の『古今注《ここんちゅう》』に、「炳の字を明《めい》という」とある。

〔二〕（憲陵《けんりょう》は）洛陽《らくよう》の西十五里にある。陵の高さは八丈四尺（約19.4m）、周囲は三百歩（約416m）である。

〔三〕『東観漢記《とうかんかんき》』に、「（丘《きゅう》）騰《とう》は罪の処分が重いと分かっていたので、悪巧みを心に抱き、途中で止まっていたが、（最後は）獄に下されて死んだ」とある。

〔四〕（唐《とう》の）涼《りょう》州姑臧《こぞう》県の東南に鸇陰《せんいん》県の故城がある。（鸇陰県は鸇陰河という）河川の名に因んで名付けられた。

永憙《えいき》元〔一四五〕年春正月戊戌《ぼじゅつ》、沖《ちゅう》帝は（南宮の）玉堂《ぎょくどう》の前殿で崩御した。享年三であった。清河《せいが》王の劉蒜《りゅうさん》を召して京師に迎えた。

孝質《こうしつ》皇帝は諱を纘《さん》といい〔一〕、粛宗章《しゅくそうしょう》帝の玄孫である。曾祖父は千乗貞《せんじょうてい》王の劉伉《りゅうこう》、祖父は楽安夷《らくあんい》王の劉寵《りゅうちょう》、父は勃海孝《ぼっかいこう》王の劉鴻《りゅうこう》、母は陳夫人である。沖《ちゅう》帝が人事不省に陥ると、大将軍《だいしょうぐん》の梁冀《りょうき》は帝を召して洛陽《らくよう》の都亭《とてい》に至らせた。沖帝の崩御に及んで、梁《りょう》皇太后は梁冀と共に禁中で定策《ていさく》（皇帝を指名）して、丙辰《へいしん》、梁冀に節《せつ》を持たせ、（諸王が乗る）王の青蓋車《せいがいしゃ》で帝を迎えて南宮に入らせた。丁巳《ていし》、建平《けんぺい》侯に封建され、その日に皇帝の位に即いた。御年八歳であった。己未《きび》、孝沖皇帝を懐陵《かいりょう》に葬った〔二〕。広陵《こうりょう》の賊である張嬰《ちょうえい》らがまた反乱を起こし、攻めて堂邑《どうゆう》県〔江蘇省六合の北西〕と江都《こうと》県〔江蘇省邗江《かんこう》県の南〕の県長《けんちょう》を殺した[三]。九江《きゅうこう》の賊である徐鳳《じょほう》たちが攻めて曲陽《きょくよう》県〔江蘇省沐陽県の南東〕と東城《とうじょう》県〔安徽省定遠県の南東〕の県長を殺した[四]。甲申《こうしん》、（高祖劉邦《りゅうほう》の）高廟《こうびょう》に拝謁し（て皇帝への即位を告げ）、乙酉《いつゆう》、光武廟《こうぶびょう》に拝謁し（て皇帝への即位を告げ）た。二月、豫章太守《よしょうたいしゅ》の虞続《ぐしょく》が収賄の罪により、獄に下されて死んだ。乙酉《いつゆう》、天下に大赦して、人びとに爵と粟帛を賜ることそれぞれ差があった。王侯へ削られた戸邑を返した。彭城《ほうじょう》王の劉道《りゅうどう》が薨去した。背いた羌族《きょうぞく》が左馮翊《さひょうよく》の（長官である）梁並《りょうへい》に到って投降した。三月、九江郡の賊である馬勉《ばべん》が（土徳とされる）黄帝《こうてい》と称した。九江都尉《とい》の滕撫《とうぶ》が馬勉・范容《はんよう》・周生《しゅうせい》らを討伐して、大いに破ってこれを斬った[五]。夏四月壬申《じんしん》、雨乞いをした。庚辰《こうしん》、済北《せいほく》王の劉安《りゅうあん》が薨去した。丹陽《たんよう》郡の賊である陸宮《りくきゅう》たちが、亭の建物を焼いたが、丹陽太守《たんようたいしゅ》の江漢《こうかん》がこれを撃破した。五月甲午《こうご》、（梁皇太后は）詔を下して、「朕は不徳の身でありながら、（幼帝を）託され天下に母となったが、政治を行うことが明らかではなく、つねに中庸を失っている。春より夏にわたり、大いに旱《ひでり》となってかんかん照りとなり、（それを）憂うる心は京京《けいけい》としている[六]。そのためにまた神々を祭祀し、雨の恩恵を受けることを願った。（その結果）先に雨を得たが、それでも麦は非常に痛み、近頃は曇りになっても（雨は降らず）、また晴れあがる。寝ても覚めても永く歎き、重く痛ましい気持ちである[七]。これは郡守《ぐんしゅ》や県令《けんれい》・県長が寛容な政治を尊ばず、厳しい政治をした報いであろうか。そこで中都官《ちゅうとかん》に繋《つな》がれている囚人で、死刑ではなく尋問が完了していない者は、ひとまず保証人を立て（出獄させ）、判決は立秋まで先延べにせよ[八]。郡国に名山や大沢で雲を興し雨を降らせる効能を持つものがある地域では、（担当の）二千石《にせんせき》や長吏が禊《みそぎ》をして（雨乞いの）祈禱を行い、誠を致し礼を尽くせ。また兵役が連年に及び、死亡し行方不明になり、あるいは遺骸が納められず、棺が放置され引き取り手がないものもある。朕はたいへん哀れに思う。むかし（周《しゅう》の）文《ぶん》王は（自分と無関係な古い）骸骨を埋葬し、人々はその徳を慕ったという[九]。いま使者を派遣して調査させ、もし家族のない者や貧しくて費用のない者には、適宜に賑恤《しんじゅつ》をして、孤魂を慰めさせるように」とした。

この月、下邳《かひ》国の謝安《しゃあん》が（義勇軍に）応募し、徐鳳《じょほう》などを討伐して、これを斬った。丙辰《へいしん》、詔を下して、「孝殤《こうしょう》皇帝はめでたき天子の位を永く維持されなかったが、帝位に就いて年を踰え、君臣の礼も整っていた。孝安《こうあん》皇帝は天子の事業を継承して（立派な事跡を遺したが）、それでも前世において、（安帝の）恭陵《きょうりょう》を（殤帝の）康陵《こうりょう》の上としたことは、先後が逆になり、その順序次第を失わせるもので、宗廟の重みを奉じ、無窮の制として（後世には）垂れられない。その昔、（魯《ろ》の）定《てい》公は（閔《びん》公と僖《き》公の祭祀の逆転を）後から順祀に正し、『春秋《しゅんじゅう》』（定公八年）はこれを善としている[一〇]。そこで（安帝の）恭陵を（殤帝の）康陵の次とし、（順《じゅん》帝の）憲陵《けんりょう》を（安帝の）恭陵の次として、親族の順序を正しく並べ、万世の法とせよ」とした。

六月、鮮卑《せんぴ》が代《だい》郡に侵寇した。秋七月庚寅《こういん》、阜陵《ふりょう》王の劉代《りゅうだい》が薨去した。廬江《ろこう》郡の盗賊が尋陽《じんよう》県〔湖北省黄梅の南西〕を攻め、また盱台《くい》県〔江蘇省盱眙県の北東〕を攻めた[一一]。滕撫は司馬《しば》の王章《おうしょう》を派遣して、撃ってこれを破った。九月庚戌《こうじゅつ》、太傅《たいふ》の趙峻《ちょうしゅん》が薨去した。冬十一月己丑《きちゅう》、南陽太守《なんようたいしゅ》の韓昭《かんしょう》が横領の罪で獄に下されて死んだ[一二]。丙午《へいご》、中《ちゅう》郎将《ろうしょう》の滕撫が広陵《こうりょう》郡の賊である張嬰《ちょうえい》を撃ち、これを破った。丁未《ていび》、中郎将の趙序《ちょうじょ》が罪に当たり公開の場で処刑となった[一三]。歴陽《れきよう》県の賊である華孟《かもう》が黒帝を自称し、九江《きゅうこう》太守《たいしゅ》の楊岑《ようしん》を殺した。滕撫が諸将を率いて華孟たちを撃ち、大いに破ってこれを斬った。

〔李賢注〕

〔一〕謚法《しほう》に、「忠正で邪心の無いことを質という」とある。『古今注《ここんちゅう》』に、「纘《さん》の字は継という」とある。

［二］（懐陵《かいりょう》は）洛陽《らくよう》の西北十五里にある。伏侯《ふくこう》の『古今注』に、「（懐陵の）高さは四丈六尺（約10.6ｍ）であり、周囲は百八十三歩（約254ｍ）である」とある。

［三］堂邑《どうゆう》は県であり、広陵《こうりょう》郡に属する、唐《とう》の揚《よう》州六合《りくごう》県である。

［四］曲陽《きょくよう》は県であり、九江《きゅうこう》郡に属する。淮曲《わいきょく》の陽《きた》にある（ので曲陽という）。故城は唐の豪《ごう》州定遠《ていえん》県の西北にある。東城《とうじょう》は県であり、故城は（唐の）定遠県の東南にある。

［五］『東観漢記《とうかんかんき》』に、「馬勉《ばべん》の頭と帯びていた玉印と鹿皮冠《ひしかん》と黄衣《こうい》を洛陽に伝送した。詔を下して（見せしめのため）夏城門《かじょうもん》の外に懸け、人々に（漢《かん》に反《そむ》いたものの末路を）明確に示した」とある。

［六］『爾雅《じが》』（上三 釈訓）に、「京京とは、憂えるさまである」とある。

［七］（原文の）寤《ご》とは、起きていることである。（原文の）寐《び》とは、寝ていることである。『詩経《しきょう》』（小雅 小弁）に、「寝ても覚めても永歎の声を発し、唯だ憂えて老いる思いである」とある。

［八］（原文の）任とは、保という意味である。

［九］『呂氏春秋《りょししゅんじゅう》』（異用篇）に、「周《しゅう》の文《ぶん》王が地面を掘らせたところ、死人の骸骨が出てきた。

文王は、「あらためてこれを葬るように」と言った。役人は、「これには喪主がおりませぬ」と答えた。すると文王は、「天下を保つ者は、天下の主である。ならば今わたしがその骨の喪主であろう」と言った。こうして役人に衣棺を備えて、この骨を葬らせた。天下の人々はこれを聞き、「文王は賢人である。恩沢は枯骨にすら及ぶ。まして（生きている）人に及ばぬはずはない」と称えた」とある。

[一〇] 魯《ろ》の閔《びん》公は即位二年で薨去し、次には僖《き》公が即位した。僖公は閔公の庶兄であるが、かつて閔公の臣下であったから、位次は閔公の下になる。（ところが）後に文《ぶん》公が即位すると、僖公の神位を閔公の上に置いた。『春秋左氏伝《しゅんじゅうさしでん》』（文公伝二年）は、「僖公を上に祭るのは、逆祀《ぎゃくし》である」とする。定《てい》公八年の『春秋《しゅんじゅう》』経には、「先公を従祀する」とある。従とは、順のことである。順祀とは、僖公の神位を閔公の下に退けたことをいう。『春秋穀梁伝《しゅんじゅうこくりょうでん》』（定公八年）に、「先公を順序よく祀るのは、正しさを貴ぶためである」とある。

[一一] （盱《く》台《い》の）音は盱夷《くい》、唐の楚州《そしゅう》県である。

[一二] 『東観漢記』に、「強制的に一億五千万銭を賦課したので、檻車によって徴《め》し出され獄に下った」とある。

[一三] 『東観漢記』に、「銭と縑《きぬ》の三百七十五万を横領した」とある。

本初《ほんしょ》元〔一四六〕年春正月丙申《へいしん》、詔を下して、「むかし堯《ぎょう》は（羲仲《ぎちゅう》・羲叔《ぎしゅく》・和仲《かちゅう》・和叔《かしゅく》の）四子に命じ、欽《つつし》んで天の道に従わせ〔一〕、（『尚書《しょうしょ》』）洪範《こうはん》篇の九種の大法（のうち第八の庶徴）は、（めでたい行いに対する天候の徴候である）休徴《きゅうちょう》と（悪い行いに対する天候の徴候である）咎徴《きゅうちょう》には（人君の政治の）象があるとする〔二〕。そもそも瑞祥《ずいしょう》は（政治が）純和であるときに降り、災異《さいい》は（政治が時令に）逆らうときに感じ、禁じた内容が軽くとも、結果が大変になることを、前世の聖人（の堯や箕子《きし》）も重んじた〔三〕。近頃、州郡は国法の禁止事項を軽くみて、競って残虐な暴力を行い、箇条書きの規則を作り、無罪の者を陥れている。あるいは喜怒に従って長吏を追い払い、私情に迎合する者に目をかけ、不仲の相手を処罰して痛めつけ、宮城の門に駆けつけ訴えることが絶え間ない。前任の長官を見送り新任の長官を迎えるのに、人びとは出費を強いられ、その怨みの気は純和を傷《そこ》ない、それが災異をもたらしている。『尚書』（康誥篇）には、「よく徳（のある政治）につとめ刑罰を慎しむ」とある〔四〕。この春の耕作にあたり、小さな細かいものを大切に養ない、事の始まりを慎まねばならぬ。そこで役人に命じて、罪は死刑に当たる者でなければ、しばらく取り調べず、つとめて寛容の政治を行え」とした〔五〕。

壬子《じんし》、広陵太守《こうりょうたいしゅ》の王喜《おうき》が賊の討伐を躊躇した罪により、獄に下されて死んだ。二月庚辰《こうしん》、詔を下し、「九江《きゅうこう》と広陵《こうりょう》の二郡は、しばしば賊の侵寇を受け、（賊に）惨殺されたものが最も多い［六］。生者は生業を失い、死者は屍を原野にうち捨てられている。古《いにしえ》の政治では、一人でも適所を得られなければ、（『尚書』説命《えつめい》篇に記される殷《いん》の名宰相である伊尹《いいん》のように）自分の責任として反省した［七］。我が民草が、このような苦難を受けていればなおさらである。春の（政治を）戒める時節にあたり、貧困な者を救済し、白骨を覆い、腐乱した死体を埋葬すべきである［八］。そこで近郡の現在貯蔵されている穀物を調達し、生活困窮者に支給し、骸骨を埋葬し、できるだけ死体を埋葬して哀れみ、朕の願いを示せ」とした。

夏四月庚辰《こうしん》、郡国に命じて、経典に明らかな五十歳以上で七十歳以下の者を推挙させ、太学《たいがく》に至らせた。大将軍《だいしょうぐん》より六百石の官に至るまで、みな子を派遣して儒教を学ばせ、学業の期間が満ちれば試験をし、優秀な五人を郎中《ろうちゅう》、次の五人を太子舎人《たいししゃじん》とした。また、千石の官・六百石の官・四府《しふ》の掾属《えんぞく》・三署《さんしょ》の郎官《ろうかん》・（外戚の樊《はん》・郭《かく》・陰《いん》・馬《ば》の）四姓小侯《しせいしょうこう》の中で、もともと経書に通暁している者は、それぞれ家法《かほう》に従わせ［九］、優秀な者は名簿を提出して、順番に賞を与え昇進させるべきである、とした。五月庚寅《こういん》、楽安王《らくあん》を勃海《ぼっかい》王とした。海水が溢《あふ》れ（水害が発生し）た。戊申《ぼしん》、謁者《えっしゃ》に実態の調査に赴かせ、楽《らく》安《あん》国（山東省高青県高苑鎮の北西一円）と北海《ほくかい》国（山東省昌楽の西一円）の民草で水にのまれ溺死した者を埋葬させ、また貧民に施した。庚戌《こうじゅつ》、（金星である）太白星《たいはくせい》が（火星である）熒惑星《けいわくせい》を侵した。六月丁巳《ていし》、天下に大赦をし、民に爵と粟帛を賜ること、それぞれ差があった。閏月甲申《こうしん》、大将軍の梁冀《りょうき》が、ひそかに鴆毒《ちんどく》を飲ませたため、帝は玉《ぎょく》堂《どう》の前殿に崩御した。享年は九であった。丁亥《ていがい》、（梁冀に抵抗した）太尉《たいい》の李固《りこ》を罷免した。戊子《ぼし》、司徒《しと》の胡広《ここう》を太尉とし、司空《しくう》の趙戒《ちょうかい》を司徒とし、梁冀と共に参録尚書事《さんろくしょうしょじ》とした。太僕《たいぼく》の袁湯《えんとう》を司空とした。

［李賢注］

［一］（尭《ぎょう》の）四子とは、羲仲《ぎちゅう》・羲叔《ぎしゅく》・和仲《かちゅう》・和叔《かしゅく》をいう。『尚書《しょうしょ》』（尭典篇）に、「そこで羲氏と和氏に命じて、欽んで大いなる天の運行に従わせた」とある。

［二］『尚書《しょうしょ》』（洪範篇）に、「天は禹《う》に洪範九疇《こうはんきゅうちゅう》を与えた」とある。孔安国《こうあんこく》は注をつけて、「洪とは、大いなることである。範とは、法のことである。疇とは、類のことである。言いたいのは、天は禹に与え、洛水《らくすい》は書を出し、神亀《しんき》は文様を背負って現れ出て、背に列記される数

は九に至った。禹はこれを並べ替えて、九類を完成させたということである」とする。九疇の第八は（天候の徴候である）庶徴《しょちょう》といい、（めでたい行いに対する）休徴《きゅうちょう》と（悪い行いに対する）咎徴《きゅうちょう》に分かれる。休とは、麗しいことである。咎とは、悪いことである。徴とは、兆しである。君主が善政をすれば、百穀は実り、家は平穏となる、これが休徴である。（君主が）善政より離れると、百穀は実らず、家は安寧でなくなる、これが咎徴である。瑞祥も災異も、みな君主の政治の（善悪の）あらわれであり、このため「休咎は象《かたど》る」という。「象」の字は、あるいは「家」の字に作る。

［三］言いたいのは、君主の政治が純和であれば瑞気が降り、時令に逆らうよう（な政治）であれば災異が起こる。禁じた内容が軽くとも、結果は大変になるということである。前聖が重んじたとは、唐尭《とうぎょう》が慎んで昊天《こうてん》に随い、箕子《きし》に休咎《きゅうちょう》の応があったことをいう。

［四］（原文の）眚《せい》とは、罪科のことである。よく徳（のある政治）につとめ刑罰を慎しむとは、『尚書』の康誥《こうこう》篇の言葉である。

［五］言いたいのは、春の耕作にあたり、小さな細かいものを大切に養ない、事の始まりを慎まねばならぬということである。『礼記《らいき》』月令《がつりょう》篇に、「孟春の月は、幼虫・（獣の）胎児・飛ぶようになったばかりの雛鳥を殺さず、獣の子も鳥の卵も取らない。慶賜は万遍なく行い、不

公平にしない」とある。『尚書』（尭典篇）に、「慎しんで五教を広め、五教の実施には寛容を旨とせよ」とある。

［六］近頃、張嬰《ちょうえい》が広陵《こうりょう》郡に、華孟《かもう》が九江《きゅうこう》郡に侵寇したことをいう。

［七］『尚書』（説命《えつめい》篇）に、「一人であっても適所を得られなければ、（伊尹《いいん》は）「これはわたしの罪である」といった」とある。

［八］（『礼記』）月令篇に、「孟春の月、功労のある者には賞を与え、困窮している者には恩恵を施し、下は万民にまで及ぼす」とある。また、「白骨と腐乱した死体を見つけたら、覆って埋めさせる」とある。鄭玄《じょうげん》が注をつけて、「死者の気は、生者の気を痛めるからである。骨の枯れたものを骼《かく》といい、肉の腐ったものを胔《し》という」としている。

［九］四府《しふ》の（属官である）掾属《えんぞく》とは、大将軍府の掾属二十九人、太尉府《たいいふ》の掾属二十四人、司徒《しと》府《ふ》の三十一人、司空府《しくうふ》の二十九人のことをいう。『漢官儀《かんかんぎ》』に、「左《さ》・右中郎将《ゆうちゅうろうしょう》は、共に秦《しん》以来の官であり、比二千石で、三署《さんしょ》の郎官はみなこれに属する」とある。三署とは、五官《ごかん》中郎将《ちゅうろうしょう》および左中郎将《さちゅうろうしょう》・右中郎将《ゆうちゅうろうしょう》の署をいう。儒者のうち詩をよくする者を詩家といい、礼であれば礼家という、このため、それぞれの家法に随わせたというのである。四姓小侯については、明帝紀を見よ。

賛にいう、孝順《こうじゅん》皇帝即位の初期は、時の俊英がよく集まった[一]。しかしながら（順帝は自ら）研鑽せず改革せずに、結局はとりまきの佞言《ねいげん》に溺れた[二]。乳母（の宋娥《そうが》）は封邑を与えられ、皇后梁氏《りょうし》の家は（梁商《りょうしょう》・梁冀《りょうき》の）二代にわたり位人臣を極めた[三]。沖《ちゅう》帝は夭折したので、見識の有無は分からず、質《しつ》帝は聡明なるがゆえに殺された。次第に（皇帝家の生命力が）衰え、（皇帝が）早逝するのも時の巡りというものか。天子の血統は、三たび続けて途切れたのであった[四]。

［李賢注］

［一］（原文の髦について）『爾雅《じが》』（釈言）に、「髦《ぼう》は、俊《すぐ》れるということ」とある。郭璞《かくはく》が注をつけ、「士人の中の俊英は、毛髪の中の髦のようなものである」としている。（具体的には）このとき（順《じゅん》帝に仕えていた）張皓《ちょうこう》・王龔《おうきょう》・龐参《ほうさん》・張衡《ちょうこう》・李郃《りこう》・李固《りこ》・黄瓊《こうけい》といった者たちのことである。

［二］（原文の）砥とは、磨くことである。（原文の）革とは、改めることである。（原文の）淪とは、没することである。言いたいのは、順《じゅん》帝が初めて天子の位に就くと、群賢が結集したの

に、（順帝は）かれらにより自分を研鑽せず、前代の非を改革せず、結局は近臣や宦官に溺れ、孫程《そんてい》など十九人（の宦官）を封建して諸侯とし、また詔を下して宦官が養子を取り、封爵を継がせることを許した、ということである。

〔三〕（原文の）保は、安心させることである。（原文の）阿は、寄り添うことである。（保阿は）寄り添って安心させることをいい、乳母のことである。（原文の）土地を伝えるとは、乳母である山陽君《さんようくん》の宋娥《そうが》が、次から次へと賄賂を贈り、封土の郷邑を増やすよう求めたことをいう。（原文の）后家とは、梁《りょう》皇后の父である梁商《りょうしょう》を大将軍《だいしょうぐん》とし、梁商が薨じると、子の梁冀《りょうき》を大将軍とし、弟の梁不疑《りょうふぎ》を河南尹《かなんいん》としたことをいう。

〔四〕言いたいのは、衰退も早死も、時の命運にあり、これにより天子の系統が、三度も終わりを迎えた、ということである。

桓帝紀第七

孝桓《こうかん》皇帝は、諱《いみな》を志《し》といい[一]、粛宗《しゅくそう》（第三代皇帝章《しょう》帝）の曾孫である。祖父は河間《かかん》孝王《こうおう》の劉開《りゅうかい》、父は蠡吾《れいご》侯の劉翼《りゅうよく》[二]、母は匽氏《えんし》であった[三]。劉翼が薨じると、帝は（父の）爵位を継いで蠡吾侯となった。本初《ほんしょ》元（一四六）年、梁《りょう》皇太后が帝を召し出し、夏《か》門亭《もんてい》に到らせて[四]、梁皇太后の妹と結婚させようとした[五]。たまたま質《しつ》帝が崩御したので、梁皇太后は兄である大将軍《だいしょうぐん》の梁冀《りょうき》と禁中で定策《ていさく》し、閏月庚寅《こういん》、梁冀に節《せつ》を持たせ、王のための青蓋車《せいがいしゃ》で[六]、帝を迎えて南宮に入らせた。（帝は）その日のうちに皇帝の位に即いた。この時十五歳であった。梁皇太后がなおも朝政に臨んだ[七]。秋七月乙《いつ》卯《ぼう》、孝質《こうしつ》皇帝を静陵《せいりょう》に葬った[八]。斉《せい》王の劉喜《りゅうき》が薨去した。辛巳《しんし》、高廟《こうびょう》・光《こう》武廟《ぶびょう》に拝謁した。

丙戌《へいじゅつ》、詔を下して、「孝廉《こうれん》に察挙されるような廉潔な吏はみな城邑を治め民を導き、悪を禁じて善を称揚するもので、徳化の大本は、常にこれによって行われる。詔を何度も下し、子細にわたり述べているはずだが、現場では慣習にとらわれ、ついには怠慢となり、郷挙里選《きょうきょりせん》の原則と乖離し、被害が民草に及んでいる。近年強力に綱紀粛正を行ったが、なおまだ懲り改めぬ者がいる。いま淮夷《わいい》がなお掃討されぬため、軍はしばしば出動し[九]、万民が疲弊し、徴発に苦しんでいる。願わくは群吏は、朕の疲れ切った民草を安んじ、腐敗を一掃して、吉祥が降るよう考えよ。そこで吏として百石以上の禄を食むこと十年以上で、才覚が秀でて目を見張る功績を持つ者については、推挙することを許す。ただし収賄を行った吏の子孫については推挙を禁ずる。邪《よこしま》なもたれ合いを元から絶ちきって、廉白守道の者に節義に準ずる素晴らしさを伸ばさせてやらねばなるまい[一〇]。各々自分の監督するところを明確に守れ。効果のほどを期待している」とした。九月戊戌《ぼじゅつ》、帝の祖父である河間孝王の劉開《りゅうかい》を追尊して孝穆皇《こうぼくこう》とし、夫人の趙氏《ちょうし》を孝穆《こうぼく》皇后とし、父である蠡吾侯の劉翼を孝崇皇《こうすうこう》とした。冬十月甲午《こうご》、帝の母である匽氏を尊んで孝崇博園貴人《こうすうはくえんきじん》とした[一一]。

[李賢注]

[一]（『佚周書《いっしゅうしょ》』）謚法《しほう》解《かい》に、「敵に勝ち、遠方を征服することを桓《かん》という」とある。「志」という字は、「意」という意味である。

[二]順《じゅん》帝の時、劉開《りゅうかい》は上書して、（自分の領地の中から）蠡吾《れいご》県を分けて劉翼《りゅうよく》を封建していた

だくよう願い、順帝はこれを許した。蠡吾県の故城は、唐《とう》の瀛《えい》州博野《はくや》県の西にある。蠡《れい》は音が礼《れい》である。

[三]（母である匽氏《えんし》の）諱《いみな》は明《めい》、もとは蠡吾侯である劉翼の媵妾《ようしょう》（腰元）であった。『史記《しき》』（巻七項羽本紀注引『括地志』）に、「匽《えん》の姓は、咎繇《こうよう》の後裔である」とある。匽の音は偃《えん》。

[四]（夏門亭は）洛陽《らくよう》城の北面西頭の門である。門外に万寿《まんじゅ》亭がある。

[五]（原文の）妻の音は七計の反《はん》である。

[六]『続漢書《しょくかんじょ》』輿服志に、「皇太子と皇子はみな安車《あんしゃ》に乗り、（朱色の車輪の模様である）朱班輪《しゅはんりん》、（青色の傘である）青蓋《せいがい》、（黄金の花飾りである）金華蚤《きんかそう》（を備える）」とある。それゆえ王の青蓋車というのである。

[七]『東観漢記《とうかんかんき》』に、「梁《りょう》皇太后は却非殿《きょひでん》に御座した」とある。

[八]（静陵《せいりょう》は）洛陽の東南三十里にあり、陵の高さは五丈五尺（約12.7m）、周囲は百三十八歩（約191m）である。

[九]本初《ほんしょ》元（一四六）年、盧江《ろこう》郡の賊が盱台《くい》県に侵寇し、広陵《こうりょう》郡の賊である張嬰《ちょうえい》らが江都《こうと》県の県長《けんちょう》を殺した。盱台県と江都県はともに淮河《わいが》に近く、このため「淮夷《わいい》」というのである。このとき中郎将《ちゅうろうしょう》の滕撫《とうぶ》がしばしばこれを撃ち破っていたが、その残兵がなお、まだ掃討

されていなかったのである。

〔一〇〕（原文の）信は音が申《しん》、古字では（信と申の両字は）通用した。

〔一一〕博《はく》は、元々漢《かん》の蠡吾県の一部である。桓帝が追尊して父を孝崇皇《こうすうこう》とし、その陵を博陵《はくりょう》と名づけ、園廟《えんびょう》を置いたことから、博園と呼ばれる。唐の瀛州博野県の西にある。（孝崇博園）

貴人の位は皇后に次ぎ、（紫色の紐のついた黄金の印璽である）金印紫綬《きんいんしじゅ》を帯びた。

建和《けんわ》元〔一四七〕年春正月辛亥朔《しんがいさく》、日食があった。三公《さんこう》・九卿《きゅうけい》・校尉《こうい》に詔を下してそれぞれ政治の善し悪しを上奏させた。戊午《ぼご》、天下に大赦した。吏には更労《こうろう》〔代わる代わる兵役に赴く吏を休むこと〕を一年、男子には爵を人ごとに二級ずつ、後嗣および三老《さんろう》と孝悌《こうてい》と力田《りきでん》には人ごとに三級ずつ、鰥《かん》・寡《か》・孤《こ》・独《どく》・篤癃《とくりゅう》、貧しくて自足できない者には粟を人ごとに五斛ずつ、貞婦には帛を人ごとに三匹ずつ賜った。災害による被害が（収穫の）十分の四を超える者については、田租《でんそ》を収めさせず、それに満たない者であっても、租税から実被害分を免除した。二月、荊《けい》州と揚《よう》州の二州で多数の餓死者が出た。（三公と大将軍《だいしょうぐん》の府である）四府《しふ》の属官を派遣し、手分けして視察・配給を行わせた。沛《はい》国より（曹魏《そうぎ》の勃興の予兆として漢《かん》の赤に代わる）黄竜《こうりゅう》が（曹操《そうそう》の出身地である）譙《しょう》県に現れたと報告があった。夏四月庚寅《こういん》、京師で地震があった。大将軍・三公・九卿・校尉に詔を下して、賢良方正《けんりょうほうせい》とよく直言極諫をなす者とをそれぞれ一人推挙させた。また列侯《れっこう》・中郎将《ちゅうろうしょう》・大夫《たいふ》・御史《ぎょし》・謁者《えっしゃ》・千石《せんせき》・六百石《ろくひゃくせき》［一］・博士《はくし》・議郎《ぎろう》・郎官《ろうかん》に命じてそれぞれ封事を奉らせ、（政治の）得失を指摘させた［二］。また大将軍・三公・九卿・郡《ぐん》守《しゅ》・国相《こくしょう》に詔を下して、至孝篤行《しこうとくこう》の士をそれぞれ一人推挙させた。壬辰《じんしん》、詔を下して、州刺史《しゅうしし》や郡太守《ぐんたいしゅ》が（中央へ報告せずに）勝手に長吏を罷免することを禁じた。また長吏で収賄額が三十万銭を超えながら弾劾されない者があれば、（その長吏を監督すべき）刺史と太守を監督不行届で罰することにした。もし勝手に（長吏に）印綬を貸し与えた刺史や太守があれば、殺人罪と同様に公開処刑にする、とした。

丙午《へいご》、詔を下して、郡国の囚人のうち、死罪の罪一等を減じ、鞭《むち》打つことを禁じた。ただ謀反罪と大逆罪の者には、この規定を適用しない、とした。また詔を下して、「近年、陵墓（静陵《せいりょう》）の造営作業は［三］、一年を超え、労役はすでに膨大となったが、労役に服する受刑者はよくやっている。近頃は水源が潤わず、雨雲が（涌いても雨が降らずに）散じてしまうが、原因はこれであろうか［四］。そこで受刑者で陵墓の造営に従事する者達のそれぞれの刑期を六ヵ月減ぜよ」とした。この月、阜陵《ふりょう》王の劉代《りゅうだい》の兄である勃遒亭《ぼっしゅうてい》侯の劉便《りゅうべん》を立てて阜陵王とした［五］。郡国の六ヵ所で地割れがあり、水が涌き出て井戸があふれた［六］。芝草が中黄蔵府《ちゅうこうぞうふ》に生えた［七］。六月、太尉《たいい》の胡広《ここう》を罷免し、大《だい》司農《しのう》の杜喬《ときょう》を太尉とした。秋七月、勃海《ぼっかい》王の劉鴻《りゅうこう》が薨去した［八］。帝の弟である蠡吾《れいご》侯の劉悝《りゅうかい》を立てて勃海王とした。八月乙未《いつび》、皇后に梁氏《りょうし》を立てた。九月丁卯《ていぼう》、京師に地震があった。太尉の杜喬を罷免した。冬十月、司徒《しと》の趙戒《ちょうかい》を太尉とし［九］、司空《しくう》の袁湯《えんとう》を司徒とし、前の太尉の胡広を司空とした。十一月、済陰《せいいん》郡より五色の大鳥が己氏《きし》県〔山東省曹県の南東〕に現れたと報告があった［一〇］。戊午《ぼご》、天下の死刑囚の罪一等を減じて、辺境に駐屯させた。清河《せいが》国の劉文《りゅうぶん》が反乱を起こして国相の射暠《しゃこう》を殺し、清河王の劉蒜《りゅうさん》を天子に立てようと企てたが、事は発覚して誅殺された。劉蒜は連座して位を落とされて尉氏《いし》侯となり、桂陽《けいよう》郡に流され、自殺した［一一］。前《さき》の太尉である李固《りこ》と杜喬が、ともに獄に下されて死んだ［一二］。陳留《ちんりゅう》郡の盗賊である李堅《りけん》が皇帝を自称したが、誅殺された［一三］。

〔李賢注〕

［一］（原文の）将《しょう》とは五官中郎将《ごかんちゅうろうしょう》と左中郎将《さちゅうろうしょう》と右中郎将《ゆうちゅうろうしょう》と虎賁中郎将《こほんちゅうろうしょう》と羽林中郎将《うりんちゅうろうしょう》をい

う。大夫《たいふ》とは、光禄大夫《こうろくたいふ》と太中大夫《たいちゅうたいふ》と中散大夫《ちゅうさんたいふ》と諫議大夫《かんぎたいふ》をいう。

〔二〕博士《はくし》は、古今に通じることを職掌とし、(官秩は)比六百石である。議郎《ぎろう》は、比六百石である。郎官《ろうかん》は、(五官・左・右の)三中郎将配下の属官である。中郎《ちゅうろう》と侍郎《じろう》と郎中《ろうちゅう》がある。

〔三〕静陵《せいりょう》を建造したのである。

〔四〕『周易《しゅうえき》』(小畜卦)に、「空いっぱいに雲が広がるが雨は降らない。(それは陰の性質を持った雲が、陰の方角である)都の西方の郊外より起こる(ものの、まだ陽の方位である東方に達していない)からである」とある。

〔五〕劉便《りゅうべん》は、光武《こうぶ》帝の玄孫であり、阜陵《ふりょう》王の劉恢《りゅうかい》の子である。順《じゅん》帝が陽嘉《ようか》年間〔一三二〜一三五年〕に封建して勃遒亭《ぼつしゅうてい》侯とし、ここで改めて封建したのである。遒は音が子由《しゆう》の反《はん》である。(『後漢書《ごかんじょ》』列伝三十二)光武十王伝では名を便親《べんしん》に作り、本紀の記述と異なるが、おそらく誤りがあるのだろう。

〔六〕『続漢書《しょくかんじょ》』(志十六 五行志四)に、「水が溢れて町と官舎や家屋を破壊し、人を殺した。このとき梁《りょう》皇太后が摂政をし、兄の梁冀《りょうき》が李固《りこ》と杜喬《ときょう》を理由なく殺した(ために起きた)」とある。

〔七〕『漢官儀《かんかんぎ》』に、「中黄蔵府《ちゅうおうぞうふ》は、禁中の貨幣や絹や金銀などの財貨の管理を職掌とする」とある。

〔八〕（劉鴻《りゅうこう》は）章《しょう》帝の曾孫であり、楽安夷《らくあんい》王の劉寵《りゅうちょう》の子であり、質《しつ》帝の父である。梁皇太后が改めて勃海《ぼっかい》に封建していた。

〔九〕（趙《ちょう》）戒《かい》は字《あざな》を志伯《しはく》といい、蜀《しょく》郡の人である。

〔一〇〕『続漢書』（志十四 五行志二）に、「当時の人はこれを鳳皇《ほうおう》とした。（しかし、実際のところ）政治は衰退し、梁冀が専権を握っていた。（だからこれは吉兆ではなく）みな（鳥によって示される災異の象徴である）羽孼《うげつ》にあたる」とある。己氏《きし》は県の名であり、済陰《せいいん》郡に属する。故城は唐《とう》の宋《そう》州楚丘《そきゅう》県であり、古《いにしえ》の戎《じゅう》州己氏《きし》の邑である。

〔一一〕尉氏《いし》は県であり、陳留《ちんりゅう》郡に属する。唐の汴州《べんしゅう》県である。

〔一二〕『続漢書』（志十三 五行一）に、「順帝の末年、洛陽《らくよう》の童謡に、「弦のように真っ直ぐな者は、道端に野垂れ死ぬ。鉤《かぎ》のように曲がっている者は、かえって侯に封建される」とあった。鉤のように曲がっている者とは梁冀・胡広《ここう》らのことを言い、弦のように真っ直ぐな者とは李固らのことを言う」とある。

〔一三〕『東観漢記《とうかんかんき》』は、「江舎《こうしゃ》および李堅《りけん》たちである」としている。

建和《けんわ》二〔一四八〕年春正月甲子《こうし》、皇帝は元服を迎えた。庚午《こうご》、天下に大赦した。河間《かかん》（王の劉建《りゅうけん》）と勃海《ぼっかい》（王の劉悝《りゅうかい》）に黄金を賜うことそれぞれ百斤ずつ〔一〕、彭城《ほうじょう》（王の劉《りゅう》定《てい》）と諸国の王たちにはそれぞれ五十斤ずつ〔二〕、公主《こうしゅ》・大将軍《だいしょうぐん》・三公《さんこう》・特進侯《とくしんこう》・列《れっ》侯《こう》・中二千石《ちゅうにせんせき》・二千石《にせんせき》・中郎将《ちゅうろうしょう》・大夫《たいふ》・郎吏《ろうり》・従官《じゅうかん》・（樊・郭・陰・馬の外戚）四姓および梁《りょう》・鄧《とう》の小侯・諸夫人以下に帛を賜ることそれぞれ差があった。八十歳以上の者には米・酒・肉を賜い、九十歳以上の者にはさらに帛二匹・綿三斤を加えた。三月戊辰《ぼしん》、帝は梁《りょう》皇太后に随従して大将軍の梁冀《りょうき》の府に行幸した。白馬羌《はくばきょう》が広漢属国《こうかんぞくこく》に侵寇し、長吏を殺害した。益州刺史《えきしゅうしし》は板楯蛮《ばんじゅんばん》を率いて討伐してこれを破った〔三〕。

夏四月丙子《へいし》、帝の弟である劉碩《りゅうせき》を封建して平原《へいげん》王とし、（父の）孝崇皇《こうすうこう》の祭祀を継がせた。孝崇皇の夫人である馬氏《ばし》を尊んで孝崇園《こうすうえん》貴人《きじん》とした。（瑞祥である穂がたくさんついた稲の）嘉禾《かか》が大司農《だいしのう》の帑蔵《どぞう》〔倉庫〕に生えた〔四〕。五月癸丑《きちゅう》、北宮の掖廷《えきてい》内の徳陽《とくよう》殿《でん》および左掖門《さえきもん》が火事となり、帝は南宮に移った。六月、清河《せいが》国を改め甘陵《かんりょう》国とし、安平《あんぺい》王の劉得《りゅうとく》の子である経《けい》侯の劉理《りゅうり》を立てて甘陵王とした〔五〕。秋七月、京師で大水があった。河東《かとう》郡から（根が別なのに枝が一つになる瑞祥の）木連理《もくれんり》が見つかったと報告があった。冬十月、長平《ちょうへい》県〔河南省西華の北東〕の陳景《ちんけい》が、自ら黄《こう》帝の子と名乗って官府を置き、また南頓県《なんとん》〔河南省項城の南西〕の管伯《かんはく》も真人《しんじん》と称し、共に挙兵を謀ったが、尽く誅殺された。

［李賢注］

［一］（河間《かかん》と勃海《ぼっかい》とは）河間王の劉建《りゅうけん》と、勃海王の劉悝《りゅうかい》のことである。

［二］（彭城《ほうじょう》とは）彭城王の劉定《りゅうてい》のことである。

［三］板楯《ばんじゅん》は、西南蛮の号である。

［四］『説文解字《せつもんかいじ》』（巻七下）に、「帑《ど》というものは、金布所蔵の府《くら》である」とある。帑は佗朗《だろう》の反《はん》である。

［五］安平国《あんぺい》は、唐《とう》の定州県である。経侯国《けいこう》は、唐の貝州《ばい》経城《けいじょう》県である。

建和《けんわ》三〔一四九〕年春三月甲申《こうしん》、彭城《ほうじょう》王の劉定《りゅうてい》が薨去した。夏四月丁卯《ていぼう》晦、日食があった［一］。五月乙亥《いつがい》、詔を下して、「およそ聞くところでは、天は民草を創造したが、治められなかったので、民草のために君主を立て、これを統治させることにしたという。このため君道が下情に叶《かな》えば、瑞祥が天に現れ、（君道が）諸事その秩序を失えば、その咎が形となって現れる〔二〕。先頃、日食で日が欠け落ち、太陽の光が隠れた。朕は慎み恐れ考えあぐね、席に着くゆとりもない〔三〕。『星伝《せいでん》』に、「日食が起これば徳を修め、月食が起これば刑を戒める」という〔四〕。むかし孝章《こうしょう》皇帝は先帝時代の罪人を憐れみ、建初《けんしょ》年間〔七六～八四年〕のはじめ、みなに恩沢を施し、流刑されていた囚人は故郷の郡国に帰り、没入（され奴婢となっていた）者は許されて庶人《しょじん》となった。先皇の徳政に、則るべきであろう。そこで永建《えいけん》元〔一二六〕年より今〔一四九〕年までに、諸々の妖言の悪事に荷担した家族で連座した者、および吏民のうち死一等を減ぜられて辺境送りとなった者は、すべて本郡に帰らせよ。ただし没入され（て奴婢となっ）た者はこの限りではない」とした。六月庚子《こうし》、詔を下して、大将軍《だいしょうぐん》・三公《さんこう》・特進侯《とくしんこう》・列侯《れっこう》に、九卿《きゅうけい》・校尉《こうい》と共に、賢良方正とよく直言極諫を行う士をそれぞれ一人推挙させた。乙卯《いつぼう》、憲陵《けんりょう》の寝廟《しんびょう》が揺れた。秋七月庚申《こうしん》、廉《れん》県〔寧夏回族自治区銀川市の西〕に肉が降った〔五〕。八月乙丑《いっちゅう》、箒星《ほうきぼし》があり天市《てんし》にかかった〔六〕。京師に大洪水があった。九月己卯《きぼう》、地震があった。庚寅《こういん》、また地震があった。詔を下して、死罪以下の者と亡命者に罪を購わせ、額はそれぞれ差があった。郡国の五ヵ所で山が崩れた。冬十月、太尉《たいい》の趙戒《ちょうかい》を罷免した。司徒《しと》の袁湯《えんとう》を太尉とし、大司農《だいしのう》である河内《かだい》郡の張歆《ちょうきん》を司徒とした〔七〕。十一月甲申《こうしん》、詔を下して、「朕の施政は中庸を失い、災異はしきりに起こり、（日・月・星辰の）三光は明らかでなく、陰陽は秩序を乱している。横になっても眠れずに目を覚ましては嘆き、心を痛めることは首を痛めるようである［八］。いま京師の廝舎《ししゃ》では、死者が互いに折り重なり［九］、郡県の道路では至る所に（遺体が）見られ、周《しゅう》の文《ぶん》王の埋葬の義とは大いに食い違っている。そこで家族はいるが貧困で埋葬できない者には、費用として人ごとに三千銭ずつ、喪主に布三匹を与え、もし親族すらない者には、官の余地に葬り［一〇］、姓名を記し、その者のために祭祀をしてやるがよい。また辺境に移住して駐屯している者には、病気に罹《かか》れば医薬を支給し、死亡すれば埋葬を手厚くせよ。民で自ら働けない者と住居の定まらない者があれば、穀物を下賜すること法の通りとせよ。州郡は検察し、つとめて恩信を施し、朕の民を安んずるように」と述べた。

［李賢注］

［一］『続漢書《しょくかんじょ》』（志十八 五行志六）に、「（日食は）東井宿《とうせい》の二十三度で起きた。東井は、法を掌る星宿である。梁《りょう》皇太后が、公卿《こうけい》を理由なく殺害し、天法を犯したため（天譴として日食が起こったの）である」とある。

［二］以上の文は、ほぼ（前漢《ぜんかん》の）成《せい》帝の詔の字句通りである。

［三］（原文の）遑《こう》とは、いとまである。（原文の）啓《けい》とは、ひざまずくことである。『詩経《しきょう》』小雅（四牡）に、「王事は粗略にできないので、（使臣たる我が身は）落ち着いて休む暇《いとま》もなく奔走している」とある。

［四］『春秋公羊伝《しゅんじゅうくようでん》』の文である（とするが、現行の公羊伝には見えず、『漢書《かんじょ》』天文志・五行志に引かれる『星伝』の一篇と思われる）。

［五］『続漢書』（志十四 五行二）に、「肉は羊の肺に似て、大きさが手のひらほどのものもあった」とある。『洪範五行伝《こうはんごぎょうでん》』に、「法律を無視し、功臣を放逐すると、時として羊禍が起こり、時として（火徳に関わる赤の怪異である）赤眚《せきせい》（赤い災い）・赤祥《せきしょう》が起こる」とある。このとき梁皇太后が摂政し、兄の梁冀《りょうき》が専権を振るい、李固《りこ》・杜喬《ときょう》を誅殺し、天下はこれを冤罪とした。廉《れん》県は、北地《ほくち》郡に属する。

［六］『漢書《かんじょ》』（巻二十六 天文志）に、「（北方の玄武宿の中の）旗《き》星の中の四つの星を、名づけて天市という」とある。

［七］張歆《ちょうきん》は、字を敬譲《けいじょう》という。

［八］（原文の）監寐《かんび》とは、横になっても眠れないことである。（原文の）寤とは、目が覚めるこ

とである。

［九］廝舎《ししゃ》とは、小役人の官舎である。

［一〇］（原文の）壖《ぜん》とは、使われていない官有地である。『前書音義《ぜんしょおんぎ》』に、「壖とは、城郭の近くの空き地のこと」とある。音には、奴喚《どかん》と而恋《じれん》の二つの反切《はんせつ》がある。

和平《わへい》元〔一五〇〕年春正月甲子《こうし》、天下に大赦して、和平と改元した。乙丑《いっちゅう》、（梁《りょう》皇太后は）詔を下して、「先頃、家の不幸にあい、先帝（の順《じゅん》帝）は崩御された［一］。（皇帝の本家である）大宗《たいそう》の重みを思い、よき継嗣に恵まれる福を願って、輔臣（の三公《さんこう》）と相談し、これを占卜に図った。ようやく聡明なる賢君（の桓《かん》帝）を立て、よく帝王の事業を定め、天と人とは協和し、万国はみな安らいだ。（帝は）元服も果たし、すぐにでも政権を返上したかったが、四方の姦盗どもが、いまだ収まっていなかった。そこで一時的に繰り延べて（梁皇太后が）臨朝《りんちょう》を続け、安寧となるのを待った。幸いにも股肱の臣が賊を防ぎ、残党も掃討され［二］、民は和み豊作となり、天下のすべてが、遠近となく安定した。古くは（周《しゅう》公が武《ぶ》王の）子（の成《せい》王）に政権を返すの義を見て［三］、近くは先姑（の閻《えん》太后）の政権奉還の法に従い（梁皇太后より桓帝に政権を返上するので）［四］、今日の良き日より、皇帝が政務を執られる。各官庁の長官は、自分達の地位を敬い恐れ、力を併せ意を一つにすること、（『周易《しゅうえき》』の）断金《だんきん》の義と同じにせよ［五］。信義があれば大成するというが、これこそ朕の願うところである」とした［六］。二月、扶風《ふふう》の妖賊である裴優《はいゆう》が、皇帝を自称したが、誅殺された［七］。甲寅《こういん》、皇太后の梁氏《りょうし》が崩御した。三月、車駕〔皇帝〕は、北宮に行幸した。甲午《こうご》、順烈《じゅんれつ》皇后を葬った。夏五月庚辰《こうしん》、（桓帝の母である）匽博園貴人《えんはくえんきじん》を尊び孝崇《こうすう》皇后とした。秋七月、梓潼《しとう》郡で山が崩れた［八］。冬十一月辛巳《しんし》、天下の死刑囚の罪一等を減じ、辺境に移し国境警備をさせた。

［李賢注］

［一］（原文の早世は）順《じゅん》帝の崩御をいう。『詩経《しきょう》』周頌《しゅうしょう》（閔予小子）に、「哀れであるかな我れ小子、家道はいまだ完成せずに（先王の死去に）遇う」とある。鄭玄《じょうげん》が注をつけて、「造とは、完成である。成《せい》王が武《ぶ》王の崩御の際に、周《しゅう》の家道が完成せず（に武王の崩御）に遭ったことをいう」としている。

［二］建和《けんわ》二〔一四八〕年に、長安《ちょうあん》の陳景《ちんけい》が蜂起し、南頓《なんとん》の管伯《かんはく》らが乱を企てたが、ともに誅殺されたことをいう。

［三］『尚書《しょうしょ》』（洛誥篇）に、「周《しゅう》公は、「わたしはなんじ〔成王〕に明主の政治をお返ししよう」といった」とある。（原文の）復とは、返すことである。（原文の）子とは、成王をいう。（原文の）辟とは、君のことである。周公の摂政が久しかったが、明君の政治を成王にお返しするといったのである。このとき梁《りょう》皇太后もまた政権を桓《かん》帝に返還した。

［四］先姑とは、安《あん》帝の閻《えん》皇后をいう。『爾雅《じが》』（釈親）に、「婦人は夫の父を舅といい、夫の母を姑という。生前は君舅・君姑と呼び、没後は先舅・先姑と呼ぶ」とある。

［五］金属は堅いが、人がよく心を同じくすれば、その鋭さで金属をも断ち切れることをいう。『周易《しゅうえき》』（繫辞上伝）に、「二人が心を同じくすれば、その鋭さは金属をも断ち切る」とある。

［六］『詩経』小雅《しょうが》（車攻）に、「まことの君子は、まことに泰平の世を致す」とある。鄭玄《じょうげん》が注をつけて、（『詩経』の原文の）「允とは、信である。展とは、誠である。大成とは、泰平の世を致すことをいう」としている。まことに泰平の世を致す、これこそ望みであるというのである。

［七］裴《はい》が姓、優《ゆう》が名である。『風俗通《ふうぞくつう》』に、「裴氏は、伯益《はくえき》の後裔」とある。

［八］梓潼《しとう》は県であり、広漢《こうかん》郡に属する。唐《とう》の始州《ししゅう》県である。梓潼水がある。

元嘉《げんか》元〔一五一〕年春正月、京師で疫病があり、光禄大夫《こうろくたいふ》に医薬の官を率いて視察させた。癸酉《きゆう》、天下に大赦をし、元嘉と改元した。二月、九江《きゅうこう》郡と盧江《ろこう》郡で大いに疫病が流行った。甲午《こうご》、河間《かかん》王の劉建《りゅうけん》が薨去した。夏四月己丑《きちゅう》、安平《あんぺい》王の劉得《りゅうとく》が薨去した〔一〕。京師で日照りがあった。任城《じんじょう》国と梁《りょう》国で飢饉があり、民が互いに喰らいあった。司徒《しと》の張歆《ちょうきん》を罷免し、光禄勳《こうろくくん》の呉雄《ごゆう》を司徒とした。秋七月、武陵蛮《ぶりょうばん》が反乱を起こした。冬十月、司空の胡広《ここう》を罷免した。十一月辛巳《しんし》、京師で地震があった。閏月庚午《こうご》、任城《じんじょう》王の劉崇《りゅうすう》が薨去した。太常《たいじょう》の黄瓊《こうけい》を司空とした。

［李賢注］
〔一〕（劉得は）河間孝《かかんこう》王の劉開《りゅうかい》の子である。はじめ楽成《らくせい》王となり、後に安平《あんぺい》王に改められた。

元嘉《げんか》二〔一五二〕年春正月、西域長史《さいいきちょうし》の王敬《おうけい》が于闐《うてん》国で殺された〔一〕。丙辰《へいしん》、京師で地震があった。夏四月甲寅《こういん》、孝崇《こうすう》皇后の匽氏《えんし》が崩御した。庚午《こうご》、常山《じょうざん》王の劉豹《りゅうひょう》が薨去した。五月辛卯《しんぼう》、孝崇皇后を博陵《はくりょう》に葬った。秋七月庚辰《こうしん》、日食があった。八月、済陰《せいいん》郡は黄竜が句陽《こうよう》県〔山東省荷沢市の北〕に現れたと報告した〔二〕。金城《きんじょう》郡は黄竜が允街《えんかい》県〔甘粛省永登の南〕に現れたと報告した〔三〕。冬十月乙亥《いつがい》、京師で地震があった。十一月、司空《しくう》の黄瓊《こうけい》を罷免した。十二月、特進侯《とくしんこう》の趙戒《ちょうかい》を司空とした。右北平太守《ゆうほくへいたいしゅ》の和旻《かびん》が横領の罪にあたり、獄に下されて死んだ。

〔李賢注〕

〔一〕王敬《おうけい》が于闐《うてん》王の劉建《りゅうけん》を殺し、そのため国人が王敬を殺した。

〔二〕（句陽は）県の名、済陰《せいいん》郡に属する。『春秋左氏伝《しゅんじゅうさしでん》』（桓公 伝十二年）に、「句瀆《こうとく》の丘で盟約を交わした」とあるのがこの地である。故城は唐の曹《そう》州乗氏《じょうし》県の北にあり、別名を穀丘《こくきゅう》という。

〔三〕允街《えんかい》は県の名であり、金城《きんじょう》郡に属する。音は縁皆《えんかい》である。

永興《えいこう》元〔一五三〕年春二月、張掖《ちょうえき》郡より白鹿が現れたと報告があった。三月丁亥《ていがい》、鴻《こう》池《ち》に行幸した。夏五月丙申《へいしん》、天下に大赦をし、永興と改元した。丁酉《ていゆう》、済南《せいなん》王の劉広《りゅうこう》が薨じ、子が無いため、国は除かれた。秋七月、郡国の三十二ヵ所で蝗《いなご》の害があった。黄河が氾濫した。人々は飢餓に陥り、道傍に流浪する者が、数十万戸にもなり、冀《き》州が最もひどかった。詔を下して、在所の困窮者に賜与をし、慰撫して農業生産に従事させた。冬十月、太尉《たいい》の袁湯《えんとう》を罷免し、太常《たいじょう》の胡広《ここう》を太尉とした。司徒《しと》の呉雄《ごゆう》、司空《しくう》の趙《ちょう》戒《かい》を罷免し、太僕《たいぼく》の黄瓊《こうけい》を司徒とし、光禄勲《こうろくくん》の房植《ぼうしょく》を司空とした。十一月丁丑《ていちゅう》、詔を下して、天下の死刑囚の罪一等を減じ、辺境に移住させ国境の防備に当たらせた。この年、武陵太守《ぶりょうたいしゅ》の応奉《おうほう》が、（元嘉《げんか》元年以来）反乱を起こしている武陵蛮《ぶりょうばん》（の詹山《せんさん》ら）を招き、これを降伏させた。

永興《えいこう》二（一五四）年春正月甲午《こうご》、天下に大赦した。二月辛丑《しんちゅう》、はじめて刺史《しし》・二千石《にせんせき》が三年の喪に服すことを許した。癸卯《きぼう》、京師に地震があった。詔を下して、三公《さんこう》・九《きゅう》卿《けい》・校尉《こうい》に、賢良方正・よく直言極諫する者をそれぞれ一人ずつ推挙させた。詔を下して、「近年、星辰《せいしん》（の運行）は軌道をはずれ、大地は震動し（災異が相次いでいるが）、災異が起きることには、必ずや（皇帝の悪政への天譴という）意味がある。己を戒めて政治を正し、少しでもわが不徳を補いたいと願う。そこで輿服《よふく》の制度の規定を超える派手な車や装飾を使っている者があれば、みな止めさせよ[二]。郡県は努めて倹約をして、旧令を明らかにし、永平《えいへい》の故事のとおりに（輿服の華美を禁止）せよ」とした。六月、彭城《ほうじょう》国の泗水《しすい》（の水嵩が）増して逆流した[二]。司隷校尉《しれいこうい》と各州の刺史《しし》に詔を下して、「蝗《いなご》は害をなし、水害はしきりに起こり、五穀は実らず、民草には来年の種籾さえ無い。そこで被害を受けた郡国に蕪菁《かぶら》を植えさせ、人々の糧食の補助とせよ」とした。京師で蝗の害があった。東海《とうかい》国の朐山《くさん》が崩れた[三]。

九月丁卯《ていぼう》朔、日食があった。詔を下して、「朝政が中庸を失っているので、雲漢《うんかん》〔天《あま》の河《がわ》〕は日照りを起こし[四]、川霊《せんれい》は水を氾濫させ、蝗が大量発生して、わが百穀を滅ぼし、太陽は光を欠き（日食が起こり）、飢饉が頻発している。そこで郡県の中で被害を受けなかった地域は、飢饉の起こった地域のために備蓄せよ。天下は一家なのである、すべて荒廃させなければ、国の宝となろう。そこで郡国に禁令を出して酒造と酒の売買を許さぬことにし、祭祀に用いる分だけを認めることにする」とした。太尉《たいい》の胡広《ここう》を罷免し、司徒《しと》の黄瓊《こうけい》を太尉とした。閏月、光禄勲《こうろくくん》の尹頌《いんしょう》を司徒とした[五]。天下の死刑囚の罪一等を減じ、辺境に移り住ませて国境を守備させた。蜀《しょく》郡の李伯《りはく》が宗室を自称し、即位して太初《たいしょ》皇帝となろうとしたが、誅殺された。冬十一月甲辰《こうしん》、上林苑《じょうりんえん》で校猟《こうりょう》し、そのまま函谷関《かんこくかん》に到り、通った道沿いに住んでいる九十歳以上の者に銭を賜ることとそれぞれ差があった。泰山《たいざん》郡と琅邪《ろうや》郡の賊である公孫挙《こうそんきょ》らが反乱を起こし、長吏を殺害した。

［李賢注］

［一］（原文の）長の音は、直亮《ちょくりょう》の反《はん》である。

［二］張衡《ちょうこう》は対策《たいさく》して、「水は、五行の始めです。逆流は、人君の恩義が下々に及んでいないので、逆になるのです」と言った。

［三］朐《く》は、山の名である。唐の海州朐山《くさん》県の南にある。

［四］雲漢《うんかん》は、『詩経《しきょう》』大雅《たいが》の篇名である。周《しゅう》の宣《せん》王の時に、大いに日照りがあり、そのため詩を作り、「明らかに輝く天《あま》の河は、光り輝いて天をめぐる」とした。鄭玄《じょうげん》は注をつけて、「雲漢とは、天の河のことである。明らかに光り輝き天をめぐる。このときは日照りのため雨を求めていたので、宣王は夜に天の河を眺め、雨の兆候を望んだのである」としている。

［五］尹頌《いんしょう》は、字を公孫《こうそん》といい、鞏《きょう》県の人である。

永寿《えいじゅ》元〔一五五〕年春正月戊申《ぼしん》、天下に大赦をし、永寿と改元した。二月、司隷《しれい》と冀《き》州で飢饉があり、人が互いに喰らいあった［一］。州刺史《しし》と郡太守《たいしゅ》に勅して貧窮者に賜与させた。もし王侯と吏民で穀物を蓄えている者があれば、すべての者から十分の三を借りあげ〔二〕、貧民への穀物の給付の補助とすることにし、そのうち百姓・吏民は現金で代価を払い〔三〕、王侯については新たに租税が納入されるのを待って償還することにした〔四〕。夏四月、白烏《はくう》が斉《せい》国に現れた。六月、洛水《らくすい》が氾濫し、鴻徳苑《こうとくえん》を水浸しにした〔五〕。南陽《なんよう》郡で洪水があった。司空《しくう》の房植《ぼうしょく》を罷免し、太常《たいじょう》の韓縯《かんえん》を司空とした〔六〕。詔を下して、泰山《たいざん》郡と琅邪《ろうや》郡の賊害に遇った者からは、田租と徭役を取ることなく、（実際に兵役に赴かず、その代わりに支払う税である）更《こう》と（人頭税の）算賦《さんぷ》を三年間免除した。また詔を下して、洪水に遇い遺体が水中に没した者は、郡県に命じ、捜索して埋葬させた。さらに物がぶつかり圧死し、あるいは溺死した者は、七歳以上に人ごとに二千銭ずつを賜った。家を壊され穀食が無い貧者には、人ごとに二斛ずつを施した。巴《は》郡と益州《えきしゅう》郡の山が崩れた〔七〕。秋七月、はじめて泰山都尉《たいざんとい》と琅邪都尉の官を設置した〔八〕。南匈奴《みなみきょうど》の左薁鞬《さいくけん》の台耆《だいき》と且渠《しょきょ》の伯徳《はくとく》らが反乱を起こし、美稷《びしょく》〔内蒙古自治区准格爾旗の北西〕に侵寇し〔九〕、安定属国都尉《あんていぞくこくとい》の張奐《ちょうかん》が討ってこれを除いた。

〔李賢注〕

〔一〕司隷《しれい》は州であり、ここでは洛陽《らくよう》のことをさす。

［二］（原文の）貣《とく》は、音が吐得《とう》の反《はん》、また徒得《とう》の反である。

［三］（原文の）雇は、ほぼ酬と同じである。

［四］（原文の）須は、待つことである。

［五］『続漢書《しょくかんじょ》』に、「水が溢《あふ》れて津城門《しんじょうもん》まで到り、人や物を漂流させた。このとき梁冀《りょうき》は専政して、忠良の士を迫害し、権勢は帝をも凌《しの》いだ。のちに誅殺された」とある。

［六］繶は、音が翼善《よくぜん》の反である。

［七］益《えき》州は、郡の名である。武《ぶ》帝が設置した。諸本の「郡」の字が無いものは誤りである。

［八］『漢官儀《かんかんぎ》』に、「秦《しん》は郡に尉《い》一人を置き、兵権を掌り、盗賊を捕らえさせた。景《けい》帝が名を都《と》尉《い》に改め、建武《けんむ》六〔三〇〕年に省かれた。ただ辺境では往々にして都尉および属国都尉《ぞくこくとい》が置かれた」とある。このとき（泰山郡と琅邪郡の）二郡では寇賊が絶えず、そのため設置した。

［九］美稷《びしょく》は、西河《せいが》県である。

永寿《えいじゅ》二〔一五六〕年春正月、はじめて宦官に三年の喪に服すことを許した［一］。二月甲申《こうしん》、東海《とうかい》王の劉臻《りゅうしん》が薨去した。三月、蜀《しょく》郡属国《ぞくこく》の異民族が反乱を起こした。秋七月、鮮卑《せんぴ》が雲中《うんちゅう》郡に侵寇した。泰山《たいざん》郡の賊である公孫挙《こうそんきょ》たちが青《せい》州と兗《えん》州と徐《じょ》州の三州に侵寇した。中郎将《ちゅうろうしょう》の段熲《だんけい》を派遣して、討ち破りこれを斬った。冬十一月、太官右監丞《たいかんゆうかんじょう》の官を設置した[二]。十二月、京師で地震があった。

〔李賢注〕

〔一〕（原文の）中官とは、中常侍《ちゅうじょうじ》以下（の宦官）を指す。

〔二〕『漢官儀《かんかんぎ》』に、「太官右監丞《たいかんゆうかんじょう》は、官秩が比六百石」とある。

永寿《えいじゅ》三〔二五七〕年春正月己未《きび》、天下に大赦した。夏四月、九真《きゅうしん》郡の蛮夷が反乱を起こした。九真太守《きゅうしんたいしゅ》の児式《げいしき》がこれを討ち、戦没した。九真都尉《きゅうしんとい》の魏朗《ぎろう》を派遣して、これを撃破したが、また日南《にちなん》郡に集結し、そこを拠点とした。閏月庚辰《こうしん》晦、日食があった。六月、はじめて小黄門《しょうこうもん》を守宮令《しゅきゅうれい》とし、冗従右僕射《じょうじゅうゆうぼくや》の官を置いた[一]。京師で蝗《いなご》の害があった。秋七月、河東《かとう》郡で地割れがあった。冬十一月、司徒《しと》の尹頌《いんしょう》が薨去した。長沙《ちょうさ》国の蛮夷が反乱を起こし、益陽《えきよう》県〔河南省益陽市の東〕に侵寇した[二]。司空《しくう》の韓縯《かんえん》を司徒とし、太常《たいじょう》である北海《ほくかい》国の孫朗《そんろう》を司空とした[三]。

［李賢注］

［一］『漢官儀《かんかんぎ》』に、「（天子の紙・筆・墨および封泥など、筆記用具を管理する）守宮令《しゅきゅうれい》は定員一名、（宦官から成る衛兵である中黄門冗従を率いる）黄門冗従僕射《こうもんじょうじゅうぼくや》も定員一名、ともに官秩は六百石である」という。

［二］（益陽《えきよう》は）県の名で、長沙《ちょうさ》国に属し、益水《えきすい》のほとりにある。唐《とう》の潭州《たんしゅう》県であり、故城は県の東にある。

［三］孫朗《そんろう》は、字を代平《だいへい》という。

延熹《えんき》元〔一五八〕年春三月己酉《きゆう》、初めて鴻徳苑令《こうとくえんれい》を設置した［一］。夏五月己酉《きゆう》、大いに公卿《こうけい》以下（の百官）を会し、賞賜することそれぞれ差があった。甲戌《こうじゅつ》晦、日食があった。京師で蝗《いなご》の害があった。六月戊寅《ぼいん》、天下に大赦を行い、延熹と改元した。丙戌《へいじゅつ》、中山《ちゅうざん》国を分けて博陵《はくりょう》郡を置き、孝崇皇《こうすうこう》の園陵にあてた［二］。大いに（雨乞いの儀礼である）雩祭《うさい》を行った。秋七月己巳《きし》、雲陽《うんよう》県〔陝西省淳化の北西〕で地割れがあった。甲子《こうし》、太尉《たいい》の黄瓊《こうけい》を罷免し、太常《たいじょう》の胡広《ここう》を太尉とした。冬十月、広成苑《こうせいえん》〔河南省汝陽の北東〕で狩猟を行い、上林苑《じょうりんえん》に行幸した。十二月、鮮卑《せんぴ》が辺境に侵寇し、使匈奴中郎将《しきょうどちゅうろうしょう》の張奐《ちょうかん》が南匈奴《みなみきょうど》の単于《ぜんう》を率いてこれをうち破った。

［李賢注］

［一］『漢官儀《かんかんぎ》』に、「（皇帝の御狩場である鴻徳苑《こうとくえん》を管理する鴻徳）苑令《えんれい》は一人、官秩は六百石」とある。

［二］博陵《はくりょう》は郡であり、故城は唐《とう》の瀛州《えい》博野《はくや》県にある。後に安平《あんぺい》国に徙《うつ》された。

延熹《えんき》二〔一五九〕年春二月、鮮卑《せんぴ》が雁門《がんもん》郡に侵寇した。己亥《きがい》、阜陵《ふりょう》王の劉便《りゅうべん》が薨去した。蜀郡《しょくぐん》夷《い》が蚕陵《さんりょう》県〔四川省茂汶の北〕に侵寇し、県令《けんれい》を殺した。三月、また刺史《し》・太守《たいしゅ》が、三年の喪を行うことを禁止した。夏、京師で大雨があった。六月、鮮卑が遼東《りょうとう》に侵寇した。秋七月、初めて顕陽苑《けんようえん》を造営して、苑丞《えんじょう》を置いた。丙午《へいご》、皇后の梁《りょう》氏《し》が崩御した。乙丑《いっちゅう》、懿献梁《いけんりょう》皇后を懿陵《いりょう》に葬った。大将軍《だいしょうぐん》の梁冀《りょうき》が反乱を謀った。八月丁丑《ていちゅう》、帝は前殿に出で、司隷校尉《しれいこうい》の張彪《ちょうひょう》に詔を下して、兵を率いて梁冀の邸宅を包囲させ、大将軍の印綬を取り上げた。梁冀と妻は共に自殺した。衛尉《えいい》の梁淑《りょうしゅく》、河南《かなん》尹《いん》の梁胤《りょういん》、屯騎校尉《とんきこうい》の梁譲《りょうじょう》、越騎校尉《えつきこうい》の梁忠《りょうちゅう》、長水校尉《ちょうすいこうい》の梁戟《りょうげき》など、内外の宗族数十人もみな誅殺された。太尉《たいい》の胡広《ここう》を連座したとして罷免した。司徒《しと》の韓縯《かんえん》と司空《しくう》の孫《そん》朗《ろう》を獄に下した[一]。

壬午《じんご》、皇后に鄧氏《とうし》を立て、（梁皇后の）懿陵《いりょう》を格下げして貴人《きじん》の冢とした。詔を下して、「梁冀は暴虐であり、王室を混乱させた。孝質《こうしつ》皇帝は聡明さが若くから盛んであったため、梁冀は心に恐れを抱き、密かに毒殺した。（桓《かん》帝の母である）永楽《えいらく》皇太后は（桓帝にとって）親尊の身であること比《およ》ぶ者なき方であったが[二]、梁冀は（桓帝と皇太后の間を）断絶して（皇太后が）京師に帰ることを禁じ[三]、朕から母子の愛と養育の恩を引き離した。（梁冀のもたらした）被害は甚大であり、罪状は日に日に増した。宗廟《そうびょう》の霊と、中常侍《ちゅうじょうじ》の単超《ぜんちょう》・徐璜《じょこう》・具瑗《ぐえん》・左悺《さわん》[四]・唐衡《とうこう》、尚書令《しょうしょれい》の尹勳《いんくん》たちが憤激して献策し、内（の宦官）と外（の官僚）が力を合わせて、寸刻のうちに逆賊（梁冀）を誅殺した[五]。これぞ誠に社稷《しゃしょく》の助け、臣下の力である。ここで恩賞を与え、忠勤に報いる。単超たち五人（の宦官）を封建して県侯《けんこう》とし、尹勳ら七人を亭侯《ていこう》とせよ」とした[六]。これ以降、帝と昔から親しかった者たちが、多数封爵を受けることとなった。大司農《だいしのう》の黄瓊《こうけい》を太尉、光禄大夫《こうろくたいふ》である中山《ちゅうざん》国の祝恬《しゅくてん》を司徒[七]、大鴻臚《だいこうろ》である梁《りょう》国の盛允《せいいん》を司空とした[八]。初めて秘書監《ひしょかん》の官を設置した[九]。冬十月壬申《じんしん》、長安《ちょうあん》に行幸した。乙酉《いつゆう》、未央宮《びおうきゅう》に行幸した。甲午《こうご》、高廟《こうびょう》を祀った。十一月庚子《こうし》、十一陵を祀った。壬寅《じんいん》、中常侍の単超を車《しゃ》騎将軍《きしょうぐん》とした。十二月己巳《きし》、長安《ちょうあん》に赴き、長安の民に粟を人ごとに十斛《こく》ずつ、園陵を守護する一族には五斛ずつ、行所の県民には三斛ずつ賜った。焼当羌《しょうとうきょう》など八種の羌族が反乱を起こし、隴右《ろうゆう》に侵寇した。護羌校尉《ごきょうこうい》の段熲《だんけい》が羅亭《らてい》に追撃してこれを破った[一〇]。天竺《てんじく》国が使者を派遣して、貢ぎ物を献上した。

［李賢注］

［一］『東観漢記《とうかんかんき》』に、「（司徒《しと》の韓縯《かんえん》と司空《しくう》の孫朗《そんろう》は）共に宮殿を守らず、長寿亭《ちょうじゅてい》に止まっていた罪にあたったが、死一等を減刑し、爵位で贖《あがな》わせた」とある。

［二］和平《わへい》元〔一五〇〕年に有司が上奏して、太后の居るところを永楽と称させ、官属として永《えい》楽太僕《らくたいぼく》と永楽少府《えいらくしょうふ》を置いた。

［三］（原文の遏絶とは、永楽）皇太后が常に博園《はくえん》に住まわされ、洛陽《らくよう》に止まれなかったことをいう。

［四］（原文の悺《かん》について、李賢の見た本では悹《かん》と作っていたので）『説文解字《せつもんかいじ》』（巻十下）に、「悹は、憂いである」とある。音は工奐《こうかん》の反《はん》。唐《とう》ではりっしんべんに旁《つくり》を官にして（悺と書いて）い

るが、それは悹の字のことである。唐では音は綰《わん》と伝えられている。

[五]（原文の）梟《きゅう》とは、首を木に吊すことである。

[六]五人の県侯《けんこう》は、単超《ぜんちょう》が新豊《しんほう》侯、徐璜《じょこう》が武原《ぶげん》侯、具瑗《ぐえん》が東武陽《とうぶよう》侯、左悺《さわん》が上蔡《じょうさい》侯、唐衡《とうこう》が汝陽《じょよう》侯となったことをいう。七人の亭侯は、尹勳《いんくん》が宜陽都《ぎようと》郷《きょう》侯、霍諝《かくしょ》が鄴都亭《ぎょうとてい》侯、張敬《ちょうけい》が山陽西郷《さんようせいきょう》侯、欧陽参《おうようさん》が脩武仁亭《しゅうぶじんてい》侯、李瑋《りい》が宜陽金門《ぎようきんもん》侯、虞放《ぐほう》が冤句呂都亭《えんこうりょとてい》侯、周永《しゅうえい》が下邳《かひ》高遷郷《こうせんきょう》侯となったことをいう。

[七]祝恬《しゅくてん》は、字を伯休《はくきゅう》といい、盧奴《ろど》県の人である。

[八]盛允《せいいん》は、字を伯代《はくたい》という。

[九]『漢官儀《かんかんぎ》』に、「秘書監《ひしょかん》は定員一名、官秩は六百石」とある。

[一〇]『東観漢記』に、「（段熲《だんけい》は羌族《きょうぞく》を）追撃して積石山《せきせきざん》に至った」とある。ここは羅亭《らてい》と近い。唐の鄯《ぜん》州にある。

延熹《えんき》三〔一六〇〕年春正月丙申《へいしん》、天下に大赦した。丙午《へいご》、車騎将軍《しゃきしょうぐん》の単超《ぜんちょう》が薨去した。閏月、焼何羌《しょうかきょう》が反乱を起こし、張掖《ちょうえき》郡に侵寇した。護羌校尉《ごきょうこうい》の段熲《だんけい》が追って積《せき》石山《ざん》に撃ち、大いにこれを破った[一]。白馬令《はくばれい》の李雲《りうん》が、直諫の罪により、獄に下されて死んだ。夏四月、上郡より甘露が降ったと報告があった。五月甲戌《こうじゅつ》、漢中《かんちゅう》郡で山が崩れた。六月辛丑《しんちゅう》、司徒《しと》の祝恬《しゅくてん》が薨去した。秋七月、司空《しくう》の盛允《せいいん》を司徒、太常《たいじょう》の虞放《ぐほう》を司空とした〔二〕。長沙蛮《ちょうさばん》が郡界に侵寇した。

九月、太山《たいざん》郡と琅邪《ろうや》郡の賊である労丙《ろうへい》たちが反乱を起こし、民草から略奪した。御史《ぎょし》中丞《ちゅうじょう》の趙某を派遣して〔三〕、節を持たせ州郡の兵を統べてこれを討伐させた。丁亥《ていがい》、詔を下して、特定の職務のない官は臨時の措置として俸禄の支給を停止し、豊作の年になれば元の通りに戻すことにした。冬十一月、日南《にちなん》郡の蛮賊が一族を率いて、郡に至って降伏した。勒姐羌《ろくしゃきょう》が、允街《えんかい》県を包囲し〔四〕、段熲《だんけい》がこれをうち破った。泰山《たいざん》の賊である叔孫無忌《しゅくそんむき》が、都尉《とい》の侯章《こうしょう》を殺した。十二月、中郎将《ちゅうろうしょう》の宗資《そうし》を派遣して、これを討ち破った。武陵蛮《ぶりょうばん》が、江陵国《こうりょう》〔湖北省江陵県一円〕に侵寇し、車騎将軍の馮緄《ふうこん》が討伐して降伏させた。荊州刺史《けいしゅうしし》の度尚《どしょう》が、長沙蛮を討伐し、これを平定した。

［李賢注］

［一］積石山《せきせきざん》は唐《とう》の鄯州《ぜんしゅう》竜支《りゅうし》県の南にある。（『尚書《しょうしょ》』）禹貢篇《うこうへん》にいう、「河を積石より導く」（という地）はここである。

［二］虞放《ぐほう》は、字を子仲《しちゅう》といい、陳留《ちんりゅう》郡の人である。
［三］（某というのは）史書に名前を欠くからである。
［四］勒姐《ろくしゃ》は、羌族《きょうぞく》の呼び名である。姐の音は子野《しゃ》の反《はん》。

延熹《えんき》四〔一六一〕年春正月辛酉《しんゆう》、南宮の嘉徳殿《かとくでん》で火事があった。戊子《ぼし》、丙署《へいしょ》で火事があった［一］。疫病があった。二月壬辰《じんしん》、武器庫で火事があった。司徒《しと》の盛允《せいいん》を罷免し、大司農《だいしのう》の种暠《ちゅうこう》を司徒とした。三月、冗従右僕射《じょうじゅうゆうぼくや》の官を省いた［二］。太尉《たいい》の黄瓊《こうけい》を罷免した。夏四月、太常《たいじょう》の劉矩《りゅうく》を太尉とした。甲寅《こういん》、河間《かかん》王の劉開《りゅうかい》の子である劉博《りゅうはく》を封建して任城《じんじょう》王とした。五月辛酉《しんゆう》、篲星《ほうきぼし》があり心宿《しんしゅく》にかかった。丁卯《ていぼう》、（光武帝の）原陵《げんりょう》の長寿門《ちょうじゅもん》で火事があった。己卯《きぼう》、京師で雹《あられ》が降った［三］。六月、京兆・扶風《ふふう》及び涼《りょう》州で地震があった。庚子《へいし》、泰山《たいざん》と博《はく》県〔山東省泰安市の南東〕の尤来山《ゆうらいさん》が共に崩れ、山肌が裂けた［四］。己酉《きゆう》、天下に大赦した。司空《しくう》の虞放《ぐほう》を罷免し、前の太尉である黄瓊を司空とした。犍為属国《けんいぞくこく》の異民族が人々から略奪し、益州刺史《えきしゅうしし》の山昱《さんいく》が撃ってこれを破った。零吾羌《れいごきょう》が、先零羌《せんれいきょう》の諸種族と共に反乱を起こし、三輔《さんぽ》を侵犯した。

秋七月、京師《けいし》で（雨乞いの儀礼の）雩祭を行った。公卿《こうけい》以下（百官）の俸禄を減じ、王侯から租の半分を借り上げた。関内侯《かんだいこう》・虎賁《こほん》・羽林《うりん》・緹騎《ていき》・営士《えいし》、五大夫《ごたいふ》の位を売り出し、価格にはそれぞれ差があった。九月、司空の黄瓊を罷免し、大鴻臚《だいこうろ》の劉寵《りゅうちょう》を司空とした。冬十月、天竺国《てんじく》が貢ぎ物を献上した。南陽県《なんよう》の黄武《こうぶ》が、襄城県《じょうじょう》の恵得《けいとく》・昆陽県《こんよう》〔河南省葉県〕の楽季《がくき》と共に、怪しげな言葉を吹聴して互いに役割を定めたが、みな誅殺された。先零羌と沈氐羌《しんていきょう》が、諸種の羌族《きょうぞく》と共に并《へい》州・涼州の二州に侵寇した。十一月、中郎将《ちゅうろうしょう》の皇甫規《こうほき》が撃ってこれを破った。十二月、夫余《ふよ》王が、使者を派遣して貢ぎ物を献上した。

〔李賢注〕
〔一〕丙署《へいしょ》は、署の名である。『続漢書《しょくかんじょ》』（志二十六 百官 三）に、「丙署長《へいしょちょう》は定員七名、官秩は四百石で、黄綬である。宦官が用いられ、中宮の別処を担当部署とする」とある。
〔二〕（冗従右僕射《じょうじゅうゆうぼくや》は）永寿《えいじゅ》三〔一五七〕年に設置された。
〔三〕『東観漢記《とうかんかんき》』に、「（あられの）大きさは雞の卵ほどであった」とある。『続漢書』（志十五 五行志 三）に、「（桓《かん》帝の）誅殺が度を過ぎ、また小人を寵愛する（ためあられが降った）」とある。
〔四〕博《はく》は、唐《とう》の博城《はくじょう》県である。泰山《たいざん》郡には徂来《そらい》山があり、一名を尤来山《ゆうらいさん》という。

延熹《えんき》五〔一六二〕年春正月、太官右監丞《たいかんゆうかんじょう》を廃止した〔一〕。壬午《じんご》、南宮の丙署《へいしょ》で火事があった。三月、沈氏《しんてい》の羌族《きょうぞく》が、張掖《ちょうえき》郡と酒泉《しゅせん》郡に侵寇した。壬午《じんご》、済北《せいほく》王の劉次《りゅうじ》が薨去した。夏四月、長沙《ちょうさ》郡の賊が蜂起し、桂陽《けいよう》郡と蒼梧《そうご》郡に侵寇した〔二〕。暴れ馬と逃げ出した象が、宮殿に突入した。乙丑《いっちゅう》、（安《あん》帝の）恭陵《きょうりょう》の東闕で火事があった〔三〕。戊辰《ぼしん》、虎賁《こほん》の掖門で火事があった。己巳《きし》、太学《たいがく》の西門が自然と壊れた。五月、（殤《しょう》帝の）康陵《こうりょう》の園寝で火事があった〔四〕。長沙郡と零陵《れいりょう》郡で賊が蜂起し、桂陽郡・蒼梧郡・南海《なんかい》郡・交阯《こうし》郡を攻撃した。御史中丞《ぎょしちゅうじょう》の盛脩《せいしゅう》を派遣し州郡の兵を率いて、これを討たせたが勝てなかった。乙亥《いつがい》、京師で地震があった。公卿《こうけい》に詔を下してそれぞれ封事を奉らせた。甲申《こうしん》、（帝室の財政を管理する内庫である）中蔵府《ちゅうぞうふ》の承禄署《しょうろくしょ》で火事があった。

秋七月己未《きび》、南宮の承善闥《しょうぜんたつ》で火事があった〔五〕。鳥吾《ちょうご》羌《きょう》が漢陽《かんよう》郡・隴西《ろうせい》郡・金城《きんじょう》郡に侵寇し、諸郡の兵がこれを討ち破った。八月庚子《こうし》、詔を下して、「虎賁・羽林《うりん》の兵のうち、官舎に住んでいるが任務に耐えない者の俸禄を半減し、冬服代を支給しないことにせよ〔六〕。公卿以下（百官）には、冬服代の半額を支給しよう」とした。艾《がい》県〔江西省修水県の西〕の賊が長沙の郡県を焼き、益陽《えきよう》県〔河南省益陽市の東〕に侵寇し、県令《けんれい》を殺した〔七〕。また零陵蛮《れいりょうばん》も反乱を起こし、長沙郡に侵寇した。己卯《きぼう》、琅邪都尉《ろうやとい》の官を廃止した〔八〕。冬十月、武陵蛮《ぶりょうばん》が反乱を起こし、江陵郡《こうりょう》に侵寇した。南郡太守《なんぐんたいしゅ》の李粛《りしゅく》が、敵前逃亡の罪によって公開処刑となった。辛丑《しんちゅう》、太常《たいじょう》の馮緄《ふうこん》を車騎将軍《しゃきしょうぐん》とし、これを討伐した。公卿以下の俸禄を借り上げ、また王侯からも租税を借りて軍糧を補い、濯《たく》竜《りゅう》宮の中蔵の銭を出してこれに返した。十一月、馮緄が大いに反《そむ》いた蛮を武陵に破った。京兆虎牙都尉《けいちょうこがとい》の宗謙《そうけん》が、横領の罪により、獄に下されて死んだ〔九〕。滇那羌《てんなきょう》が、武威《ぶい》郡・張掖郡・酒泉郡に侵寇した。太尉《たいい》の劉矩《りゅうく》を罷免し、太常の楊秉《ようへい》を太尉とした。

〔李賢注〕

〔一〕（太官右監丞《たいかんゆうかんじょう》は）永寿《えいじゅ》三〔一五七〕年〔正しくは永寿二年〕に設置されていた。

〔二〕『東観漢記《とうかんかんき》』に、「このとき（賊は）蒼梧《そうご》郡を攻め落とし、銅虎符《どうこふ》を奪った。蒼梧太守《そうごたいしゅ》の甘《かん》定《てい》と交阯刺史《こうしし》の侯輔《こうほ》は、それぞれ逃げて城を出た」とある。桂陽《けいよう》は郡であり、桂水《けいすい》のほとりにある。唐《とう》の連州《れんしゅう》県である。

〔三〕（恭陵《きょうりょう》は）安《あん》帝の陵である。

〔四〕（康陵《こうりょう》は）殤《しょう》帝の陵である。

［五］（原文の闥《たつ》について）『爾雅《じが》』（釈宮）に、「宮中の門は、これを闈《い》という」とある。『広雅《こうが》』（釈宮）に、「闈はこれを闥という」とある。

［六］『東観漢記《とうかんかんき》』に、「京師で水害や日照り、疫病の流行があり、倉庫が空になったため、虎賁《こほん》兵と羽林《うりん》兵のうち、任務に耐えない者で官舎に住んでいる者の俸禄を半減した」とある。これによれば、（後漢《ごかん》では）体が弱って軍務に耐えない者を選びだし、官舎に住まわせていたようである。

［七］『東観漢記』に、「このとき賊は、刺史《しし》の車に乗り、臨湘《りんしょう》県に駐屯して拠点とし、太守の官舎に寄宿した。一万人以上の賊が益陽《えきよう》県に駐屯し、長吏を殺した」とある。艾《がい》は、県の名であり、豫章《よしょう》郡に属する。故城は唐の洪《こう》州建昌《けんしょう》県にある。

［八］（琅邪都尉《ろうやとい》の官は）永寿《えいじゅ》元（一五五）年に設置されていた。

［九］京兆虎牙都尉《けいちょうこがとい》は、長安《ちょうあん》に駐屯する。（『後漢書《ごかんじょ》』列伝七十七）西羌伝《せいきょうでん》に見える。

延熹《えんき》六（一六三）年春二月戊午《ぼご》、司徒《しと》の种暠《ちゅうこう》が薨去した。三月戊戌《ぼじゅつ》、天下に大赦した。衛尉《えいい》である潁川《えいせん》郡の許栩《きょく》を司徒とした［一］。夏四月辛亥《しんがい》、（殤《しょう》帝の）康陵《こうりょう》の東署で火事があった。五月、鮮卑《せんぴ》が遼東属国《りょうとうぞくこく》に侵寇した。秋七月甲申《こうしん》、（昭《しょう》帝の）平陵《へいりょう》の園寝で火事があった〔三〕。桂陽《けいよう》郡の盗賊である李研《りけん》たちが、郡界に侵寇した。武陵蛮《ぶりょうばん》がまた反乱を起こした。武陵《ぶりょう》太守《たいしゅ》の陳奉《ちんほう》がこれと戦い、大いに破って降伏させた。隴西《ろうせい》太守《たいしゅ》の孫《そん》羌《きょう》が、滇那羌《てんなきょう》を討伐し、これを破った。八月、車騎将軍《しゃきしょうぐん》の馮緄《ふうこん》を罷免した。冬十月丙《へい》辰《しん》、広成苑《こうせいえん》で狩猟を行い、函谷関《かんこくかん》・上林苑《じょうりんえん》に行幸した。十一月、司空《しくう》の劉寵《りゅうちょう》を罷免した。南海《なんかい》郡の賊が郡界に侵寇した。十二月、衛尉の周景《しゅうけい》を司空とした。

〔李賢注〕

〔一〕許栩《きょく》は、字を季闕《きけつ》といい、郾《えん》県の人である。

〔二〕平陵《へいりょう》は、（前漢《ぜんかん》の）昭《しょう》帝の陵である。

延熹《えんき》七〔一六四〕年春正月庚寅《こういん》、沛《はい》王の劉栄《りゅうえい》が薨去した。三月癸亥《きがい》、鄠《こ》県〔陝西省鄠県の北〕に隕石が降った。夏四月丙寅《へいいん》、梁《りょう》王の劉成《りゅうせい》が薨去した。五月己丑《きちゅう》、京師に雹《あられ》が降った。秋七月辛卯《しんぼう》、趙《ちょう》王の劉乾《りゅうけん》が薨去した。野王《やおう》県〔河南省沁陽〕の山頂で死んだ竜が発見された。荊州《けいしゅう》刺史《しし》の度尚《どしょう》が、零陵《れいりょう》郡と桂陽《けいよう》郡の盗賊及び蛮夷を撃ち、大いに破ってこれを平定した。冬十月壬寅《じんいん》、南方に巡狩した。庚申《こうしん》、章陵《しょうりょう》郡〔湖北省棗陽市の南方一円〕に行幸し、(光武《こうぶ》帝の)旧宅を祀り、(章陵の)祖先たちの宗廟《そうびょう》を祭り、郡の太守《たいしゅ》と県令《けんれい》以下に下賜することそれぞれ差があった。戊辰《ぼしん》、雲夢沢《うんぼうたく》に行幸し、漢水《かんすい》を望んだ。引き返して新野《しんや》県〔河南省新野県〕に行幸し、(光武帝の姉の)湖陽公主《こようこうしゅ》・新《しん》野公主《やこうしゅ》、(光武帝の次兄の)魯哀《ろあい》王、(光武帝の舅の)寿張敬侯《じゅちょうけい》(の樊重)の廟を祀った[一]。護羌校尉《ごきょうこうい》の段熲《だんけい》が、当煎羌《とうせんきょう》を撃ち、これを破った。十二月辛丑《しんちゅう》、帝は洛陽《らくよう》に帰還した。

〔李賢注〕

[一] 光武《こうぶ》帝の姉である湖陽長公主《こようちょうこうしゅ》、新野長公主《しんやちょうこうしゅ》、兄の魯哀《ろあい》王、舅の寿張敬侯《じゅちょうけい》の樊重《はんちょう》は、みな光武帝期に廟《びょう》が立てられた。

延熹《えんき》八〔一六五〕年春正月、中常侍《ちゅうじょうじ》の左悺《さわん》を派遣して、苦《こ》県〔河南省鹿邑県〕で老《ろう》子《し》を祀らせた[一]。勃海《ぼっかい》王の劉悝《りゅうかい》が謀反したので、降格して癭陶《えいとう》王とした[二]。丙申晦《へいしん》、日食があった。公《こう》・卿《けい》・校尉《こうい》に詔を下して、賢良方正《けんりょうほうせい》を推挙させた。二月己酉《きゆう》、南宮の嘉徳署《かとくしょ》に黄竜が現れた。千秋万歳殿《せんしゅうばんざいでん》で火事があった。太僕《たいぼく》の左称《さしょう》が罪を得て自殺した。癸亥《きがい》、皇后の鄧氏《とうし》が廃位された。（その一族であった）河南尹《かなんいん》の鄧万世《とうまんせい》[三]、虎賁中《こほんちゅう》郎将《ろうしょう》の鄧会《とうかい》が、獄に下されて死んだ[四]。護羌校尉《ごきょうこうい》の段熲《だんけい》が、罕姐羌《かんしゃきょう》を撃ち、これを破った。三月辛巳《しんし》、天下に大赦した。夏四月甲寅《こういん》、（前漢恵帝《ぜんかんけいてい》の）安陵《あんりょう》の園寝で火事があった[五]。丁巳《ていし》、郡国の多くの祀堂を破壊した[六]。済陰《せいいん》郡・東《とう》郡・済北《せいほく》郡のあたりの黄河の水が清んだ。五月壬申《じんしん》、泰山都尉《たいざんとい》の官を廃止した[七]。丙戌《へいじゅつ》、太尉《たいい》の楊秉《ようへい》が薨去した。六月丙辰《へいしん》、緱氏《こうし》県で地割れがあった。桂陽《けいよう》郡の（賊である）胡蘭《こらん》・朱蓋《しゅがい》たちが、また反乱を起こし、郡県を攻め陥し、兵を転じて零陵《れいりょう》郡に侵寇した。零陵太守《れいりょうたいしゅ》の陳《ちん》球《きゅう》がこれを防いだ。中郎将《ちゅうろうしょう》の度尚《どしょう》・長沙太守《ちょうさたいしゅ》の抗徐《こうじょ》らを派遣して、胡蘭・朱蓋を撃たせ、大いに破ってこれを斬った[八]。蒼梧太守《そうごたいしゅ》の張叙《ちょうじょ》が、虜囚の辱めを受けた罪、桂《けい》陽太守《ようたいしゅ》の任胤《じんいん》が、敵前逃亡の罪により、共に処刑された。閏月甲午《こうご》、南宮の長秋和歓《ちょうしゅうわかん》殿《でん》の後ろの鉤楯《こうじゅん》・掖庭《えきてい》・朔平《さくへい》の役所に火事があった[九]。六月、段熲が当煎羌《とうせんきょう》を湟中《こうちゅう》に撃ち、大いにこれを破った[一〇]。

秋七月、太中大夫《たいちゅうたいふ》の陳蕃《ちんばん》を太尉とした。八月戊辰《ぼしん》、（これまでの生産物に代わって）初めて郡国の田租《でんそ》を銭で徴収した[一一]。九月丁未《ていび》、京師に地震があった。冬十月、司空《しくう》の周景《しゅうけい》を罷免し、太常《たいじょう》の劉茂《りゅうぼ》を司空とした[一二]。辛巳《しんし》、貴人《きじん》の竇氏《とうし》を立てて皇后とした。

勃《ぼっ》海《かい》郡の妖賊である蓋登《がいとう》らが［一三］、太上《たいじょう》皇帝と称し、玉印《ぎょくいん》・珪《けい》・璧《へき》・鉄券《てっけん》を持ち、官府を置いたため、誅殺された［一四］。十一月壬子《じんし》、徳陽殿《とくようでん》の西閤《せいこう》・黄門北寺《こうもんほくじ》で火事があり、延焼して（洛陽《らくよう》の西門の）広義門《こうぎもん》・神虎門《しんこもん》にまで及び、人が焼き殺された［一五］。中常侍《ちゅうじょうじ》の管覇《かんは》を苦県に赴かせ、老子を祀った。

［李賢注］

［一］『史記《しき》』（巻六十三 老子伝）に、「老子《ろうし》は、楚《そ》の苦《こ》県厲郷曲仁里《れいきょうきょくじんり》の人である。名は耳《じ》といい、字を聃《たん》といい、姓は李氏《りし》という。周の守蔵史《しゅぞうし》となっていた」とある。（苦県には老子の）神廟があり、そのため行かせて、これを祀らせたのである。苦県は、陳《ちん》国に属する。故城は唐《とう》の亳《はく》州谷陽《こくよう》県にある。苦は音が戸《こ》であり、また字の通りの音でもある。

［二］廮陶《えいとう》は、県であり、鉅鹿《きょろく》郡に属す。故城は唐の趙《ちょう》州廮陶県の西南にある。

［三］（鄧万世《とうまんせい》は）鄧《とう》皇后の叔父である。

［四］（鄧会《とうかい》は）鄧皇后の兄の子である。

［五］（安陵《あんりょう》は前漢《ぜんかん》）恵帝《けい》の陵である。

［六］（原文の）房とは、祀堂である。（『後漢書《ごかんじょ》』列伝六十六 循吏）王渙《おうかん》伝に、「この時、ただ密《みつ》県

の故《もと》の太傅《たいふ》である卓茂《たくぼ》の廟と、洛陽《らくよう》令の王渙《おうかん》の祀《し》だけを残した」とある。

［七］（泰山都尉《たいざんとい》の官は）永寿元《えいじゅ》（一五五）年に設置されていた。

［八］謝承《しゃしょう》の『後漢書』に、「抗徐《こうじょ》は、字を伯徐《はくじょ》といい、丹陽《たんよう》郡の人である。若くして郡の佐史《さし》となり、大胆さと智略を兼ね備えた。三府《さんふ》は、抗徐に将帥の器があるとし、とくに長沙太守《ちょうさたいしゅ》にした」とある。『風俗通《ふうぞくつう》』に、「衛《えい》の大夫《たいふ》である三抗氏《さんこうし》の後裔である。漢《かん》に抗喜《こうき》がおり、漢《かん》中太守《ちゅうたいしゅ》となった」とある。

［九］長秋《ちょうしゅう》は、宮の名である。『漢官《かんかん》』に、「朔平署《さくへいしょ》の司馬《しば》は、定員一名」とある。

［一〇］湟《こう》は、河川の名である。唐の鄯《ぜん》州湟水《こうすい》県を流れている。

［一一］（田租は）一畝ごとに十銭であった。

［一二］劉茂《りゅうぼ》は、字を叔盛《しゅくせい》といい、彭城《ほうじょう》国の人である。

［一三］蓋《がい》は、音が古盍《こがい》の反《はん》である。

［一四］『続漢書《しょくかんじょ》』に、「このとき蓋登《がいとう》たちは、玉印を五つ所持しており、みな白石のようであった。文には、皇帝信璽《こうていしんじ》・皇帝行璽《こうていこうじ》とあり、そのほかの三つには文字が無かった。璧は二十二、珪は五、鉄券は十一を所持していた。王の廟を開き、王の綬《じゅ》を帯び、絳《あか》い衣を着て、互いに役割を定めあっていた」とある。

［一五］広義《こうぎ》と神虎《しんこ》は、洛陽宮の西門である。金商門《きんしょうもん》の外にある。袁山松《えんざんしょう》の『後漢書』に、「このとき毎月火事があり、諸官舎のなかには、一日に再三にわたり火を発するものもあった。また夜におかしな声や鼓の音がして驚いた。陳蕃《ちんばん》たちは上疏《じょうそ》をして諫め、ただ善政だけがこれらを鎮められますとしたが、聞き入れられなかった」とある。

延熹《えんき》九〔一六六〕年春正月辛卯《しんぼう》朔、日食があった。公卿《こうけい》・校尉《こうい》・郡国（の刺史《しし》・太《たい》守《しゅ》）に詔を下して、至孝な者を推挙させた。沛《はい》国の戴異《たいい》が、金印で文字の無いものを発見し、広陵《こうりょう》郡の竜尚《りゅうしょう》らと共に、井戸を祭って予言書を偽作し、太上皇《たいじょうこう》と名乗ったが、誅殺された［二］。己酉《きゆう》、詔を下して、「連年の不作により、民草は多くが困窮しており、そのうえ水害・日照り・疫病といった災害も起こった。盗賊の発生は南の荊《けい》州が最も甚だしい［二］。災異・日食といった天譴も、しきりに報告されている。政治の混乱は、朕に責任があり、たびたびの凶兆を受けた。そこで大司農《だいしのう》には今年の調《ちょう》の徴収および前年の調の未収分の徴収を打ち切り、これ以上は取り立てないよう命ずる。災異や盗賊が現れた郡からは田租《でんそ》を徴収せず、他郡も（田租を）すべて半額のみ納入せよ」とした。三月癸巳《きし》、京師で火の玉が転々と動き、人々が驚きあった。司隷《しれい》・豫《よ》州の餓死者は、十に

四、五人を数え、一家すべてが死に果てるものすら現れた。三府《さんふ》の掾《えん》を派遣して賜与した。陳留太守《ちんりゅうたいしゅ》の韋毅《いき》が、贓賄の罪で自殺した。夏四月、済陰《せいいん》郡・東《とう》郡・済北《せいほく》郡・平原《へいげん》郡のあたりの黄河の水が清んだ。司徒《しと》の許栩《きょく》を罷免した。五月、太常《たいじょう》の胡広《ここう》を司徒とした。六月、南匈奴《みなみきょうど》および烏桓《うがん》・鮮卑《せんぴ》が、辺境付近の九郡に侵寇した。

秋七月、沈氐羌《しんていきょう》が武威《ぶい》郡・張掖《ちょうえき》郡に侵寇した。詔を下して、武勇ある者を推挙させること、三公《さんこう》はそれぞれ二人ずつ、九卿《きゅうけい》・校尉はそれぞれ一人ずつとした。太尉《たいい》の陳《ちん》蕃《ばん》を罷免した。庚午《こうご》、黄帝《こうてい》と老子《ろうし》を濯竜宮《たくりゅうきゅう》に祀った。使匈奴中郎将《しきょうどちゅうろうしょう》の張奐《ちょうかん》を派遣して南匈奴・烏桓・鮮卑を討たせた。九月、光禄勳《こうろくくん》の周景《しゅうけい》を太尉とした。南陽太守《なんようたいしゅ》の成瑨《せいしん》、太原太守《たいげんたいしゅ》の劉質《りゅうしつ》が、共に誣告《ぶこく》により公開処刑となった[三]。司空《しくう》の劉茂《りゅうぼ》を罷免した。大秦《だいしん》〔ローマ〕の国王が、使者を派遣して奉献した[四]。冬十二月、洛陽《らくよう》城のそばの竹柏が枯れた。光禄勳である汝南《じょなん》郡の宣酆《せんほう》を司空とした[五]。南匈奴と烏桓が、一族を率いて張奐《ちょうかん》に降った。司隷校尉《しれいこうい》の李膺《りよう》ら二百余人が、誣告を受け党人《とうじん》と見なされ、すべて獄に下され、名を朝廷の文書庫（のブラックリスト）に書き付けられた[六]。

［李賢注］

［一］『東観漢記《とうかんかんき》』に、「戴異《たいい》は、田を耕していて金印を見つけ、広陵《こうりょう》郡に行き竜尚《りゅうしょう》に与えた」とある。

［二］（原文の南州とは）長沙《ちょうさ》郡・桂陽《けいよう》郡・零陵《れいりょう》郡などをいう。みな荊《けい》州に属する郡である。

［三］このころ小黄門《しょうこうもん》の趙津《ちょうしん》が法を犯したので、劉質《りゅうしつ》は拷問してこれを殺した。宦官は激しく恨み、役人に意を含ませ劉質らを弾劾させた。

［四］時の（ローマ）国王である安敦《あんとん》〔マルクス＝アウレリウス＝アントニヌス〕が、象牙・犀《さい》角《かく》・玳瑁《たいまい》などを献上した。

［五］宣酆《せんほう》は、字を伯応《はくおう》といい、東陽亭《とうようてい》侯に封建された。

［六］河内《かだい》郡の牢脩《ろうしゅう》が、これを誣告した。事情は劉淑《りゅうしゅく》伝に詳しい。

永康《えいこう》元〔一六七〕年春正月、先零羌《せんれいきょう》が三輔《さんぽ》に侵寇し、中郎将《ちゅうろうしょう》の張奐《ちょうかん》が破ってこれを平定した。当煎羌《とうせんきょう》が武威《ぶい》郡に侵寇し、護羌校尉《ごきょうこうい》の段熲《だんけい》が、鸞鳥《らんちょう》県〔甘粛省武威市の南〕に追撃し、大いにこれを破った［一］。西羌は尽く平定された。夫余《ふよ》王が玄菟《げんと》郡に侵寇し、太守《たいしゅ》の公孫域《こうそんいき》が戦ってこれを破った。夏四月、先零羌《せんれいきょう》が三輔に侵寇した。五月丙申《へいしん》、京師および上党《じょうとう》郡で地割れがあった。廬江《ろこう》郡の賊が蜂起し、郡界に侵寇した。壬子《じんし》晦、日食があった。三公《さんこう》・九卿《きゅうけい》・校尉《こうい》に詔を下して、賢良方正《けんりょうほうせい》を推挙させた。六月庚申《こうしん》、天下に大赦して、尽く党錮《とうこ》を除き、永康と改元した[二]。丙寅《へいいん》、阜陵《ふりょう》王の劉《りゅう》統《とう》が薨去した。

秋八月、魏《ぎ》郡より嘉禾《かか》が生じ、甘露《かんろ》が降ったと報告があった。巴《は》郡より黄竜が現れたと報告があった[三]。六州に水害がおこり、勃海《ぼっかい》郡では津波があった。州郡に詔を下して、溺死者で七歳以上の者には銭を賜うこと人ごとに二千銭ずつ、一家がみな被害にあった場合には、すべて埋葬し、食料を流された者には、人ごとに三斛ずつを与えた。冬十月、先零羌が三輔に侵寇し、使匈奴中郎将《しきょうどちゅうろうしょう》の張奐が、これを撃破した。十一月、西河《せいが》郡より白兎が現れたと報告があった。十二月壬申《じんしん》、瘞陶《えいとう》王の劉悝《りゅうかい》を許して勃海王とした。丁丑《ていちゅう》、帝は徳陽前殿《とくようぜんでん》で崩御した。享年三十六であった。戊寅《ぼいん》、皇后を尊んで皇太后とし、皇太后が臨朝した。この年、博陵《はくりょう》郡と河間《かかん》郡の二郡の租税を免除すること、（高祖劉邦《りゅうほう》の生地である）豊《ほう》と沛《はい》の例に倣わせた。

［李賢注］

［一］鸞鳥《らんちょう》は、県の名であり、武威《ぶい》郡に属する。鸞は音が雚《かん》である。

［二］このとき李膺《りよう》たちが、（供述の中で）頻繁に宦官の子弟の名を引き合いに出したので、宦官は多く（罪が及ぶことを）恐れ、帝に天の時によって恩赦を与えるように請うた。帝はこれを許した。このため党錮が解かれたのである。

［三］『続漢書《しょくかんじょ》』（志十七 五行五）に、「あるとき人が、沱水《たすい》で水浴びをしようとした。沱水の濁っている様子を見て、戯れに怖がって、「この中に黄竜がいるぞ」と言いあった。この話が人々の間に広まり、郡にも聞こえた。（郡守は帝を）誉め讃えようとして、これを上言した。時の史官は（このような虚報を）帝紀に記したのである。桓《かん》帝の政教が欠け衰えているのに、祥瑞の報告が多いのは、ほとんどこの類いである。先儒は、祥瑞であっても、時勢に合わないものを妖孽《ようげつ》とした。それならば人が生ける竜を見たこの場合は、みな竜孽としてよい」とある。

論にいう、『東観漢記《とうかんかんき》』には、「桓《かん》帝は音楽を好み、琴笙に巧みであった［一］。木蘭を植えて濯竜宮《たくりゅうきゅう》を建設し［二］、華蓋《きぬがさ》の坐を設けて仏陀と老子《ろうし》を祀った」とある［三］。これはいわゆる「(国が滅びようとする時は)神にお伺いをたてる」ということであろうか[四]。しかし梁冀《りょうき》を誅殺して帝威を存分に振るえた時さえ、天下の者は休息を望んでいた。しかし(単超《ぜんちょう》・徐璜《じょこう》・左悺《さわん》・唐衡《とうこう》・具瑗《ぐえん》たち宦官の)五悪党は、梁冀の暴虐ぶりを継承し、四方に垂れ流した[五]。(李膺《りよう》・陳蕃《ちんばん》・竇武《とうぶ》・黄瓊《こうけい》・朱穆《しゅぼく》・劉淑《りゅうしゅく》・劉陶《りゅうとう》たち)忠賢の臣が尽力し、しばしば姦臣の出鼻を挫《くじ》くよう務めなければ(国は滅び)[六]、(その際に、夏《か》の帝である相《しょう》が)斟氏《しんし》を頼り、(周の厲《れい》王が)彘《てい》に出奔したように、(桓帝が亡命を)望んだとしても、不可能だったであろう[七]。

[李賢注]

[一] (原文の)前史とは、『東観漢記《とうかんかんき》』をいう。

[二] 薛綜《せつそう》は、東京賦《とうけいふ》に注をつけて、「濯竜《たくりゅう》とは、宮殿の名である。芳林《ほうりん》とは、両脇に木蘭を植えることをいう」と言っている。(原文の)考とは、落成である。落成したのでここに祭るのである。『春秋左氏伝《しゅんじゅうさしでん》』(隠公 経五年)に、「仲子宮が落成した」とある。

[三] 浮図《ふと》とは、唐《とう》でいう仏である。『続漢書《しょくかんじょ》』(志八 祭祀志中)に、「老子《ろうし》を濯竜宮《たくりゅうきゅう》に祀り、文様のある毛氈《もうせん》で壇を作り、純金を散りばめた祭器を飾り、華蓋《きぬがさ》の坐を設け、郊天の楽《がく》を用

いた」とある。

[四]『春秋左氏伝』（荘公 伝三十二年）に、「史嚚《しぎん》は、「国家が興隆する時は、（政策を）人に聞く。亡びようとする時は、神に聞く」といった」とある。

[五] 五邪とは、単超《ぜんちょう》・徐璜《じょこう》・左悺《さわん》・唐衡《とうこう》・具瑗《ぐえん》をいう。

[六] 忠賢とは、李膺《りよう》・陳蕃《ちんばん》・竇武《とうぶ》・黄瓊《こうけい》・朱穆《しゅぼく》・劉淑《りゅうしゅく》・劉陶《りゅうとう》たちが、それぞれ上書して極諫し、それにより宦官の陰謀の出鼻を挫《くじ》いたことをいう。

[七]『帝王世紀《ていおうせいき》』に、「夏《か》の帝である相《しょう》は、羿《げい》に放逐され、商丘《しょうきゅう》に都を置き、同姓の諸侯である斟灌《しんかん》・斟尋《しんじん》氏を頼った」とある。『史記《しき》』（巻四 周本紀）に、「周《しゅう》の厲《れい》王は、利殖を好み暴虐で、周の人びとはみな背いて厲王を襲撃し、王は彘《てい》に出奔した」とある。帝が宦官を重用し、威権を振るわせたが、忠臣の李膺たちが力を尽くして諫争したことにより、（夏・周のような）簒奪・弑逆の災いを免れた。そうでなければ、夏の帝である相が斟氏を頼り、周の厲王が彘に出奔したように、（桓《かん》帝が亡命を）望んだとしても、出来はしなかった。なお、斟灌・斟尋の国、その故城は唐《とう》の青《せい》州にある。彘は、（春秋時代の）晉の地である。

賛にいう、桓《かん》帝は、宗室の傍系でありながら、序列を飛び越えて天子の位に即いた[一]。

政治は五倖〔単超・徐璜・左悺・唐衡・具瑗〕に委ねられ、刑罰は三たびの獄で分かるように杜撰であった〔二〕。国を傾けるほど後宮を充実させたが、皇子が血統を継ぐことはなかった〔三〕。

〔李賢注〕

〔一〕（原文の）越とは順序に従わないことをいうのである。（原文の）躋は、登ることである。（原文の）天禄は、天の位である。『春秋左氏伝《しゅんじゅうさしでん》』（昭公 伝二十五年）に、「子家羈《しかき》が、「天禄は、二度は無い」と言った」とある。

〔二〕（原文の）倖とは、奸佞なことである。（原文の）淫とは、濫である。（原文の）五倖とは、上述の「五邪」である。三獄とは、李固《りこ》・杜喬《ときょう》（を陥れた建和五年）、李雲《りうん》・杜衆《としゅう》（を陥れた延熹二年）、成瑨《せいしん》・劉質《りゅうしつ》（を陥れた延熹九年）の獄をいう。

〔三〕『帝王世紀《ていおうせいき》』に、「紂《ちゅう》は多くの美女を徴発して傾宮の室を満たし、婦人で綾紈《りょうがん》〔綾《あや》や絹〕を着るものは三百名にも及んだ」とある。桓《かん》帝は三たび皇后を立て、広く宮女五、六千人を入《にゅう》内《だい》させながら、子は無かった。

霊帝紀第八

孝霊《こうれい》皇帝は諱を宏《こう》といい〔一〕、粛宗《しゅくそう》の玄孫である。曾祖は河間孝王《かかんこう》の劉開《りゅうかい》、祖は劉《りゅう》淑《しゅく》、父は劉萇《りゅうちょう》である。代々解瀆亭《かいとくてい》侯に封建され〔二〕、帝も侯の爵位を継いでいた。母は董《とう》夫人である。桓《かん》帝が崩御すると、子が無かったため、竇《とう》皇太后は父である城門校《じょうもんこう》尉《い》の竇武《とうぶ》と禁中で定策し、守光禄大夫《しゅこうろくたいふ》の劉儵《りゅうしゅく》に節を持たせ、左中郎将《さちゅうろうしょう》・右中郎将《ゆうちゅうろうしょう》・羽林中郎将《うりんちゅうろうしょう》の配下を率いて、河間に（帝を）迎えさせた〔三〕。

〔李賢注〕

〔一〕（『逸周書《いつしゅうしょ》』）謚法解《しほうかい》篇に、「乱れても損なわないことを霊という」とある。（『伏侯古今注《ふくこうここんちゅう》』に）宏の字（の意味）は大である。

〔二〕劉淑《りゅうしゅく》は、河間《かかん》王の子であり、封建されて解瀆亭《かいとくてい》侯となった。劉萇《りゅうちょう》は、父の封地を継いだ。このため代々（解瀆亭侯に）封建されたというのである。解瀆亭は、唐《とう》の定《てい》州義豊《ぎほう》県の東北にある。

〔三〕『続漢書《しょくかんじょ》』（志十三 五行一）に、「桓《かん》帝の治世の初め、洛陽《らくよう》の童謡に、「城上の烏《う》、尾は畢逋《ひつほ》

（みな隠れている）。父は軍吏となり、子は兵士となる。一人の兵士が死に、百乗の車が続く。車はからからと、河間国に進む。河間国の奼女《たじょ》（おとめ）は銭勘定が得意で、銭で部屋を作り、金で堂を作り、石の上でまだまだと黄粱《こうりょう》をついて食べる。梁《はり》の下には懸鼓《けんこ》があるが、わたしがこれを撃とうとすると、丞卿《じょうけい》が怒る」というものがあった。「城上の烏」とは、高所で一人貪り喰らい、下々と（苦楽を）共にしない、君主の吝嗇《りんしょく》が過ぎる様子をいう。「父は吏となり、子は徒となる」とは、（長年に及ぶ）蛮夷《ばんい》の反逆により、父がすでに軍吏となっていながら、その子弟も兵卒となって出征して、戦うことをいう。「一人の兵士が死に、百乗の車」とは、先に一人の兵士が異民族を討ち戦死したのに、後に百乗の車が続いて派遣されることをいう。「車輪はからから」とは、乗輿の車輪がからからと河間国へ進み、霊帝《れい》を迎えたことをいう。「奼女の銭勘定」とは、帝が即位すると、その母の永楽《えいらく》皇太后が、好んで金を集め、表と奥との部屋を作ったことをいう。「石の上でまだまだ」とは、皇太后が金銭を溜め込んでおきながら、なおまだ（倹約し）使用人に（雑穀の）黄粱をつかせて食べていたことをいう。「わたしが撃とうとする」とは、皇太后が帝を唆《そそのか》し、官位を売って金銭を集めることに、天下の忠義厚き士が憤り、鼓を撃って公卿《こうけい》との謁見を求めているのに、鼓の管理者が怒ってわたしを止めることをいう」とある。

建寧《けんねい》元〔一六八〕年春正月壬午《じんご》、城門校尉《じょうもんこうい》の竇武《とうぶ》を大将軍《だいしょうぐん》とした。己亥《きがい》、帝は夏門《かもん》の亭《てい》に到り〔一〕、（皇太后は）竇武に節を持たせ、王の青蓋車《せいがいしゃ》で殿中に迎え入れさせた。庚子《こうし》、皇帝の位に即いた。御年十二歳であった。建寧と改元した。前《さき》の太尉《たいい》である陳蕃《ちんぱん》を太傅《たいふ》とし、竇武および司徒《しと》の胡広《ここう》と共に参録尚書事《さんろくしょうしょじ》とした。護羌校尉《ごきょうこうい》の段熲《だんけい》に、先《せん》零羌《れいきょう》を討伐させた。二月辛酉《しんゆう》、孝桓《こうかん》皇帝を宣陵《せんりょう》に葬り〔二〕、廟号を威宗《いそう》とした。庚午《こうご》、高廟に拝謁した。辛未《しんび》、世祖廟に拝謁した。天下に大赦した。民爵および帛を身分に応じて賜った。段熲が、大いに先零羌を逢義山《ほうぎさん》に破った〔三〕。閏月甲午《こうご》、祖父（である劉《りゅう》淑《しゅく》）を追尊して孝元《こうげん》皇帝とし、夫人の夏氏《かし》を孝元皇后とし、父（である劉萇《りゅうちょう》）を孝仁《こうじん》皇帝とし、夫人の董氏《とうし》を慎園貴人《しんえんきじん》とした〔四〕。夏四月戊辰《ぼしん》、太尉《たいい》の周景《しゅうけい》が薨去した。司《し》空《くう》の宣酆《せんほう》を罷免し、長楽衛尉《ちょうらくえいい》の王暢《おうちょう》を司空とした。五月丁未《ていび》朔、日食があった。公卿《こうけい》以下に詔を下して、それぞれ封事を奉らせ、また郡国の守相《しゅしょう》に、有道の士をそれぞれ一人ずつ推挙させた。また元の刺史《しし》・二千石《にせんせき》のうち、清廉で志高く、（任地に恩恵をもたらし）人心を集めた者は、みな公車で召し出した。太中大夫《たいちゅうたいふ》の劉矩《りゅうく》を太尉とした。六月、京師に大雨が降った。

秋七月、破羌将軍《はきょうしょうぐん》の段熲が、また先零羌を涇陽県《けいよう》〔甘粛省平涼の北西〕に破った[五]。八月、司空の王暢を罷免し、宗正《そうせい》の劉寵《りゅうちょう》を司空とした。九月辛亥《しんがい》、中常侍《ちゅうじょうじ》の曹節《そうせつ》が、詔を偽って太傅の陳蕃・大将軍の竇武および尚書令《しょうしょれい》の尹勳《いんくん》・侍中《じちゅう》の劉瑜《りゅうゆ》・屯騎校尉《とんきこうい》の馮述《ふうじゅつ》を殺し、いずれもその一族を皆殺しにした。竇皇太后を南宮に移した[六]。司徒の胡広を太傅・録尚書事《ろくしょうしょじ》とした。司空の劉寵を司徒、大鴻臚《だいこうろ》の許栩《きょく》を司空とした。冬十月甲辰《こうしん》晦、日食があった。天下の囚人のうちまだ罰を受けていない者は帛を納めて罪を購《あがな》わせること、〔容疑の軽重により〕それぞれに差があった。十一月、太尉の劉矩を罷免し、太僕《たいぼく》である沛《はい》国の聞人襲《ぶんじんしゅう》を太尉とした[七]。十二月、鮮卑《せんぴ》と濊貊《わいはく》が、幽《ゆう》州と并《へい》州の二州に侵寇した。

〔李賢注〕

[一]『東観漢記《とうかんかんき》』に、「夏門の外の万寿亭《ばんじゅてい》に到り、群臣と謁見した」とある。

[二]〔宣陵《せんりょう》は〕洛陽《らくよう》の東南三十里にあり、高さは十二丈〔約28m〕、外周は三百歩〔約416m〕である。

[三]逢義山《ほうぎさん》は、唐《とう》の原《げん》州平高《へいこう》県にある。「逢」の字は、ある本では「途」の字に作る。

［四］慎園《しんえん》は、唐の瀛州《えい》楽寿《らくじゅ》県の東南にあり、俗に二皇陵と呼ばれる。

［五］涇陽《けいよう》は、県の名であり、安定《あんてい》郡に属する。故城は唐の原州平涼《へいりょう》県の南にある。

［六］竇《とう》太后と竇武《とうぶ》が密かに謀って、曹節《そうせつ》を誅殺しようとしたが、ここで竇武たちは誅殺され、竇太后は幽閉された。

［七］姓は聞人《ぶんじん》、名は襲《しゅう》であり、字《あざな》を定卿《ていきょう》という。『風俗通義《ふうぞくつうぎ》』に、「少正卯《しょうせいぼう》が、魯《ろ》国に名の聞こえた人であったので、その後裔は（聞人を）氏とした」とある。


建寧《けんねい》二（一六九）年春正月丁丑《ていちゅう》、天下に大赦した。三月乙巳《いっし》、慎園董貴人《しんえんとうきじん》を尊んで孝《こう》仁《じん》皇后とした［一］。夏四月癸巳《きし》、大風があり、雹《あられ》が降った。公卿《こうけい》以下に詔を下してそれぞれ封事を奉らせた。五月、太尉《たいい》の聞人襲《ぶんじんしゅう》を罷免し、司空《しくう》の許栩《きょく》を罷免した。六月、司徒《しと》の劉寵《りゅうちょう》を太尉とし、太常《たいじょう》の許訓《きょくん》を司徒とし［二］、太僕《たいぼく》である長沙《ちょうさ》郡の劉囂《りゅうごう》を司空とした［三］。

秋七月、破羌将軍《はきょうしょうぐん》の段熲《だんけい》が、先零羌《せんれいきょう》を射虎塞《しゃこさい》の外谷で大いに破り、東羌はすべて平定された。九月、江夏蛮《こうかばん》が反乱を起こし、州郡が討伐してこれを平定した。丹陽《たんよう》郡の山越《さんえつ》の賊が、太守《たいしゅ》の陳夤《ちんいん》を包囲したが、陳夤はこれを撃破した。冬十月丁亥《ていがい》、中常侍《ちゅうじょうじ》の侯覧《こうらん》が、役人に示唆して、前の司空である虞放《ぐほう》・太僕の杜密《とみつ》・長楽少府《ちょうらくしょうふ》の李膺《りよう》・司《し》隷校尉《れいこうい》の朱寓《しゅう》・潁川太守《えいせんたいしゅ》の巴粛《はしゅく》・沛相《はいしょう》の荀昱《じゅんいく》・河内太守《かだいたいしゅ》の魏朗《ぎろう》・山陽太守《さんようたいしゅ》の翟超《てきちょう》たちをみな党人として弾劾させ、獄に下した［四］。死者は、百名余りにのぼり、妻子は辺境に流罪となり、諸々の連坐して禁錮を受ける者は、五等の親族に及んだ［五］。制詔して、州郡に党人を検挙させた。ここにおいて、天下の豪桀および儒者の徳行のある者は、すべて結ばれて党人とされた［六］。戊戌《ぼじゅつ》晦、日食があった。十一月、太尉の劉寵を罷免し、太僕の郭禧《かくき》を太尉とした［七］。鮮卑《せんぴ》が幷《へい》州に侵寇した。この年、長楽太僕《ちょうらくたいぼく》の曹節《そうせつ》が、車《しゃ》騎将軍《きしょうぐん》となったが、百日余りで罷免した。

［李賢注］

［一］『続漢志《しょくかんし》』に、「（孝仁《こうじん》皇后に）永楽宮《えいらくきゅう》を置き、儀礼は桓《かん》帝が匽貴人《えんきじん》を尊んだものと同じにした」とある。

［二］許訓《きょくん》は、字を季師《きし》といい、平輿《へいよ》県の人である。

［三］劉囂《りゅうごう》は、字を重寗《じゅうねい》という。

［四］（原文の）鉤《こう》とは、たがいに牽引することをいう。事情は劉淑《りゅうしゅく》伝・李膺《りよう》伝に詳しい。

［五］（原文の）五属とは、五等の親族を言うのである。

［六］『続漢書《しょくかんじょ》』に、「建寧《けんねい》年間〔一六八〜一七一年〕、京都《けいと》の長者はみな葦《あし》の方笥《ほうし》を装身具としていた。時の有識者はひそかに、「葦の方笥は郡国の（判決文を送付する箱である）讞篋《げっきょう》と同じである（それが流行するのは、犯罪者が多く逮捕される予兆である）」としていた。後に党人は禁錮され、恩赦にあっても、疑いのある者は、みな廷尉《ていい》に判決を求めるため、人名を尽く方笥の中に入れられた」とある。

［七］（郭禧《かくき》は）字を公房《こうぼう》といい、扶溝《ふこう》の人である。禧の音は僖《き》である。

建寧《けんねい》三〔一七〇〕年春正月、河内《かだい》郡で妻が夫を喰らい、河南《かなん》郡では夫が妻を喰らった。三月丙寅《へいいん》晦、日食があった。夏四月、太尉《たいい》の郭禧《かくき》を罷免し、太中大夫《たいちゅうたいふ》の聞人襲《ぶんじんしゅう》を太尉とした。秋七月、司空《しくう》の劉囂《りゅうごう》を罷免した。八月、大鴻臚《だいこうろ》の橋玄《きょうげん》を司空とした。九月、執金吾《しっきんご》の董寵《とうちょう》が獄に下されて死んだ。冬、済南《せいなん》国の賊が蜂起し、東平陵《とうへいりょう》県〔山東省章丘の西〕を攻撃した［一］。鬱林《うつりん》郡の烏滸《うこ》の民が連れ立って内属した［二］。

［李賢注］

［一］東平陵《とうへいりょう》は、県の名であり、済南《せいなん》国に属する。故城は唐《とう》の斉《せい》州の東にある。
［二］烏滸《うこ》は、南方の夷狄の呼び名である。『広州記《こうしゅうき》』に、「その風俗は人を喰らい、鼻から水を飲んで、口の中へ進ませ、嗽《うがい》するようにそのまま飲み込む」とある。

建寧《けんねい》四〔一七二〕年春正月甲子《こうし》、帝は元服をむかえ、天下に大赦した。公卿《こうけい》以下に下賜があり、それぞれ差があったが、党人だけは赦《ゆる》されなかった。二月癸卯《きぼう》、地震があり、海水が氾濫《はんらん》し、黄河の水が清んだ。三月辛酉《しんゆう》朔、日食があった。太尉《たいい》の聞人襲《ぶんじんしゅう》を罷免し、太僕《たいぼく》の李咸《りかん》を太尉とした［一］。公卿より六百石に至るまでに詔を下して、それぞれ封事を奉らせた。疫病が流行《はや》り、中謁者《ちゅうえつしゃ》を巡行させて、医薬を賜与した。司徒《しと》の許訓《きょくん》を罷免し、司空《しくう》の橋玄《きょうげん》を司徒とした。夏四月、太常《たいじょう》の来豔《らいえん》を司空とした［二］。五月、河東《かとう》郡で地割れがあり、雹《あられ》が降り、鉄砲水があった。秋七月、司空の来豔を罷免した。癸丑《きちゅう》、貴人《きじん》の宋氏《そうし》を立てて皇后とした［三］。司徒の橋玄を罷免した。太常の宗倶《そうく》を司空［四］、前の司空である許栩《きょく》を司徒とした。冬、鮮卑《せんぴ》が并《へい》州に侵寇した。

［李賢注］
［一］（李咸《りかん》は）字を元卓《げんたく》といい、汝南《じょなん》郡西平《せいへい》県の人である。
［二］来豔《らいえん》は、字を季徳《きとく》といい、南陽《なんよう》郡新野《しんや》県の人である。
［三］（宋《そう》皇后は）執金吾《しつきんご》の宋酆《そうほう》の娘で、前年より掖庭《えきてい》に入り貴人《きじん》となっていた。
［四］宗倶《そうく》は、字を伯儷《はくれい》といい、南陽郡安衆《あんしゅう》県の人である。

熹平《きへい》元（一七二）年春三月壬戌《じんじゅつ》、太傅《たいふ》の胡広《ここう》が薨去した。夏五月己巳《きし》、天下に大赦して、熹平と改元した。長楽太僕《ちょうらくたいぼく》の侯覧《こうらん》に罪があり、自殺した。六月、京師に水害があった。癸巳《きし》、皇太后の竇氏《とうし》が崩御した。秋七月甲寅、桓思竇皇后《かんしとう》を葬った。宦官《かんがん》が司隷《しれい》校尉《こうい》の段熲《だんけい》に示唆して、太学生《たいがくせい》千人余りを逮捕させた［一］。冬十月、渤海《ぼっかい》王の劉悝《りゅうかい》が謀反の誹りを受け、丁亥《ていがい》、劉悝および妻子はみな自殺した。十一月、会稽《かいけい》郡の人である許《きょ》生《せい》が越《えつ》王を自称して、郡県に侵寇したので［二］、揚州《ようしゅう》刺史《しし》の臧旻《ぞうびん》と丹陽太守《たんようたいしゅ》の陳夤《ちんいん》を派遣して、これを討って破った。十二月、司徒《しと》の許栩《きょく》を罷免し、大鴻臚《だいこうろ》の袁隗《えんかい》を司徒とした。鮮卑《せんぴ》が并《へい》州に侵寇した。この年、甘陵《かんりょう》王の劉悏《りゅうかい》が薨去した。

［李賢注］

［一］このときある者が朱雀闕《すざくけつ》に、「天下は大いに乱れているのに、公卿《こうけい》はみな無駄飯喰らい」と大書した。このため（犯人とおぼしい）太学生《たいがくせい》を逮捕した。この事件については（『後漢《ごかん》書《じょ》』列伝六十八）宦者伝を見よ。

［二］『東観漢記《とうかんかんき》』に、「会稽《かいけい》郡の許昭《きょしょう》が衆を集めて大将軍《だいしょうぐん》を自称し、父の許生《きょせい》を立てて越《えつ》王とし、郡県に侵寇した」とある。

熹平《きへい》二（一七三）年春正月、大いに疫病が流行した。使者を巡行させ、医薬を賜与させた。丁丑《ていちゅう》、司空《しくう》の宗俱《そうく》が薨去した。二月壬午《じんご》、天下に大赦した。光禄勲《こうろくくん》の楊賜《ようし》を司空とした。三月、太尉《たいい》の李咸《りかん》を罷免した。夏五月、司隷校尉《しれいこうい》の段熲《だんけい》を太尉とした。沛《はい》相《しょう》（正しくは陳相《ちんしょう》）の師遷《しせん》が、（陳）国王（の劉寵《りゅうちょう》）を誣告《ぶこく》した罪により、獄に下されて死んだ［一］。六月、北海《ほくかい》国で地震があった。東萊《とうらい》郡・北海国で津波があった［二］。秋七月、司空の楊賜を罷免し、太常《たいじょう》である潁川《えいせん》郡の唐珍《とうちん》を司空とした。冬十二月、日南《にちなん》郡の砦《とりで》の外の国が、通訳を重ねながら貢ぎ物を献上した。太尉の段熲を罷免した。鮮卑《せんぴ》が幽《ゆう》州・幷《へい》州の二州に侵寇した。癸酉《きゆう》晦、日食があった。

［李賢注］

［一］国王とは、陳愍《ちんびん》王の劉寵《りゅうちょう》のことである。唐《とう》の臣である李賢《りけん》が考えますに、（『後漢書《ごかんじょ》』列伝四十）陳敬王伝には「（陳）国相《こくしょう》の師遷《しせん》」とあります。『東観漢記《とうかんかんき》』には、「陳の行相《こうしょう》の師遷が上奏して、「沛相《はいしょう》の魏愔《ぎいん》は、前《さき》に陳相《ちんしょう》であった時、陳王の劉寵と交通しておりました」とあります。明らかに魏愔が沛相であり、ここで師遷を沛相というのは、おそらく誤りです。

［二］『続漢書《しょくかんじょ》』（志十八 五行六）に、「このとき大きな魚が二匹現れ、それぞれ全長が八～九丈（約18～21ｍ）、体高が二丈（約4.6ｍ）あまりであった」とある。

熹平《きへい》三〔一七四〕年春正月、夫余《ふよ》国が使者を派遣して貢ぎ物を献上した。二月己巳《きし》、天下に大赦した。太常《たいじょう》の陳耽《ちんたん》を太尉《たいい》とした［二］。三月、中山《ちゅうざん》王の劉暢《りゅうちょう》が薨去した。子が無いため、国は除かれた。夏六月、河間《かかん》王劉利《りゅうり》の子である劉康《りゅうこう》を封建して済南《せいなん》王とし、（霊《れい》帝の父である）孝仁《こうじん》皇帝の祭祀を奉じさせた。秋、洛水《らくすい》が氾濫した。冬十月癸《き》丑《ちゅう》、天下の繋囚《けいしゅう》で罪状が未決の者については、縑《きぬ》を収めることで購《あがな》わせた。十一月、揚州《ようしゅう》刺史《しし》の臧旻《ぞうびん》が、丹陽太守《たんようたいしゅ》の陳夤《ちんいん》を率い、許生《きょせい》を会稽郡《かいけい》で大いに破り、これを斬った。任城王《じんじょう》の劉博《りゅうはく》が薨去した。十二月、鮮卑《せんぴ》が北地郡《ほくち》に侵寇し、北地太守《ほくちたいしゅ》の夏育《かいく》が、追撃してこれを破った。鮮卑が、また幷州《へい》に侵寇した。司空《しくう》の唐珍《とうちん》を罷免し、永楽《えいらくしょう》少府《ふ》の許訓《きょくん》を司空とした。

［李賢注］
［一］陳耽《ちんたん》は、字を漢公《かんこう》といい、東海《とうかい》国の人である。

熹平《きへい》四（一七五）年春三月、諸儒に詔を下して、五経《ごきょう》の文字を正させ、石に刻んで太《たい》学《がく》の門外に立てた。河間《かかん》王劉建《りゅうけん》の子である劉佗《りゅうた》を任城《じんじょう》王とした［一］。夏四月、郡国の七ヵ所で大水があった。五月丁卯《ていぼう》、天下に大赦した。（前漢成帝《ぜんかんせいてい》の）延陵園《えんりょうえん》に災害があった［二］。使者に節を持たせて派遣し、延陵で告祀《こくし》させた。鮮卑《せんぴ》が幽《ゆう》州に侵寇した。六月、弘農《こうのう》郡と三輔《さんぽ》に螟《ずいむし》の害があった。守宮令《しゅきゅうれい》を塩監《えんかん》に派遣して、渠《きょ》をうがって、民に利をもたらした［三］。郡国において災害に遭った者は、田租を半分に減額し、被害が十分の四以上であれば、督促させなかった。冬十月丁巳《ていし》、天下の繫囚のうち、罪がまだ決定していない者に、縑《きぬ》を払うことで贖《あがな》わせた。沖《ちゅう》帝の母である虞美人《ぐびじん》を任命して憲園《けんえん》貴人《きじん》とし[四]、質《しつ》帝の母である陳夫人を渤海孝王妃《ぼっかいこうおうひ》とした[五]。平準《へいじゅん》を改めて中準《ちゅうじゅん》とし[六]、宦官をその令として、内署《ないしょ》の一つに列した。これより諸署は、尽く宦官が丞《じょう》・令《れい》を占めた。

[李賢注]

[一] 劉建《りゅうけん》は、桓《かん》帝の弟である。

[二] (延陵園《えんりょうえん》は) 成《せい》帝の陵である。唐《とう》の咸陽《かんよう》県の西にある。

[三] 『漢書《かんじょ》』地理志《ちりし》および『続漢書《しょくかんじょ》』郡国志には、共に塩監《えんかん》という地名は見えない、唐の蒲《ほ》州安邑《あんゆう》の西南には、塩池監《えんちかん》という地名がある。

[四] (憲園貴人《けんえんきじん》は) 順《じゅん》帝の虞美人《ぐびじん》である。憲園は、洛陽《らくよう》の東北にある。

[五] (渤海孝王妃《ぼっかいこうおうひ》は) 渤海孝王の劉鴻《りゅうこう》の夫人である。

[六] 『漢官儀《かんかんぎ》』に、「平準令《へいじゅんれい》は定員一人で、官秩は六百石」とある。

熹平《きへい》五〔一七六〕年夏四月癸亥《きがい》、天下に大赦した。益州《えきしゅう》郡の異民族が反乱を起こし、益州太守《えきしゅうたいしゅ》の李顒《りぎょう》が討伐してこれを平定した。ふたたび崇高山《すうこうさん》を嵩高山《すうこうさん》と改名した[一]。大いに（雨乞いの儀礼である）雩祭《うさい》を行った。侍御史《じぎょし》に詔獄《しょうごく》と亭部《ていぶ》を巡行させ、冤罪の者を審理し、軽罪の者を許し、囚人を保釈した。五月、太尉《たいい》の陳耽《ちんたん》を罷免し、司空《しくう》の許訓《くんきょ》を太尉とした。閏月、永昌太守《えいしょうたいしゅ》の曹鸞《そうらん》が、党人を弁護する訴えをした罪で、公開処刑となった[二]。詔を下して、党人の門生・故吏《こり》・父兄子弟の官位にある者は、みな官を免じて禁錮した。六月壬戌《じんじゅつ》、太常《たいじょう》である南陽《なんよう》郡の劉逸《りゅういつ》を司空とした[三]。秋七月、太尉の許訓を罷免し、光禄勲《こうろくくん》の劉寛《りゅうかん》を太尉とした。冬十月壬午《じんご》、御殿の後庭の槐樹《かいじゅ》が自然に抜けて倒れた。司徒《しと》の袁隗《えんかい》を罷免した。十一月丙戌《へいじゅつ》、光禄大夫《こうろくたいふ》の楊賜《ようし》を司徒とした。十二月、甘陵《かんりょう》王の劉定《りゅうてい》が薨去した。太学生《たいがくせい》のうち六十歳以上の者百人余りを試験し、（成績に応じ、上は）郎中《ろうちゅう》・太子舎人《たいししゃじん》から（下は）王家の郎官《ろうかん》・郡国の文学吏《ぶんがくり》にまで任じた[四]。この年、鮮卑《せんぴ》が幽《ゆう》州に侵寇した。沛《はい》国より（曹魏勃興の予兆である）黄竜が、譙《しょう》県に現れたと報告があった。

［李賢注］

［一］『漢書《かんじょ》』（巻六 武帝紀）に、武《ぶ》帝が中嶽《ちゅうがく》を祀り、（かつて）嵩高山を改め崇高山としていた、

とある。『東観漢記《とうかんかんき》』に、「中郎将《ちゅうろうしょう》の堂谿典《どうけいてん》に雨乞いを行わせ、これにより上言して改名し、名づけて嵩高山とした」とある。

［二］（原文の）訟とは、申し立て理を明らかにすることをいう。その言辞が率直に過ぎたため、帝は怒り、檻車《かんしゃ》によって槐里《かいり》の獄に送られて殺された。

［三］劉逸《りゅういつ》は、字を大過《たいか》といい、安衆《あんしゅう》県の人である。

［四］『漢官儀《かんかんぎ》』に、「太子舎人《たいししゅじん》と王家の郎中《ろうちゅう》は、共に官秩は二百石であり、定員は無い」とある。

熹平《きへい》六（一七七）年春正月辛丑《しんちゅう》、天下に大赦した。二月、南宮の平城門《へいじょうもん》および武庫《ぶこ》の東垣《とうえん》の屋根が自然に壊れた［一］。夏四月、大いに日照りがあり、七州で蝗《いなご》の害があった。鮮卑《せんぴ》が（東西と北辺の）三辺より侵寇した［二］。商人で桓《かん》帝の宣陵《せんりょう》で喪に服していた者数十人を、みな太子舎人《たいししゃじん》とした。秋七月、司空《しくう》の劉逸《りゅういつ》を罷免し、衛尉《えいい》の陳球《ちんきゅう》を司空とした。八月、破鮮卑中郎将《はせんびちゅうろうしょう》の田晏《でんあん》を雲中《うんちゅう》郡より、使匈奴中郎将《しきょうどちゅうろうしょう》の臧旻《ぞうびん》と（匈《きょう》奴《ど》の）南単于《みなみぜんう》を鴈門《がんもん》郡より、護烏桓校尉《ごうがんこうい》の夏育《かいく》を高柳《こうりゅう》県（山西省の陽高）より出撃させ、併せて鮮卑を討伐させたが、田晏たちは大敗した。冬十月癸丑《きちゅう》朔、日食があった。太《たい》尉《い》の劉寛《りゅうかん》を罷免した。帝が辟雍《へきよう》に臨んだ。辛丑《しんちゅう》、京師で地震があった。辛亥《しんがい》、天下の繫囚《けいしゅう》で罪状が未決の者については、縑《きぬ》を収めることで購《あがな》わせた。十一月、司空の陳球《ちんきゅう》を罷免した。十二月甲寅《こういん》、太常《たいじょう》である河南《かなん》郡の孟戫《もういく》を太尉とした［三］。庚辰《こうしん》、司徒の楊賜《しよう》を罷免した。太常の陳耽《ちんたん》を司空とした。鮮卑が遼西《りょうせい》郡に侵寇した。永安太僕《えいあんたいぼく》の王旻《おうびん》が獄に下されて死んだ［四］。

［李賢注］

［一］平城門《へいじょうもん》は、洛陽《らくよう》城の南門である。蔡邕《さいよう》は、「平城門は、（真南にあたる）正陽《せいよう》の門であり、宮にまっすぐに連なっており、郊祀《こうし》の際には皇帝の法駕《ほうが》がそこから出ていく、門の中で最も尊い」としている。武庫は、禁軍の武器を収めるところ。東垣は、庫の外障《がいしょう》である。易伝《えきでん》に、「小人が位にあると、その障《さわ》りで城門が自然に壊れる」とある。

［二］（三辺とは）東西および北辺をいう。

［三］孟戫《もういく》は、字を叔達《しゅくたつ》という。（戫の）音は乙六《いつろく》の反《はん》である。

［四］（永安太僕《えいあんたいぼく》は）永安宮《えいらくきゅう》の太僕である。

光和《こうわ》元〔一七八〕年春正月、合浦《ごうほ》郡と交阯《こうし》郡の烏滸蛮《うこばん》が反乱を起こし、九真《きゅうしん》郡と日南《にちなん》郡の民を煽動して、郡県を攻撃し陥落させた。太尉《たいい》の孟戫《もういく》を罷免した。二月辛亥《しんがい》朔、日食があった。癸丑《きちゅう》、光禄勲《こうろくくん》である陳《ちん》国の袁滂《えんぼう》を司徒《しと》とした[一]。己未《きび》、地震があった。はじめて鴻都門《こうともん》（の学校に）学生《がくせい》を置いた[二]。三月辛丑《しんちゅう》、天下に大赦を行い、光和と改元した。太常《たいじょう》である常山《じょうざん》郡の張顥《ちょうこう》を太尉とした[三]。夏四月丙辰《へいしん》、地震があった。侍中《じちゅう》の役所の雌鳥が化けて雄鳥となった。司空《しくう》の陳耽《ちんたん》を罷免し、太常の来豔《らいえん》を司空とした。五月壬午《じんご》、白衣の者が徳陽殿《とくようでん》の門より入り込み、逃げ去られて捕縛できなかった[四]。六月丁丑《ていちゅう》、黒気がおこり、帝のいる温徳殿《おんとくでん》の庭の中に落ちた[五]。

秋七月壬子《じんし》、青虹《せいこう》が帝の坐である玉堂の後殿の庭中に現れた[六]。八月、箒星が天市《てんし》宿《しゅく》に現れた。九月、太尉の張顥を罷免し、太常の陳球《ちんきゅう》を太尉とした。司空の来豔が薨去した。冬十月、屯騎校尉《とんきこうい》の袁逢《えんほう》を司空とした。皇后の宋氏《そうし》を廃した。后の父である執《しつ》金吾《きんご》の宋酆《そうほう》が獄に下され死んだ。丙子《へいし》晦、日食があった。十一月、太尉の陳球《ちんきゅう》を罷免した。十二月丁巳《ていし》、光禄大夫《こうろくたいふ》の橋玄《きょうげん》を太尉とした。この年、鮮卑《せんぴ》が酒泉《しゅせん》郡に侵寇した。京師の馬が人を生んだ[七]。西邸《せいてい》で売官を始め、関内侯《かんだいこう》・虎賁《こほん》・羽林《うりん》より（以下売り出された官職の）、価格にはそれぞれ差があった[八]。また密かに左右の者に公卿《こうけい》の地位を売らせたが、三公《さんこう》は一千万銭、九卿《きゅうけい》は五百万銭であった。

［李賢注］

［一］袁滂《えんぼう》は、字を公喜《こうき》という。

［二］鴻都《こうと》は、門の名である。門の内に学校を設置した。このとき学校の生徒は、みな州・郡・三公《さんこう》に勅して、よく書簡文と辞賦を作り、および鳥書《ちょうしょ》と篆書《てんしょ》に巧みな者を推挙させて試験をしたが、（それは）千人にも至った。

［三］張顥《ちょうこう》は、字を智明《ちめい》という。『捜神記《そうじんき》』（巻九）に、「張顥が梁相《りょうしょう》であったころ、新たに雨が降った後、鵲《かささぎ》が地面近くを飛んでいた。人にこれを射落とさせると、地に落ち化けて丸い石となった。張顥がそれを打ち壊させると、中から一つの金印を得た。その文には、忠孝侯《ちゅうこうこう》の印とあった」とある。

［四］『東観漢記《とうかんかんき》』に、「白衣の人は、「梁伯夏《りょうはくか》が私に上殿せよと述べた」と言い、中黄門《ちゅうこうもん》の桓賢《かんけん》と言葉を交わすと、たちまち見えなくなった」とある。

［五］『東観漢記』に、「（黒気は）天子がいる温明殿《おんめいでん》の庭に落ち、（その様子は）車の蓋のように隆起し、猛りはやっていた。五色で頭があり、体長は十丈余り（約23ｍ）で、形は竜に似ていた」とある。

[六]『洛陽宮殿名《らくようきゅうでんめい》』に、「南宮には玉堂の前殿と後殿がある」という。（『後漢書《ごかんじょ》』列伝四十四 楊震伝附）楊賜伝《ようしでん》によれば、（青虹は）嘉徳殿《かとくでん》の前に落ちたという。

[七] 京房《けいぼう》の『易伝《えきでん》』に、「諸侯が互いに戦いあえば、その障りで馬が人を生む」とある。

[八]『山陽公載記《さんようこうさいき》』に、「このとき官位を売り出したが、（その価格は）二千石の官は二千万銭、四百石の官は四百万銭であった。（ただし官に就く者のうち）実際に徳があって官僚の選考に臨む者は価格を半額、あるいは三分の一とした。西園に倉庫を建て、売官により得た銭を貯蓄した」とある。

光和《こうわ》二（一七九）年春、疫病が大流行した。中常侍《ちゅうじょうじ》と中謁者《ちゅうえつしゃ》に、（被害地を）巡行して医薬を配らせた。三月、司徒《しと》の袁滂《えんぼう》を罷免し、大鴻臚《だいこうろ》の劉郃《りゅうこう》を司徒とした[一]。乙丑《いっちゅう》、太尉《たいい》の橋玄《きょうげん》を罷免し、太中大夫《たいちゅうたいふ》の段熲《だんけい》を太尉とした。京兆《けいちょう》で地震があった。司空《しくう》の袁《えん》逢《ぼう》を罷免し、太常《たいじょう》の張済《ちょうさい》を司空とした[二]。夏四月甲戌《こうじゅつ》朔、日食があった。辛巳《しんし》、中《ちゅう》常侍《じょうじ》の王甫《おうほ》と太尉の段熲《だんけい》が、共に獄に下されて死んだ。丁酉《ていゆう》、天下に大赦し、もろもろの党人に連坐して禁錮されている小功《しょうこう》以下の親族（の禁錮）を除いた[三]。東平《とうへい》王の劉端《りゅうたん》が薨去した。五月、衛尉《えいい》の劉寛《りゅうかん》を太尉とした。

秋七月、使匈奴中郎将《しきょうどちゅうろうしょう》の張脩《ちょうしゅう》に罪があり、獄に下されて死んだ［四］。冬十月甲申《こうしん》、司徒《しと》の劉郃《りゅうこう》・永楽少府《えいらくしょうふ》の陳球《ちんきゅう》・衛尉の陽球《ようきゅう》・歩兵校尉《ほへいこうい》の劉納《りゅうとつ》たちは、宦官の誅殺を謀ったが、謀議が漏洩し、みな獄に下されて死んだ。巴《は》郡の板楯蛮《ばんじゅんばん》が、反乱を起こした。御史中丞《ぎょしちゅうじょう》の蕭瑗《しょうえん》に益州刺史《えきしゅうしし》を率いて、板楯蛮を討伐させたが、勝てなかった。十二月、光禄勲《こうろくくん》の楊賜《ようし》を司徒とした。鮮卑《せんぴ》が、幽《ゆう》州・并《へい》州の二州に侵寇した。この年、河間《かかん》王の劉利《りゅうり》が薨去した。洛陽《らくよう》の女子が子を産んだところ、二つの頭で四本の腕があった［五］。

［李賢注］

［一］劉郃《りゅうこう》は、字を季承《きしょう》という。

［二］張済《ちょうさい》は、字を元江《げんこう》といい、細陽《さいよう》県〔安徽省太和の南東〕の人である。

［三］このとき上禄《じょうろく》県〔甘粛省西和の南東〕の県長《けんちょう》である和海《わかい》が上言して、「党人《とうじん》の禁錮が五族に及ぶのは、（漢《かん》の）典訓《てんくん》と乖離しております」と述べた。霊《れい》帝はこれに従っ（て、党人の小功以下の親族の連坐を解除し）た。

［四］このとき張脩《ちょうしゅう》は、勝手に単于《ぜんう》の呼徴《こび》を斬り、改めて羌渠《きょうきょ》を立てて単于とした。このため

死罪になったのである。

［五］京房《けいぼう》の『易伝《えきでん》』に、「（主上が）二首《ふたくび》で、下令《かれい》が一定でない。その障《さわ》りで人は両頭の子を生む」とある。

光和《こうわ》三〔一八〇〕年春正月癸酉《きゆう》、天下に大赦した。二月、三公府《さんこうふ》の駐車場の廊下の屋根が自然に壊れた［一］。三月、梁王《りょう》の劉元《りゅうげん》が薨去した。夏四月、江夏《こうか》蛮《ばん》が反乱を起こした。六月、公卿《こうけい》に詔を下して、古文尚書《こぶんしょうしょ》・毛詩《もうし》・左氏春秋《さししゅんじゅう》・穀梁春秋《こくりょうしゅんじゅう》に通じる者をそれぞれ一人ずつ推挙させ、すべて議郎《ぎろう》に任じた。秋、表是《ひょうぜ》県〔甘粛省高台の西〕に地震があり、涌水が出た［二］。八月、繫囚《けいしゅう》のうち罪状が未決の者については、縑《きぬ》を納めて贖《あがな》わせること、それぞれ差があった。冬閏月、箒星が狼《ろう》・弧《こ》の二星の分野に現れた［三］。鮮卑《せんぴ》が幽《ゆう》州と并《へい》州の二州に侵寇した。十二月己巳《きし》、貴人《きじん》の何氏《かし》を立てて皇后とした［四］。この年、畢圭苑《ひつけいえん》と霊昆苑《れいこんえん》を造営した［五］。

［李賢注］

［一］（原文の）公府《こうふ》とは、三公府《さんこうふ》である。（原文の）駐駕とは、駐車場である。（原文の）廡《ぶ》とは、

廊屋である。音は無禹《ぶう》の反《はん》。『続漢書《しょくかんじょ》』（志十三 五行一）に、「南北四十間《けん》余りにわたって壊れた」とある。

[二] 表是《ひょうぜ》は、県であり、酒泉《しゅせん》郡に属する。故城は唐《とう》の甘《かん》州張掖《ちょうえき》県の西北にある。

[三]（狼・弧は）二つの星の名である。

[四]（何貴人《かきじん》は）南陽《なんよう》郡宛《えん》県の人であり、車騎将軍《しゃきしょうぐん》の何真《かしん》の娘である。

[五] 畢圭苑《ひっけいえん》は、二つある。東畢圭苑は、周囲が千五百歩（約2.08㎞）であり、内部には魚梁台《ぎょりょうだい》がある。西畢圭苑は、周囲が三千三百歩（約4.57㎞）である。ともに洛陽《らくよう》の宣平門《せんへいもん》の外にあった。

光和《こうわ》四〔一八一〕年春正月、初めて騄驥厩《りょくききゅう》の丞《じょう》を置き、郡国より徴発した馬を受領させた[一]。このために豪族が利益を独占し、馬一匹（の価格）が二百万銭にのぼった[二]。

二月、郡国より芝英草《しえいそう》が奉られた。夏四月庚子《こうし》、天下に大赦した。交阯刺史《こうししし》の朱儁《しゅしゅん》が、交阯《こうし》郡と合浦《ごうほ》郡の烏滸蛮《うこばん》を討伐し、これを破った。六月庚辰《こうしん》、雹《あられ》が降った[三]。秋七月、河南尹《かなんいん》より鳳皇《ほうおう》が新城《しんじょう》県〔河南省伊川県の南西〕に現れ、鳥の群れがこれに従った、と報告があった。新城県の県令《けんれい》と三老《さんろう》・力田《りきでん》に帛を賜うこと、それぞれ差があった。九月庚寅《こういん》朔、日食があった。太尉《たいい》の劉寛《りゅうかん》を罷免し、衛尉《えいい》の許馘《きょいく》を太尉とした。閏月辛酉《しんゆう》、北宮の東掖庭《とうえきてい》の永巷署《えいこうしょ》に災害があった[四]。司徒《しと》の楊賜《ようし》を罷免した。冬十月、太常《たいじょう》の陳《ちん》耽《たん》を司徒とした。鮮卑《せんぴ》が、幽《ゆう》州と幷《へい》州の二州に侵寇した。この年、帝は屋台を後宮に作らせ、大勢の采女に売り子をさせ、たがいに品物を奪い合って争わせた。帝は、商人の服を着込み、飲宴して楽しみとした。また西園で犬をもてあそび、進賢冠《しんけんかん》をつけ綬《じゅ》を帯びさせた[五]。また四驢《ろ》の馬車に乗り、帝自ら轡《くつわ》を操り、駆けまわらせた。（そのさまは）京師に伝わり、これを真似する者もあった[六]。

［李賢注］

［一］騄驥《りょくき》とは、名馬である。（原文の）調とは、徴発のことである。

［二］（原文の）辜搉について）『前書音義《ぜんしょおんぎ》』に、「辜とは、妨害すること。搉とは、独占すること」とある。他人の売買を妨害して、その利益を独占することをいう。

［三］『続漢書《しょくかんじょ》』（志十五 五行三 雹）に、「雹《あられ》の大きさは、鶏卵ほどであった」とある。

［四］永巷《えいこう》とは、宮中の署の名称である。『漢官儀《かんかんぎ》』に、「（永巷）令《れい》は一人である。宦官がこれにあたり、官秩は六百石、宮中の下女や召使を掌る」と。

［五］『三礼図《さんらいず》』に、「進賢冠《しんけんかん》は、文官がかぶる。前の高さは七寸（約16㎝）、後の高さは三寸（約

7㎝）、長さは八寸（約18㎝）」とある。『続漢書』（志十三 五行一 服妖）に、「霊帝《れい》はお気に入りの子弟を寵用して、次第に引き上げ、関内侯《かんだいこう》を五百万銭で売った。強力な者を貪欲なこと豺狼のようにし、弱き者をほとんど人間のように扱わず、まことに狗《いぬ》が冠をかぶったようであった」という。（『漢書《かんじょ》』巻二十七中之上 五行志中之上に）「昌邑王《しょうゆう》は犬が方山冠《ほうざんかん》をかぶっているのを見た。（その理由を問うに）龔遂《きょうすい》は、「王の左右はみな犬でありながら、冠をかぶっているような状況にあります」と言った」とある。

〔六〕『続漢書』（志十三 五行一 服妖）に、「驢は、重いものを乗せて遠くに運び、山谷を上り下りする、野人の使うものである。どうして帝王・君子が、これを走らせてよいであろうか。天意に、「国が大いに乱れようとする時、賢愚が逆さまとなり、政治を執り行うべき者が驢のようになる」と言っている」とある。

光和《こうわ》五〔一八二〕年春正月辛未《しんび》、天下に大赦した。二月、疫病が流行した。三月、司《し》徒《と》の陳耽《ちんたん》を罷免した。夏四月、日照りがあった。太常《たいじょう》の袁隗《えんかい》を司徒とした。五月庚申《こうしん》、永楽宮《えいらくきゅう》の署に災害があった〔一〕。秋七月、箒星が太微《たいび》に現れた。巴《は》郡の板楯蛮《ばんじゅんばん》が太守《たいしゅ》の曹謙《そうけん》に降伏した。癸酉《きゆう》、繫囚《けいしゅう》で罪状が未決の者は、縑《きぬ》を納めて罪を贖《あがな》わせた。八月、四百尺（約92ｍ）の楼観を阿亭道《あていどう》に建てた。冬十月、太尉《たいい》の許馘《きょいく》を罷免し、太常の楊賜《ようし》を太尉とした。上林苑《じょうりんえん》で狩猟を行い、函谷関《かんこくかん》を経て、広成苑《こうせいえん》でも狩猟を行った。十二月、帝は宮に還り、太学《たいがく》に行幸した。

〔李賢注〕

〔一〕『続漢書《しょくかんじょ》』（志十四　五行二　災火）に、「徳陽前殿《とくようぜんでん》の西北で、門内に入った永楽太后宮《えいらくたいこうきゅう》の署で災害があった」とある。

光和《こうわ》六〔一八三〕年春正月、日南《にちなん》郡の砦の外の国が、通訳を重ねて貢ぎ物を献上した。二月、（高帝陵がある）長陵《ちょうりょう》県〔陝西省咸陽市の北東〕を豊《ほう》・沛《はい》と同じく（租税）免除とした。三月辛未《しんび》、天下に大赦した。夏、大日照りとなった。秋、金城《きんじょう》郡の河水が氾濫した。五原《ごげん》郡〔内蒙古自治区包頭市の北西〕の山岸が崩れた。はじめて（苑囿を掌る）圃《ほ》囿署《えんしょ》を設置し、宦官をその令《れい》とした。冬、東海《とうかい》国・東萊《とうらい》国・琅邪《ろうや》国の井戸で氷が張り、その厚さは一尺（約23㎝）を超えた。（この年は）大豊作であった。

中平《ちゅうへい》元〔一八四〕年春二月、鉅鹿《きょろく》郡の人である張角《ちょうかく》が自ら黄天《こうてん》と称し、その各地区の帥《すい》は三十六方《ほう》に分かれ、みな黄色い頭巾を着け、同日に反乱を起こした〔一〕。安平《あんぺい》国と甘陵《かんりょう》国の人々は、それぞれその王を捕らえて黄巾に呼応した〔二〕。三月戊申《ぼしん》、河南尹《かなんいん》の何進《かしん》を大将軍《だいしょうぐん》とし、兵を率いて（洛陽《らくよう》の）都亭《とてい》に駐屯させた。（八つの関を守るため）八関都尉《はちかんとい》を設置した〔三〕。壬子《じんし》、天下の党人《とうじん》を大いに赦し、党人とその関係者で辺境に遷されていた者を戻したが〔四〕、ただ張角《ちょうかく》だけは赦さなかった。三公《さんこう》・九卿《きゅうけい》に詔を下して、馬と弩《ど》を供出させ、列将の子孫および吏民のなかで戦陣の方略に詳しい者を推挙させ、公車で召し出した。北中郎将《ほくちゅうろうしょう》の盧植《ろしょく》を派遣して、張角を討伐させ、左中郎将《さちゅうろうしょう》の皇甫嵩《こうほすう》と右中郎将《ゆうちゅうろうしょう》の朱儁《しゅしゅん》に、潁川《えいせん》郡の黄巾賊《こうきんぞく》を討伐させた。庚子《こうし》、南陽《なんよう》郡の黄巾賊の張曼成《ちょうまんせい》が、郡守《ぐんしゅ》の褚貢《ちょこう》を攻め殺した。夏四月、太尉《たいい》の楊賜《ようし》を罷免し、太僕《たいぼく》である弘農《こうのう》郡の鄧盛《とうせい》を太尉とした〔五〕。司空《しくう》の張済《ちょうさい》を罷免し、大司農《だいしのう》の張温《ちょうおん》を司空とした。朱儁が黄巾賊の波才《はさい》に敗れた。侍中《じちゅう》の向栩《しょうく》・張鈞《ちょうきん》が宦官を弾劾した罪で、獄に下されて死んだ〔六〕。汝南《じょなん》郡の黄巾賊が、汝南太守《じょなんたいしゅ》の趙謙《ちょうけん》を邵陵《しょうりょう》で破った〔七〕。広陽《こうよう》郡の黄巾賊が、幽州刺史《ゆうしゅうしし》の郭勲《かくくん》と広陽太守《こうようたいしゅ》の劉衛《りゅうえい》を殺した。五月、皇甫嵩・朱儁がまた波才らと長社《ちょうしゃ》県〔河南省長葛の北東〕に戦い、大いにこれを破った〔八〕。六月、南陽太守《なんようたいしゅ》の秦頡《しんけつ》が張曼成を撃ち、これを斬った。交阯《こうし》の屯兵が、交阯刺史《こうししし》と合浦太守《ごうほたいしゅ》の来達《らいたつ》を捕らえ、柱天《ちゅうてん》将軍《しょうぐん》と自称した。交阯刺史の賈琮《かそう》を派遣して、討ってこれを平定した。皇甫嵩と朱儁が、汝南《じょなん》郡の黄巾賊を西華《せいか》県〔河南省西華の北〕で大いに破った［九］。詔を下して皇甫嵩に東《とう》郡を討伐させ、朱儁に南陽《なんよう》郡を討伐させた。盧植が黄巾賊を破り、張角を広宗《こうそう》県〔河北省威県の東〕に包囲した。宦官が盧植を誣告《ぶこく》し、罪に当てた［一〇］。中郎将の董卓《とうたく》を派遣して、張角を攻めたが、勝てなかった。洛陽《らくよう》の女子が子を産むと、両頭で体を共用していた［一一］。

秋七月、巴《は》郡の妖巫《ようふ》である張脩《ちょうしゅう》が謀反し、郡県に侵寇した［一二］。河南尹の徐灌《じょかん》が獄に下されて死んだ。八月、皇甫嵩が黄巾賊と倉亭《そうてい》で戦い、その帥《すい》を捕らえた［一三］。乙巳《いっし》、詔を下して、皇甫嵩に北上して張角を討たせた。九月、安平王の劉続《りゅうしょく》に罪があり、誅殺して国を除いた。冬十月、皇甫嵩が黄巾賊と広宗《こうそう》県で戦い、張角の弟である張梁《ちょうりょう》を捕らえた。張角はすでに死んでいたので、その屍《しかばね》を斬った［一四］。皇甫嵩を左車騎将軍《さしゃきしょうぐん》とした。十一月、皇甫嵩がまた黄巾賊を下曲陽《しもきょくよう》県〔河北省晉県の西〕で破り、張角の弟である張宝《ちょうほう》を斬った。湟中《こうちゅう》〔青海省の湟水流域〕の義従胡《ぎじゅうこ》の北宮伯玉《ほくきゅうはくぎょく》が、先零羌《せんれいきょう》と共に反乱を起こし、金城《きんじょう》の人である辺章《へんしょう》と韓遂《かんすい》を軍師《ぐんすい》とし、攻めて護羌校尉《ごきょうこうい》の伶徴《れいちょう》、金城《きんじょう》太守《たいしゅ》の陳懿《ちんい》を殺した〔二五〕。癸巳《きし》、朱儁が宛城《えんじょう》〔河南省南陽市〕を攻略し、黄巾賊の別帥である孫夏《そんか》を討った。詔を下して、太官令《たいかんれい》に集まる諸国の珍味の類いを減らし、御《ぎょ》食《しょく》を肉一種のみとし、廐馬《きゅうば》のうち祭祀に必要となるもの以外は、すべて軍に給付した。十二月己巳《きし》、天下に大赦し、中平と改元した。この年、下邳《かひ》王の劉意《りゅうい》が薨じ、子が無いため、国を除いた。郡国に奇妙な草が生え、竜蛇・鳥獣といった動物の肢体を象《かたど》ったようであった〔二六〕。

〔李賢注〕

〔一〕『続漢書《しょくかんじょ》』に、「（乱を起こした人数は）三十六万人余り」とある。

〔二〕（捕らえられたものは）安平《あんぺい》王の劉続《りゅうしょく》と甘陵《かんりょう》王の劉忠《りゅうちゅう》である。

〔三〕都亭《とてい》は、洛陽《らくよう》にある。八関とは、函谷関《かんこくかん》・広城関《こうじょうかん》・伊闕関《いけつかん》・大谷関《たいこくかん》・轘轅関《かんえんかん》・旋門関《せんもんかん》・小平津関《しょうへいしんかん》・孟津関《もうしんかん》をいう。

〔四〕このとき中常侍《ちゅうじょうじ》の呂彊《りょきょう》が帝に言上し、「党錮を捨て置いてすでに久しく、もし（党人が）黄巾と結び謀議を共にすれば、これを悔やんでも救う手段はありません」と申し上げた。帝は恐れ、みな党人を赦した。

［五］鄧盛《とうせい》は、字を伯能《はくのう》という。

［六］このとき張鈞《ちょうきん》は上書して、「いま（宦官の）中常侍を斬り、その首を南郊《なんこう》にかけて天下に詫びれば、賊兵はすぐにも自然と消えましょう」と申し上げた。霊《れい》帝はこの文書を中常侍に見せた、このため獄に下されたのである。

［七］邵陵《しょうりょう》は、県の名であり、汝南《じょなん》郡に属する。故城は唐《とう》の豫州郾城《えんじょう》県の東にある。

［八］長社《ちょうしゃ》は、唐の許州《きょしゅう》県である。故城は長葛《ちょうかつ》県の西にある。

［九］西華《せいか》は、県であり、汝南郡に属する。故城は唐の陳《ちん》州項城《こうじょう》県の西にある。

［一〇］盧植《ろしょく》は、何度も張角《ちょうかく》を破り、敵陣を攻略するばかりとなっていた。（ところが）小黄門《しょうこうもん》の左豊《さほう》は帝に、「盧中郎将《ろちゅうろうしょう》は土塁を堅く積み上げ軍を休めて、（賊に）天誅（が下ること）を待っております」と報告した。帝は怒り、そうして檻車《かんしゃ》を差し向け、盧植を捕らえた。死一等を減じた。

［一一］『続漢書』（志十七　五行五　人痾《じんあ》）に、「（洛陽の）上西門外の女子が子を産むと、頭が二つあり、肩は別であったが胸は共用していた。不祥と思い、地に落とし捨てさった。こののち政治は、恩寵を受けた個人の家に壟断されるようになり、上下の区別が無くなった。これこそ人に二つの頭がある象である」という。

[一二] 劉艾《りゅうがい》の『霊帝紀《れいていき》』に、「このとき巴《は》郡の巫人である張脩《ちょうしゅう》は病を癒やし、癒えた者には米五斗を納めさせた。（そのため）五斗米師《ごとべいし》と呼ばれた」とある。

[一三]（皇甫嵩《こうほすう》に捕らえられた）この師は、卜巳《ぼくい》である。倉亭《そうてい》は東《とう》郡にある。

[一四]（張角《ちょうかく》の）棺を暴いて首を切り落とし、（さらし首にするため）馬市《ばし》に伝送した。

[一五] 伶《れい》は、姓である。周《しゅう》に大夫《たいふ》の伶州鳩《れいしゅうきゅう》というものがいた。

[一六]『風俗通《ふうぞくつう》』に、「人の形状をして、兵弩を持ち、部位ごとに防具を備えたものもあった」とある。『続漢書』（志十四 五行二 草妖）に、「竜蛇・鳥獣、その形状は毛・羽・頭・目・足・翅《つばさ》がみな備わっていた。この年、黄巾賊《こうきんぞく》が蜂起し、漢《かん》の威信はついに微弱となった」とある。

中平《ちゅうへい》二（一八五）年春正月、疫病が流行した。琅邪《ろうや》王の劉拠《りゅうきょ》が薨去した。二月己酉《きゆう》、南宮で大火災があり、火は半月後にようやく消えた[一]。癸亥《きがい》、広陽門《こうようもん》の外屋が自然に壊れた[二]。天下の田より、一畝ごとに十銭ずつを税として徴収した[三]。黒山《こくざん》の賊である張牛角《ちょうぎゅうかく》ら十数名が一斉に蜂起し、到る所で略奪を行った。司徒《しと》の袁隗《えんかい》を罷免した。三月、廷尉《ていい》の崔烈《さいれつ》を司徒とした。北宮伯玉《ほくきゅうはくぎょく》らが、三輔《さんぽ》に侵寇した。左車騎将軍《さしゃきしょうぐん》の皇《こう》甫嵩《ほすう》を派遣して、これを討伐させたが、勝てなかった。夏四月庚戌《こうじゅつ》、大風があり、雹《あられ》が降った。五月、太尉《たいい》の鄧盛《とうせい》を罷免し、太僕《たいぼく》である河内郡《かだい》の張延《ちょうえん》を太尉とした〔四〕。
秋七月、三輔で螟《ずいむし》が発生した。左車騎将軍の皇甫嵩を罷免した。八月、司空《しくう》の張温《ちょうおん》を車騎将軍とし、北宮伯玉を討伐させた。九月、特進侯《とくしんこう》の楊賜《ようし》を司空とした。冬十月庚寅《こういん》、司空の楊賜が薨じ、光禄大夫《こうろくたいふ》の許相《きょしょう》を司空とした〔五〕。前の司徒である陳耽《ちんたん》と諫議大夫《かんぎたいふ》の劉陶《りゅうとう》が直言の罪にあたり、獄に下されて死んだ。十一月、張温が北宮伯玉を美陽県《びよう》〔陝西省武功の北西〕に破り、このため盪寇将軍《とうこうしょうぐん》の周慎《しゅうしん》を派遣して、これを追撃させ、楡中県《ゆちゅう》〔甘粛省楡中の西北〕を包囲し〔六〕、また中郎将《ちゅうろうしょう》の董卓《とうたく》を派遣して、先零羌《せんれいきょう》を討伐したが、周慎・董卓ともに勝てなかった。鮮卑《せんぴ》が幽州《ゆう》と并州《へい》の二州に侵寇した。この年、万金堂《ばんきんどう》を西園に建造した。洛陽《らくよう》の民が子を産んだところ、頭が二つ腕が四本あった。

〔李賢注〕
〔一〕『続漢書《しょくかんじょ》』（志十四 五行二 災火）に、「このとき霊台殿《れいだいでん》・楽成殿《らくせいでん》を焼き、延焼して北闕《ほくけつ》に及び道を渡って、西に向かい嘉徳殿《かとくでん》・和驩殿《わかんでん》を焼いた」とある。
〔二〕（広陽門《こうようもん》は）洛陽《らくよう》城の西面南頭の門である。

［三］（田に課税した）この金で宮室を修治した。
［四］張延《ちょうえん》は、字を公威《こうい》といい、張歆《ちょうきん》の子である。
［五］許相《きょしょう》は、字を公弼《こうひつ》といい、平輿《へいよ》県の人であり、許訓《きょくん》の子である。
［六］（楡中《やちゅう》は）県の名である。故城は唐の蘭《らん》州金城《きんじょう》県の東にある。

中平《ちゅうへい》三〔一八六〕年春二月、江夏《こうか》郡の郡兵である趙慈《ちょうじ》が謀反し、南陽太守《なんようたいしゅ》の秦頡《しんけつ》を殺した。庚戌《こうじゅつ》、天下に大赦した。太尉《たいい》の張延《ちょうえん》を罷免した。車騎将軍《しゃきしょうぐん》の張温《ちょうおん》を太尉とし、中常侍《ちゅうじょうじ》の趙忠《ちょうちゅう》を車騎将軍とした。また玉堂殿を修め、銅人四、黄鍾《こうしょう》四［一］、さらに天禄《てんろく》・蝦蟆《がま》を鋳造し、また四出文銭《ししゅつもんせん》を造幣した［二］。五月壬辰《じんしん》晦、日食があった。六月、荊州刺史《けいしゅうしし》の王敏《おうびん》が趙慈《ちょうじ》を討伐し、これを斬った。車騎将軍の趙忠を罷免した。秋八月、（沖《ちゅう》帝の）懐陵《かいりょう》の上に、雀が無数に集まり悲鳴をあげ、戦い互いに殺し合った［三］。冬十月、武陵蛮《ぶりょうばん》が反乱を起こし、郡界に侵寇し、郡兵が討伐してこれを破った。前の太尉の張延《ちょうえん》が宦官に誹《そし》られ、獄に下されて死んだ。十二月、鮮卑《せんぴ》が幽《ゆう》州と幷《へい》州の二州に侵寇した。

［李賢注］

［一］（黄鍾という楽器の）その音が黄鍾《こうしょう》の〔ドにあたる〕音階にあたる。（方向でいえば）子《し》が黄鍾にあたる。

［二］天禄《てんろく》とは、獣である。このとき掖廷令《えきていれい》の畢嵐《ひつらん》に銅人を鋳造させ、（東闕の）倉竜闕《そうりゅうけつ》と（西闕の）玄武闕《げんぶけつ》の外に並べ、鍾《しょう》は玉堂《ぎょくどう》及び雲台殿《うんだいでん》の前に懸け、天禄と蝦蟆《がま》は水を平門の外に吐き出した。事は（『後漢書《ごかんじょ》』列伝六十八）宦者伝に詳しい。考えてみると、唐《とう》の鄧《とう》州南陽《なんよう》県の北に宗資《そうし》の碑がある。その傍らには二つの石獣があり、その腕に刻まれていた文字は、一つは天禄といい、一つは辟邪という。これによれば、天禄と辟邪が共に獣の名であることが分かる。漢《かん》にも天禄閣があるが、これも獣から名を付けたのであろう。

［三］懐陵《かいりょう》は、沖《ちゅう》帝の陵である。『続漢書《しょくかんじょ》』（志十四 五行二 羽蟲孽）に、「天がいましめてこのように言っている、諸々の爵禄を得て尊貴の身にある者が、それでも互いに害しあうことになると」とある。

中平《ちゅうへい》四〔一八七〕年春正月己卯《きぼう》、天下に大赦した。二月、滎陽《けいよう》の賊が中牟令《ちゅうぼうれい》（の落皓）を殺した［一］。己亥《きがい》、南宮の内殿の宮門の外の塀が自然に壊れた［二］。三月、河南尹《かなんいん》の何苗《かびょう》が滎陽の賊を討伐して、これを破った。何苗を拝して車騎将軍《しゃきしょうぐん》とした。夏四月、涼州刺史《りょうしゅうしし》の耿鄙《こうひ》が金城《きんじょう》郡の賊である韓遂《かんすい》を討ったが、耿鄙の兵は大敗した。韓遂は、漢陽《かんよう》郡に侵寇し、漢陽太守《かんようたいしゅ》の傅燮《ふしょう》が戦没した。扶風《ふふう》郡の馬騰《ばとう》と漢陽郡の王国《おうこく》が共に謀反し、三輔《さんぽ》に侵寇した。太尉《たいい》の張温《ちょうおん》を罷免し、司徒《しと》の崔烈《さいれつ》を太尉とした。五月、司空《しくう》の許相《きょしょう》を司徒とし、光禄勳《こうろくくん》である沛国《はい》の丁宮《ていきゅう》を司空とした[三]。六月、洛陽《らくよう》の民が男子を産んだところ、二つの頭があり一つの身体を共にしていた[四]。漁陽《ぎょよう》郡の人である張《ちょう》純《じゅん》が、同郡の張挙《ちょうきょ》と共に挙兵して謀反し、攻めて右北平太守《ゆうほくへいたいしゅ》の劉政《りゅうせい》・遼東太守《りょうとうたいしゅ》の楊《よう》終《しゅう》・護烏桓校尉《ごうがんこうい》の公綦稠《こうきちょう》らを殺した。張挙は天子を自称し、幽《ゆう》州と冀《き》州の二州に侵寇した。

秋九月丁酉《ていゆう》、天下の繫囚《けいしゅう》のうち罪状が決定していない者については、縑《きぬ》を納めて購《あがな》わせた。冬十月、零陵《れいりょう》郡の人である観鵠《かんこく》が自ら平天将軍《へいてんしょうぐん》を称し[五]、桂陽《けいよう》郡に侵寇した。長沙太守《ちょうさたいしゅ》の孫堅《そんけん》が、撃ってこれを斬った。十一月、太尉の崔烈を罷免し、大司農《だいしのう》の曹嵩《そうすう》を太尉とした。十二月、（匈奴《きょうど》の一部族である）休屠《きゅうとかく》各の胡が、反乱を起こした。この年、関内侯《かんだいこう》を売り、金印紫綬を貸し与えて世襲を認め、（代金に）銭五百万を納めさせた。

［李賢注］

［一］中牟《ちゅうぼう》は、唐《とう》の鄭州《ていしゅう》県である。劉艾《りゅうがい》の『霊帝紀《れいていき》』に、「中牟令《ちゅうぼうれい》の落皓《らくこう》および主簿《しゅぼ》の潘業《はんぎょう》は、戦いに臨んで身命をかえりみず、共に殺された」とある。

［二］『前書音義《ぜんしょおんぎ》』に、「（原文の）罘瓜《ふし》とは、闕に繫《つな》がる宮門の外の塀である、（罘瓜の）音は浮《ふ》思《し》」とある。

［三］丁宮《ていきゅう》は、字を元雄《げんゆう》という。

［四］劉艾《りゅうがい》の『霊帝紀《れいていき》』に、「（頭が二つある男の子は）上西門外の劉倉《りゅうそう》の妻が産んだ」とある。

［五］観《かん》が姓で、鵠《こく》が名である。

中平《ちゅうへい》五（一八八）年春正月、休屠各《きゅうとかく》の胡が西河《せいが》郡に侵寇し、西河郡守《せいがぐんしゅ》の邢紀《けいき》を殺した。丁酉《ていゆう》、天下に大赦した。二月、箒星が紫宮《しきゅう》に現れた。黄巾の残党である郭太《かくたい》らが西河郡の白波谷《はくはこく》に蜂起し、太原《たいげん》郡と河東《かとう》郡に侵寇した。三月、休屠各の胡が、攻めて并州《へいしゅう》刺史《しし》の張懿《ちょうい》を殺し、そして南匈奴《みなみきょうど》の左部の胡と結び、その単于《ぜんう》を殺した。夏四月、汝《じょ》南《なん》郡の葛陂《かつは》の黄巾賊が、郡県を攻め落とした［一］。太尉の曹嵩《そうすう》を罷免した。五月、永楽《えいらく》少府《しょうふ》の樊陵《はんりょう》を太尉とした[二]。六月丙寅《へいいん》、大風があった。太尉《たいい》の樊陵を罷免した。益《えき》州《しゅう》郡の黄巾である馬相《ばしょう》が、益州《えきしゅう》刺史《しし》の郗倹《ちけん》を攻めて殺し、天子を自称し、また巴《は》郡に侵寇して、巴郡太守《はぐんたいしゅ》の趙部《ちょうぶ》を殺した。益州従事《えきしゅうじゅうじ》の賈竜《かりゅう》が、馬相を撃ち、これを斬った。郡国の七ヵ所で大水があった。

秋七月、射声校尉《せきせいこうい》の馬日磾《ばじってい》を太尉とした。八月、初めて西園八校尉《せいえんはちこうい》の官を設置した[三]。司徒《しと》の許相《きょしょう》を罷免し、司空《しくう》の丁宮《ていきゅう》を司徒とした。光禄勲《こうろくくん》である南陽《なんよう》郡の劉弘《りゅうこう》を司空とした[四]。衛尉《えいい》の董重《とうじゅう》を驃騎将軍《ひょうきしょうぐん》とした。九月、南単于が反乱を起こし、白波の賊と河東《かとう》郡に侵寇した。中郎将《ちゅうろうしょう》の孟益《もうえき》を派遣し騎都尉《きとい》の公孫瓚《こうそんさん》を率いて、漁陽《ぎょよう》郡の賊である張純《ちょうじゅん》らを討伐させた。冬十月、青《せい》州と徐《じょ》州の黄巾賊がまた蜂起し、郡県に侵寇した。甲子《こうし》、帝は自ら無上将軍《むじょうしょうぐん》と称し、兵威を平楽観《へいらくかん》に輝かせた[五]。十一月、涼《りょう》州の賊の王国《おうこく》が陳倉《ちんそう》を包囲し、右将軍《ゆうしょうぐん》の皇甫嵩《こうほすう》が救援した。下軍校尉《かぐんこうい》の鮑鴻《ほうこう》を派遣し、葛陂の黄巾賊を討伐させた。巴郡の板楯蛮《ばんじゅんばん》が、反乱を起こし、上軍別部司馬《じょうぐんべつぶしば》の趙瑾《ちょうきん》を派遣して討伐し、これを平定した。公孫瓚が張純と石門山《せきもんさん》に戦い、大いにこれを破った[六]。この年、刺史を改めて州牧《しゅうぼく》を置いた。

［李賢注］

［一］葛陂《かつは》は、唐《とう》の豫州《よしゅう》新蔡県《しんさいけん》の西北にある。

［二］樊陵《はんりょう》は、字を徳雲《とくうん》といい、胡陽県《こようけん》の人である。

［三］楽資《がくし》の『山陽公載記《さんようこうさいき》』に、「小黄門《しょうこうもん》の蹇碩《けんせき》を上軍校尉《じょうぐんこうい》とし、虎賁中郎将《こほんちゅうろうしょう》の袁紹《えんしょう》を中軍校尉《ちゅうぐんこうい》とし、屯騎校尉《とんきこうい》の鮑鴻《ほうこう》を下軍校尉《かぐんこうい》とし、議郎《ぎろう》の曹操《そうそう》を典軍校尉《てんぐんこうい》とし、趙融《ちょうゆう》を助軍左校尉《じょぐんさこうい》とし、馮芳《ふうほう》を助軍右校尉《じょぐんゆうこうい》とし、諫議大夫《かんぎたいふ》の夏牟《かぼう》を助軍左校尉《じょぐんさこうい》とし、淳于瓊《じゅんうけい》を右校尉《ゆうこうい》とした。八校尉は、みな蹇碩の統率下に置かれた」とある。

［四］（劉弘《りゅうこう》は）字を子高《しこう》といい、安衆県《あんしゅう》の人である。

［五］平楽観《へいらくかん》は、洛陽城《らくよう》の西にある。

［六］このとき烏桓《うがん》は反乱を起こし、賊の張純《ちょうじゅん》らと共に薊中《けいちゅう》を攻めていた。そのため公孫瓚《こうそんさん》はこれを追撃した。石門《せきもん》は、山の名であり、唐《とう》の営州《えい》の西南にある。


中平六《ちゅうへい》〔一八九〕年春二月、左将軍《さしょうぐん》の皇甫嵩《こうほすう》が、大いに王国《おうこく》を陳倉《ちんそう》で破った。三月、幽州牧《ゆうしゅうぼく》の劉虞《りゅうぐ》が、懸賞金をかけて、漁陽《ぎょよう》の賊である張純《ちょうじゅん》を（捕らえ）斬った。下軍校尉《かぐんこう》《い》の鮑鴻《ほうこう》が、獄に下されて死んだ。夏四月丙午《へいご》朔、日食があった。太尉《たいい》の馬日磾《ばじってい》を罷免し、幽州牧の劉虞《りゅうぐ》を太尉とした。丙辰《へいしん》、帝は南宮の嘉徳殿《かとくでん》に崩御した。享年三十四であった。戊午《ぼご》、皇子の劉弁《りゅうべん》が皇帝の位に即いた。年は十七歳であった。皇后を尊んで皇太后とし、皇太后が臨朝した。天下に大赦を行い、改元して光熹《こうき》とした。皇帝の弟である劉協《りゅうきょう》を封建して渤海《ぼっかい》王とした。後将軍《こうしょうぐん》の袁隗《えんかい》を太傅《たいふ》とし、大将軍《だいしょうぐん》の何進《かしん》と共に参録尚書事《さんろくしょうしょじ》とした。上軍校尉《じょうぐんこうい》の蹇碩《けんせき》が獄に下されて死んだ[一]。五月辛巳《しんし》、驃騎将軍《ひょうきしょうぐん》の董重《とうじゅう》が獄に下されて死んだ[二]。六月辛亥《しんがい》、孝仁董《こうじんとう》皇后が崩御した。辛酉《しんゆう》、孝霊《こうれい》皇帝を文陵《ぶんりょう》に葬った[三]。水害があった。

　秋七月、甘陵《かんりょう》王の劉忠《りゅうちゅう》が薨去した。庚寅《こういん》、孝仁皇后を河間《かかん》国の慎陵《しんりょう》に帰葬した。渤海王の劉協を移して陳留《ちんりゅう》王とした。司徒《しと》の丁宮《ていきゅう》を罷免した。八月戊辰《ぼしん》、中常侍《ちゅうじょうじ》の張譲《ちょうじょう》・段珪《だんけい》たちが大将軍の何進を殺した。ここにおいて虎賁中郎将《こほんちゅうろうしょう》の袁術《えんじゅつ》が東宮と西宮を焼き、多くの宦官を攻撃した。庚午《こうご》、張譲・段珪らは、少《しょう》帝と陳留王を浚《さら》って北宮の徳陽殿《とくようでん》に行幸させた。何進の部曲の将である呉匡《ごきょう》が、車騎将軍《しゃきしょうぐん》の何苗《かびょう》と朱雀闕《すざくけつ》の下に戦い、何苗は敗れて（呉匡は）これを斬った。辛未《しんび》、司隷校尉《しれいこうい》の袁紹《えんしょう》が兵を率いて、偽の司隷校尉の樊陵《はんりょう》と河南尹《かなんいん》の許相《きょしょう》および多くの宦官を捕らえ、年の幼長の区別なく皆これを斬った。張譲・段珪たちは、少帝・陳留王を浚《さら》って小平津《しょうへいしん》へ逃げた[四]。

尚書《しょうしょ》の盧植《ろしょく》が、張譲・段珪たちを追撃し、数人を斬り、残りは河に身を投げて死んだ[五]。帝は陳留王の劉協と共に夜中に徒歩で蛍の光を頼りに進むこと数里、民家の覆いのない粗末な車を得て、一緒にこれに乗った。辛未《しんび》、洛陽《らくよう》宮に帰還した。天下に大赦を行い、光熹を改元して昭寧《しょうねい》とした。幷州牧《へいしゅうぼく》の董卓《とうたく》が、執金吾《しつきんご》の丁原《ていげん》を殺した。司空《しくう》の劉弘《りゅうこう》を罷免し、董卓が自ら司空となった。九月甲戌《こうじゅつ》、董卓が帝を廃位して弘農王《こうのうおう》とした。六月より雨が降り、この九月まで降り続いた。

[李賢注]

[一] このとき蹇碩《けんせき》は、渤海王《ぼっかいおう》の劉協《りゅうきょう》を擁立しようと企み、発覚し（て誅殺され）た。

[二] 董重《とうじゅう》は、孝仁董《こうじんとう》皇后の兄の子である。

[三]（霊《れい》帝の文陵《ぶんりょう》は）洛陽《らくよう》の西北二十里にあり、陵の高さは十二丈（約27.7m）であり、周囲は三百歩（約416m）である。

[四] 小平津は、唐《とう》の鞏《きょう》県の西北にある。『続漢書《しょくかんじょ》』（志十三 五行一 謡）に、「この時、京師の童謡に、「侯であって侯ではなく、王であって王ではない。千乗万騎が北邙山《ほくぼうさん》に登る」とあった。考えるに、献《けん》帝はまだ爵位を持たず（ために王侯ではなく）、段珪《だんけい》らに淩《さら》われたのを公卿《こうけい》・百

官が揃ってその後を追い、河のほとりに至って、ようやく帰還できたことを指す」とある。

[五]『献帝春秋《けんていしゅんじゅう》』に、「河南中部掾《かなんちゅうぶえん》の閔貢《びんこう》は、天子の出御を見て、騎兵を率いてこれを追いかけ、明け方になって、河のほとりで追いついた。天子は飢え渇いていたので、閔貢は羊を割いて天子に進め、大声で張譲《ちょうじょう》らを叱責して、「貴様ら宦官はしょせん奴隷、一物を切り落とされた罪人に過ぎぬのに、汚濁の分際で日月（のような天子）を奉戴し、国恩を勝手に用い、賤しい身分を高貴と偽った。主君を脅迫し、王室を転覆させ、己の命を寸刻長らえさせるために、帝を河津に拐《かどわ》かした。（王莽《おうもう》の）新《しん》が亡んで以来、姦臣・賊子で貴様ら以上の者はいない。今ここで速やかに死なねば、俺が貴様らを射殺する」と言った。張譲らは恐れおののき、叉手《さしゅ》して再拝叩頭し、天子に向かい別れを告げ、「臣らは死にます、陛下は御自愛を」と言った。そうして河に身を投げて死んだ」とある。

論にいう、（『史記《しき》』巻六）秦本紀には、（宦官の）趙高《ちょうこう》が二世皇帝の胡亥《こがい》を欺き、鹿を指して馬としたことを伝える[一]。（同じく宦官の）趙忠《ちょうちゅう》や張譲《ちょうじょう》もまた、霊《れい》帝を欺いて高楼に登り遠望させなかった[二]。これにより滅びゆくものが、その趣を同じくすることを知り得る。そのため霊帝の諡《おくりな》は（国が乱れても、回復に務めないという意味で）霊なのである。仕方がないことである。

［李賢注］

［一］『史記《しき》』（巻六 秦始皇本紀）に、「趙高《ちょうこう》は、謀反を企んだが、群臣が（言うことを）聞かないことを恐れ、試すことにした。鹿を持参し胡亥《こがい》に献上して、「馬でございます」と言った。胡亥は、「丞相《じょうしょう》は（鹿を馬と）間違った」と言い、それを群臣に尋ねた。左右の臣は、ある者は馬ですと言い、ある者は鹿ですと答えた。（鹿と答えた者は）みな趙高により法に当てられた。これにより左右の臣は、あえて何も言わなくなった」とある。

［二］このとき宦官は、みな邸宅を建て、宮廷に似せていた。霊《れい》帝は、かつて永安宮《えいあんきゅう》の見晴台に登ろうとした。宦官は邸宅を望見され（帝の怒りに触れ）ることを恐れ、そこで趙忠《ちょうちゅう》らに諫めさせ、「人君たるもの高台に登ってはなりませぬ。高台に登れば民草は（陛下の御姿を畏れ）離散いたします」と述べさせた。霊帝は、これ以降また台に登ろうとしなかった。詳細は（『後漢書《ごかんじょ》』列伝六十八）官者伝に見える。

賛にいう、霊《れい》帝は、小人が相応しくない立場にいたようなもので、このためその身を卑しい宦官どもに利用された[一]。滅亡の兆しは現れ、小雅《しょうが》は尽く欠け落ち（夷狄の侵寇を受け）た[二]。（そして洛陽は廃墟となり）鹿の親子が霜露を舐《な》め、ついには宮衛に棲《す》まうことになる[三]。

[李賢注]

[一]『周易《しゅうえき》』（解卦の六三）に、「小人が背負い込んで車に乗れば、強盗に襲われる」とある。言いたいのは、霊《れい》帝が小人でありながら君子の位にあったということである。

[二]『詩経《しきょう》』小雅（南有嘉魚之什 六月）に、「小雅が廃《すた》れれば、四夷がこもごも侵寇して、中国は衰微する」とある。（原文の）缺の字は、廃の意味である。

[三]『史記《しき》』（巻百十八 淮南衡山列伝）に、「伍子胥《ごししょ》が呉《ご》王を諫めたが、呉王は聞かなかった。子胥は、「臣はそのうち麋鹿《びろく》が姑蘇《こそ》の台で遊び、官中に荊棘《けいきょく》が繁り、衣が朝露に濡れる様子を見ることでしょう」と言った」とある。言いたいのは霊帝の政治が貪乱《どんらん》で、適所に適材を得ず、ついには献《けん》帝を流浪させ、洛陽《らくよう》を廃墟と化すはめになったということである。このため麋鹿が宮衛に棲むのである。衛は、協韻で、音は于別《うべつ》の反《はん》。

献帝紀第九

孝献《こうけん》皇帝は、諱《いみな》を協《きょう》といい、霊《れい》帝の中子である［一］。母の王《おう》美人は、何《か》皇后により殺害された。中平《ちゅうへい》六〔一八九〕年四月、少《しょう》帝の即位にあたり、帝を封建して勃海《ぼっかい》王とし、転封して陳留《ちんりゅう》王となった。九月甲戌《こうじゅつ》、皇帝の位に即いた、このとき九歳であった。何《か》皇太后を永安宮《えいあんきゅう》に遷した［二］。天下に大赦《たいしゃ》した。昭寧《しょうねい》を改元して永漢《えいかん》とした。丙子《へいし》、董《とう》卓《たく》が何皇太后を殺害した。初めて侍中《じちゅう》・給事黄門侍郎《きゅうじこうもんじろう》の定員をそれぞれ六人とした［三］。公卿《こうけい》より黄門侍郎に至るまで、家人のうち一人を郎《ろう》とし、宦官が掌っていた諸署の役職を補わせ、殿上に仕えさせた［四］。乙酉《いつゆう》、太尉《たいい》の劉虞《りゅうぐ》を大司馬《だいしば》とした。董卓が自ら太尉となり、（その権限に、生殺与奪を象徴する）鈇鉞《ふえつ》（の所持）と（儀仗兵である）虎賁《こほん》兵（を所持する特権）を加えた［五］。丙戌《へいじゅつ》、太中大夫《たいちゅうたいふ》の楊彪《ようひょう》を司空《しくう》とした。甲午《こうご》、豫州牧《よしゅうぼく》の黄琬《こうえん》を司徒《しと》とした。使者を派遣して（宦官のために殺害された）もとの太傅《たいふ》である陳《ちん》蕃《ばん》、大将軍《だいしょうぐん》の竇武《とうぶ》などを弔わせた。冬十月乙巳《いっし》、霊思《れいし》皇后を葬った。白波《はくは》の賊が河東《かとう》郡に侵寇し［六］、董卓はその将である牛輔《ぎゅうほ》を派遣して、これを討伐させた。十一月癸酉《きゆう》、董卓が自ら相国《しょうこく》となった。十二月戊戌《ぼじゅつ》、司徒の黄琬《こうえん》を太尉となし、司空の楊彪《ようひょう》を司徒となし、光禄勲《こうろくくん》の荀爽《じゅんそう》を司空となした。扶風都尉《ふふうとい》の官を廃止して、漢安都護《かんあんとご》を設置した[七]。詔《みことのり》を下して、光熹《こうき》・昭寧《しょうねい》・永漢《えいかん》という三つの元号を破棄し、再び中平六年に戻した。

[李賢注]

[一]（『逸周書《いつしゅうしょ》』）諡法解《しほうかい》に、「聡明で叡智のある様子を献《けん》という」とある。協《きょう》の字は、同じという意味である。張璠《ちょうはん》の『後漢紀《ごかんき》』に、「霊《れい》帝は、献帝が自分の容貌に似ていたので、協と名付けた」とある。『帝王世紀《ていおうせいき》』に、「劉協は字《あざな》を伯和《はくわ》という」とある。

[二] 董卓《とうたく》が（何《か》皇太后を永安宮《えいあんきゅう》に）遷したのである。『洛陽宮殿名《らくようきゅうでんめい》』に、「永安宮は、周囲六百九十八丈（約1.61㎞）で、もとの基壇は洛陽の故城の中にある」とある。

[三]『続漢志《しょくかんし》』（志二十六 百官三）に、「侍中《じちゅう》は、官秩が比二千石《ひにせんせき》であり、定員はない」とある。『漢官儀《かんかんぎ》』に、「侍中は、（冠の）左に蟬 右に貂の羽飾りを付ける。元は秦《しん》の丞相史《じょうしょうし》であり、殿中を行き来するので、侍中という。天子の服飾物を担当し、下は褻器《せっき》のおまるなども扱う。武《ぶ》帝の時、孔安国《こうあんこく》が侍中となったが、儒者であることから、特別に痰壺《たんつぼ》を預かることを許され、朝廷の者はこれを栄誉とした。（光武《こうぶ》帝が中興し）洛陽に遷都してからは少府《しょうふ》に属し、定

員はなかった。(皇帝の)車駕が出立すると、一人が伝国璽《でんこくじ》を背負い、斬蛇剣《ざんじゃけん》を持って、脇添えを務める。(また通常時には)宦官《かんがん》と共に禁中に留まる」とある。また、「給事黄門侍郎《きゅうじこうもんじろう》は六百石、定員はない。(皇帝の)左右に侍り、後宮に給事し、後宮と外朝を通じることを職掌とする」とある。応劭《おうしょう》は、「黄門侍郎は、毎日、夕方に青瑣門《せいさもん》に向かって拝するので、これを夕郎《せきろう》という」としている。『輿服志《よふくし》』に、「禁門を黄闥《こうたつ》といい、宦官に管掌させるので、名付けて黄門令《こうもんれい》と呼ぶ」とある。つまり黄門郎《こうもんろう》は黄闥の内に給仕するので、黄門郎という。本来定員はなかったが、ここでそれぞれ六人と定めたのである。『献帝起居注《けんていききょちゅう》』に、「宦官が(袁紹《えんしょう》に)誅殺されて以来、侍中・侍郎が禁中に出入りし、機密がたびたび漏洩したので、王允《おういん》が上奏して、侍中・黄門を出入りさせないようにした。賓客を通さない慣習は、これより始まる」とある。

[四]霊帝の熹平《きへい》四(一七五)年、平準《へいじゅん》を改めて中準《ちゅうじゅん》とし、宦官をその令《れい》とした。これより種々の内署の令・丞《じょう》は、すべて宦官を当てていた。それゆえ今、すべて士人に替えたのである。

[五]『礼記《らいき》』(王制篇)に、「諸侯《しょこう》に鈇鉞を賜い、その後に処刑を掌らせる」とある。『説文解字《せつもんかいじ》』(巻十四上)に、「鈇とは、まぐさ斬り」とある。『蒼頡篇《そうけつへん》』に、「鉞とは、斧である」という。鈇鉞を加えられたものは、生殺与奪の権を握る。

［六］薛瑩《せつえい》の『後漢記《ごかんき》』に、「黄巾《こうきん》賊の郭泰《かくたい》たちは、西河《せいが》郡の白波谷《はくはこく》に蜂起したので、当時これを白波の賊といった」とある。

［七］扶風都尉《ふふうとい》は、官秩は比二千石である。武《ぶ》帝の元鼎《げんてい》四〔前一一三〕年に置かれ、（後漢《ごかん》の）中興の際にも改めなかった。ここに至って、羌《きょう》が三輔《さんぽ》に侵寇したために、これを省き、（代わって漢安）都護《とご》を置き、西方を統帥させた。

初平《しょへい》元〔一九〇〕年春正月、（西岳華山より東の）山東《さんとう》地方の州郡で（袁紹《えんしょう》を盟主とする反董卓の）義兵が決起し、董卓《とうたく》を討とうとした。辛亥《しんがい》、天下に大赦した。癸酉《きゆう》、董卓は弘農王《こうのうおう》を殺した。白波《はくは》の賊が東《とう》郡に侵寇した。二月乙亥《いつがい》、太尉《たいい》の黄琬《こうえん》、司徒《しと》の楊彪《ようひょう》を罷免した。庚辰《こうしん》、董卓が（重用しながら自分に心服しなかった）城門校尉《じょうもんこうい》の伍瓊《ごけい》と督《とく》軍校尉《ぐんこうい》の周珌《しゅうひつ》を殺した［一］。光禄勲《こうろくくん》の趙謙《ちょうけん》を太尉とし［二］、太僕《たいぼく》の王允《おういん》を司徒とした。丁亥《ていがい》、都を長安《ちょうあん》に遷した。董卓は京師洛陽《らくよう》の住民を追い立て、尽く西方の関中《かんちゅう》に移らせ、自らは（反董卓連合軍に備え）止まって畢圭苑《ひつけいえん》に駐屯した。壬辰《じんしん》、白虹《はくこう》が日を貫いた〔天下争乱の予兆〕。三月乙巳《いっし》、（献《けん》帝の）車駕は長安に入り、未央宮《びおうきゅう》に行幸した［三］。己酉《きゆう》、董卓が洛陽の宮廟と人家を焼いた。戊午《ぼご》、董卓が（反董卓連合軍の盟主である袁紹の一族の）太傅《たいふ》の袁隗《えんかい》と太僕《たいぼく》の袁基《えんき》を殺し、その一族を皆殺しにした［四］。夏五月、司《し》空《くう》の荀爽《じゅんそう》が薨去した。

六月辛丑《しんちゅう》、光禄大夫《こうろくたいふ》の种払《ちゅうふつ》を司空とした。大鴻臚《だいこうろ》の韓融《かんゆう》・少府《しょうふ》の陰脩《いんしゅう》・執金吾《しつきんご》の胡《こ》母班《ぼはん》［五］・将作大匠《しょうさくたいしょう》の呉脩《ごしゅう》・越騎校尉《えつきこうい》の王瓌《おうかい》らが関東の地を収攬していた。後将軍《こうしょうぐん》の袁術《えんじゅつ》・河内太守《かだいたいしゅ》の王匡《おうきょう》が、それぞれ捕らえてこれらの者を殺したが［六］、ただ韓融だけは免れた。董卓が五銖銭《ごしゅせん》を廃止し、別に小銭《しょうせん》を鋳造した［七］。冬十一月庚戌《こうじゅつ》、土星と火星と金星が尾宿《びしゅく》に合した。この年、役人が奏上し、「和《わ》帝・安《あん》帝・順《じゅん》帝・桓《かん》帝の四帝は功徳がありませんので、（祖先中の有徳者が廟号に持つべき）宗《そう》という廟号を使用すべきではございません。また（和帝の母の）恭懐《きょうかい》皇后・（安帝の祖母の）敬隠《けいいん》皇后・（順帝の母の）恭愍《きょうびん》皇后の三皇后は、いずれも正妻ではありませんので、后と呼ぶべきではございません。どうかみな尊号を除かれますよう」と申し上げた。帝はこれを認可した［八］。孫堅《そんけん》が荊州刺史《けいしゅうしし》の王叡《おうえい》を殺し［九］、また南陽太守《なんようたいしゅ》の張咨《ちょうし》を殺した。

［李賢注］

［一］珌《ひつ》の音は必《ひつ》である。『東観漢記《とうかんかんき》』に、「周珌《しゅうひつ》は、豫州刺史《よしゅうしし》であった周慎《しゅうしん》の子である」とあ

る。『続漢書《しょくかんじょ》』と『魏志《ぎし》』はともに（周珌を）周毖《しゅうひ》に作っている、（その場合の毖の）音は秘《ひ》である。

〔二〕謝承《しゃしょう》の『後漢書《ごかんじょ》』に、「趙謙《ちょうけん》は、字を彦信《げんしん》といい、太尉《たいい》であった趙戒《ちょうかい》の孫であり、蜀《しょく》郡成都《せいと》県の人である」という。

〔三〕未央宮《びおうきゅう》は、（前漢《ぜんかん》高祖劉邦《りゅうほう》の功臣であった）蕭何《しょうか》が造営したものである。張璠《ちょうはん》の『後漢《ごかん》紀《き》』に、「（献《けん》帝が）まさに（長安の未央）宮に入ろうとした日、大雨が降り、昼でありながら空は暗く、雉《きじ》が長安宮《ちょうあんきゅう》に飛び込んだ」とある。

〔四〕袁隗《えんかい》は、袁紹《えんしょう》の叔父である。袁基《えんき》は、袁術《えんじゅつ》の同母兄である。董卓《とうたく》は山東に（反董卓の）兵が起こり、袁紹・袁術が盟主となったことで、その親族を誅殺した。『献帝春秋《けんていしゅんじゅう》』に、「嬰児以上の男女五十数人が、みな獄に下されて死んだ」とある。

〔五〕『風俗通《ふうぞくつう》』に、「胡母《こぼ》が、姓である。もとは陳《ちん》の胡《こ》公の後裔である。公子の完《かん》が斉《せい》に亡命し、そうして斉国に定住した。斉の宣《せん》王の母弟は、母の郷に封建された。遠くは胡公に基づき、近くは母邑より取り、このため胡母氏という」とある。

〔六〕『英雄記《えいゆうき》』に、「王匡《おうきょう》は、字を公節《こうせつ》といい、泰山《たいざん》郡の人である。財産を軽んじ、施しを好み、任侠により評判となり、袁紹の任命する河内太守《かだいたいしゅ》となった」とある。

［七］光武《こうぶ》帝が（漢《かん》を）中興すると、王莽《おうもう》の（貨幣である）貨泉《かせん》（の使用）を止め、改めて（武帝期以来の）五銖銭《ごしゅせん》を用いた。

［八］和《わ》帝は穆宗《ぼくそう》、安《あん》帝は恭宗《きょうそう》、順《じゅん》帝は敬宗《けいそう》、桓《かん》帝は威宗《いそう》と、廟号で呼ばれていた。和帝は母の梁貴人《りょうきじん》を尊んで恭懐《きょうかい》皇后といい、安帝は祖母の宋貴人《そうきじん》を尊んで敬隠《けいいん》皇后といい、順帝は母の李氏《りし》を尊んで恭愍《きょうびん》皇后といっていた。

［九］『王氏譜《おうしふ》』に、「王叡《おうえい》は、字を通曜《つうよう》といい、晋《しん》の太保《たいほ》となった王祥《おうしょう》の伯父である」という。『呉録《ごろく》』に、「王叡は、もともと孫堅《そんけん》を（見下して）遇する際に無礼であった。孫堅がこのとき王叡を殺そうとすると、王叡は、「わたしに何の罪があるというのか」と言った。孫堅は、「その罪を知らぬ罪だ」と答えた。王叡は困り果て、金を削り飲んで死んだ」とある。

初平《しょへい》二〔一九一〕年春正月辛丑《しんちゅう》、天下に大赦した。二月丁丑《ていちゅう》、董卓《とうたく》は自ら太師《たいし》となった。袁術《えんじゅつ》がその将である孫堅《そんけん》を派遣して、董卓の将である胡軫《こしん》と陽人聚《ようじんしゅう》〔河南省臨汝の北西〕で戦わせ[二]、胡軫の軍は大敗した。董卓は、そのため洛陽《らくよう》にある（後漢《ごかん》の）諸皇帝の陵《みささぎ》を暴（き略奪を働）いた。夏四月、董卓は長安《ちょうあん》に入城した。六月丙戌《へいじゅつ》、地震があった。秋七月、司空《しくう》の种拂《ちゅうふつ》を罷免し、光禄大夫《こうろくたいふ》である済南《せいなん》郡の淳于嘉《じゅんうか》を司空とした。太尉《たいい》の趙謙《ちょうけん》を罷免し、太常《たいじょう》の馬日磾《ばじつてい》を太尉とした。九月、（戦乱の予兆であるオーロラの）蚩尤旗《しゆうき》が、角宿《かくしゅく》と亢宿《こうしゅく》に現れた〔二〕。冬十月壬戌《じんじゅつ》、董卓が衛尉《えいい》の張温《ちょうおん》を殺した。十一月、青州《せい》の黄巾が泰山郡《たいざん》に侵寇し、泰山太守《たいざんたいしゅ》の応劭《おうしょう》がこれを撃破した。黄巾は兵を転じて勃海国《ぼっかい》に侵寇し、公孫瓚《こうそんさん》は（応劭と共に）東光県《とうこう》〔河北省東光の東〕で戦い、またこれを大いに破った〔三〕。この年、長沙《ちょうさ》郡に死後数ヵ月を過ぎた人間が復活するという事件があった。

［李賢注］

〔一〕陽人《ようじん》は、聚《しゅう》の名であり、河南《かなん》郡に属する。故城は唐《とう》の汝《じょ》州梁《りょう》県の西にある。『史記《しき》』（巻五　秦本紀）に、「秦《しん》は、東周《とうしゅう》を滅ぼすと、周の君主を陽人聚に移し（周の祭祀を継続させ）た」とある陽人聚が、この地である。

〔二〕『史記《しき》』（巻二十七）天官書《てんかんしょ》に、「蚩尤旗《しゆうき》は、彗星に似ていて後ろが曲がり、旗のかたちをしている」という。火星の精である。『呂氏春秋《りょししゅんじゅう》』（明理）には、「その色は上が黄で下が白である」という。（蚩尤旗が）現れると、王者は四方を征伐する（予兆である）。角宿・亢宿は、蒼竜《そうりゅう》に属する東方の星宿である。

〔三〕東光《とうこう》は、唐《とう》の滄州《そうしゅう》県である。

初平《しょへい》三〔一九二〕年春正月丁丑《ていちゅう》、天下に大赦した。袁術《えんじゅつ》が将の孫堅《そんけん》を派遣して、劉《りゅう》表《ひょう》を襄陽《じょうよう》郡〔湖北省襄樊市の南方一円〕に攻めたが、孫堅は戦没した。袁紹《えんしょう》と公孫瓚《こうそんさん》が界橋《かいきょう》に戦い〔二〕、公孫瓚軍が大敗した。夏四月辛巳《しんし》、董卓《とうたく》を誅殺し、三族を皆殺しにした。司徒《しと》の王允《おういん》は、録尚書事《ろくしょうしょじ》となり、朝廷の政務を総覧した。使者として張种《ちょうちゅう》を派遣し、山東を慰撫させた。青《せい》州の黄巾賊が、兗州刺史《えんしゅうしし》の劉岱《りゅうたい》を東平《とうへい》国で殺した。東郡《とうぐん》太守《たいしゅ》の曹操《そうそう》が、黄巾賊を寿張《じゅちょう》県〔山東省東平の南西〕で大いに破り、これを降伏させ（自らの軍隊として再編成して青州兵と名付け）た。五月丁酉《ていゆう》、天下に大赦した。丁未《ていび》、征西将軍《せいせいしょうぐん》の皇甫嵩《こうほすう》を車騎将軍《しゃきしょうぐん》とした。董卓の部隊長であった李傕《りかく》・郭汜《かくし》・樊稠《はんちょう》・張《ちょう》済《せい》たちが反乱を起こし、京師を攻撃した。

六月戊午《ぼご》、長安《ちょうあん》城が陥落した。太常《たいじょう》の种拂《ちゅうふつ》、太僕《たいぼく》の魯旭《ろきょく》、大鴻臚《だいこうろ》の周奐《しゅうかん》〔三〕、城門《じょうもん》校尉《こうい》の崔烈《さいれつ》、越騎校尉《えつきこうい》の王頎《おうき》などはみな戦没し〔三〕、吏民の死者は一万人余りになった。李傕たちはみな自ら将軍を名乗った。己未《きび》、天下に大赦した。李傕が司隷校尉《しれいこうい》の黄琬《こうえん》を殺した。甲子《こうし》、（李傕が）司徒の王允を殺し、その宗族を皆殺しにした。丙子《へいし》、前将軍《ぜんしょうぐん》の趙謙《ちょうけん》を司徒とした。秋七月庚子《こうし》、太尉《たいい》の馬日磾《ばじつてい》を太傅《たいふ》・録尚書事とした。八月、馬日磾および太僕の趙岐《ちょうき》を派遣し、節《せつ》を持たせて天下を慰撫させた。車騎将軍の皇甫嵩を太尉とした。司徒の趙謙を罷免した。九月、李傕が自ら車騎将軍となり、郭汜を後《こう》将軍《しょうぐん》、樊稠を右将軍《ゆうしょうぐん》、張済を鎮東将軍《ちんとうしょうぐん》とした。張済が長安を出て、弘農郡《こうのう》〔河南省霊宝の北方一円〕に駐屯した。甲申《こうしん》、司空《しくう》の淳于嘉《じゅんうか》を司徒とし、光禄大夫《こうろくたいふ》の楊彪《ようひょう》を司空とし、ともに録尚書事とした。冬十二月、太尉の皇甫嵩を罷免した。光禄大夫の周《しゅう》忠《ちゅう》を太尉・参録尚書事《さんろくしょうしょじ》とした。

〔李賢注〕

〔一〕唐《とう》の貝州《ばいしゅう》宗城県《そうじょう》の東に古《いにしえ》の界城《かいじょう》がある。枯漳水《こしょうすい》に近いので、界橋《かいきょう》はここにあった。

〔二〕『三輔決録《さんぽけつろく》』の注に、「周奐《しゅうかん》は、字を文明《ぶんめい》といい、茂陵《もりょう》県〔陝西省興平の北東〕の人である」という。

〔三〕頎《き》は音が祈《き》である。

初平《しょへい》四〔一九三〕年春正月甲寅《こういん》朔、日食があった〔一〕。丁卯《ていぼう》、天下に大赦した。三月、袁術《えんじゅつ》が揚州刺史《ようしゅうしし》の陳温《ちんおん》を殺し、淮南《わいなん》の地を拠点とした。長安《ちょうあん》の（東面北頭の門である）宣平城門《せんへいじょうもん》の外屋が自然に壊れた[二]。夏五月癸酉《きゆう》、雲もないのに雷が鳴った。六月、扶風《ふふう》で大風があり、雹《あられ》が降った。華山《かざん》が崩れ、山肌が裂けた。太尉《たいい》の周忠《しゅうちゅう》を罷免し、太僕《たいぼく》の朱儁《しゅしゅん》を太尉・録尚書事《ろくしょうしょじ》とした。下邳《かひ》国の賊である闕宣《けつせん》が、天子を自称した[三]。水害があった。侍御史《じぎょし》の裴茂《はいぼ》を派遣して、詔獄《しょうごく》を視察させ、軽罪の者を赦免した。六月辛丑《しんちゅう》、（音のある流星の）天狗《てんこう》が、（天の）西北を流れた[四]。

九月甲午《こうご》、儒生四十人余りに試験を行い、上第《じょうだい》には郎中《ろうちゅう》を、次には太子舎人《たいししゃじん》を賜り、下第の者はこれを罷免した。詔を下して、「孔子《こうし》は、学問が習われないのを嘆いた[五]。習わなければ覚えたことも、日に日に忘れるからである。今の老儒者には、六十歳を超え、故郷を遠く離れ、食い扶持を求めて、専業に付けないものもある。束帯をする成童の年齢である十五歳より太学《たいがく》に入り、白髪頭となって空しく帰郷し、長期にわたり農野に捨て置かれ、永遠に栄達を望めないことは、朕はたいへん哀れに思う。そこで九月の試験により罷免された者を太子舎人とすることを許す」とした[六]。冬十月、太学《たいがく》で儀礼を行い、車駕は永福城門《えいふくじょうもん》に行幸し、その儀礼を観覧し、博士《はくし》以下に賜ることそれぞれ差があった。辛丑《しんちゅう》、京師で地震があった。星が天市《てんし》をよぎった[七]。司空《しくう》の楊彪《ようひょう》を罷免し、太常《たいじょう》の趙温《ちょうおん》を司空とした。公孫瓚《こうそんさん》が大司馬《だいしば》の劉虞《りゅうぐ》を殺した。十二月辛丑《しんちゅう》、地震があった。司空の趙温を罷免した。乙巳《いっし》、衛尉《えいい》の張喜《ちょうき》を司空とした［八］。この年、琅邪《ろうや》王の劉容《りゅうよう》が薨去した。

［李賢注］

［一］袁宏《えんこう》の『後漢紀《ごかんき》』に、「（午後四時ごろの）晡《ほ》の八刻前、太史令《たいしれい》の王立《おうりつ》が上奏して、「太陽が（日食が予想されている宿）度をよぎりますが、（日食の）変異は起こりません」とした。朝臣は（天譴である日食が起こらなかったので）みな御祝いを申し上げた。帝がこれを確認させると、晡の一刻前になって、日食が起きた。賈詡《かく》が上奏して、「王立《おうりつ》は、観測を掌りながら（事象を）明確にできず、上下の者を誤らせたので、刑獄の官に下されますように」とした。帝は、「天道は遙かなもの、事象は明らかにし難いものだ。（そもそも日食は天が朕に対して天譴として下すものであり）罪を史官に負わせては、不徳を重ねるばかりである」と言っ（て許し）た」とある。

［二］（宣平城門《せんへいじょうもん》は）『三輔黄図《さんぽこうず》』に、「長安城《ちょうあんじょう》の東面北頭の門である」という。

［三］『風俗通《ふうぞくつう》』に、「闕《けつ》は、姓である。（『論語《ろんご》』憲問《けんもん》篇に見える）「闕党《けつとう》の童子」の流れを組む子

孫である。縦横家《しょうおうか》に鬫子《けっし》がおり（『鬫子《けっし》』という）書を著した」とある。

［四］『前書音義《ぜんしょおんぎ》』に、「（流星は）音がすれば天狗とし、音がしなければ枉矢《おうし》とする」とある。

［五］（原文の）講とは、習うことである。『論語《ろんご》』（述而篇）の文である。

［六］劉艾《りゅうがい》の『献帝紀《けんていき》』に、「このとき長安中で、この件に関する童謡が流行し、「頭はそれはもう真白、稼ぎはとても足りはしない。上着を畳んで袴を絡《から》げ、いざ古里《ふるさと》へ帰ろうではないか。そうしたら聖主が哀れみ、みな郎官《ろうかん》にしてくれた。こんな布衣など捨て去って、玄黄《げんおう》の服に着替えなきゃ」と囃《はや》した」とある。

［七］袁宏の『後漢紀』に、「星が天市をよぎるのは、天子が都を遷し、その後にまた東遷する兆候である」という。

［八］『献帝春秋《けんていしゅんじゅう》』は、喜の字を嘉の字に作る。

興平《こうへい》元（一九四）年春正月辛酉《しんゆう》、天下に大赦し、興平と改元した。甲子《こうし》、帝が元服した。二月壬午《じんご》、追尊して皇帝の母である王氏《おうし》を霊懐《れいかい》皇后とし、甲申《こうしん》、改めて文昭陵《ぶんしょうりょう》に埋葬した。丁亥《ていがい》、帝は藉田《せきでん》儀礼を行った。三月、韓遂《かんすい》と馬騰《ばとう》が、郭汜《かくし》・樊稠《はんちょう》たちと長平観《へいかん》に戦い、韓遂・馬騰たちは大敗し、左中郎将《さちゅうろうしょう》の劉範《りゅうはん》と前《さき》の益州刺史《えきしゅうしし》である种《ちゅう》劭《しょう》は戦歿した[一]。夏六月丙子《へいし》、涼州《りょう》の河西《かせい》四郡を（涼州から）割いて廱州《よう》を置いた[二]。丁丑《ていちゅう》、地震があった。戊寅《ぼいん》、また地震があった。乙巳《いっし》晦、日食があった。帝は正殿を避け、兵をおさめ、政事を行わないこと五日に及んだ。大いに蝗《いなご》の害があった。

秋七月壬子《じんし》、太尉《たいい》の朱儁《しゅしゅん》を罷免した。戊午《ぼご》、太常《たいじょう》の楊彪《ようひょう》を太尉・録尚書事《ろくしょうしょじ》とした。三輔《さんぽ》に大日照りがあり、四月よりこの（七）月まで続いた。帝は正殿を避けて雨を請い、使者を派遣し囚人を調査させ、軽罪の者を赦した[三]。この年、穀物は一斛《こく》ごとに五十万銭にのぼり、豆や麦でも一斛ごとに二十万銭となり、人々は互いに喰らいあい、白骨が野ざらしとなった。帝は侍御史《じぎょし》の侯汶《こうぶん》に、太倉《たいそう》の米豆を供出し、飢民のために糜粥《おかゆ》を作らせたが、数日を経ても死者は減らなかった。帝は、賜与に不正があると疑い、そこで御前において量をはかって粥を作らせると、やはり命令通りに賜与されていないことが分かった[四]。侍中《じちゅう》の劉艾《りゅうがい》を派遣し、担当者らを叱責させた。このため尚書令《しょうしょれい》以下は、みな宮門に至って謝罪し、侯汶を捕縛し、実態を調査することを上奏した。詔を下して、「侯汶を処刑するには忍びない、杖打ち五十回とせよ」とした。これより、（適切な賜与により）多くの者が救われた。八月、馮翊《ひょうよく》郡の羌族《きょうぞく》が反乱を起こし、属県に侵寇した。郭汜・樊稠が撃ってこれを破った。九月、桑がまた実をつけ、人々は食べることができた。司徒《しと》の淳于嘉《じゅんうか》を罷免した。冬十月、長安《ちょうあん》の市の門が自然に壊れた。衛尉《えいい》の趙温《ちょうおん》を司徒・録尚書事とした。十二月、安定《あんてい》郡と扶風《ふふう》郡より土地を割いて、新平《しんぺい》郡を置いた。この年、揚州《ようしゅう》刺史《しし》の劉繇《りゅうよう》と袁術《えんじゅつ》の将である孫策《そんさく》が、曲阿《きょくあ》県〔江蘇省丹陽市〕に戦い〔五〕、劉繇の軍は大敗し、孫策はこうして江東《こうとう》を拠点にした〔六〕。太傅《たいふ》の馬日磾《ばじってい》が、寿春《じゅしゅん》県〔安徽省寿県〕で薨去した〔七〕。

〔李賢注〕

〔一〕『前書音義《ぜんしょおんぎ》』に、「長平《ちょうへい》は、坂の名前であり、坂の上に（長平）観がある。池陽宮《ちようきゅう》の南、長安《ちょうあん》より五十里離れた所にある。唐《とう》の涇水《けいすい》の南の原畦《げんすい》城がこれである」とある。袁宏《えんこう》の『後漢紀《ごかんき》』（巻二十七 献《けん》帝紀）に、「このとき馬騰《ばとう》は、李傕《りかく》たちが専横し、朝政を乱しているので、益州《えきしゅう》刺史《しし》の劉焉《りゅうえん》が宗室出身の大臣であることから、使者を派遣して味方に招き、共に李傕を誅殺しようと提案した。劉焉は子の劉範《りゅうはん》を派遣し、兵を率いて馬騰につかせた。元の涼州《りょうしゅう》刺史《しし》の种劭《ちゅうしょう》は、太常《たいじょう》の种拂《ちゅうふつ》の子である。种拂が李傕に殺されていたため、种劭は仇を報じようと、こうしてここで戦った」とある。

〔二〕（河西《かせい》四郡とは）金城《きんじょう》・酒泉《しゅせん》・燉煌《とんこう》・張掖《ちょうえき》の四郡をいう。

［三］（原文の）洗とは、洗い清めることをいう。

［四］袁宏の『後漢紀』（巻二十七 献帝紀）に、「このとき侍中《じちゅう》の劉艾《りゅうがい》に勅令を与え、米豆五升を用意して御前にて粥を作らせると、大型の飯盛碗三杯を満たすことができた。そこで尚書《しょうしょ》に詔を下し、「米豆五升から粥が大型の飯盛碗で三杯もできるのに、人々が飢えているのはなぜだ」とした」とある。

［五］孫策《そんさく》は、字を伯符《はくふ》といい、孫堅《そんけん》の子である。曲阿《きょくあ》は、唐《とう》の潤州《じゅんしゅう》県にあたる。

［六］『三国志《さんごくし》』呉書（巻四十六 孫策伝）に、「孫策は、劉繇《りゅうよう》を破ったのち、そのまま兵に長江《ちょうこう》を渡らせて会稽《かいけい》郡を拠点とし、自ら会稽太守《かいけいたいしゅ》を兼任した」とある。

［七］寿春《じゅしゅん》は、県の名であり、九江《きゅうこう》郡に属する。唐の寿春県である。

興平《こうへい》二〔一九五〕年春正月癸丑《きちゅう》、天下に大赦した。二月乙亥《いつがい》、李傕《りかく》が樊稠《はんちょう》を殺して、郭汜《かくし》と互いに戦った。三月丙寅《へいいん》、李傕が脅迫して帝を自分の陣営に行幸させ、宮室を焼いた。夏四月甲午《こうご》、貴人《きじん》の伏氏《ふくし》を立てて皇后とした。丁酉《ていゆう》、郭汜が李傕を攻め、矢は御前にまで及んだ［一］。この日、李傕が帝を移し北塢《ほくう》に行幸させた［二］。大日照りがあった。五月壬午《じんご》、李傕が自ら大司馬《だいしば》となった。六月庚午《こうご》、張済《ちょうせい》が陝《せん》県〔河南省三門峡市の西〕

より来て、李傕と郭汜を和解させた。秋七月甲子《こうし》、（帝の）車駕は洛陽《らくよう》に帰ろうとした。郭汜は自ら車騎将軍《しゃきしょうぐん》となり、楊定《ようてい》を後将軍《こうしょうぐん》とし、楊奉《ようほう》を興義将軍《こうぎしょうぐん》とし、董承《とうしょう》を安《あん》集将軍《しゅうしょうぐん》として、並びに（帝に）侍り乗輿を送らせた。張済は驃騎将軍《ひょうきしょうぐん》となり、戻って陝県に駐屯した。八月甲辰《こうしん》、新豊《しんほう》県に行幸した。冬十月戊戌《ぼじゅつ》、郭汜が将の伍習《ごしゅう》に、夜陰に乗じて帝の行幸している学舎を焼かせ、乗輿を（自軍に迎えられるよう）脅迫した。楊定と楊奉は郭汜と戦い、これを破った。壬寅《じんいん》、華陰《かいん》県〔陝西省華陰の東〕に行幸し、道の南に野営した。この夜、赤気が紫宮《しきゅう》を貫いた〔三〕。張済がまた反乱を起こし、李傕・郭汜と合流した。十一月庚午《こうご》、李傕・郭汜らが乗輿〔皇帝〕を追撃し、東澗《とうかん》に戦い、皇帝軍は大敗した。光禄勲《こうろくくん》の鄧泉《とうせん》・衛尉《えいい》の士孫瑞《しそんずい》・廷尉《ていい》の宣播《せんは》〔四〕・大長秋《だいちょうしゅう》の苗《びょう》祀《し》・歩兵校尉《ほへいこうい》の魏桀《ぎけつ》・侍中《じちゅう》の朱展《しゅてん》・射声校尉《せきせいこうい》の沮儁《しょしゅん》が戦死した〔五〕。壬申《じんしん》、曹陽《そうよう》県に行幸し、田畑に野営した〔六〕。楊奉・董承が白波賊の帥である胡才《こさい》・李楽《りらく》・韓暹《かんせん》および匈《きょう》奴《ど》左賢《さけん》王の去卑《きょひ》を引き入れ、軍を率いて帝を奉迎し、李傕たちと戦い、これを破った。十二月庚辰《こうしん》、車駕はようやく進んだ。李傕らがまた来襲して戦い、皇帝軍は大敗した。宮女が殺され奪われ、少府《しょうふ》の田芬《でんふん》・大司農《だいしのう》の張義《ちょうぎ》などはみな戦没した。進んで陝県に行幸し、夜のうちに黄河を渡った。乙亥《いつがい》、安邑《あんゆう》県〔山西省夏県北西の禹王城〕に行幸した。

この年、袁紹《えんしょう》がその将である麴義《きくぎ》を派遣して、公孫瓚《こうそんさん》と鮑丘《ほうきゅう》に戦い[七]、瓚の軍は大敗した。

[李賢注]

[一]『山陽公載記《さんようこうさいき》』に、「このとき弓と弩《ど》がみな発射され、矢が降ること雨のようで、（献《けん》帝の）御坐する高楼の殿前の御簾《みす》にまで（矢が）及んだ」とある。

[二]服虔《ふくけん》の『通俗文《つうぞくぶん》』に、「陣営のある堡塁を塢《う》といい、一名を庳城《ひじょう》という」とある。『山陽公載記』に、「このとき帝は南塢にあり、李傕《りかく》は北塢にいた。流矢《りゅうし》が李傕の左耳に当たり、このため（攻撃の楯にするため）帝を迎えて北塢に行幸させようとした。帝は承知しなかったが、無理強いして行幸させた」とある。

[三]『献帝春秋《けんていしゅんじゅう》』に、「赤気は東西六〜七尺（約1.4〜1.6m）にまで及び、東は（東北東である）寅の地、西は（西北西である）戌の地にまで至った」とある。

[四]『献帝春秋』は、播の字を皤の字に作る。

[五]『風俗通《ふうぞくつう》』に、「沮《しょ》は姓である。黄帝《こうてい》時代の史官《しかん》である沮誦《しょしょう》の後裔である」とある。音は側《そく》余《よ》の反《はん》。

［六］曹陽《そうよう》は、谷の名である。唐《とう》の陝《せん》州の西南七里にあり、俗にこれを七里《しちり》澗《かん》という。崔浩《さいこう》は、南山より北は黄河に通じている、と言っている。

［七］鮑丘《ほうきゅう》は、河川の名であり、北塞《ほくさい》中より流れ出て、南は九荘嶺《きゅうそうれい》の東を経る。俗にこれを大《だい》楡《ゆ》河《が》という。また東南に進むと、漁陽《ぎょよう》県の故城の東を経るが、ここが公孫瓚《こうそんさん》が戦った跡である。『水経注《すいけいちゅう》』に見える。

建安《けんあん》元〔一九六〕年春正月癸酉《きゆう》、上帝《じょうてい》を安邑《あんゆう》で郊祀《こうし》し、天下に大赦を行い、建安と改元した。二月、韓暹《かんせん》が衛将軍《えいしょうぐん》の董承《とうしょう》を攻撃した。夏六月乙未《いつび》、聞喜《ぶんき》県〔山西省聞喜県〕に行幸した。秋七月甲子《こうし》、車駕は洛陽《らくよう》に至り、元の中常侍《ちゅうじょうじ》である趙忠《ちょうちゅう》の屋敷に行幸した。丁丑《ていちゅう》、上帝を郊祀し、天下に大赦した。己卯《きぼう》、〔天子の祖廟である〕太廟《たいびょう》に拝謁した。八月辛丑《しんちゅう》、南宮の楊安殿《ようあんでん》に行幸した。癸卯《きぼう》、安国将軍《あんこくしょうぐん》の張楊《ちょうよう》を大司馬《だいしば》とし、韓暹を大将軍《だいしょうぐん》とし、楊奉《ようほう》を車騎将軍《しゃきしょうぐん》とした。このとき、宮室はみな焼け落ち、百官は茨《いばら》を切り払い、垣根に寄り添って雨露を凌《しの》いだ。州郡は各々強兵を擁し、貢納を届ける車も来なかった。群僚は飢餓し、尚書郎《しょうしょろう》以下は自ら〔野生の稲である〕稆《りょ》を採取したが[二]、ある者は牆壁《しょうへき》の間で餓死し、ある者は兵士に殺された。辛亥《しんがい》、鎮東将軍《ちんとうしょうぐん》の曹《そう》操《そう》が、自ら領司隷校尉《りょうしれいこうい》・録尚書事《ろくしょうしょじ》となった。曹操が侍中《じちゅう》の台崇《たいすう》・尚書《しょうしょ》の馮碩《ふうせき》らを殺した[二]。衛将軍の董承、輔国将軍《ほこくしょうぐん》の伏完《ふくかん》ら十三人を封建して列侯《れつこう》とし、（先年に東澗で戦没した）沮儁《しょしゅん》に弘農太守《こうのうたいしゅ》（の印綬）を追贈した。庚申《こうしん》、許《きょ》に遷都した。己巳《きし》、曹操の陣営に行幸した。九月、太尉《たいい》の楊彪《ようひょう》、司空《しくう》の張喜《ちょうき》を罷免した。冬十一月丙戌《へいじゅつ》、曹操は自ら司空・行車騎将軍事《こうしゃきしょうぐんじ》となり、百官は（漢臣としての）それぞれの職責を負いつつ（曹操の）指示に従った。

［李賢注］
［一］稆《りょ》の音は呂《りょ》である。『埤蒼《ひそう》』に、「穭は自生する」とある。稆と穭は同じ字である。
［二］『風俗通《ふうぞくつう》』に、「金天氏の末孫を台駘《たいたい》といい、その後裔は台を氏とした」とある。『山陽公《さんようこう》載記《さいき》』は「台」の字を「壷」に作る。

建安《けんあん》二〔一九七〕年春、袁術《えんじゅつ》が天子を自称した。三月、袁紹《えんしょう》が自ら大将軍《だいしょうぐん》となった。夏五月、蝗《いなご》の害があった。秋九月、漢水《かんすい》が氾濫した。この年、飢饉があり、長江《ちょうこう》から淮水《わいすい》にかけての地域の民が互いに喰らいあった。袁術が陳《ちん》王の劉寵《りゅうちょう》を殺した。孫策《そんさく》が使者を派遣して貢物を捧げた。

建安《けんあん》三〔一九八〕年夏四月、謁者《えっしゃ》の裴茂《はいぼ》を派遣して、中郎将《ちゅうろうしょう》の段煨《だんわい》を率いて李傕《りかく》を討伐させ、三族を皆殺しとした〔一〕。呂布《りょふ》が反乱を起こした。冬十一月、盗賊が大司馬《だいしば》の張楊《ちょうよう》を殺した。十二月癸酉《きゆう》、曹操《そうそう》が呂布を徐《じょ》州に討伐し、これを斬った。

［李賢注］

〔一〕『献帝起居注《けんていききょちゅう》』に、「李傕《りかく》の首を伝えて許《きょ》に送り、詔によって高々とこれを曬《さら》させた」とある。

建安《けんあん》四〔一九九〕年春三月、袁紹《えんしょう》が公孫瓚《こうそんさん》を易京《えきけい》に攻め、これを生け捕った〔一〕。衛《えい》将軍《しょうぐん》の董承《とうしょう》を車騎将軍《しゃきしょうぐん》とした。夏六月、袁術《えんじゅつ》が死んだ。この年、初めて尚書左僕射《しょうしょさぼくや》と尚書右僕射《しょうしょゆうぼくや》を置いた。武陵《ぶりょう》郡の女性が、死んで十四日後に蘇生した〔二〕。

［李賢注］

〔一〕公孫瓚《こうそんさん》はしばしば破れ、そこで易河《えきが》に面して（大きな丘である）京《けい》を築いて自ら守りを固めた。それゆえ易京《えきけい》と呼ぶ。その城壁は三重であり、周回は六里（約2.5㎞）あった。唐《とう》の内城の中に土京があり、幽州帰義県《ゆうしゅうきぎけん》の南にある。『爾雅《じが》』（釈丘）に、「特別に高大なものは京という、人力により作られていないものは丘という」とある。

〔二〕『続漢志《しょくかんし》』（志十七　五行五　死復生）に、「女性の李娥《りが》は、年齢が六十歳余りで亡くなり、城外に埋められていた。通りがかりの者が、墓中より声のするのを聞き、家人に告げてこれを掘り出させた」とある。

建安《けんあん》五〔二〇〇〕年春正月、車騎将軍《しゃきしょうぐん》の董承《とうしょう》・偏将軍《へんしょうぐん》の王服《おうふく》・越騎校尉《えつきこうい》の种輯《ちゅうしゅう》が、密詔を受けて曹操《そうそう》を誅殺しようとしたが、謀議が漏れた。壬午《じんご》、曹操が董承らを殺し、三族を皆殺しにした。秋七月、皇子の劉馮《りゅうふう》を立てて南陽《なんよう》王とした。壬午、南陽王の劉馮が薨去した。九月庚午《こうご》朔、日食があった。三公《さんこう》に詔を下して、至孝の者を二人ずつ推挙させ、九卿《きゅうけい》・校尉・郡国の守相《しゅしょう》には、各々一人ずつを推挙させた。すべての者に封事を奉らせ、憚ることがないように命じた。曹操と袁紹《えんしょう》が官度《かんと》（河南省中牟県の北）で戦い〔一〕、袁紹が敗走した。冬十月辛亥《しんがい》、箒星が（西方の分野である）大梁《たいりょう》に現れた〔二〕。東海《とうかい》王の劉祇《りゅうし》が薨去した。この年、孫策《そんさく》が死に〔三〕、弟の孫権《そんけん》がその残された事業を継いだ［四］。

［李賢注］

［一］裴松之《はいしょうし》の『北征記《ほくせいき》』に、「中牟台《ちゅうぼうだい》の下は汴水《べんすい》に臨み、そこが官度《かんと》である。袁紹《えんしょう》と曹操《そうそう》の（築いた）土塁が、なお残っている」とある。唐《とう》の鄭《てい》州中牟県の北にある。

［二］大梁《たいりょう》は、（西方である）酉の方角である。

［三］（孫策《そんさく》は殺害した）許貢《きょこう》の賓客に射られ、傷つけられ（死去し）たのである。

［四］孫権《そんけん》は、字を仲謀《ちゅうぼう》という。

建安《けんあん》六（二〇一）年春二月丁卯《ていぼう》朔、日食があった。

建安七（二〇二）年夏五月庚戌《こうじゅつ》、袁紹《えんしょう》が薨去した。于闐《うてん》国がよく調教された象を献上した［一］。この年、越嶲《えつすい》郡の男子が変化して女子となった。

［李賢注］

［一］（原文の）馴象とは、人の意図に従う（象）という意味である。

建安《けんあん》八〔二〇三〕年冬十月己巳《きし》、公卿《こうけい》は初めて冬を北郊に迎え（る迎気の礼を行い）〔一〕、（楽官の）総章《そうしょう》に、また初めて八佾《はちいつ》の舞が備わった〔二〕。司直《しちょく》の官を設置し、（都の諸官府である）中都官《ちゅうとかん》を監察させた〔三〕。

〔李賢注〕
〔一〕この（迎気の）礼は、長らく廃止されていたので、初めてといっている。
〔二〕袁宏《えんこう》の『後漢紀《ごかんき》』（巻二十九 献帝紀建安八年の条）に、「気《き》を北郊に迎え、初めて八佾《はちいつ》を用いた」とある。佾とは、列である。舞う者の行列をいう。先頃の乱により廃止され、このときまたこれを始めた。総章《そうしょう》とは、楽官の名であり、古〔漢〕の（房中楽の）安世楽《あんせいがく》である。
〔三〕司直《しちょく》は、官秩が比二千石である。武《ぶ》帝の元狩《げんしゅ》五〔前一一八〕年に置かれた。丞相《じょうしょう》を助け、法を犯した者の検挙を職掌とする。（光武《こうぶ》帝の）建武《けんむ》十一〔三五〕年に省かれ、この時、またこれを設置した。

建安《けんあん》九〔二〇四〕年秋八月戊寅《ぼいん》、曹操《そうそう》が大いに袁尚《えんしょう》を破り、冀《き》州を平定し、自ら冀州牧を兼任した。冬十月、箒星が東井宿《とうせいしゅく》に現れた。十二月、三公《さんこう》以下に金帛を賜ることそれぞれ差があった。これより三年に一たび下賜のあることが、常制となった。

建安《けんあん》十〔二〇五〕年春正月、曹操《そうそう》が袁譚《えんたん》を青《せい》州に破り、これを斬った〔一〕。夏四月、黒山《こくざん》の賊の張燕《ちょうえん》が、兵を率いて降伏した〔二〕。秋九月、百官《ひゃくかん》の中でたいへん貧しい者に、金帛を賜ることとそれぞれ差があった。

〔李賢注〕

〔一〕（王沈の）『魏書《ぎしょ》』に、「曹操《そうそう》は袁譚《えんたん》に攻めさせたが勝てなかったため、自らばちと太鼓を取（って陣頭指揮をす）ると、たちまちのうちにこれを破ることができた」とある。

〔二〕『三国志《さんごくし》』（巻八 張燕伝）に、「張燕《ちょうえん》は、元の姓は褚《ちょ》といい、常山《じょうざん》国真定《しんてい》県の人である。黄巾賊が蜂起すると、燕は少年を集めて盗みを働き、一万人余りを抱えた。博陵《はくりょう》の人である張牛角《ちょうぎゅうかく》を主と仰いだ。牛角が死ぬと、燕は代わって主となり、このため姓を張に改めた。張燕は剽悍で、軍中では張飛燕《ちょうひえん》と呼んだ。その衆は百万人に至り、黒山《こくざん》の賊と呼ばれた」とある。

建安《けんあん》十一〔二〇六〕年春正月、箒星が北斗に現れた。三月、曹操《そうそう》が高幹《こうかん》を幷《へい》州に破り、これを捕らえた[一]。秋七月、武威太守《ぶいたいしゅ》の張猛《ちょうもう》が雝州刺史《ようしゅうしし》の邯鄲商《かんたんしょう》を殺した[二]。この年、元の琅邪《ろうや》王劉容《りゅうよう》の子である劉熙《りゅうき》を立てて琅邪王とした。斉《せい》国・北海《ほくかい》国・阜陵《ふりょう》国・下邳《かひ》国・常山《じょうざん》国・甘陵《かんりょう》国・済北《せいほく》国・平原《へいげん》国の八国をみな除いた。

[李賢注]

[一]『典論《てんろん》』に、「上洛都尉《じょうらくとい》の王琰《おうえん》がこれを破り、追撃してその首を斬った」とある。

[二] 袁宏《えんこう》の『後漢紀《ごかんき》』では、「雝《よう》州」を「涼《りょう》州」に作る。

建安《けんあん》十二〔二〇七〕年秋八月、曹操《そうそう》は烏桓《うがん》を柳城《りゅうじょう》県〔遼寧省朝陽市の南西〕で大いに破り、その蹋頓《とうとつ》を斬った[一]。冬十月辛卯《しんぼう》、箒星が鶉尾宿《じゅんびしゅく》に現れた[二]。乙巳《いっし》、黄巾賊が、済南《せいなん》王の劉贇《りゅういん》を殺した[三]。十一月、遼東太守《りょうとうたいしゅ》の公孫康《こうそんこう》が、袁尚《えんしょう》と袁熙《えんき》を殺した。

[李賢注]

[一] 蹋頓《とうとつ》は、匈奴《きょうど》の王号である。柳城《りゅうじょう》は、県の名であり、遼西《りょうせい》郡に属する。唐《とう》の営州《えいしゅう》県で

ある。
〔二〕鶉尾《じゅんび》は、（南南東である）巳の方角である。
〔三〕（劉贇《りゅういん》は）河間孝王《かかんこう》より五代の孫である。

建安《けんあん》十三〔二〇八〕年春正月、司徒《しと》の趙温《ちょうおん》を罷免した。夏六月、三公《さんこう》を廃止し、丞《じょう》相《しょう》・御史大夫《ぎょしたいふ》を設置した。癸巳《きし》、曹操《そうそう》が自ら丞相となった。秋七月、曹操が南征して劉表《りゅうひょう》を攻めた。八月丁未《ていび》、光禄勲《こうろくくん》の郗慮《ちりょ》を御史大夫とした〔一〕。壬子《じんし》、曹操が太中大《たいちゅうたい》夫《ふ》の孔融《こうゆう》を殺し、その一族を皆殺しとした。この月、劉表が卒し、子の劉琮《りゅうそう》が（後継者に）立てられ、劉琮は荊《けい》州を挙げて曹操に降伏した。冬十月癸未《きび》朔、日食があった。曹操は船団を率いて孫権《そんけん》を討伐したが、孫権の将である周瑜《しゅうゆ》がこれを烏林《うりん》・赤壁《せきへき》に破った。

〔李賢注〕
〔一〕『続漢書《しょくかんじょ》』に、「郗慮《ちりょ》は、字を鴻豫《こうよ》といい、山陽《さんよう》郡高平《こうへい》県の人である。若くして経学を鄭《じょう》玄《げん》に学んだ」とある。

建安《けんあん》十四〔二〇九〕年冬十月、荊《けい》州で地震があった。

建安十五〔二一〇〕年春二月乙巳《いっし》朔、日食があった。

建安十六〔二一一〕年秋九月庚戌《こうじゅつ》、曹操《そうそう》は韓遂《かんすい》・馬超《ばちょう》と渭水《いすい》の南で戦い、韓遂らは大敗し、函谷関《かんこくかん》より西は平定された〔一〕。この年、趙《ちょう》王の劉赦《りゅうしゃ》が薨去した。

［李賢注］

〔一〕『曹瞞伝《そうまんでん》』に、「このとき婁子伯《ろうしはく》が曹操《そうそう》に、「いま天候は寒いので、砂を盛って城を造るとよいのです。水をこれに注げば、一夜で完成するでしょう」と説いた。曹操はこれに従い、明朝には城が完成した。馬超《ばちょう》と韓遂《かんすい》はしばしば挑んだが得ることなく〈撤退し〉、曹操は虎騎を用いて挟撃し、大いにこれを破った。馬超と韓遂は涼《りょう》州に逃げた」とある。

建安《けんあん》十七〔二一二〕年夏五月癸未《きび》、衛尉《えいい》の馬騰《ばとう》を誅殺し、その一族を皆殺しにした。六月庚寅《こういん》晦、日食があった。秋七月、洧水《いすい》と潁水《えいすい》が氾濫した。螟《ずいむし》の害があった。八月、馬超《ばちょう》が涼《りょう》州を破り、涼州刺史《りょうしゅうしし》の韋康《いこう》を殺した。九月庚戌《こうじゅつ》、皇子の劉熙《りゅうき》を立てて済陰《せいいん》王とし、劉懿《りゅうい》を山陽《さんよう》王とし、劉邈《りゅうばく》を済北《せいほく》王とし、劉敦《りゅうとん》を東海《とうかい》王とした〔一〕。冬十二月、箒星が五諸侯《ごしょこう》に現れた〔二〕。

〔李賢注〕

〔一〕『山陽公載記《さんようこうさいき》』に、「このとき許靖《きょせい》は巴《は》郡にあって、（献《けん》帝の子である）諸王が立てられたことを聞いて言った、「これから物を縮めようとするときには、必ずしばらくこれを引っ張り、これから奪おうとするときには、必ずしばらくこれを与えると。これは（曹操）孟徳《もうとく》のことを言っているのだ」と」とある。

〔二〕五諸侯《ごしょこう》は、星宿の名である。

建安《けんあん》十八〔二一三〕年春正月庚寅《こういん》、『尚書《しょうしょ》』禹貢《うこう》の九州を復活した〔一〕。夏五月丙申《へいしん》、曹操《そうそう》は自ら立って魏《ぎ》公となり、九錫《きゅうせき》を与えられた〔二〕。大いに水害があった。趙《ちょう》王の劉珪《りゅうけい》を転封して博陵《はくりょう》王とした。この年、（木星である）歳星《さいせい》・（土星である）鎮星《ちんせい》・（火星である）熒惑星《けいわくせい》が、太微《たいび》に入った〔三〕。彭城《ほうじょう》王の劉和《りゅうか》が薨去した。

［李賢注］

［一］『献帝春秋《けんていしゅんじゅう》』に、「このとき（禹の九州に改めるため）幽《ゆう》州・幷《へい》州を省いてその郡国を冀《き》州にあわせ、司隷校尉《しれいこうい》および涼《りょう》州を省いてその郡国を雍《よう》州にあわせ、交《こう》州を荊《けい》州・益《えき》州にあわせた。これにより兗《えん》州・豫《よ》州・青《せい》州・徐《じょ》州・荊《けい》州・楊《よう》州・冀《き》州・益《えき》州・雍《よう》州となった」とある。九という数字は同じであるが、『尚書《しょうしょ》』禹貢《うこう》篇には益州が無くて梁《りょう》州がある。それならば梁州と益州は同じ土地であ（り、禹貢の九州に改めたといえるのであ）る。

［二］『礼含文嘉《れいがんぶんか》』を（唐《とう》の臣たる李賢が）考察しますと、「九錫《きゅうせき》とは、一に車馬、二に衣服、三に楽器、四に朱戸《しゅと》、五に納陛《のうへい》、六に虎賁士《こほんし》百人、七に斧鉞《ふえつ》、八に弓矢、九に秬鬯《きょちょう》〔祭祀に用いる酒〕をいう」とあります。

［三］この年の秋、（歳星・鎮星・熒惑星の）三星が逆行して太微に入り、（天帝の御座所である）帝坐を守ること五十日であった。

建安《けんあん》十九〔二一四〕年夏四月、日照りがあった。五月、水害があった。劉備《りゅうび》が劉璋《りゅうしょう》を破り、益《えき》州を拠点とした。冬十月、曹操《そうそう》は将の夏侯淵《かこうえん》を派遣して、宋建《そうけん》を枹罕《ふかん》県〔甘粛省臨夏の南西〕に討伐させ、これを生け捕った［一］。十一月丁卯《ていぼう》、曹操が皇后の伏氏《ふくし》を殺し、その一族および二皇子を殺した〔二〕。

［李賢注］

〔一〕枹罕《ふかん》は、県であり、金城《きんじょう》郡に属する。唐《とう》の河州《かしゅう》県である。『三国志《さんごくし》』（巻九 夏侯淵伝）に、「夏侯淵《かこうえん》は、字を妙才《みょうさい》といい、沛《はい》国譙《しょう》県の人である」とある。

〔二〕『山陽公載記《さんようこうさいき》』に、「劉備《りゅうび》は蜀《しょく》にあってこれを聞き、喪を発した」とある。

建安《けんあん》二十〔二一五〕年春正月甲子《こうし》、貴人《きじん》の曹氏《そうし》を立てて皇后とした。天下の男子に爵を賜ること、人ごとに一級ずつ、孝悌《こうてい》・力田《りきでん》には二級ずつであった。諸王・諸侯・公卿《こうけい》以下に穀を賜ること、それぞれ差があった。秋七月、曹操《そうそう》が漢中《かんちゅう》を破り、張魯《ちょうろ》が降伏した。

建安二十一〔二一六〕年夏四月甲午《こうご》、曹操は自ら爵位を進めて魏《ぎ》王を名乗った。五月己亥《きがい》朔、日食があった。秋七月、匈奴《きょうど》の南単于《みなみぜんう》が来朝した。この年、曹操が琅邪《ろうや》王の劉熙《りゅうき》を殺し、国は除かれた〔一〕。

［李賢注］

［一］（劉熙《りゅうき》は）長江を渡（って孫呉に入）ろうと謀った罪により、誅殺された。

建安《けんあん》二十二〔二一七〕年夏六月、丞相軍師《じょうしょうぐんし》の華歆《かきん》を御史大夫《ぎょしたいふ》とした。冬、箒星が天空の東北に現れた。この年、疫病が流行した。

建安二十三〔二一八〕年春正月甲子《こうし》、少府《しょうふ》の耿紀《こうき》、丞相司直《じょうしょうしちょく》の韋晃《いこう》が兵を起こして曹操《そうそう》を討ったが、勝てず、（曹操は耿紀らの）三族を皆殺しにした［一］。三月、箒星が天空の東方に現れた［二］。

［李賢注］

［一］『三輔決録注《さんぽけつろくちゅう》』に、「時に京兆尹《けいちょういん》の全禕《ぜんい》、字を徳偉《とくい》という者があり、代々漢《かん》の臣であったことから、発憤して耿紀《こうき》・韋晃《いこう》らと天子を擁立して魏《ぎ》を攻め、南方の劉備《りゅうび》を援助しようとした。この謀議は失敗し、（曹操は全禕らの）三族を皆殺しにした」とある。

［二］杜預《どよ》が『春秋左氏伝《しゅんじゅうさしでん》』（哀公　経十三年）に注をつけて、「日中は、あらゆる星がみな沈むので、そこに彗星が現れても、二十八宿の何処《どこ》とは言わない」としている。

建安《けんあん》二十四〔二一九〕年春二月壬子《じんし》晦、日食があった。夏五月、劉備《りゅうび》が漢中《かんちゅう》を奪った。秋七月庚子《こうし》、劉備が自ら漢中王と称した。八月、漢水《かんすい》が氾濫した。冬十一月、孫権《そんけん》が荊《けい》州を（劉備より）奪った。

建安《けんあん》二十五〔二二〇〕年春正月庚子《こうし》、魏《ぎ》王の曹操《そうそう》が薨去した〔一〕。子の曹丕《そうひ》が位を継いだ〔二〕。二月丁未《ていび》朔、日食があった。三月、延康《えんこう》と改元した。冬十月乙卯《いつぼう》、皇帝は帝位より退き、魏王の曹丕が天子と称した〔三〕。（曹丕は）帝を奉じて山陽《さんよう》公とし〔四〕、封邑は一万戸、位は諸侯王の上に置かれた。（山陽公は帝位を譲った功績により）奏事の際には、臣と称することなく、詔を受ける際には、拝礼することなく、天子の車駕と服装を用いて天地を祀り、宗廟・祖・臘《ろう》の祭祀も、漢《かん》制の通りとされ、山陽国の濁鹿城《だくろくじょう》を国都とした〔五〕。（献《けん》帝の）四人の皇子で、かつて王に封建されていた者は、みな降格されて列侯《れっこう》となった。

翌〔二二一〕年、劉備《りゅうび》は皇帝号を蜀《しょく》で称し、孫権《そんけん》もまた自ら呉《ご》で王を名乗った。ここにおいて、天下はこうして三分された。

曹魏の青竜《せいりゅう》二〔二三四〕年三月庚寅《こういん》、山陽《さんよう》公は薨去した。位を譲ってから薨じるまで十四年間、享年は五十四、孝献《こうけん》皇帝と諡された。八月壬申《じんしん》、漢の天子のための儀礼を用いて禅陵《ぜんりょう》に葬り〔六〕、園邑には令《れい》と丞《じょう》が置かれた。太子は早卒し、孫の劉康《りゅうこう》は（山陽公の）位を継ぐこと五十一年、晋の太康《たいこう》六（二八五）年に薨去した。その子の劉瑾《りゅうきん》は（山陽公の）位を継ぐこと四年、太康十（二八九）年に薨去した。その子の劉秋《りゅうしゅう》は（山陽公の）位を継ぐこと二十年、永嘉《えいか》年間（三〇七～三一三年）に胡賊によって殺され、（山陽公）国は廃された。

〔李賢注〕

〔一〕『三国志《さんごくし》』（巻一 武帝紀）に、「曹操《そうそう》は、字を孟徳《もうとく》といい、薨去した時に六十六歳であった」という。

〔二〕『三国志』（巻二 文帝紀）に、「曹丕《そうひ》は、字を子桓《しかん》といい、曹操の太子である」という。

〔三〕（原文の）遜とは、譲ることである。『献帝春秋《けんていしゅんじゅう》』に、「献《けん》帝は、このとき群臣・卿士を招集して（漢《かん》の終焉を高祖劉邦《りゅうほう》の）高廟《こうびょう》に告げ、詔を下して、太常《たいじょう》の張音《ちょうおん》に節を持たせ、策《さく》と璽綬《じじゅ》とを（曹丕に）奉じさせ、位を魏《ぎ》王（曹丕）に譲った。そのために（受禅）壇《だん》を繁陽《はんよう》県（河南省内黄の北西）の故城につくり、魏王は壇に登って、皇帝の璽綬を受けた」とある。

［四］山陽《さんよう》は、県の名であり、河内《かだい》郡に属す。故城は唐《とう》の懐《かい》州脩《しゅう》武《ぶ》県の西北にある。

［五］濁鹿《だくろく》は、一名を濁城といい、また清陽城《せいようじょう》ともいう。唐《とう》の懐《かい》州脩《しゅう》武《ぶ》県の東北にある。

［六］『続漢書《しょくかんじょ》』（志六 礼儀下 大喪）に、「天子の葬儀では、太僕《たいぼく》は四輪の小さな車を操り、先導役をつとめる。（皇帝の車全体に）あつぎぬで覆いをかける。中黄門《ちゅうこうもん》と虎賁郎《こほんろう》がそれぞれ二十人ずつで、あつぎぬを持つ。（一方、柩を収めた後に羨道《せんどう》を正式に封印するため）司空《しくう》は土を選び（埋葬に備えて皇帝の生前から造営していた寿陵《じゅりょう》の羨道を）開く。太史令《たいしれい》は（葬送の儀礼に適切な良き）日を占う。将作大匠《しょうさくたいしょう》が、黄腸題湊《こうちょうだいそう》と便房《べんぼう》を作ることは、礼の通りである。（大喪の儀礼は）大駕《たいが》（という鹵簿の形式で行われるが、それ）では、太僕が御者となる。（邪気を祓う）方相《ほうそう》氏は、黄金色の四つの目（を持つ仮面をつけ）、熊の皮をかむり、（その下は）黒い衣に朱色の裳《もすそ》をつけ、戈を持ち楯を揚げて、四頭の馬（が引く馬車）に立ったまま乗り、（行列の）先駆けとなる。（先頭の方相氏に続く旗である）旂《き》の長さは三仞（約4.84ｍ）、（旗の身幅に垂れる）はたあしは十二本で、（旗の先は）地につき、日・月・升竜《しょうりゅう》を描く。（柩の前に掲げる旗である）旐《ちょう》には「天子の柩」と書く。謁者《えっしゃ》の二人は、六頭の馬（が引く馬車）に立ち乗りして、これに続く。太常《たいじょう》は跪《ひざまず》いて「泣かれますように」と言い、十五たび泣き声をあげたのち、泣くことを止める。（朝一番である）昼漏上水《ちゅうろうじょうすい》（の時刻）に、（送喪の車駕行列を）発進させ

ることを（先帝に）お願いする。司徒《しと》と河南尹《かなんいん》はまず（大行載《たいこうさい》）車《しゃ》を引いて（車の方向を）転じ、太常《たいじょう》は跪いて、「（先帝を）見送られんことを」と申し上げる。大行載車は、白糸を互いにないあわせた紼《ひきづな》をつけるが、（その）長さは三十丈（約69.3m）で、太さは七寸（約16.2㎝）であり、つなを引く列は六列あり、列ごとに五十人ずつ（の人がとりつく）。高官の子供たち、およそ三百人は、みな赤い頭巾をかぶり、委貌冠《いぼうかん》をつけて、白い裳を着てひきづなを引く。校尉《こうい》の三人は、みな赤い頭巾をかぶり冠をつけない。（旗である）幢幡《とうはん》を持ち、みな枚《ばい》を含む。羽林《うりん》（軍に入れられた戦没者の）孤児と巴兪《はゆ》地方から抜擢された踊りながら歌う者六十人は、六列となる。司馬《しば》の八人は、鐸《おおすず》を持って先頭を行く。陵墓の南側にある羨門《せんもん》に至ると、司徒は跪いて、（陵墓の中に設けた）玄室《げんしつ》に就かれますようにと（先帝に）お願いする。みな東園の武士に導かれ、大行載車を奉じて玄室に入る。執事《しつじ》は（陵墓内に死者に供える器である）明《めい》器《き》を降ろす。太祝《たいしゅく》は醴《あまざけ》を献ずる。司空は配下を率い、土をかぶせて羨道を封鎖する」とある。（原文の）嬥《ちょう》の音は徒了の反《はん》である。『帝王世紀《ていおうせいき》』に、「禅陵《ぜんりょう》は濁鹿城《だくろくじょう》の西北十里にあり、今の懐州《かいしゅう》脩武《しゅうぶ》県の北二十五里にある。陵の高さは二丈（約4.6m）であり、周回は二百歩（約277m）である」とある。劉澄之《りゅうちょうし》の『地記《ちき》』に、「（禅陵は）漢《かん》が魏《ぎ》に禅譲したので、それに因《ちな》んで（禅という）名称とした」という。

論にいう、『春秋左氏伝《しゅんじゅうさしでん》』（宣公 伝三年）に、「鼎《かなえ》は神器であり、小さくとも重い」とある。ゆえに神の宝とするものは、奪い移すことはできない[一]。ここに至って背負って逃げる者が現れたのは、国運の窮まりの帰するところであろう[二]。天が漢《かん》の徳を疎んじること久しかったのである。山陽公《さんようこう》をどうして（亡国の君主と）責めることができようか[三]。

［李賢注］

［一］『春秋左氏伝《しゅんじゅうさしでん》』（宣公 伝三年）に王孫満《おうそんまん》は、「桀《けつ》に不徳があったため、（王の象徴である）鼎《かなえ》は商《しょう》に移り、商の紂《ちゅう》王が暴虐であったため、鼎は周《しゅう》に移った。徳が明らかであれば、（鼎は）小さいといっても重い。徳がなく混乱していれば、（鼎は）大きいといっても軽いのである」と述べている。それゆえ神宝は、奪い移すことはできない、というのである。

［二］言いたいのは、神器は至って重いのに、人に背負わせて逃げられたのは、もう国家衰亡の命運が、この時に巡ってきた、再興のしようもない、ということである。『荘子《そうじ》』（大宗師）に、「舟を深い谷川の中に入れ、山を大きな沢の中に安置すれば、これで大丈夫と思うであ

ろう。しかし（昔の神話が言うように）とてつもない力持ちがこれを背負って走り去ることもある。道理に暗い者には分からないのだ」とある。

［三］（原文の）厭とは、うとましく思うことであり、誅とは、責めることである。漢《かん》は、和《わ》帝より以後、政教が徐々に乱れた。それゆえ、天が漢の徳を疎んじて久しいというのである。（亡国の）災いが降りかかったのは、ただ山陽公《さんようこう》の罪ばかりではない。それをどうして責められようか。『春秋左氏伝』（僖公 伝二十二年）に、宋《そう》の子魚《しぎょ》が、「天はすでに商の徳を疎んじている」と言っている。（『論語《ろんご》』公冶長篇に）孔子《こうし》は、「ああ、宰予《さいよ》をどうして責められようか」と言っている。

賛にいう、献《けん》帝は生まれた時勢に恵まれず、その身は流浪して国は戦いに荒れた［一］。ここに我が漢《かん》朝四百年の歴史は閉じられ、永遠に虞舜《ぐしゅん》（の後裔である曹魏《そうぎ》）の賓客（になった唐堯《とうぎょう》の子である丹朱《たんしゅ》と同様に、山陽公も曹魏の賓客）となった［二］。

［李賢注］

［一］（原文の）辰とは、時勢である。（原文の）播とは、遷すことである。言いたいのは、献《けん》帝

は生まれた時が時勢に恵まれず、その身は方々に振り回され、国もまた災難に遇った、ということである。『詩経《しきょう》』（大雅 桑柔）に、「わたしは生まれた時代が不幸であった」とあり、『春秋《しゅんじゅう》左《さ》氏《し》伝《でん》』（昭公伝二十六年）に、「揺り動かされて遠くに移った」とある。

〔二〕『春秋《しゅんじゅう》演孔《えんこう》図《と》』に、「劉《りゅう》（氏《し》の漢《かん》朝）は四百歳の際に、漢王を讃えて、皇王を補佐し、名を残そうとしても叶わない」とある。宋均《そうきん》の注に、「一族の人間を漢王として輔佐をして、時期にあたって、名が記録されても、結局は名は残らない」という。（原文の）虞の賓とは、虞舜《ぐしゅん》が唐尭《とうぎょう》の子である丹朱《たんしゅ》を賓客としたことをいう。『尚書《しょうしょ》』虞書（益稷篇）に、「虞の賓客として（丹朱がその）位にある」とあるのがこれである。これにより山陽《さんよう》公が、曹魏《そうぎ》の賓客になったことを譬えたのである。

皇后紀第十上

夏《か》・殷《いん》より前の后妃《こうひ》の制度については、その文献がほとんどない。『周礼《しゅらい》』（巻一天官 鄭司農注）には、「王が一人の后《こう》を立て［一］、（さらに）三人の夫人《ふじん》・九人の嬪《ひん》・二十七の世婦《せいふ》・八十一人の女御《じょぎょ》は、宮廷内での職務に当たった」とある。后は後宮において居住まいを正し、その身を天子と同じくする存在である。夫人は坐して婦礼《ふれい》を論じ［二］、九嬪は婦人の（婦徳・婦言・婦容・婦功の）四徳《しとく》を女御に教え［三］、世婦は喪礼・祭祀・賓客の応対を取り仕切り［四］、女御は天子の寝室に序列にしたがって侍る者である［五］。官を分け任務を分け、それぞれに役割がある。女史《じょし》は赤軸の筆を用いて、功績を記し過失を書きつける［六］。（后は）宮では（女性の侍従である）保阿《ほあ》の訓戒《くんかい》に従い、所作には玉環《ぎょくかん》の佩《おびもの》の音を伴う［七］。（后は）賢才（の女性）を進めて君子を補佐させ、たおやかな娘を哀れんで、その色香に惑わされない［八］。だからこそ、よく婦人の教えを述べ広め、内宮の規律を保つことができる［九］。閨《ねや》では慎み、かつ打ち解け、（序列を守らず）忍んで求めることがなくなる［一〇］。それゆえ（周の）康《こう》王が遅く朝見すると、関雎《かんしょ》の諷諫《ふうかん》がなされ［一一］、宣《せん》王が遅く起きると、（妃である）姜氏《きょうし》が罪を請うたのである［一二］。

　周室《しゅうしつ》の東遷に及び、礼制の秩序は欠け落ち〔一三〕、諸侯は身分を弁《わきま》えず、規範は明確でなくなった。斉《せい》の桓《かん》公は、夫人に類する者が六人もおり〔一四〕、晋《しん》の献《けん》公は、驪戎《りじゅう》の娘（である驪《り》姫《き》）を妃としたので〔一五〕、（斉では桓公の六人の夫人が生んだ子のうち、一人が即位をすると残りの）五人の子が反乱を起こし〔一六〕、（晋では驪姫の讒言《ざんげん》により）太子（の申《しん》生《せい》）が殺害された〔一七〕。いよいよ戦国《せんごく》時代ともなると、風紀はますます薄れ、感情に従い欲望に任せて、上着と袴をあべこべに着るように（后と妾との序列が無く）なり〔一八〕、このため国を破滅させ、その身を滅ぼすに至った例は、数え切れないほどである。これはもとより礼を軽んじ禁則を緩くし、色欲を優先し徳目を後回しにした結果である。秦《しん》が天下を統一すると、多分に驕ることがあり、七国分の宮殿を造営し〔一九〕、（皇后以下、夫人《ふじん》・美人《びじん》・良人《りょうじん》・八子《はちし》・七子《しちし》・長使《ちょうし》・少使《しょうし》の）爵位八品を備えた〔二〇〕。漢《かん》が勃興しても、秦の爵制を継承したので、婦人の制度は治まらなかった〔二一〕。高祖《こうそ》劉邦《りゅうほう》は、閨《ねや》にはだらしなく〔二二〕、文《ぶん》帝ですら（皇后と愼《しん》夫人との）席次をきちんと隔てなかった〔二三〕。それでも（後宮に）選入する人数はまだ簡素で、服飾品も派手ではなかった。武《ぶ》帝や元《げん》帝以降は、徐々に化粧代が増加し、掖庭《えきてい》の宮女は三千人に及び、爵位は十四品に至った〔二四〕。（前漢《ぜんかん》で）美女が政治を台無しにし、外戚が国を乱した事跡については、『漢書《かんじょ》』がこれを記載して詳しい。

光武《こうぶ》帝が漢を中興すると、華美を削って質素を尊び[二五]、六宮の称号はただ皇后と貴《き》人《じん》だけとなった[二六]。貴人は（紫色の紐のついた黄金の印璽である）金印紫綬《きんいんしじゅ》（を持つ気高い位）であったが、その俸禄は粟《ぞく》数十斛《こく》に過ぎなかった。また美人・宮人《きゅうじん》・采女《さいじょ》の三等（の位）が置かれたが、すべて爵秩《しゃくちつ》は無く、四季折々に十分な褒美を取らせるだけであった。漢《かん》の法制では、八月に人口を調査する際を利用して[二七]、中大夫《ちゅうたいふ》と掖庭丞《えきていじょう》および相工《しょうこう》を派遣し、洛陽《らくよう》の町中から良家の童女で、年齢は十三歳以上二十歳以下、容姿端麗で、骨法人相の気高く相応しい者を選抜し、車に乗せて後宮に戻り、審査での可否により、（可であれば宮女として）登第させた。宮女の選抜を慎重にして、淑女才媛を得るためである。明《めい》帝は、とくに先帝の遺旨に従ったので、後宮での作法もよく修まり、后姫を立てるにも、必ず徳の優れた女性を第一とし、後宮より漏れる言葉はなく[二八]、私情により授けられる地位はなく、立后の弊害を正した。しかしながら、もし先んじて外戚の（政権参加の）禁令を設け、第一令に編み[二九]、后妃の制度を改正して、将来に残したなら、なんと素晴らしいことであったろうか。（光武帝と明帝は）自分の身を律し、節度を保てたが、後世の者を防ぎ止めるには至らなかった。このため章《しょう》帝以降、次第に容姿により愛情を注ぎ、恩寵は馴れ馴れしい関係に基づいて盛んとなり、ついには（外戚の専横が前漢亡国の原因となった）淄蠹《わるいむし》であったことを忘れ去った[三〇]。

古《いにしえ》より主君が幼く時勢が困難で、王家に不幸が相次いだとしても、必ず宰相に委ね託し、忠賢の臣を選び求め、婦人に全権を任せ皇帝権力を廃《すた》れさせることはなかった。秦《しん》の羋《び》太后が（皇太后として）初めて摂政を開始し[三一]、このため穰《じょう》侯の権力は（秦王の）昭《しょう》王より重く、（皇太后の弟である魏冉《ぎぜん》の）家は（秦王室である）嬴《えい》国より富んだ[三二]。漢はその誤りに従い、害を知りながら改めなかった。後漢《ごかん》の皇統は、しばしば途絶え、政権は皇太后に握られ、傍系より立てられた皇帝は（安《あん》帝・質《しつ》帝・桓《かん》帝・霊《れい》帝の）四帝におよび[三三]、臨朝した皇太后は（章《しょう》帝の竇《とう》皇太后・和熹鄧《わきとう》皇太后・安思閻《あんしえん》皇太后・順烈《じゅんれつ》梁《りょう》皇太后・桓思竇《かんしとう》皇太后・霊思何《れいしか》皇太后の）六后に至る[三四]。（これらの皇太后は）帷《とばり》を張りめぐらせた部屋で（皇太后と外戚のみで）次期皇帝を定め、政治を父兄に委ね、皇帝の年齢が幼いことを利用して体制の存続を謀り、明賢の臣下を弾圧して自家の権威を第一としない者はなかった[三五]。（外戚の輔政の）任は重く、正道は遙かであるのに、利は深く、災いを速やかに呼び寄せた。その身は死病を雲台《うんだい》の上に被り[三六]、一族は縄で牢獄の下に縛り上げられ[三七]、破滅に至る者は切れず、車が転覆するように後から後から続いた〔三八〕。それでも（湯火の中に）進み続け、焼け爛《ただ》れて末期を迎え、遂には国の大運を衰えさせ、帝位を滅ぼすに至った〔三九〕。『詩経《しきょう》』と『尚書《しょうしょ》』が嘆くところと、ほぼ同じ末路を辿ったわけである。そこで、これらの事跡を考え並べて、皇后本紀をつくる。行いの善悪は、それぞれであるが、正式に皇后位にあった者は、すべてこの篇に記した。時の皇帝が、私恩により追尊したが、当時において皇后に奉戴されていない者は、他の関連する部分で取り上げた〔四〇〕。親族の事柄は、それぞれの列伝《れつでん》に記した。他で関連しない人物は皇后本紀に付記し〔四一〕、『漢書《かんじょ》』外戚伝《がいせきでん》の体裁を継ぐことにした〔四二〕。

〔李賢注〕

〔一〕鄭玄《じょうげん》は、『礼記《らいき》』（曲礼篇下）に注をつけて、「后《こう》という言葉（の意味するところ）は後である」という。夫の後ろに控えることをいうのである。

〔二〕鄭玄は、『周礼《しゅらい》』（天官 序官 九嬪）に注をつけて、「夫人《ふじん》の后に対する立場は、ほぼ三公《さんこう》の王に対するそれと同じで、坐して婦礼《ふれい》を論じる（ことにより婦人の倫理に関する全般的な総覧をする）だけである」という。

〔三〕九嬪《きゅうひん》は、九卿《きゅうけい》に準《なぞら》えている。『周礼』（天官 九嬪）に、「九嬪は、婦学《ふがく》の法を修めて、それを（女御《じょぎょ》である）九御《きゅうぎょ》に教えることを掌る」とある。四徳とは、婦徳《ふとく》・婦言《ふげん》・婦容《ふよう》・婦功《ふこう》である。

［四］婦とは、服することである。（婦という字は）よく人に仕えることを明示している。（二十七人の世婦は）二十七人の大夫《たいふ》に準えている。『周礼』（天官 世婦）に、「世婦《せいふ》は、祭祀・賓客・喪紀の事を掌る」とある。祭日に、女宮の祭具である内羞《ないしゅう》の物を並べ、卿《けい》・大夫の喪の席で、弔意を示して臨席することを職掌とする。

［五］御とは、王に進御することである。（八十一人の女御は）八十一人の元士《げんし》に準えている。『周礼』（天官 女御）に、「女御は、王の寝室に侍ることを職掌とする」とある。歳時に（女官の仕事の）成績を（天子に）献上する。

［六］『周礼』（天官 女史）に、「女史《じょし》は、王后の礼を掌る職であり、后の言辞を記録して、すべての后の職務に礼を備えて付き従う」とある。鄭玄は注をつけて、「また王に（記録を掌る）太史《たいし》の官がいるようなものである」という。彤管《とうかん》とは、赤い軸の筆である。『詩経《しきょう》』（邶風 静女）に、「わたしの彤管をおくる」とあり、毛伝《もうでん》には、「むかしは、后や夫人には必ず（記録を掌る）女史が彤管を持ち控える制度があった」という。

［七］『列女伝《れつじょでん》』（巻四 斉孝孟姫）に、「斉《せい》の孝《こう》公の孟姫《もうき》は、華氏《かし》の娘である。孝公に従って遠遊

した際に、車が御しきれず、姫は地に投げ出され、車は壊れた。孝公は（四頭立ての馬車である）駟馬立車《しばりつしゃ》に姫を乗せようしたが、姫は泣き、「妾《わたし》が聞くところでは、（后の外出には必ず目隠しがあり、坐って乗る車である安車輜軿《あんしゃしへい》に乗り）妃が堂から下れば、必ず（女性の侍従である）傅母《ふぼ》や保阿《ほあ》に従い、進退には玉佩環《ぎょくはいかん》が鳴るもの、と申します。これは立車で、目隠しもありません。あえて命に従えませぬ」と申し上げた」とある。

〔八〕『詩経』（国風 関雎）の序に、「関雎《かんしょ》の詩は、（后妃の徳を歌ったもので、后妃が）淑女を得て君子に配することを楽しみ、（后妃が）憂えるのは賢（女）を進めることにある。（后妃は）その色香に惑わされず、窈窕《ようちょう》の女性を哀れみ、賢才の（女性）を思い、（他人の）善を傷なう心の無いことをいう」とある。毛萇《もうちょう》の注に、「窈窕とは、幽間《たおやか》なことである」という。

〔九〕『周礼』（天官 内宰）に、「陰礼《いんれい》を六宮に教え、婦職《ふしょく》の法を九御に教える」とある。

〔一〇〕（原文の）粛とは、敬うことである。（原文の）雍とは、和やかにすることである。（原文の）謁とは、請うことである。言いたいのは、よく君子を補佐し、和《なご》やかに順い、恭しく敬しみ、個人的な請託をしないことである。『詩経』（国風 何彼襛矣）の序に、「王姫であっても婦道に則り、粛雍《しゅくよう》の徳を全うする」とある。また、「加えて陰険でねじけた請託や、個人的な請託をする心すらない」とある。

[一二]『前書音義《ぜんしょおんぎ》』に、「后夫人は、鶏が鳴いたら、佩玉の音を立てつつ、君の閨から出ていく。周《しゅう》の康《こう》王の后は、そうではなかった。そのため詩人が嘆いて、これを傷《いた》んだのである。魯詩《ろし》に見える（解釈である）」とある。

[一三]『列女伝』（巻二周宣姜后）に、「周の宣《せん》王の姜后《きょうこう》は、斉《せい》侯の娘である。宣王はいつも早めに寝て遅くに起きていたが、后は（よくないと考え、お召しがあっても）房より出なかった。やがて房より出てきたが、簪《かんざし》や珥《みみだま》を外し、永巷《えいこう》で断罪を待つ所作を取り、傅母を通じて王に、「妾は不才のため、淫《みだ》らな心を表に出しました。（そのため）君王に礼を違《たが》えて遅く起きさせるに至り、色を楽しみ徳を忘れる行いをさせました。罰されることを願います。どうか君王よ命じたまえ」と告げさせた。王は、「わたしの過ちである。夫人に罪があろうか」と言った。こうして（宣王は）政事に努め、（周の）中興の名をなした」とある。

[二三]（西周の）幽《ゆう》王の時、西夷《せいい》と犬戎《けんじゅう》が共に攻めて、幽王を驪山《りざん》のふもとに殺害した。太子の宜臼《ぎきゅう》が立ち、これを平《へい》王と称する。（平王は首都を）東の洛邑《らくゆう》に遷し、それによって犬戎を避けた。周の政治力は、これより微弱となった。

[一四]『春秋左氏伝《しゅんじゅうさしでん》』（僖公伝十七年）に、「斉《せい》の桓《かん》公は、寵愛する婦人が多く、それらのうち夫人と同等の地位にある者が六人おり、（それは）長衛姫《ちょうえいき》・少衛姫《しょうえいき》・鄭姫《ていき》・葛嬴《かつえい》・密姫《みつき》・宋《そう》の

華子《かし》であった」とある。

〔一五〕（原文の）元妃《げんき》とは、嫡妻《てきさい》のことである。『史記《しき》』（巻三十九 晋世家）に、「晋《しん》の献《けん》公が驪戎《りじゅう》を討伐し、驪姫《りき》を得て愛幸し、立てて妃とした」とある。

〔一六〕（斉の）桓公には六人の夫人がおり、六人の子が生まれた。桓公が卒すると、公子の昭《しょう》が即位した。すると、公子の無虧《むき》・公子の元《げん》・公子の潘《はん》・公子の商人《しょうにん》・公子の雍《よう》たち五人も、みな即位を求めた。公子の昭は、宋に亡命し、こうして乱が起きた。

〔一七〕（原文の）冢《ちょう》とは、大きいことである。（原文の）遘《こう》とは、遇うことである。（原文の）屯《ちゅん》とは、苦難である。晋《しん》の献《けん》公は、驪姫の讒言を真に受け、太子の申生《しんせい》を殺した。このため苦難に遇ったというのである。

〔一八〕（原文の衣裳について）上着は衣といい、下着は裳《しょう》という。『詩経』（邶風 緑衣）に、「緑の衣《うわぎ》よ、緑の衣に黄色の下裳《スカート》（では上下の色あいが逆さまになっている）」とあり、鄭玄は、「（王后の服である）褖衣《たんい》は黒色の衣である。ここで（裳に）黄色を使っていることは、礼制に合わない。妾が嫡妻《てきさい》を凌《しの》いでいることのたとえである」といっている。

〔一九〕『史記』（巻六 始皇本紀）に、「始皇帝《しこうてい》は六国を破ると、その国の宮殿を（それぞれ）模倣して、咸陽《かんよう》の北阪のほとりに造営させ、それは南は渭水《いすい》に面した。殿屋《でんおく》や（宮殿をつなぐ）二階建ての道である）複道《ふくどう》や（周囲にわたり廊下のある高楼の）周閣《しゅうかく》は、互いに並ぶほどであった。（そして）手に入れた各国の美人をこの中に入れて満たした」とある。（七国分を造営したとあるのは）秦《しん》を数えれば、七国だからである。

[二〇]『漢書《かんじょ》』（巻九十七上 外戚伝上）に、「漢《かん》が勃興すると、秦の称号を継承して、嫡妻を皇后とし、妾はみな夫人と称した。また美人《びじん》・良人《りょうじん》・八子《はちし》・七子《しちし》・長使《ちょうし》・少使《しょうし》の称号があった」とある。

[二一]（原文の）釐《り》とは、理《おさ》まることである。

[二二]『大戴礼記《だたいらいき》』に、「大臣の淫乱で男女の分別が無い罪にあたった者は、汚穢《おわい》とは記さず、「帷薄修まらず」と書く」とある。周昌《しゅうしょう》が上奏した際、高祖劉邦《りゅうほう》は戚姫《せきき》を抱いたまま現れたという。これが「修まらず」である。

[二三]鄭玄は『礼記』（曲礼篇）に注をつけて、「衽《じん》とは、しとねである」という。（前漢《ぜんかん》の）文《ぶん》帝は慎夫人《しんふじん》を寵愛し、常に皇后と坐を同じくさせた、これが（原文の）「弁ずること無き」である。

[二四]婕妤《しょうよ》が一級、娙娥《けいが》が二級、容華《ようか》が三級、充衣《じゅうい》が四級、ここまでは武《ぶ》帝が設置した。昭儀《しょうぎ》が五級、元《げん》帝が設置した。美人《びじん》が六級、良人《りょうじん》が七級、七子《しちし》が八級、八子《はちし》が九級、長使《ちょうし》が十級、

少使《しょうし》が十一級、五官《ごかん》が十二級、順常《じゅんじょう》が十三級である。無涓《むけん》・共和《きょうわ》・娯霊《ごれい》・保林《ほりん》・良使《りょうし》・夜者《やしゃ》が十四級で、この六官の品秩は同等とされる。

〔二五〕（原文の）彫とは、彫刻のことをいう。『史記』（巻百二十二酷吏伝）に、「漢が興ると、觚《かど》を壊して圓《まる》にして、（美しい）琱《ちょう》を削って璞《あらたま》と（するように浮華な制度を除いて質朴に）した」とある。

〔二六〕鄭玄は『周礼』に注をつけて、「皇后は正寝《せいしん》を一室、燕寝《えんしん》を五室もつ。これを六宮《ろくきゅう》という」としている。（そこには）夫人以下（の女官）も分居する。

〔二七〕『漢儀注《かんぎちゅう》』に、「八月には（人頭税である）算賦《さんぷ》（の賦課）を行う、ゆえに人を数える」とある。

〔二八〕（原文の）閫《こん》とは、門を限る（敷居）である。『礼記』（曲礼篇上）に、「（家の）外での仕事の話は敷居の中には入れない、（家の）内での言葉は敷居より外には出さない」とある。

〔二九〕『前書音義』に、「甲令《こうれい》とは、前帝の第一令である。甲令と乙令と丙令がある」という。

〔三〇〕淄《し》は、黒である。蠹《と》は、木を喰らう蟲《むし》である。（淄蠹という言葉で国の）傾き痛む様子を譬えているのである。

〔三一〕芈《び》は、音が亡爾《ぼうじ》の反《はん》である。

［三二］（秦の芈《び》）皇太后は、昭王《しょう》の母であり、宣《せん》太后とも呼ばれる。『史記』（巻七十二 穰侯伝）に、「昭王が即位したが、年少なので、宣太后が自ら政務を行い、同母弟の魏冄《ぎぜん》を将軍とし実務を任せ、封建して穰《じょう》侯とした」とある。皇太后の摂政は、これより始まる。

［三三］（四帝とは）安《あん》帝・質《しつ》帝・桓《かん》帝・霊《れい》帝のことをいう。

［三四］（六后とは）章《しょう》帝の竇《とう》皇太后・和熹《わき》鄧《とう》皇太后・安思閻《あんしえん》皇太后・順烈梁《じゅんれつりょう》皇太后・桓思竇《かんしとう》皇太后・霊思何《れいしか》皇太后である。

［三五］『周礼』（天官 幕人）に、「幕人《ばくじん》は、とばりや帷幄のことを掌る」とある。鄭玄は注をつけて、「帟《えき》とは、帷幄の中にある坐の上の塵《ちり》受けのことである」としている。殤《しょう》帝が崩御すると、鄧《とう》皇太后は兄の鄧騭《とうしつ》らと安《あん》帝を迎え立てたが、その年は十三歳であった。沖《ちゅう》帝が崩御すると、梁《りょう》皇太后は兄の梁冀《りょうき》と質《しつ》帝を迎え立てたが、その年は八歳であった。質帝が崩御すると、梁皇太后は兄の梁冀と桓《かん》帝を迎え立てたが、その年は十五歳であった。桓帝が崩御すると、竇《とう》皇太后は父の竇武《とうぶ》と霊《れい》帝を迎え立てたが、その年は十二歳であった。

［三六］（原文の）霧露《むろ》とは、疾病をいう。死を名指しで言えないので、霧露を借りて言った。霊帝の時、中常侍《ちゅうじょうじ》の曹節《そうせつ》が詔を偽り、竇皇太后を雲台《うんだい》に移した。謝弼《しゃひつ》は封事を奉り、「伏して鑑みますに、竇皇太后は、明聖なる陛下を擁立されたのに、空宮に幽閉されております。もし

霧露の疾（を得て崩御すること）があれば、陛下は何の面目あって天下に見えられましょう」とした。

〔三七〕（原文の）縲《るい》とは、なわである。（原文の）絏《せつ》とは、つなぐことである。（原文の）囹圄《れいぎょ》とは、周《しゅう》の獄の名である。郷亭《きょうてい》の獄を犴《かん》といい、音は五旦の反である。（家は縲絏《るいせつ》に圄犴《ぎょかん》の下に罥《かか》るとは）外戚たちが誅殺されたことをいう。

〔三八〕（原文の）踵《きびす》とは、（車輪の）跡である。（原文の）輈《ちゅう》とは、車の轅《ながえ》のことである。賈誼《かぎ》は、「前車が覆えることは、後車の誡めである」と言った。

〔三九〕（原文の）陵夷《りょうい》とは、崩れ廃《すた》れることである。（原文の）神宝《しんほう》とは、帝位のことである。

〔四〇〕安帝の母である左姫《さき》および祖母の宋貴人《そうきじん》の類いをいい、ともに清河孝王伝《せいかこうおうでん》に見える。

〔四一〕賈貴人《かきじん》・虞美人《ぐびじん》の類いである。

〔四二〕（原文の）纘《さん》とは、継ぐことである。

光武郭皇后

光武《こうぶ》帝の郭《かく》皇后は、諱《いみな》を聖通《せいつう》といい、真定《しんてい》国藁《こう》県〔河南省藁県の西〕の人である〔一〕。（郭氏は）郡の名家であった。父の郭昌《かくしょう》は、田宅ほか財産数百万銭相当を譲って異母弟に与え、真定国の人々から義と称された。郡に仕えて功曹《こうそう》となった。真定恭王《しんていきょうおう》の劉普《りゅうふ》の娘を娶り、（劉普の娘は）郭主《かくしゅ》と呼ばれ〔二〕、后と男子の郭況《かくきょう》を生んだ。郭昌は早く卒した。郭主は、王族の娘であったが、礼を好み倹約に努め、母の手本となれる徳を備えていた。更始《こうし》二〔二四〕年春、光武帝は、王郎《おうろう》を討伐して真定国に至り、その際に郭后を娶り、寵愛した。（光武帝が）即位するに及んで、貴人《きじん》に立てられた。

建武《けんむ》元〔二五〕年、皇子の劉彊《りゅうきょう》を産んだ。光武帝は、郭況の野心無く、慎み深い性格を好んでおり、（郭況は）この年に十六歳で、黄門侍郎《こうもんじろう》に任ぜられた。建武二〔二六〕年、郭貴人は、立てられて皇后となり、（その子の）劉彊を皇太子とし、（その弟の）郭況を綿蛮《めんばん》侯とした。皇后の弟なので貴賓と扱われ、賓客も次々と集まったが、郭況は恭謙で士に遜《へりくだ》ったので、とても評判となった。建武十四〔三八〕年、城門校尉《じょうもんこうい》に転任した。その後、（光武帝の）郭皇后への寵愛はやや衰え、（郭皇后は）しばしば恨み言を漏らすようになった。建武十七〔四一〕年、こうして廃位されて中山王《ちゅうざんおう》太后となった。郭皇后の中子である右翊《ゆうよく》公の劉輔《りゅうほ》を中山王とし、常山《じょうざん》郡を中山国に組み入れた。郭況は、大国に転封され、陽安《ようあん》侯となった〔三〕。郭皇后の従兄である郭竟《かくきょう》は、騎都尉《きとい》として征伐に参加し、功績があったため、封建されて新郪《しんし》侯となり、官は東海《とうかい》国の相《しょう》に至った〔四〕。

郭竟の弟である郭匡《かくきょう》は、発干《はっかん》侯となり[五]、官は太中大夫《たいちゅうたいふ》に至った。后の叔父の郭梁《かくりょう》は、早世して後嗣が無かったが、婿である南陽《なんよう》郡の陳茂《ちんぼ》が、恩沢により南䜌《なんれん》侯に封建された[六]。

建武二十〔四四〕年、中山王の劉輔は、沛《はい》王に転封され、郭后は沛太后となった。郭況は大鴻臚《だいこうろ》に転任した。光武帝は、しばしば郭況の屋敷に行幸し、公卿《こうけい》・諸侯・親戚を集めて酒宴を開き、そのたびに金銭・縑帛《けんはく》を賜り、豪勢なこと比類なく、京師の者は、郭況の家を「金穴」と呼んだ。建武二十六〔五〇〕年、后の母である郭主が薨去すると、光武帝は自ら喪に臨み送葬して、百官は大いに会した。使者を派遣して（早世した父の）郭昌の喪柩を迎えて郭主と合葬させ、郭昌に陽安《ようあん》侯の印綬を追贈し、思侯《しこう》と諡《おくりな》した。建武二十八〔五二〕年、郭后は薨去し、北芒山《ほくぼうさん》に葬られた。

光武帝は郭氏を哀れみ、詔を下して、郭況の子である郭璜《かくこう》に淯陽公主《いくようこうしゅ》を娶らせ、郭璜を任命して郎《ろう》とした。顕宗《けんそう》（明帝）が即位すると、郭況と帝舅の陰識《いんしき》・陰就《いんしゅう》とは、並びに特進侯《とくしんこう》となり、しばしば恩賜を受け、恩寵はともども厚かった。陰・郭への礼遇は、常に平等であった。永平《えいへい》二〔五九〕年、郭況が卒すると、贈賜はとても手厚く、明《めい》帝が自ら喪に臨んだ。諡は節侯《せっこう》という。子の郭璜が（陽安侯を）嗣いだ。

元和《げんわ》三〔八六〕年、粛宗章帝《しゅくそうしょうてい》が北方に巡狩し、真定国をよぎる際、郭氏一族を集めて、朝見して長寿を祝福させ、招いて歌を唱い、酒を飲んでとても楽しんだ〔七〕。（牛・羊・豚の犠牲である）太牢《たいろう》の犠牲により郭主の冢を祭り、粟を万斛、銭を五十万も賜った。また永元《えいげん》年間〔八九〜一〇四年〕の初めには、郭璜を長楽少府《ちょうらくしょうふ》とし〔八〕、子の郭挙《かくきょ》を侍中《じちゅう》とし、射声校尉《せきせいこうい》を兼ねさせた。大将軍《だいしょうぐん》の竇憲《とうけん》が誅殺された際に、郭挙は竇憲の娘婿であり、反逆を謀ったかどにより、父子ともに獄に下されて死んだ。家族は合浦《ごうほ》郡に流罪となり〔九〕、宗族で官吏となっていたものを尽く罷免した。新鄭侯の郭竟は、はじめ騎将《きしょう》となり〔一〇〕、征伐に従い功績があったので、東海国の相に任じられた。永平《えいへい》年間〔五八〜七五年〕に卒し、子の郭嵩《かくすう》が継いだ。郭嵩が卒すると、楚《そ》王の劉英《りゅうえい》の謀反に連坐して追起訴され、国は廃された。建初《けんしょ》二〔七七〕年、章帝が郭嵩の子である郭勤《かくきん》を伊亭《いてい》侯に封建し（断絶した国を継がせ）たが、郭勤には子がなく、国は除かれた。発干侯の郭匡は、官は太中大夫に到り、建武三十〔五四〕年に卒した。子の郭勳《かくくん》が継ぎ、郭勳が卒すると、子の郭駿《かくしゅん》が継いだが、永平十三〔七〇〕年、また楚王の劉英の謀反に連坐して、国を失った。建初三〔七八〕年、郭駿を封建して観都《かんと》侯とした。卒するにあたり子がなく、国は除かれた。郭氏で侯となった者は三人いるが、みな国は断絶した。

〔李賢注〕

〔一〕稾《こう》は、県の名であり、故城は唐《とう》の恒《こう》州稾城《こうじょう》県の西にある。

〔二〕恭《きょう》王は、名を普《ふ》といい、景《けい》帝の七代目の末裔である。

〔三〕陽安《ようあん》は、県であり、汝南《じょなん》郡に属する。故城は唐の豫《よ》州朗山《ろうざん》県にあり、故の道国城《どうこくじょう》がこれである。

〔四〕新郪《しんし》は県であり、汝南郡に属する。故城は唐の潁《えい》州汝陰《じょいん》県の西北にあり、郪丘《しきゅう》城がこれである。（郪の）音は七私の反《はん》である。

〔五〕発干《はっかん》は県であり、東《とう》郡に属する。故城は唐の博《はく》州堂邑《どうゆう》県の西南にある。

〔六〕繇は、音が力全《りきぜん》の反である。

〔七〕（原文の倡について）『説文解字《せつもんかいじ》』（巻八上）に、「倡とは、楽（師が唱うこと）である」という。『声類《せいるい》』には、「（倡とは）芸人である」という。

〔八〕長楽少府《ちょうらくしょうふ》は、皇太后の宮を取りしきり、官秩は二千石である。長信宮《ちょうしんきゅう》付きであれば長《ちょう》信少府《しんしょうふ》と呼ばれ、長楽宮《ちょうらくきゅう》であれば長楽少府と呼ばれる。

〔九〕（合浦《ごうほ》は）郡の名であり、唐の廉州《れんしゅう》県である。

［一〇］『漢書《かんじょ》』（巻十九上 百官公卿表上）に、「車将《しゃしょう》・戸将《こしょう》・騎将《きしょう》の三将は、光禄勲《こうろくくん》に属し、官秩は比千石である」という。

論に言う、物事の興廃、感情の起伏は、当然あってしかるべきものである。しかしとくに移り変わりの激しいものは、何と言っても情愛のもつれである。閨を共にして温情を受けている間は、嫉妬も詰まらぬ振る舞いも、美点のうちである［一］。（しかし）恩寵が移って睦まじさにひびが入ると、心遣いも美貌でさえも、ますます怒りを増す要因となる。愛が募れば、天下ですらこれを包みきれなくなるが、愛が衰えれば、天下のどこであろうと行き場は無くなる。これらは志士が陥りやすい罠、君主の評価を左右する重大事で、古今となく違いなどありはしない。郭后《かくこう》は、寵愛が衰えて、后位より退けられ、怒りと恨みにより罰せられもしたが、それでも別館を建ててもらい、一族は恩恵を受けた。東海《とうかい》（相の郭竟の子孫）に対する処分は寛容で、去就も礼により遇して、後世に栄枯衰勢を評する暇も見せなかったことは、古《いにしえ》よりも輝かしい措置といえよう。

［李賢注］

〔一〕（原文の贅について）『説文解字《せつもんかいじ》』に、「贅は、肬《こぶ》である」とある。『老子《ろうし》』（二十四章）には、「余食贅行」とあり、河上公《かじょうこう》の注に、「行いが当たってないことを贅となす」とある。『荘《そう》子《じ》』（内篇 大宗師第六）には、「くっついた贅《いぼ》、たれた肬」とある。醜悪なことをいうのである。

光烈陰皇后

光烈陰《こうれついん》皇后は、諱を麗華《れいか》といい〔一〕、南陽郡新野県《なんようぐんしんや》〔河南省新野県の南〕の人である。初め、光武《こうぶ》帝は新野県に行き、后の美人であることを聞き、心中これを好んでいた。後に長安《ちょうあん》に到り、執金吾《しつきんご》の車騎のたいへん盛んな有り様を見て、感嘆して、「官に就くなら執金吾、嫁に娶るなら陰麗華」と言った。更始《こうし》元〔二三〕年六月、ついに后を宛《えん》県の当成里《とうせいり》で妻とした。このとき（后は）十九歳であった。光武帝が（更始《こうし》帝の）司隷校尉《しれいこうい》となり、西に行き洛陽《らくよう》に赴任することになったので、后を新野県に帰らせた。鄧奉《とうほう》が兵を起こすに及んで、后の兄である陰識《いんしき》がこれの将となったので、后は家族に従って淯陽《いくよう》県に移り、鄧奉の陣営に住むことになった。

光武帝が即位すると、侍中《じちゅう》の傅俊《ふしゅん》に后を迎えにいかせ、胡陽公主《こようこうしゅ》と寧平公主《ねいへいこうしゅ》や多くの宮人《きゅうじん》と共に（后が）洛陽に到着すると、后を貴人《きじん》とした[二]。光武帝は、后が寛仁なため、皇后にしたかったが、后は郭氏《かくし》には子があるからと辞退し、最後まで受けなかった。このため郭《かく》皇后を立てたのである。建武《けんむ》四（二八）年、彭寵《ほうちょう》への征伐に従い、顕《けん》宗《そう》（明《めい》帝）を元氏《げんし》県で出産した。建武九（三三）年、盗賊が后の母の鄧氏《とうし》および弟の陰《いん》訢《きん》を殺した[三]。光武帝はこれをとても傷ましく思い、大司空《だいしくう》に詔を下して、「朕は微賤であった時に、陰氏《いんし》を娶ったが、軍を率いて征伐せねばならず、そのため離ればなれとなった。幸いにも戦いに勝利をおさめ、共に虎口を免れた[四]。陰貴人には天下の母に相応しい麗徳があるので、皇后の位に立つべきである。だが、本人が固辞して就かないため、側女に並んでいる[五]。朕はその謙譲の徳を褒め称え、陰貴人の弟たちを諸侯に封建することを許可した。しかし印綬を与えぬうちに、姦人に遭って不幸にあい、母子ともども命を落とした。朕は、心より哀れまずにいられない。『詩経《しきょう》』小雅《しょうが》（谷風）に、「ともに恐れともに懼《おそ》れて苦労をしたのは、僕と君だけ。これから共に安んじ楽しもうという時に、君は僕を捨てるのか」とある[六]。『詩経』の作者が戒めており、慎んで随わねばなるまい。そこで追尊して、貴人の父の陰陸《いんりく》を宣恩哀《せんおんあい》侯とし、弟の陰訢を宣義《せんぎ》恭《きょう》侯とし、弟の陰就《いんしゅう》に哀侯を継がせる。柩が表座敷に置かれているうちに、太中大《たいちゅうたい》夫《ふ》に印綬を拝授させること、国にある列侯《れっこう》（が薨去した場合）の礼と同様にする。人の魂が霊となり残るのであれば、どうかこの恩恵を喜んで欲しい」とした。

建武十七〔四一〕年、皇后の郭氏を廃位して、陰貴人を皇后に立てた。三公《さんこう》に制詔して、「郭皇后は恨みを抱いて、しばしば教令に違い、他人の子を養育し、他家に範を垂れられなかった。宮内の者が、これを見る様は恐ろしい猛禽のようであった［七］。もはや『詩経』の関雎《かんしょ》に歌われるような皇后の徳を備えておらず、（前漢《ぜんかん》の高祖劉邦《りゅうほう》の）呂《りょ》后や（前漢の宣《せん》帝の）霍《かく》后のような専断すら見られる。どうして幼な子を託し、祭祀を継がせられようか。いま大司徒《だいしと》の戴渉《たいしょう》［八］、宗正《そうせい》の劉吉《りゅうきつ》を派遣して節を持たせ、皇后の璽綬を返還させることにする。陰貴人は朕の故郷の良家の子女であり、朕がまだ微賤なころに嫁いできた［九］。しかし（『詩経』国風 東山に）「君と会えなくなってから、もう三年になる（それでも二人の気持ちは変わらない）」という間柄であった［一〇］。これよりは宗廟《そうびょう》を奉じて、天下の母となってもらいたい。（立皇后の）担当の役人は詳細に（漢家の）旧典を調査し、速やかに即位の次第を整えよ。（皇后の廃立は）異常事であり、国家の慶事ではないから、祝辞を奉り、慶事と称することは控えよ」とした。陰皇后は、位にあってからも恭倹で、楽しみは少なく、冗談を好まなかった。性格は仁孝で、慈悲深く、七歳で父を失い、数十年が経つのに、話が父に及ぶと、涙を見せないことは無かった。光武帝はこれを見て、常に感歎した。

顕宗明帝《けんそうめいてい》が即位すると、陰皇后を尊んで皇太后とした。永平《えいへい》三〔六〇〕年冬、明帝は陰皇太后に従って章陵《しょうりょう》県に行幸し、（光武帝の）旧宅で酒宴を設け、（光武帝の挙兵を支えた）陰氏と鄧氏の古い馴染《なじみ》の人々、およびそのほかの家の関係者の子孫を集め、並びに恩賞を与えた。永平七〔六四〕年、陰皇太后は崩御した。皇后の位にあること二十四年、享年は六十、（光武帝の）原陵《げんりょう》に合葬した。

明帝は、孝行で愛情深く、陰皇太后を慕って已《や》まなかった。永平十七〔七四〕年正月、原陵に拝謁するにあたり、夜に父の光武帝と母の陰皇太后が、普段のとおり歓談する夢を見た。目を覚ました後も、悲しみで眠れなかった。そこで暦を検討させ、明日が吉日と知ると、百官と先帝や陰皇太后と親しかった人びとを率いて（墓の上で祭祀をする、儒教では違礼となる）上陵《じょうりょう》の礼を行った。その日、（明帝の孝心に応えた天は）甘露《かんろ》を墓陵の木々に降らせ、帝はこれを百官に採取させて墓陵に供えた。会が終わると、明帝は席より進み出て遺物の鏡台に伏し〔二〕、その中の小物を見て、心を掻《か》き乱されて涙を流し、化粧品と装身具を新しく取り替えさせた。左右の者もみな泣き、仰ぎ見ることができなかった。

［李賢注］

［一］（『逸周書《いつしゅうしょ》』）諡法解《しほうかい》篇に、「徳をおさめて業にしたがうものを烈という」とある。『東観漢《とうかんかん》記《き》』に、「陰子公《いんしこう》という者がおり、陰子方《いんしほう》を生んだ。陰子方は陰幼公《いんようこう》を生み、陰幼公が陰君《いんくん》孟《もう》を生んだ。（君孟の）名は睦《ぼく》といい、これが陰皇后の父である」という。唐《とう》代の『世本《せほん》』は、「睦」の字を「陸」の字に作っている。

［二］寧平《ねいへい》は、県であり、淮陽《わいよう》郡に属する、故城は唐の亳《はく》州谷陽《こくよう》県の西南にある。

［三］（訢《きん》の）音は欣《きん》である。

［四］『荘子《そうじ》』に、「孔子《こうし》が（大泥棒の）盗跖《とうせき》と出くわし、（後になって）柳下恵《りゅうかけい》に、「あやういところで虎口を免れた」と言った」とある。

［五］（原文の媵《よう》について）『爾雅《じが》』に、「媵は、送である」とあり、孫炎《そんえん》は、「送女を媵という」としている。

［六］（『詩経《しきょう》』）谷風《こくふう》の詩である。

［七］『爾雅』（釈宮）に、「宮中の小門はこれを闈《い》という」とある。

[八]（原文の渉は）戴渉《たいしょう》である。
[九]（原文の帰について）『春秋公羊伝《しゅんじゅうくようでん》』（隠公二年）に、「婦人が嫁ぐことを帰《とつ》ぐという」とある。
[一〇]『詩経《しきょう》』豳風《ひんぷう》東山の句である。
[一一]（原文の）奩《れん》とは、鏡台である。音は廉。

明徳馬皇后

明徳馬《めいとくば》皇后は、諱は不明で[一]、伏波将軍《ふくはしょうぐん》である馬援《ばえん》の末娘である。（后は）若くして父母を失った。兄の馬《ば》客卿《きゃくけい》は、聡明であったが夭折した。母の藺《りん》夫人は、悲嘆のあまり、病を発して精神を傷めた。后はこのとき十歳であったが、馬家の家事を切り盛りし、小間使いに指示し[二]、内外に相談して指図を受ける様子は、成人と変わらなかった。はじめ諸家に気付く者は無かったが、後になってこれを聞き、みな感嘆した。后は、かつて長患いに罹《かか》り、祖母はこれを占わせた。筮者《ぜいしゃ》は、「この娘は今こそ病床にありますが大貴の相で、その兆候は言葉で表現できないほどです」と言った。後にまた人相見を呼んで、諸女の人相を見せたところ、后を見て大いに驚き、「わたしは必ずこの娘に対して臣と称することでしょう。しかし貴相ですが子宝には恵まれません。もし他人の子を育てれば力を得て、自ら生んだ子よりも高位を得るでしょう」と言った。

これよりさき馬援は（武陵《ぶりょう》郡の）五溪蛮《ごけいばん》を征伐して、軍中に卒した。虎賁中郎将《こほんちゅうろうしょう》の梁松《りょうしょう》・黄門侍郎《こうもんじろう》の竇固《とうこ》らは、これを誹謗《ひぼう》した。このため馬家は、権勢を失い、たびたび権貴の家に侮辱を受けた。后の従兄である馬厳《ばげん》は、憤懣《ふんまん》やるかたなく、祖母に竇氏との婚姻を絶ち、また馬氏の息女を掖庭《えきてい》に送ることを進言した。そして上書して、「臣の叔父の馬援は、（討伐の主将という）陛下の恩信を賜りながら、これに背いて報いることができず[三]、しかし妻子はとくに御恩を受けて生き長らえました。馬家の者が陛下を信奉することは、天のようで父のようであります。しかし、人の情とは、死なずに済んだとなれば、ついで幸福を求めようとするものでございます。臣がひそかに聞きますところ、皇太子殿下と諸王殿下の妃の数が、十分には足りていないとのこと。馬援には三人の娘がおり、上は十五歳、次は十四歳、末は十三歳、容貌は髪のつやといい、肌の細やかさといい、上の中以上の器量であります[四]。みな孝行で出過ぎたことはせず、淑《しと》やかで礼儀を心得ております[五]。どうか人相見に申しつけて、その是非を判定してくださいませ。もし万一（選ばれて後宮に入る幸運）がありますれば、馬援も黄泉《よみ》でいたずらに朽ち果てずに済むというものです。また馬援の姑《おば》たちは、みな成帝《せい》の婕妤《しょうよ》となって、延陵《えんりょう》に葬られております。臣である馬厳も、これら先祖の恩恵により、かように朝見させていただいております。なにとぞ姑の縁と思われ、後宮に配していただけますよう願います」と申し上げた。これにより、后を選んで太子の宮に入れた。このとき年は十三歳であった。恭しく陰皇后に仕え、同輩の宮女と接するにも礼を整え、上下の者は后の態度に和んだ。こうして寵遇を受け、つねに後堂に起居した。

顕宗《けんそう》（明帝《めい》）が即位すると、后を貴人《きじん》とした。このとき后の前母の姉の娘である賈氏《かし》もまた選入され、粛宗《しゅくそう》（章帝《しょう》）を産んでいた。明帝は、后に子が無いので、命じて章帝を養育させた。（明帝は）「人は必ずしも自分で子を産まねばならぬわけではない。ただ愛情が足りぬことだけを心配すればよい」と（后に）申し渡した。后は心を尽くして養育に努め、苦労憔悴する様子は自分の子供を育てる以上であった。粛宗もまた孝心厚く、生まれついて温和な性格であったから、母子の慈愛の情は、終生にわたり立錐の隙間もなかった［六］。后は、皇室の血統の広がらぬことを常に憂慮し、左右の者を推薦し、それでもなお及ばぬことを恐れた。後宮に進見されるものがあれば、つねに慰撫を加え、もし寵愛が数度に及べば、ますます厚遇した。永平《えいへい》三〔六〇〕年春、役人が長秋宮《ちょうしゅうきゅう》を立てる（皇后を立てる）べきことを奏上したが〔七〕、明帝は、いまだ皇后の名を口にしなかった。（光武《こうぶ》帝の皇后であった）陰《いん》皇太后は、「馬貴人の徳は、後宮に冠たるもので、皇后となるべきはこの人である」と（明帝に）言った。（馬貴人は）こうして立てられて皇后となった。

これに先立つこと数日、后は羽虫が無数に飛んできて体にまとわりつき、また皮膚から体に入り込み、再び飛び去る夢を見た。即位すると、いよいよ自然に謙虚となった。身長は七尺二寸（約166㎝）であり、四角い口で美しい髪であった。よく『周易《しゅうえき》』を暗唱し、好んで『春秋《しゅんじゅう》』と『楚辞《そじ》』を読み、『周礼《しゅらい》』と董仲舒《とうちゅうじょ》の著書に通じていた〔八〕。常に大練《たいれん》〔目の粗い絹〕を着て、裙《くん》〔婦人が腰から下につける布〕には縁取《ふちど》りを加えなかった〔九〕。朔《さく》〔一日〕と望《ぼう》〔十五日〕ごとに多くの姫や公主《こうしゅ》がお目通りをし〔一〇〕、后の質素な袍衣《ほうい》を遠目に見て（高価な）綾《あや》のある薄絹の衣かと思ったが、近づくと粗末なものだったので笑う者がいた。馬皇后は、「この縑《きぬ》はとくに染め色が良いので、これを着ただけです」と流した。六宮で感嘆しない者はなかった。明帝がいつも苑囿《えんゆう》や離宮に行幸するごとに、馬皇后は風邪をめされたり、露や霧に打たれないよう戒めたが、その言葉には真心が籠もり、明帝に多く受け容れられた。あるとき明帝が濯竜苑《たくりゅうえん》に行幸して〔一一〕、多くの才人を呼び集めた。その際に下邳《かひ》王（の劉衍《りゅうえん》）以下は、みな帝側にあり、皇后も招くように願い出た。明帝は笑って、「皇后は騒ぎを好まぬから、呼んでも喜ばないであろう」と言った。このため遊興の際にはほとんど随伴しなかった。

永平十五〔七二〕年、明帝は地図を検討し、皇子を封建するのに、すべて（光武帝の）諸王の国の（戸数より）半分とした。馬皇后がこれを見て、「皇子がわずか数県を食邑とすることは、制度として切り詰めすぎではないでしょうか」と尋ねた。明帝は、「我が子がどうして先帝の子と対等であってよいものか。年ごとに二千万銭もあれば十分であろう」と答えた。このとき楚《そ》王の劉英《りゅうえい》の謀反事件は、（兄弟を処罰するに忍びない帝の意向もあり）年を経ても決着がつかず、囚人も互いに証言しあうので、連坐して拘留される者がとても多かった。馬皇后は、事態の混乱を慮り、折を見ては言及して憂えた。明帝は、これにより悟るところがあり、それまでは夜中に起き出し、行ったり来たりして悩んでいたが、馬皇后の言葉を納《い》れ〔二〕、ついに処断して多くの者の罪を許した。このころ諸将の奏事や、公卿《こうけい》が万事明白にしようと議論をしても決定し難いものについて〔三〕、明帝はたびたび馬皇后に尋ねた。馬皇后は、趣旨を分析して答え、（答えは）それぞれ情を備えていた。常にお側に仕えるごとに政事に言及し、帝を多く補弼《ほひつ》したが、ついぞ馬家の私情を挿《さしはさ》むことはなかった。このため寵敬は日々に盛んとなり、終生衰えることはなかった。

明帝が崩御して、粛宗が即位すると、馬皇后を尊んで皇太后とした。（明帝の）貴人たちは、南宮に移らなければならなかった。馬皇太后は、惜別の情を抱き、それぞれに王の赤綬《せきじゅ》を賜い、（四頭立てのゆっくり座れる馬車である）安車《あんしゃ》駟馬《しば》・（越《えつ》産の高級な布である）白越《はくえつ》三千端〔一四〕・雑帛二千匹・黄金十斤を賜与した。自ら『顕宗起居注《けんそうききょちゅう》』を撰述したが、（黄門侍郎であった）兄の馬防《ばぼう》が（明帝の）看護に尽力した記事を削除した。章帝は、「黄門の舅《おじうえ》は、朝夕となく一年にわたり看病しました。顕彰されず、勤労を記録にも残さないのは、ひどすぎませんか」と言い、記録するように言った。馬皇太后は、「わたしは後世の者に、先帝が後宮の外戚と親密であったと伝えられたくないのです。ですから著しません」と答えた。

建初《けんしょ》元〔七六〕年、章帝は、馬家の諸舅を封爵しようとしたが、馬皇太后は許さなかった。翌年の夏、大日照りがあった。原因を説く者は、外戚を封建しないためであると言い、役人もこれにより、（外戚を封建する漢家の）旧典に従って〔一五〕、封建するように上奏した。馬皇太后は詔を下して、「およそ事を説く者は、みな朕に媚びて余福を受けようとしている。むかし（成帝の王《おう》皇太后の弟である王譚《おうたん》・王商《おうしょう》・王立《おうりつ》・王根《おうこん》・王逢時《おうほうじ》という）王氏の五侯が同日に封建されたが［一六］、そのとき黄色い霧が四方を覆うという凶《きょう》兆《ちょう》こそあれ、恵みの雨の瑞祥《ずいしょう》があったとは聞いていない。また田蚡《でんふん》と竇嬰《とうえい》が寵貴を背景に恣《ほしいまま》に行動し、国家転覆の災いを招いたことは、世に伝えられている［一七］。このため先帝は外戚を慎重に扱われ、枢機の位に置かなかった［一八］。諸皇子の封地ですら、わずかに（謀反を起こした）楚《そ》王や淮陽《わいよう》王の国の半分とされ、常に「我が子が先帝の子と同格であってよいものか」と仰せられていた。いま役人はどうして馬氏を（功績の高い外戚である）陰氏に比較するのであろうか。わたしは（皇太后として）天下の母となっているが、身に（粗末な）大練を着て、食は甘いものを求め（る贅沢をせ）ず、左右の者にもただ帛布を着せ、香薫《こうくん》をたきしめさせないのは、自ら下々を導こうとしているからである。思うに外親がこれを見れば、心を傷め自戒すべきであろうが、ただ笑って「皇太后はもともと倹約がお好きだから」などと言う始末である。さきごろ濯竜門《たくりゅうもん》のほとりを過り、馬家への訪問者を見かけたが、車は河のように次々とやって来て、馬は泳ぎまわる竜のようにその間を抜け、（馬氏の）召使が緑色の襻《たすき》に白く縁取った襟袖《えりそで》を着ており［一九］、振り返って朕のお付きと比べたが、とても及びもつかない。このときは譴責を下さず、ただ馬家への歳費をうち切るのみとした。密かに心に恥じるよう期待していたが、なおも怠慢で憂国忘家の志も無い。臣下を知るものは、君主より上のものは無いという。まして親族であれば、なおさらである。わたしは、どうして上は先帝の意思に背き、下は先人の徳を貶め、（外戚に簒奪された前漢の誤りを）重ねて、長安《ちょうあん》敗亡の災いを繰り返せようか」とした〔二〇〕。（馬皇太后は、外戚の馬氏への封建を）全く許さなかった。

章帝は、詔を読んで悲歎に暮れ、また重ねて、「漢《かん》の勃興以来、外戚が諸侯に封建されることは、皇子が王となるのと同様の制度でした。皇太后は、誠に謙虚ですが、どうして臣《わたし》にだけ（馬廖・馬防・馬光の）三舅への恩寵を与えさせてくれないのでしょうか。また衛尉《えいい》（である馬廖）は高齢、両校尉《こうい》（の馬防・馬光）は大病を患い〔二一〕、万一のことがあれば、臣は刻骨の恨みを抱かざるを得ません。どうぞ速やかに吉日を選んで封建し、押し止められないようお願いいたします」と申し上げた。

馬皇太后はこれに答えて、「わたしは何度も繰り返して考え、帝にも馬家にも共によい方法を考えて申しあげたのです。どうしてわたしだけが謙譲の名声を得ようと思い、帝には外戚に恩恵を与えないとの嫌疑をかけさせようとするでしょうか〔二二〕。むかし竇《とう》皇太后が王《おう》皇后の兄を封建しようとした時に〔二三〕、丞相《じょうしょう》である条《じょう》侯（の周亜夫）は、高《こう》祖《そ》（劉邦《りゅうほう》と）の約に基づき、軍功が無く劉氏でも無い者は、侯《こう》としてはならないと進言いたしました[二四]。今の馬氏には国家への功績はありませんから、どうして陰氏や郭氏《かくし》など中興の（際に功績があった）皇后家と、同等に遇されてよいものでしょうか。まして常々富貴の家を見てきましたが、爵禄を重ねるほどに、「年に二回も実のなる木は根を傷める」ようになります[二五]。そもそも人が諸侯に封建されたいと願う理由は、上は祖先の祭祀を受け継ぎ、下は暖かく満腹を求めるためです。いま祭祀には四方より珍宝が寄せられ、衣食には天子の倉庫から余るほど物資をいただいております。どうしてこれでも足りずに、（食邑として）一県を受ける必要がありましょう。わたしは家事の切り盛りには詳しいのですから、帝は疑うことはありません。そもそも至孝の行いとは、親を安心させることが優先します。現在しばしば災異が起こり、穀物の価格は数倍となり、わたしは昼夜となく憂い恐れて、寝所でも心が安まりませんのに、外戚を封建したいなどとは、母の精勤する様とは反対のやり方ではありませんか[二六]。わたしはもともと剛情で、向こう気も強いので、順っていただきます。もし陰陽が調和し、辺境も安静となりましたら、その後にあなたのやりたいようにしなさい。わたしはもう飴をなめて孫をあやす年ですから[二七]、もう政治とは関わることをいたしません」と返答した。

時に新平公主《しんへいこうしゅ》の家の御者が火をだし、北閣《ほくかく》の後殿《こうでん》にまで延焼した。馬皇太后はこれを自分の過ちとし、一日中喜ばなかった。この月には（光武帝の）原陵《げんりょう》に拝謁するべきであったが、自らを身を慎まない罪にあて、陵園で先帝と見《まみ》えることを恥じ、ついに上陵しなかった。これよりさき、馬家の太夫人《たいふじん》を葬った墳丘の盛り土が、やや高かった、と馬皇太后が口にすると、兄の馬廖《ばりょう》たちは、すぐさま土を削らせた。外戚でありながら、控え目で義行のある者には、優しい言葉をかけ、財位を与えて顕彰した。もし少しでも過ちがあれば、まず顔をしかめ（不興を伝え）、それでも改めなければ叱責した。車服を飾って限度に従わない者は、一族の属籍より抜き、故郷へと帰した。（明帝の皇子である）広平《こうへい》王（劉羨）と鉅鹿《きょろく》王（劉恭）と楽成《らくせい》王（劉党）の車騎は質実で、金銀の装飾もなく、章帝がこれを馬皇太后に申しあげると、馬皇太后はそれぞれに五百万銭を賜与した。こうして内外は感化され、被服は一種類しかないかのようになり、諸家の慎むさまは（明帝の）永平《えいへい》年間〔五八～七五年〕の倍となった。織室《しょくしつ》を置き、濯竜《たくりゅう》の中で養蚕を行わせ〔三八〕、たびたび訪ねては観察し、これを楽しみとした。いつも章帝と朝から晩まで政治について語り、諸々の幼い皇子に議論を行い、経書を講義し、昔話を聞かせて、終日なごやかであった。

建初四〔七九〕年、天下は豊作となり、辺境にも紛争は無かった。章帝はかくて三舅の馬廖《ばりょう》・馬防《ばぼう》・馬光《ばこう》を封建して列侯《れっこう》とすることにした。三人は共に辞退して、一等下の関内侯《かんだいこう》に封じられるよう願い出た。馬皇太后はこれを聞き、「聖人が人に教える際に、それぞれやり方が異なるのは、人の性格が一様ではないことを知っているからです〔二九〕。わたしの若いころは、ただ名を史書に刻むことを願い、命も惜しまぬ心意気でした〔三〇〕。今すでに年老いましたが、また「戒めるべきは貪欲」を目標としています〔三一〕。そのため日夜に励んで、遜《へりくだ》ることに思いをめぐらせています〔三二〕。住まうにも安らかさを求めず、食べるにも飽きるまでとは思いません。どうかこの道を歩み、先帝に背かないように。兄弟を導いて、この志を同じくし、瞑目する日に、悔いを残さぬよう過ごしたく存じます。よもやこの老女の志に従ってもらえぬとは思いもよりませんでした。天に召された暁には、長く恨むことでしょう」と述べた。馬廖らはやむをえず、爵位こそ受けたが、官位を退き邸宅に帰った。

馬皇太后は、その年に病に伏した。巫祝《ふしゅく》や医者を信用せず、何度も命令して祈禱《きとう》を止めさせた。六月に至り崩御した。位に在ること二十三年、四十数歳であった。（明帝の）顕節陵《けんせつりょう》に合葬された。

［李賢注］

［一］諡法《しほう》に、「忠和で純淑《じゅんしゅく》であることを徳という」とある。（原文にある）諱は某とは、史書がその名を伝えていないのである。以下もみなこれと同じである。

［二］（原文の）幹とは、正である。（原文の僮と御について）『広雅《こうが》』に、「僮と御は、みな使い走りの者」とある。

［三］（原文の）孤とは、負《そむ》くことである。

［四］『東観漢記《とうかんかんき》』に、「明帝《めい》馬《ば》皇后は、髪が美しく、（髪の毛を高く結いあげる）四起の大髻《おおもとどり》を結うにも、自分の髪だけで結い上げることができ、なお余りがあるほどで、髻にめぐらせること三めぐりであった。眉にも黛《まゆずみ》を塗ることもなかったが、ただ左眉のすみがやや欠けたので、これを塗り補うことは粟《あわ》のように小さかった。いつも病と称していたが、生涯寵愛されたた」とある。

［五］（原文の）婉《えん》とは、順という意味である。

［六］（原文の）纖介《せんかい》とは、細微と同じ意味である。（原文の）間とは、隙間である。

［七］（長秋宮とは）皇后の居住する宮殿である。長とは、久しいことであり、秋とは、初めて万

物が成熟する時であるため、これにより名づけられた。立皇后を請うにあたり、あえて（皇后と）口にすることを避け、宮殿の名称を用いてこのように言うのである。

［八］（原文の）周官《しゅうかん》とは、『周礼《しゅらい》』のことである。董仲舒《とうちゅうじょ》の書とは、玉杯《ぎょくはい》・蕃露《はんろ》・清明《せいめい》・竹林《ちくりん》といった類いのものである。蕃の音は繁《はん》である。

［九］大練とは、大帛《たいはく》である。杜預《どよ》が『春秋左氏伝《しゅんじゅうさしでん》』に注をつけて、「大帛とは、厚繒《こうそう》（あつい絹）である」としている。皇太后の兄である馬廖《ばりょう》が上書して、「いま陛下は自ら厚繒を着ております」というのが、これである。

［一〇］漢律《かんりつ》によれば、春に行われるお目通りを朝《ちょう》といい、秋に行われるお目通りを請《せい》という。

［一一］『続漢志《しょくかんし》』（志二十六 百官三）に、「濯竜《たくりゅう》は、園の名である。（その場所は）北宮に近い」とある。

［一二］（原文の「為に納れし所を思ひ」とは）后が納め（提案し）た言辞を（明帝が）思ったのである。

［一三］（原文の較について）『広雅』（巻四上）に、「較とは、明らかなことである」とある。

［一四］白越とは、越《えつ》地方の布である。

［一五］前漢《ぜんかん》の制度では、外戚は恩沢により侯《こう》に封建された。それゆえ旧典というのである。

〔一六〕成帝《せい》は王皇《おう》太后の弟である王譚《おうたん》・王商《おうしょう》・王立《おうりつ》・王根《おうこん》・王逢時《おうほうじ》らを封建し、同時に関内侯《かんだいこう》とした。

〔一七〕田蚡《でんふん》は、景《けい》帝の王《おう》皇后の同母弟の武安《ぶあん》侯である。丞相《じょうしょう》となり、貪欲で驕慢、淮南《わいなん》王と覇《は》上《じょう》で私語を交わし（反乱を企て）た。薨去した後に（反乱の企みが発覚し）、武《ぶ》帝は、「武安侯が生きておれば、一族皆殺しである」と怒りを露《あらわ》にした。竇嬰《とうえい》は、文《ぶん》帝の竇《とう》皇后の従兄の子の魏其《ぎき》侯である。丞相となったが、灌夫《かんふ》と朋党を結んだ罪で公開処刑された。

〔一八〕（原文の）枢機《すうき》とは、皇帝の近くで機密を握る重要な官職である。『春秋運斗枢《しゅんじゅううんとすう》』に、「北斗七星の第一星は天枢《てんすう》といい、第二星を琁《せん》といい、第三星を機《き》という」とある。

〔一九〕（原文の）構《こう》は臂《ひ》衣《い》である、今の臂韝《ひこう》〔たすきがけ〕である、服を左右の手に縛り、動きやすくした服である。

〔二〇〕前漢の外戚である呂禄《りょろく》と呂産《りょさん》、竇嬰《とうえい》、上官桀《じょうかんけつ》と上官安《じょうかんあん》の親子、霍禹《かくう》らは、みな誅殺された。

〔二一〕衛尉《えいい》とは、馬皇太后の兄である馬廖《ばりょう》、両校尉《こうい》とは、兄の馬防《ばぼう》と馬光《ばこう》である。

〔二二〕（原文の「外に施す」について）恩恵により外戚を封爵《ほうしゃく》することを外に施すという。

〔二三〕竇《とう》皇太后は、文帝の皇后である。王皇后は、景帝の皇后である。兄とは王信《おうしん》のことで、のちに封建され蓋《がい》侯となった。

[二四] 条侯《じょう》は、周亜夫《しゅうあふ》である。『漢書《かんじょ》』（巻四十 周勃伝附周亜夫伝）に、「高祖劉邦《りゅうほう》は功臣と約して、劉氏でなければ王となれない、功績がなければ侯となれない。約に当たらぬことがあれば、天下は共にこれを撃てとした」とある。

[二五] 『文子《ぶんし》』（符言篇）に、「年に二回も実のなる木は必ず根を傷め、盗掘して財を成した家は後世必ず災いがある」とある。

[二六] （原文の）拳拳《けんけん》とは、勤勤と同じような意味である、音は権である。

[二七] 『方言《ほうげん》』（巻十三）に、「飴とは、餳《あめ》である。陳《ちん》・楚《そ》・宋《そう》・衛《えい》で通用する言葉である」という。

[二八] 『漢書』（巻十九上 百官公卿表上）に、東織《とうしょく》・西織《せいしょく》という官職があり、少府《しょうふ》に属す。平帝《へい》が名を織室《しょくしつ》と改めた、とある。

[二九] 『礼記《らいき》』王制篇に、「およそ人の住居は、天地の寒暖や乾湿に従う。広い谷と大きな河はその地勢が異なり、その間に生まれた人は、その風俗を異にする。したがって礼楽を修めてもその風俗を変えず、刑政を整えてもその善し悪しを変えない。中国と四夷という五方の人々は、それぞれ固有の性質があり、それを移し変えることはできない」とある。

[三〇] 言いたいのは若いころは古人が名を史書に残したことを慕い、寿命の長短を気にかけなかったということである。

〔三一〕『論語《ろんご》』（季氏篇）に、孔子《こうし》が、「若いときには、戒めるべきは色欲にあり、年老いて、戒めるべきは物欲にある」と述べている。（原文の）得とは、貪欲に貯め込むことである。言いたいことはさらにまた封爵を惜しみ（大切に考え）、みだりに親戚が封建されることを願わなかったということである。

〔三二〕（原文の）愓《てき》とは、恐れることである。（原文の）厲《れい》とは、危ぶむことである。

賈貴人《かきじん》は、南陽《なんよう》郡の人である。建武《けんむ》年間〔二五～五六年〕の末に選ばれて太子の宮に入った。中元《ちゅうげん》二〔五七〕年に粛宗《しゅくそう》（章《しょう》帝）を産み、顕宗《けんそう》（明《めい》帝）が貴人とした。馬《ば》皇太后に養育され、専ら馬氏を外戚と見なした。そのため貴人は、皇太后の位に登れず、賈氏の親族にも恩寵を蒙る者が無かった。馬皇太后が崩御した後、策書で貴人に諸侯王の赤綬《せきじゅ》〔一〕、安車一駟《あんしゃいちし》、永巷《えいこう》の宮人《きゅうじん》（となっていた官の奴婢）二百名〔二〕、御府の所蔵する雑帛二万匹、大司農《だいしのう》の管轄下の黄金千斤、銭二千万を賜った。諸史がすべてその後の事を記さないので、没年は不詳である。

［李賢注］
［一］『続漢書《しょくかんじょ》』（志三十 輿服下）に、「諸侯王の赤綬」とある。
［二］永巷《えいこう》とは、宮中の署の名である。後に掖庭《えきてい》と改めた。永巷の宮人《きゅうじん》とは、つまり官の奴婢のことである。

章徳竇皇后

章徳竇《しょうとくとう》皇后は、諱は不明であり、扶風平陵《ふふうへいりょう》県の人で、大司空《だいしくう》の竇融《とうゆう》の曾孫である。祖父の竇穆《とうぼく》、父の竇勳《とうくん》は、罪に連坐して死んだ。その詳細は（『後漢書《ごかんじょ》』列伝十三）竇融伝にある。竇勳は、東海恭《とうかいきょう》王の劉彊《りゅうきょう》の娘である沘陽公主《ひようこうしゅ》を娶っており、后はその長女である。家は没落していたが、たびたび人相見を呼んで善悪を聞くと［一］、后を見た者はみな、大尊貴の相を備え、群臣の妻に終わる方ではない、と言った。六歳で書を得意とし、一族の者はみな后を奇とした。建初《けんしょ》二（七七）年、后は妹と共に選ばれて長楽《ちょうらく》宮《きゅう》に入ったが、出処進退を弁《わきま》え、風貌もひときわ華やいでいた。粛宗《しゅくそう》（章《しょう》帝）は、先に后の才色兼備を聞き、しばしば多くの姫《き》や傅母《ふぼ》に（后のことを）尋ねた［二］。（章帝は）会ってみて美しいとし、馬《ば》皇太后もまた后を素晴らしいとした。これにより掖庭《えきてい》に入り、北宮《ほくきゅう》の章徳殿《しょうとくでん》に仕えた。后は機敏で心を込めて接したので、評判が日々高まった。翌年、ついに立てられて皇后となり、妹を貴人《きじん》とした。建初七〔八二〕年、竇皇后の父である竇勳を追封して安成思侯《あんせいし》とした〔三〕。竇皇后への寵愛は、とくに厚く、後宮（の寵愛）を独占した。

はじめ宋《そう》貴人は、皇太子の劉慶《りゅうけい》を産み、梁《りょう》貴人は、和《わ》帝を産んだ。竇皇后には子が無かったので、ともどもこれを憎み、たびたび帝に告げ口をした。そのため（帝の心は貴人たちから）次第に離れていった。そののち竇皇后は、宋貴人が妖術で男を誑《たぶら》かす方法に手を染めていると誣告し、そうして自殺させ、劉慶を廃嫡して清河《せいが》王とした。この間の経緯は（『後漢書』列伝四十五）劉慶伝にある。

梁貴人は、梁竦《りょうしょう》の娘である。若くして母を亡くし、伯母の舞陰長公主《ぶいんちょうこうしゅ》によって育てられた〔四〕。十六歳の時、建初二〔七七〕年に中姉と共に選ばれて掖庭に入り、貴人となった。建初四〔七九〕年、和帝を生んだ。（和帝は）竇皇后が育てて自分の子とした。（竇氏は）外戚の地位を一手に独占しようと謀り、梁氏を疎ましく思っていた。建初八〔八三〕年、匿名の手紙によって梁竦を陥れた〔五〕。梁竦は誅殺され、梁貴人姉妹も憂死した。これより後宮の者どもは息を潜め〔六〕、竇皇后への寵愛は日に日に盛んとなった。

章帝が崩御し、和帝が即位すると、竇皇后を尊び皇太后とした。竇皇太后は臨朝《りんちょう》すると、母の沘陽公主を尊んで長《ちょう》公主となし、湯沐邑《とうもくゆう》三千戸を増した。兄の竇憲《とうけん》、弟の竇篤《とうとく》・竇景《とうけい》は、ならびに顕貴の身となって、専権を振るった。ついに和帝の暗殺を企てるまでになり、永元《えいげん》四〔九二〕年、発覚して誅殺された。

永元九〔九七〕年、竇皇太后が崩御し、いまだ葬儀に及ばぬうちに、梁貴人の姉の梁嫕《りょうえい》が上書し〔七〕、（和帝の母の梁）貴人がいかに惨《むご》い殺され方をしたかを訴え出た。太尉《たい》の張酺《ちょうほ》・司徒《しと》の劉方《りゅうほう》・司空の張奮《ちょうふん》が上奏し、光武帝《こうぶ》が呂《りょ》太后を貶《おとし》めた故事に倣《なら》い〔八〕、皇太后の尊号を貶め、先帝と合葬すべきでない、とした。百官もまた多く上言して賛同した。和帝は手ずから詔を下し、「竇一族は、たしかに法度を守らなかったが、竇皇太后は、常に自ら身を慎んでおられた。朕も母としてお仕えすること十年、深くその大恩を思い、道義に照らしても、礼には臣下たるものが尊上を貶めてよいとの文は無い。恩としては母子の縁を断つに忍びなく、義としては名位を欠くに忍びない。考えてみるに、前代の上官《じょうかん》太后も降格されなかった〔九〕。この件はもう論議するな」とした。こうして（章帝の）敬陵《けいりょう》に合葬された。位に在ること十八年であった。

和帝は、梁貴人がひどい死に方をし、葬儀も礼を欠いていたので、改めて承光宮《しょうこうきゅう》で殯《かりもがり》をし、尊号と謚《おくりな》を奉って恭懐《きょうかい》皇后とし〔一〇〕、追って喪に服し、百官は白地の喪服を着た。姉の梁大貴人と共に西陵《せいりょう》に葬り、次第は（竇皇太后の）敬園《けいえん》に倣った〔一一〕。

［李賢注］

［一］（原文の息耗について）薛漢《せつかん》の『韓詩章句《かんししょうく》』に、「耗は、悪である」という。息耗とは、善悪と同じような意味である。

［二］（原文の）訊とは、問うことである。（原文の）傅とは、傅母《ふぼ》をいう。

［三］安成《あんせい》は、県であり、汝南《じょなん》郡に属する。故城は唐《とう》の豫《よ》州呉房《ごほう》県の東南にある。

［四］（舞陰《ぶいん》）長公主《ちょうこうしゅ》は、光武《こうぶ》帝の娘であり、梁松《りょうしょう》が尚《めと》った。

［五］（原文の）飛書《ひしょ》とは、唐でいう匿名の書のようなものである。

［六］（原文の）惵《ちょう》とは、怖れることであり、音は牒である。『逸周書《いつしゅうしょ》』（官人解）に、「臨み捕らえるときに威を以て行うと、（相手は）怖れて息を潜める」とある。

［七］（嫕《えい》の）音は一計《いちけい》の反《はん》。

［八］中元元《ちゅうげん》〔五六〕年、呂《りょ》后を貶めて（劉邦《りゅうほう》の）高廟《こうびょう》に配食させることを止めた。

［九］上官太后《じょうかんたいこう》は、昭《しょう》帝の皇后である。父の上官安《じょうかんあん》は燕《えん》王（の劉旦《りゅうたん》）と謀反して誅殺された。

上官太后は年少で、また霍光《かっこう》の外孫でもあったので、廃されなかった。

［一〇］（『逸周書』）謚法解《しほうかい》に、「敬虔に仕えて上を尊ぶことを恭といい、慈仁で行いが聡いものを懐という」とある。

［一一］敬園《けいえん》は、安《あん》帝の祖母である宋貴人《そうきじん》の園である。

和帝陰皇后

和《わ》帝の陰《いん》皇后は、諱は不明であり、光烈陰《こうれついん》皇后の兄にあたる執金吾《しつきんご》の陰識《いんしき》の曾孫である。后は若いときから聡明で慧眼であり、書を嗜《たしな》んだ。永元《えいげん》四〔九二〕年、選ばれて掖《えき》庭《てい》に入り、先后の近親であることで、貴人《きじん》となることができた。とくに寵愛があり、永元八〔九六〕年、ついに立てられて皇后となった。

和熹鄧《わきとう》皇后が入宮すると［一］、寵愛が次第に衰え、たびたび恨み言を漏らした。陰皇后の外祖母である鄧朱《とうしゅ》は、掖庭に出入りしていた。永元十四〔一〇二〕年夏、陰皇后は、鄧朱とともに呪詛《じゅそ》をしたと言う者があり［二］、事が発覚した。和帝はついに中常侍《ちゅうじょうじ》の張慎《ちょうしん》に（節を与え）、尚書《しょうしょ》の陳褒《ちんほう》と共に掖庭の獄で（当事者を）交えて審理させた。鄧朱とその二子の鄧奉《とうほう》・鄧毅《とうき》と、陰皇后の弟の陰軼《いんいつ》・陰輔《いんほ》・陰敞《いんしょう》たちの供述は、互いにそれぞれを責め、儀式を行い呪詛をして、大逆無道と言いあった。鄧奉・鄧毅・陰輔は、拷問により獄中で死んだ。和帝は、司徒《しと》の魯恭《ろきょう》に節を持たせ、陰皇后に策書《さくしょ》を与え、璽綬《じじゅ》を返上させて桐宮《とうきゅう》に遷し、（陰皇后は）憂悶のあまり息絶えた。位にあること七年、臨平亭部《りんぺいていぶ》に葬られた［三］。父である特進侯《とくしんこう》の陰綱《いんこう》は自殺し、陰軼・陰敞および鄧朱の家族は、日南郡《にちなん》比景県《ひけい》に流罪となり、宗族・親族の内外となく、関わりある者はみな免官され、郷里に帰った。安《あん》帝の永初《えいしょ》四〔一一〇〕年、鄧太后は詔を下して、陰氏の様々な場所に移住させせられた者を赦して、すべて故郡に帰らせ、その家財総額五百万銭余りを返還した。

［李賢注］

［一］熹《き》の音は、許其《きょき》の反《はん》である。

［二］巫師《ふし》が（まじないによる呪詛《じゅそ》である）蠱《こ》をなす、このため巫蠱という。『春秋左氏伝《しゅんじゅうさしでん》』（荘公伝二十八年の）杜預《どよ》注に、「蠱とは、惑わすこと」とある。

［三］（臨平《りんぺい》の）亭部《ていぶ》内の地に葬られた。

和熹鄧皇后

和熹鄧《わきとう》皇后は、諱を綏《すい》といい〔一〕、太傅《たいふ》の鄧禹《とうう》の孫である。父の鄧訓《とうくん》は護羌校尉《ごきょうこうい》で、母の陰氏《いんし》は（光武《こうぶ》帝の皇后である）光烈《こうれつ》皇后の従弟の娘である。后が五歳であった時、太傅の（鄧禹の）夫人がこれを愛し、自ら后のために髪を翦《き》った。（ところが）夫人は高齢で目が悪く、誤って后の額に傷をつけたが、（后は）痛みを堪《こら》えて口にしなかった。左右で見ていた者が、これを見て不審に思い、理由を尋ねた。后は、「痛くなかったわけではありません。でもおばあさまが、わたしに目をかけて髪を翦ってくださったのです。おばあさまの心を悲しませるわけにはいきません。だから我慢したのです」と答えた。六歳でよく『大篆《だいてん》』を読み〔二〕、十二歳で『詩経《しきょう》』と『論語《ろんご》』に通暁した。兄たちが経伝を読むたびに、思い切って難しいところを質問した〔三〕。志は典籍を読むことにあり、家事には無頓着であった。母は常にこれを怒り、「汝《あなた》は女のたしなみを習って服を紡いだりせず、勉強ばかりしています。博士にでもなるの」と言った。后は母の言葉に背くのを不孝と考え、昼は婦業に努め、暮れると経典を読み、鄧家の者は「諸生《しょせい》」と呼んだ。父の鄧訓はこれを評価し、事の大小となく、后と議論をした。

永元《えいげん》四〔九二〕年、選ばれて（後宮に）入ろうとしたとき、たまたま父の鄧訓が卒した。后は昼夜となく号泣し、ついに三年の喪を終えるまで塩と野菜を口にせず、憔悴して容貌を損ない、親しい者ですら（后と）分からなくなるほどであった。后はかつて天を探ると〔四〕、広大で青々とした、鍾乳石のようなものがあったので、顔を上げて啜《すす》り飲むという夢を見た。これを夢占術師に尋ねると、（占師は）「尭《ぎょう》は夢で天をよじ登り、湯《とう》王は夢で天に届いて飲み込みました〔五〕。これらは聖王の先触れの夢で、吉兆なこと口にできないほどです」と言った。また人相見は后を見て驚き、「これは湯王の骨相です」と言った〔六〕。家人は秘かに喜んだが、触れ回ったりはしなかった。后の叔父の鄧《とう》陔《がい》は、「かつて千人を生かした者は、子孫が封建されると聞いたことがある。兄の鄧訓は謁者《えつしゃ》として、石臼《せききゅう》河《が》の修復にあたり、（その困難を知って中止を進言して）年に数千人を生かした。天道が信じられるものならば、我が鄧家は必ず福を授かるに違いない」と言った。これよりさき（祖父である）太傅の鄧禹も過去を振り返り、「吾《わたし》は百万の兵を率いたが、いまだかつて一人もみだりに殺したことはない。吾の子孫から、必ず高位に登る者があろう」と言っていた。

　永元七〔九五〕年、后は（喪を終え）再び諸家の子女と共に、選ばれて後宮に入った。后は身長が七尺二寸（約166cm）もあり、姿も顔も美しく麗わしく〔七〕、周囲の者とは明らかに異なっており、左右の者はみな驚いた。永元八〔九六〕年冬、掖庭《えきてい》に入り貴人《きじん》となった。このとき十六歳であった。恭《うやうや》しくて慎み深く、立ち居振る舞いに礼が備わっていた。陰《いん》后に承《うやうや》しく仕え、一日中戦々兢々《せんせんきょうきょう》と恐れ慎んでいた。自らと同列の者にも遜《へりくだ》り、いつも自分を抑えて下におき、宮人の端女《はしため》にすら、みな労《いたわ》りの気持ちをかけた。和《わ》帝は（鄧貴人のこうした態度を）深く嘉《よみ》して寵愛した。鄧貴人が病にかかると、特別に鄧貴人の母と兄弟を宮内に入れて看病を許し、日数に制限を加えなかった。鄧貴人は和帝に言上し、「宮中はきわめて重要な場所です。外戚の者を長らく宮中に留めたのでは〔八〕、上は陛下に私的な寵愛をかけたとの誹《そし》りがあり、下はわたくしが満足を知らぬとの誹謗《ひぼう》を受けましょう。上下ともに損をするばかりです。誠に願うところではございません」と申しあげた。和帝は、「普通の者はみな、しばしば宮中に入ることを栄誉とするが、鄧貴人は憂いとしている。深く自ら抑制する態度は、まことに及びがたい」と褒め讃えた。宴《うたげ》のあるたびに、諸姫や貴人は競って自らを飾りたて、簪《かんざし》と珥《みみだま》は光輝き、袿《うちかけ》と裳《もすそ》は色鮮やかに着飾ったが〔九〕、后は一人質素な服装を身につけ、装服にも飾りがなかった。しかもその衣の色に陰《いん》皇后（の衣）と同色があれば、すぐに脱いで着替えた。もし時を同じく進見するときには、一緒に座り立つことをせず、歩くにも身を縮めて自分を低くした[一〇]。和帝が尋ねることのあるたびに、常にとまどい後から答え、陰皇后より先に発言することはなかった。和帝は鄧貴人の心遣いと身体を屈《かが》める謙遜ぶりを知り、感嘆して、「修徳の苦労とは、これほどのものか」と言った。のちに陰皇后が次第に和帝から疎んじられると、夜伽《よとぎ》を命じられるたびに、病気を理由に辞退した。このとき帝は、しばしば皇子を亡くしていた。鄧貴人は、継嗣が広がらないことを憂え、常に涙を流し、ため息をついて、しばしば良き人を選んで和帝に進め、和帝が多くの女性に情けをかけられるようにした。

陰皇后は、鄧貴人の徳を称える声が、日ごとに盛んとなり、どうしてよいか分からず、ついに呪詛に走り、害をなそうとした。和帝は、かつて病で寝込み、危篤となった。陰皇后は密かに、「わたしの思い通りになれば、鄧氏の一族は皆殺しにしてやる」と言った。鄧貴人は、これを伝え聞き、左右の者に涙を流して、「わたしは誠を尽くし、心を尽くして陰皇后に仕えているのに、ついに幸いには結びつかず、罪を天に受けた。婦人には殉死という義は無いけれども、周《しゅう》公は身をもって武《ぶ》王の助命を請い[一一]、（越《えつ》王句践《こうせん》の娘である）越姫《えつき》は、自分が身代わりとなって死ぬことを心に誓った[一二]。上は和帝の恩愛に報い、中はわが宗族の災いを解き、下は陰皇后に（前漢の呂《りょ》后のように）人を家畜としたとの誹《そし》りを受けさせないようにします」と言った〔三〕。そうして薬を飲んで死のうとした。宮人の趙玉《ちょうぎょく》が、固く押し止め、さらに偽って、「ちょうどいま使者がまいりまして、和帝の病はすでに癒えたとのことでございます」と告げた。鄧貴人はそれを信じて安心し、自殺を取り止めた。翌日、和帝は本当に回復した。

永元十四〔一〇二〕年夏、陰皇后は巫蠱《ふこ》の（呪いをかけた）件により、廃位された。鄧貴人は、（陰皇后を）救うよう願ったが、叶わなかった。和帝の気持ちは（鄧貴人を皇后に立てることに）傾いていた。鄧貴人は、ますます病気が重いと称して、深く自分から引きこもった。たまたま役人が皇后を立てることを奏上した。和帝は、「皇后の地位が尊いことは、朕と同体である。宗廟を受け継ぎ、天下の母となるのだから、たやすいことであろうか。ただ鄧貴人だけは、徳が後宮に冠たる者である。これを皇后に立てるべきである」とした。冬に至り、（和帝は鄧貴人を）立てて皇后とした。（鄧貴人は）辞退すること三度に及んだが、そののち即位した。手ずから上表文を書いて恩に感謝し、深く（自らの）徳は薄く、皇后の選に充てるに足りないことを述べた。このとき地方の郡国からの貢ぎ物は、競って珍奇で華麗な物を求めていたが、鄧皇后の即位の後、それらはすべて禁絶され、歳時に紙と墨のみを供させた。和帝が鄧氏一族に官爵を与えようとするたびに、鄧皇后はお願いをしてこれを受けず、このため兄の鄧騭《とうしつ》は、和帝の御代を終えるまで虎賁中郎将《こほんちゅうろうしょう》に過ぎなかった。

元興《げんこう》元〔一〇五〕年、和帝は崩御した。長子である平原王《へいげん》の劉勝《りゅうしょう》には持病があり、諸皇子は幼くして前後十数人が死に、後に生まれた者は、そのたびに秘かに庶民の間で育てられた。殤《しょう》帝は生まれて百日ほどで、鄧皇后が迎えて皇帝に立てた。鄧皇后を尊んで皇太后となし、鄧皇太后が臨朝した。和帝の葬儀の後、（和帝に仕えた）宮人は、みな（和帝の）園陵の傍らに住まわせられた。鄧皇太后は、周《しゅう》貴人と馮《ふう》貴人に策書《さくしょ》を賜与して、「朕と貴人たちは、共に（和帝の）後宮に配属され、喜びを共にし位を同じくすること、十余年であった。幸福な天佑を得ることなく、先帝は若くして天下を去られた。孤独な心は煢煢《けいけい》として〔一四〕、仰ぎ見るところもなく、昼も夜も永く思って、凄惨《せいさん》たる気持ちを抱いている。いま漢《かん》の旧典により（貴人たちも）分かれて園陵に帰るとなれば、悲しみで心が塞がり歎きが募るばかりである。（別れの悲しみを歌った『詩経』の）燕燕《えんえん》の詩《うた》も、どうしてわたしの気持ちを譬えられようか〔一五〕。そこで貴人たちに、王の青蓋車《せいがいしゃ》、装飾を施した馬車、副《そ》え馬四頭、黄金三十斤、もろもろの帛三千匹、白越《はくえつ》四千端を下賜する」と述べた。また馮貴人には王の赤綬《せきじゅ》を賜り、頭上の歩揺《ほよう》と腰に提げる佩《はい》玉《ぎょく》を持っていなかったため、加えてそれぞれ一揃いを賜った〔一六〕。

　このとき和帝が崩御したばかりで、禁令が行き届かず、宮中より大珠一篋《はこ》が無くなった。鄧皇太后は、裁判にかけ尋問させては、必ず無実の罪を被る者があると考え、自ら宮人たちに会い、顔色を観察すると、すぐさま自首する者があった。また和帝に寵遇された吉成《きっせい》という者がいた。おつきの者が揃って吉成を証拠もないのに巫蠱《ふこ》の容疑をかけたので、掖庭獄《えきていごく》に下されて、尋問されることになり、（拷問のため）証言の上では罪は明白となった。しかし鄧皇太后は、（吉成が）先帝の近臣で、帝から恩寵を受け、帝の在りし日より恨み言の無かった者が、今になってこうした罪を犯すのは、人情にそぐわぬと考え、改めて自ら調査したところ、果たして近習の仕業であった。（これらの事から）感服して聖明の君と呼ばぬ者はなかった。（また鄧皇太后は）常々鬼神は存在を証明できず、淫祀は福をもたらさないと考えていた。そこで役人に詔を下して、祀官のうち典礼に合わないものを廃止させた。また詔を下して、建武《けんむ》年間〔二五～五六年〕以来、怪しげな悪事を働いたもの、馬《ば》・竇《とう》の家族のうち（罪を犯した外戚の一族として）禁錮《きんこ》されていた者を赦し、みな平民に戻した。太官令《たいかんれい》・導官令《どうかんれい》・尚方令《しょうほうれい》・内者《だいしゃ》に、後宮の服飾や御膳の中から華美で細工の難しい物などを削減させ〔一七〕、陵廟に供する稲粱米でなければ選別させることを止めさせ、朝夕に一肉飯のみとした。旧来より太官令と湯官《とうかん》の予算は、年ごとに二億銭になろうとするほどであったが〔一八〕、鄧皇太后は勅令により、日々の珍味の類いを削減させ、これにより（費用は）わずか数千万銭となり、郡国より貢納される品々も、みな半数以上削減された。上林苑《じょうりんえん》の（狩猟用の）鷹と犬をことごとく売り払い、蜀《しょく》郡と広漢《こうかん》郡で製作させている金銀を散りばめた器と九帯の佩刀《はいとう》は、ともに調度させないことにし〔一九〕、彫刻を施した細工物の三十九種を廃止した。また御《ぎょ》府《ふ》・尚方・織室《しょくしつ》の（錦と刺繡を施した絹織物である）錦繡《きんしゅう》・（光沢のある白絹である）氷《ひょう》紈《がん》・（綾のある薄絹である）綺縠《きこく》・金銀・珠玉・犀角と象牙・瑇瑁《たいまい》・彫刻を施した細工物の品も、みな作成させぬことにし、離宮別館に備蓄していた米糒薪炭《べいびしんたん》はすべて省かせた〔二〇〕。また各地の園陵に配属されている貴人たちに詔を下し、その宮人に宗室の同族もしくは体力が衰え役に立たない者があれば、園陵の役人に調べさせて名前を上奏させ、自ら北宮の増喜観《ぞうきかん》に御して問い、好きなように去就を決めさせた。その日の内に遣者《けんじゃ》を罷免される者が五六百人にのぼった。

殤《しょう》帝の崩御に伴い、鄧皇太后は定策して安《あん》帝を立て、なおも朝政を握った。続けて崩御があり、民草に苦役を課すことになるので〔二一〕、殤帝は（和帝の）康陵《こうりょう》の中に秘蔵され[二二]、もろもろの副葬品も諸事節約させ、（常例の）十分の一とした。（鄧皇太后は）詔を下して、司隷校尉《しれいこうい》・河南尹《かなんいん》・南陽太守《なんようたいしゅ》に告げ、「つねづね前代の外戚の賓客たちの行状を見聞してきたが、権威を借りて軽薄に吹聴し[二三]、国家のために奉仕すべき役人を惑乱して、人々に憂い苦しみを加えている。その責任は法を司る者が、怠惰で事なかれ主義で、刑罰を執行しないことにある。いま車騎将軍《しゃきしょうぐん》の鄧騭《とうしつ》らは、敬順の志を抱いているとはいえ、一族は広く大きく、姻戚関係も狭くはないので、（鄧氏の）賓客の中には邪悪で法を犯す者もあろう[二四]。その場合には必ず厳罰に処し、庇《かば》い立てしてはならぬ」とした。これより鄧氏の宗族が罪を犯しても、手心の加えられることが無くなった。鄧皇太后は、陰皇后が罪により廃位されたことを哀れみ、陰氏一族で流刑となった者たちを赦して帰郷させ、勅書によりその財産五百万銭余りを返還した。永初《えいしょ》元〔一〇七〕年、太夫人《たいふじん》に爵号を与えて新野君《しんやくん》となし、一万戸を湯沐《とうもく》の邑に当てた[二五]。

永初二〔一〇八〕年夏、京師《けいし》で日照りが起きたので、（鄧皇太后は）自ら洛陽《らくよう》の官庁へ赴き、冤罪が無いか調査した。囚人に本当は殺していないのに拷問により自白した者がいた。衰弱しているので、輿に乗せられて接見したが、吏を恐れ、あえて無実を口にしなかった。退去に及んで、頭を上げ訴えたい素振りを見せた。鄧皇太后は見てそれを察し、すぐさま呼び返して事実を問い質し、詳細に冤罪の実態を知った。即時に洛陽令《らくようれい》を収監して、獄に下して刑罰を加えた。鄧皇太后が宮殿に帰らぬうちに、大いに恵みの雨が降った。

永初三〔一〇九〕年秋、鄧皇太后は、体調が思わしくなかった。左右の者は憂い恐れ、祈禱の祝詞に、自分が身代わりになって死にたいとお願いした。鄧皇太后はこれを聞き、大いに怒り、掖庭令《えきていれい》以下に厳しく勅命して、ただ過ちを詫び福を祈るだけにして、みだりに（身代わりに死にたいといった）不祥の言葉を発させないようにした。漢の故事《こじ》では、歳の終わりに（任期を終えて国に帰る）衛士《えいし》を饗宴すると共に[二六]、大いに鬼やらいをして疫を追い祓《はら》っていた[二七]。鄧皇太后は、陰陽が調和せず、軍旅も幾たびとなく起こっていることから、詔して、饗宴の会には雑戯を催し音楽を演奏することなく、疫を追い祓う侲子《しんし》の人数を半分とし[二八]、尽く象や駱駝《らくだ》の類いの行進を止め、豊年を迎えれば元に戻すことにした。鄧皇太后は、宮掖に入ってから、曹大家《そうたいこ》（班昭《はんしょう》）より経書を学び、兼ねて天文学と算数も身につけた。昼には政治をし、夜には（経書を）精読し、その文面に謬誤が多く、典章と乖離しているのを憂い、広く諸儒より劉珍《りゅうちん》ほか博士《はくし》・議郎《ぎろう》・

四府《しふ》の掾史《えんし》五十数名を選出し、東観《とうかん》で書物を校勘させた〔二九〕。事が終わって奏上されると、それぞれ位階に応じて（葛の繊維で織った夏用の服地である）葛布《かっふ》を賜った。また宦官の近臣に詔を下して、東観に赴き経伝を受講し、そののち宮人に教授させるようにした。この結果、左右の者も経伝の暗唱をし、朝夕に厳《おごそ》かであった。新野君が薨去するに及んで、鄧皇太后も自ら病気を看護し、身罷《みまか》るまで尽くしたので、憂い哀しみ窶《やつ》れること、普段よりも更《さら》なるものがあった。（新野君に）長公主《ちょうこうしゅ》の赤綬《せきじゅ》・東園《とうえん》の秘器《ひき》・玉を糸で縫い合わせた衣と繍《ぬいとり》のある衾《かいまき》を贈り〔三〇〕、また布三万匹、銭三千万を賜与した。鄧騭らは固辞して銭布を受け取らなかった。司空《しくう》に節を持たせて、喪事を取り仕切らせ、儀礼は東海恭《とうかいきょう》王に準《なぞら》え、謚《おくりな》して敬君《けいくん》と呼んだ。鄧皇太后は諒闇《りょうあん》を終えると〔三一〕、長らく日照りであったことから、三日に及んで洛陽に行幸し、囚人を審理して、死罪の者三十六人、耐罪《たいざい》の者八十人を審理のうえ釈放し、そのほか死罪を（右足に足かせをする）右《ゆう》趾《し》以下（二年の労役刑である）司寇《しこう》まで（の間で情状に応じて）減刑した。

永初七〔一一三〕年正月、初めて太廟《たいびょう》に入り、斎戒《さいかい》すること七日、公卿《こうけい》・百僚《ひゃくりょう》には位階に応じて賜り物があった。庚戌《こうじゅつ》、宗廟《そうびょう》に拝謁し、命婦《めいふ》や妾を率いて儀礼を助けさせ〔三二〕、皇帝と（皇后が交代で酒を献じる）交献《こうけん》をし（親しく供物を捧げる）親薦《しんせん》をし、礼を成し遂げて帰った〔三三〕。これに基づき詔を下して、「供物として薦められた新味であるが、旬に合わないものが多く、あるものは無理に喰らわせて養殖し、あるものは芽が出たばかりのものを掘り出し、味が熟すこと無く、成長を止めたようなものばかりであった。これではどうして時宜《じぎ》に応じて物を育《はぐく》むことができようか。召信臣《しょうしんしん》伝にも、「時宜にかなわなければ食べない」とある〔三四〕。これより陵廟《りょうびょう》への供物、および日ごろの食事は、みな旬を待って献上せよ」とした。このため省かれた物が二十三種類もあった。

鄧皇太后が臨朝して以来、水害や旱魃《かんばつ》は十年に及び、四夷《しい》が外より侵犯し、盗賊が内より蜂起した。（鄧皇太后はこれに対して）人が飢えたと聞くたびに、あるいは朝になるまで眠れないほど苦しみ、食事を減らし音楽を止め、なんとか災疫《さいやく》から人々を救おうと努力した。ゆえに天下はまた平らかとなり、歳《みのり》はまた豊穣を取り戻した。

元初《げんしょ》五（一一八）年、平望《へいぼう》侯の劉毅《りゅうき》が〔三五〕、鄧皇太后に徳政の多いことから速やかに言行録を作成すべきと考え、安帝に上書して、「臣が聞くところでは、『周易《しゅうえき》』が伏羲《ふくき》と神農《じんのう》の事跡を記すことで皇徳は顕《あき》らかとなり〔三六〕、『尚書《しょうしょ》』が唐堯《とうぎょう》と虞舜《ぐしゅん》の事跡を述べることで帝道は尊ばれております。このように聖明の君主といっても、功績を竹帛《ちくはく》に垂れ、音を管弦に奏《かな》でることで、その事跡が伝わるのです〔三七〕。伏して考えますに、鄧皇太后は大聖の姿に似て、乾坤《けんこん》の徳を体現されること[三八]、虞の両妃（の娥皇《がこう》と女英《じょえい》）に等しく、事跡は（周の文王の母である）大任《たいじん》や（武王の母である）大姒《たいじ》にも準えられましょう[三九]。孝悌であり慈仁、まことに恭《うやうや》しく節約をおこない、贅沢好みの源を断ち、度を過ぎた欲望の兆しを押さえておられます。まさに位を内に正し、化を四海に現しております[四〇]。元興《げんこう》年間〔一〇五年〕と延平《えんぺい》年間〔一〇六年〕には、国に太子がいなかったので、天を仰いで乾象を窺い、世間の名声をも参考とし、陛下を擁立されて天下の主となし、永らく漢室を安定させて、四海を清浄にされております。また水害に遭い、東《とう》州で飢餓が起これば[四一]、ご恩を民草に施すべく、使者の車は道を行き交い、衣食を質素にして、自ら臣下を指導し、膳を減らし添え馬を外して、民草を利そうとされました[四二]。憐れみの心は、赤子を見るようです[四三]。克己して罪科を我が身の不徳とし、身分の低い者をも顕彰し、安寧な政治を尊び[四四]、寛大を旨とする教化を敷かれました[四五]。取り潰された国を復興し、祭祀の絶えた家に継嗣をあてがい、功臣を記事に残し、宗室を復し、流刑者を国に帰し、禁錮を取り除かれました。政策は恵和でなければ、心に上《のぼ》すことなく、制度は旧典に則らなければ、朝臣に議《はか》ることすらなさりません。広大な徳はなみなみと、宇宙を満たすかのようで[四六]、恩沢は豊沛と盛んにあふれ、八方へと広がっております。中華の地は徳化を楽しみ、戎狄の地は統一され、大いなる功績は大漢に現れ、大いなる恩恵は生人みなが受けるところです。高々と聳《そび》える業績は、人に尋ねても聞き尽くせず、広々とした勲功は、賞賛するにも名状し難いものです。古《いにしえ》の帝王が、左右に史官《しかん》を置いたように[四七]、漢の旧典にも代々「注記」があります。そもそも道には盛衰があり、治には消長があるといいます。もし善政を記さず、細々した異変のみを書き残せば、あの尭や湯王も洪水や大旱の責めを負わされ、広く民草を救い徳を天に至らせた美談は残らず[四八]、高宗《こうそう》や成《せい》王ですら雉《きじ》や大風の異変が起きたことだけを記され、その後の中興と天下太平の功績が無かったことになります[四九]。こうした『詩経』や『尚書』の記録より考察しますと、有虞の二妃（である娥皇と女英）や、周室の三母（である姜嫄と大任と大姒）は[五〇]、行いを修め徳を助けましたが[五一]、（功績は）女徳の範囲を出ておりません[五二]。内には相次ぐ親族の薨去や帝の崩御、外には災害に遭いながら、万録の政務を総覧され、天下の百物を経営し[五三]、功徳の遙かに高きこと、これほどまでの御方は見当たりません。どうぞ史官に『長楽宮注《ちょうらくきゅうちゅう》』および『聖徳頌《せいとくしょう》』を編纂させ、これにより輝ける功績を宣揚し、勲功を金石に刻み、これを日月のように掲げて[五四]、極限にまで拡げ述べ、それにより陛下の孝を示されますように」と言った。安帝はこれに従った〔五五〕。

元初《げんしょ》六（一一九）年、鄧皇太后は詔して、和帝の弟である済北《せいほく》王と河間《かかん》王の子より男女の五歳以上の者を四十数名、また鄧氏の近親の子孫から三十数名を召し出し、かれらのための校舎を建て〔五六〕、経書を学ばせ、自ら試験をした。さらに幼い者には師保をつけ、朝夕に宮へ入れ、労《いたわ》り懐《なつ》け教え導き、恩愛はたいへん厚かった〔五七〕。そうして詔を下して、従兄である河南尹《かなんいん》の鄧豹《とうひょう》や越騎校尉《えっきこうい》の鄧康《とうこう》などに、「我が鄧氏の子を招き、学校に入れたわけは、当世が歴代の悪政の影響か、風俗は浅薄で、巧みな嘘ばかり盛んになり、五経が欠け衰えているためである。教化なくしては、なお衰えていくであろうから、聖道を称えて、失俗を正そうと思い至ったのである。伝（『論語』陽貨篇）に言うではないか、「飽きるほど食べて日を終え、心に道義を持たなければ、道を知ることは難しいであろうな」と〔五八〕。今や貴戚《きせき》の末裔で禄を食《は》んでいる家の者は、暖かい服を着てうまい飯を食い、良い車に乗り良い馬を駆けさせているが〔五九〕、経学は壁を目の前にしたように何も分からず、事の正否も知りはしない〔六〇〕。このため退廃が後からついてくるのである。永平《えいへい》年間（五八〜七五年）には、（外戚の樊氏・郭氏・陰氏・馬氏の）四《し》姓《せい》の小侯《しょうこう》をみな入学させたが〔六一〕、これは俗を正し、浅薄な風潮に活を入れ、忠孝の道へと回帰させるためである。我らが先公（の鄧禹）は、武勲によって名を正史に残しているが、なお文徳で子孫を教化されたので〔六二〕、己が身を引き締め、法を犯さなかった〔六三〕。お前の子たちに、上は祖父の麗しい功績を伝え、下はこの詔書の本意を考えさせるなら、わたしは満足である。よくこれに努めるように」とした。

鄧康は、鄧皇太后が久しく朝政を取っていることから、内心おそれを抱き、病にかこつけ登朝しなくなった。鄧皇太后は、宮女をやって病を見舞わせた。このころ内宮の婢は出入りの際に、人の善し悪しをあれこれ言う者が多かった。また古参ともなると、自ら中大人と名乗っていた。使者となった宮女も、元は鄧康の家の婢であったが、自ら中大人として取り次ぎを願った。鄧康は聞いて宮女をなじり、「お前なぞは、我が家（の婢）より出たものではないか。よくも中大人などと名乗れたものだ」と言った。宮女は怒り、帰ってから、鄧康は病と偽り不遜の言を漏らしています、と報告した。鄧皇太后はついに鄧康の官を免じ、国に帰らせ、一族の籍から除いた。

永寧《えいねい》二〔一二一〕年二月、病に倒れ、そのまま重くなった。輦《くるま》に乗って前殿で侍中《じちゅう》・尚書《しょうしょ》と接見し、北へ向かい、太子が新たに修繕した宮に行幸した。帰還すると天下に大赦し、諸園を守っている貴人・諸王・公主・百官に銭布を賜うこと、それぞれ差があった。詔を下して、「朕は不徳でありながら、先帝に（殤帝を）託されて天下の母となったが、不幸にして天の意を得ず、（殤帝は）早々に崩御された。延平年間（一〇六年）には、海内に主が無く、民草の命運は、累卵の危うきにあった［六四］。そこで政務に努め苦心をし、あえて皇太后の身分も楽しみとはしなかった。上は天を欺いて先帝に恥じる行いがあってはならぬと心がけ、下は民心を裏切って志に背くことがないように、民草を救済して安泰にしてきた。自分では天地と感応して、瑞祥を降されると信じていたが、結果は葬喪が内外に重なり、心痛に絶えない［六五］。近ごろでは、自らも大病を患って塞ぎ込み、長らく侍祀もできないのに鑑み、自分から強いて原陵《げんりょう》に登ったが、咳き込んで血を吐き、とうとう不治の身となった。人の生死存亡は、道理であるから何如《いかん》ともし難い。公卿・百官は、任務に努め、忠心を尽くして、朝廷を補佐せよ」とした。三月に崩御した。位にあること二十年、四十一歳であった。（和帝の）順陵《じゅんりょう》に合葬された。

［李賢注］

［一］蔡邕《さいよう》は、「謚法《しほう》では、功績があり、人を安んじた者を熹《き》という」としている。

［二］（原文の）史書とは、周《しゅう》の宣《せん》王の太史《たいし》である籀《ちゅう》が作った『大篆《だいてん》』十五篇のことである。『漢《かん》

書《じょ》』（巻三十 藝文志）に、「児童を教育するための書」とある。
〔三〕（原文の）意を下すとは、意を出す（つまり思い切る）という意味である。
〔四〕（原文の）捫とは、つかむことである。
〔五〕（原文の）咶の音は是《ぜ》である。
〔六〕『続漢書《しょくかんじょ》』に、「人相見である待詔《たいしょう》相工《しょうこう》の蘇大《そだい》は（鄧《とう》皇后を見て）、「これは殷《いん》の湯《とう》王の骨法です」と言った」とある。
〔七〕（原文の）姝とは、美《うるわ》しい容色のことである。『詩経《しきょう》』（国風 干旄）に、「あの姝《うるわ》しい者はこの人」とある。
〔八〕（原文の）外舎とは、外家（つまり、外戚）のことである。
〔九〕（原文の簪《かんざし》と珥《みみだま》について）『説文解字《せつもんかいじ》』（巻一上）に、「簪《かんざし》とは笄である。珥《みみだま》とは瑱である、玉を耳に付けるのである」とある。『釈名《しゃくみょう》』（巻五）に、「婦人の上服を袿《うちかけ》という」とある。
〔一〇〕（原文の）離とは、並ぶことである。『礼記《らいき》』（曲礼上）に、「人が二人で並んで坐り立っているときは（二人だけの話をしているのかも知れないので）、行ってはならない」とある。
〔一一〕（『尚書《しょうしょ》』金縢篇に）武《ぶ》王が病にかかると、周《しゅう》公は武王のために大《だい》王・王季《おうき》・文《ぶん》王に助命を請い、「もしあなたがた三王が、（祭祀の）席を敷く責任を天に（対して）負っておられるのであれば、旦《わたし》を身代わりとしていただきたい」と述べた。

［三］越姫《えつき》は、楚《そ》の昭《しょう》王の姫であり、越《えつ》王の句践《こうせん》の娘である。昭王が宴遊の際に、越姫を従え、姫に、「楽しんでいるか」と尋ねた。（姫は）「楽しいには楽しいのですが、あまり長くするものではありませぬ」と答えた。王は、「願わくはおまえと生死を共にすることも、かように楽しくありたいものだ」と続ける。姫は、「君王が楽しく遊んでばかりいることは、妾《わたし》に死を求めていることになります。あえて命令には従いませぬ」と答えた。後に王は病にかかり、赤雲が日を挟んで飛鳥のようになる異変が現れた。王が周の史官《しかん》に尋ねると、史官は、「これは王の身を害する凶兆です。どうか将相に咎《とが》を移されますように」と答えた。王は、「将相とわたしとの関係は、わたしの手足のようなものだ」と述べ、（禍を将相に移すことを）聞き入れなかった。姫は、「大きいものですね、君王の徳は。妾は王と共に死にましょう。昔日の遊楽の際、こうしたこともあろうかと、あえて命令に従いませんでした。いま君王は礼に則り、国人は君王のために死のうとしております。まして妾ごときが、死なないわけに参りましょうか。妾は先触れをして、狐狸を地下に払わせていただきます。むかし口には出しませんでしたが、心では王のために死ぬことを決めておりました。妾は信じる者はその心に背かないと聞いております」と。（そう言うと）ついに自殺した。それゆえに「心の誓い」

というのである。この話は『列女伝《れつじょでん》』（巻五 節義）に見える。

〔一三〕高祖劉邦《りゅうほう》は、戚《せき》夫人を寵愛した。帝が崩御すると、呂《りょ》太后は、戚夫人の手足を切り落とし、眼をくり抜き耳をいぶして、宮中の廁《かわや》の中に置き、名づけて「人豚」と呼んだ。

〔一四〕煢煢《けいけい》とは、孤独なさまである。『詩経』（とあるが、正しくは『春秋左氏伝《しゅんじゅうさしでん》』哀公 伝十六年）に、「煢煢として、わたしは病にある」とある。

〔一五〕『詩経』国風 燕燕の序に、「衛《えい》の荘《そう》公の夫人である荘姜《そうきょう》が国に帰る妾を送った歌である」とあり、『詩経』国風 燕燕に、「燕が並び飛んで、羽根がひらひらと入り交じる。彼女が帰っていくのを遠くの野に見送る。影が見えなくなるまで見送って、涙が雨のようにさめざめと流れる」とある。

〔一六〕『周礼《しゅらい》』（天官冢宰 追師）に、「王后の首服を副という」とある。首に副《そ》えて飾りとするものので、唐《とう》の歩揺《ほよう》のことであろう。『釈名』（巻四 釈首飾）に、「皇后の首副は、その上に垂珠《すいしゅ》があり、歩くと揺れる」とある。

〔一七〕『漢官儀《かんかんぎ》』に、「太官令《たいかんれい》は、御膳の差配を職掌とする」とある。『前書音義《ぜんしょおんぎ》』に、「導官令《どうかんれい》は、米を選別して祭祀に供えることを職掌とする。尚方令《しょうほうれい》は、刀剣ほか諸器物の作成と玉を刻み器を作るのを職掌とする」とある。『漢官儀』に、「内者《だいしゃ》は、帷帳《いちょう》を掌る」とある。ならびに署の名称である。

［一八］（原文の）経とは、常のことである。

［一九］（原文の）蜀《しょく》とは、蜀郡のことである。（原文の）漢とは、広漢《こうかん》郡のことである。二郡は供進の器の作成を掌っていた。前漢《ぜんかん》の元帝《げん》の時に貢禹《こうう》が上書して、「蜀郡と広漢郡は、金銀の器を掌り、それぞれ五百万銭ずつを用いている」としたのがこれである。（原文の）釦《こう》の音は口、金銀で器を縁取ることである。

［二〇］（原文の）儲峙《ちょじ》とは、備蓄と同じような意味である。糒《び》とは、乾飯のことである。

［二一］（原文の）大憂とは、和《わ》帝と殤《しょう》帝が崩御したことをいう。

［二二］（原文の）方中《ほうちゅう》とは、陵の中のことである。冢蔵《ちょうぞう》の中であるため、秘という。

［二三］（原文の「軽薄謥詷」とは）舌だけは回ることをいう。謥《そう》の音は七洞《しちどう》の反《はん》、詷《どう》の音は洞である。

［二四］（原文の）干《かん》とは、犯すことである。

［二五］湯沐（に当てる）とは、そこから賦税《ふぜい》を徴収して湯沐の具に供することをいう。

［二六］漢《かん》の故事では、衛士《えいし》が（任務を終えて）交代して帰る際に、皇帝が親しく饗宴《きょうえん》する。『漢書』（巻七十七）蓋寛饒《こうかんぎょう》伝に、「（衛士の任務の）歳が終わり交代する際に、皇帝は臨席して衛

士を罷める卒を饗宴する」とあるのがこれである。

〔二七〕『礼記』月令《がつりょう》に、「役人に命じて大いに儺《おにやらい》をし、あまねく犠牲を磔《はりつけ》にし、土牛《どきゅう》を出して、それにより寒気を送り出す」とある。鄭玄《じょうげん》の注に、「儺《だ》とは、陰気（を祓うの）である。この月には、太陽は虚宿《きょしゅく》と危宿《きしゅく》をめぐる。（危宿に）墳墓四星の気があり、祟《たた》り神となって、（十二月の）強い陰気によって現れ出でて、人に害をなそうとする」とある。ゆえに鬼やらいをしてこれを祓うのである。

〔二八〕侲子《しんし》とは、疫を追い払う人である、音は振である。薛綜《せっそう》は「西京賦《せいけいふ》」に注をつけて、「侲という言葉の意味は善いことである。善い童子のことである」としている。『続漢書』（志五礼儀中）に、「大儺《だいだ》では、中黄門《ちゅうこうもん》の子弟より、年十歳以上十二歳以下の者百二十人を選んで侲子とした。（かれらは）みな赤いずきんと黒い衣服という出で立ちで、大型の振り太鼓を手にする」とある。

〔二九〕（原文の）讎《しゅう》とは、向き合って付き合わせることである。

〔三〇〕東園《とうえん》は、署の名であり、少府《しょうふ》に属する。葬送に使う道具を作ることを職掌とする、このため「秘」というのである。

〔三一〕諒闇《りょうあん》とは、喪に服する時の廬《いおり》である。あるいは諒陰《りょういん》ともいう。諒とは、信である。陰とは、沈黙である。憂いに沈み、じっと黙って声を出さないことをいう。

[三二]（原文の）相とは、助けることである。『儀礼《ぎらい》』に、「命夫《めいふ》とは、男子の大夫《たいふ》である。命婦《めいふ》とは、大夫の妻である」とある。

[三三]『周礼』に、「宗廟の祭祀の日の朝、王は衮冕《こんべん》を着て入り、阼《そ》〔堂の東のきざはし〕に立つ。后は副褘《ふくい》を着て、王に従って入る。王は圭瓚《けいさん》に鬱鬯《うっちょう》を酌んで尸《し》に献じ、次に后は璋瓚《しょうさん》に鬱鬯を酌んで尸に献じる。これを交献《こうけん》という。事を終えるまで、およそ九回献ずる」とある。

[三四]『論語《ろんご》』（郷党篇）に、「（孔子《こうし》は）季節に合わない物は食べなかった」とある。旬でない物は食べないことをいう。『漢書』（巻八十九 循吏 召信臣伝）に邵信臣《しょうしんしん》が、「旬でない物は人に害を及ぼすから、（祖先の）供養に捧げてはなりません」と言っている。

[三五]平望《へいぼう》は、県であり、北海《ほくかい》郡に属する。唐の青《せい》州北海県の西北にある平望台《へいぼうだい》がこれであり、一名を望海台《ぼうかいだい》という。

[三六]『周易《しゅうえき》』繫辞下伝《けいじかでん》に、「古《いにしえ》の庖羲《ほうぎ》氏が天下の王であったころ、仰ぎみては天に従い、俯《ふ》しては地に則り、そうして始めて八卦《はっけ》を作り、神明の徳に通じ、万物の情を捉えた。庖羲氏が没すると、神農《じんのう》氏は木を斬って耜《し》を作り、木を撓《たわ》めて耒《らい》を作って、耒耜《すき》の利を天下に教え広めた」とある。伏羲・神農は三皇《さんこう》であり、それゆえ「皇徳」という。

〔三七〕竹とは、簡冊《かんさく》をいい、帛とは、縑素《けんそ》をいう。黄《こう》帝以下六代の楽《がく》は、みな功徳を顕彰するためのものであり、これが「音を管弦に奏でる」ことである。

〔三八〕『周易』（乾 文言伝）に、「聖人は天地とその徳を合する」とある。

〔三九〕虞《ぐ》の妃とは、舜《しゅん》の妻である娥皇《がこう》と女英《じょえい》である。（大）任《じん》とは、周の文《ぶん》王の母、（大）姒《じ》とは、周の武《ぶ》王の母である。

〔四〇〕『周易』家人《かじん》の卦（の象伝）に、「女は位を内に正し、家を正すことで天下は定まる」とある。『礼記正義《らいきせいぎ》』（曲礼に引く『爾雅』釈地）に、「東夷《とうい》・西戎《せいじゅう》・南蛮《なんばん》・北狄《ほくてき》、これを四海という」とある。

〔四一〕延平《えんぺい》元〔一〇六〕年、安《あん》帝が即位すると、六州に大水があった。永初《えいしょ》元〔一〇七〕年、司《し》隷《れい》・兗《えん》州・豫《よ》州・徐《じょ》州・冀《き》州・幷《へい》州の六州の貧人に施した。

〔四二〕（原文の苗について）『広雅《こうが》』（巻三下 釈詁）に、「苗《びょう》は、衆という意味」とある。

〔四三〕（原文の）隠《いん》とは、痛みのことである。『尚書《しょうしょ》』（康誥《こうこう》篇）に、「（民を統治する際に）赤子を保《やす》んずるようにすれば、人々は康《やす》らぎ乂《おさ》まる」とある。

〔四四〕（原文の晏晏について）『尚書考霊燿《しょうしょこうれいよう》』に、「文が塞《み》ちて晏晏《あんあん》としている」とある。

〔四五〕敷とは、しくことである。『尚書』（尭典《ぎょうてん》篇）に、「五教は寛大を旨とする」とある。

[四六]（原文の）洋溢《よういつ》とは、多いことをいう。
[四七]『礼記』玉藻《ぎょくそう》篇に、「（天子の）動作は左史《さし》が記し、言辞は右史《ゆうし》が記す」とある。
[四八]（原文の）咸とは、皆のことである。（原文の）熙とは、広いことである。『尚書』（尭典篇）に、「朝廷の政治と衆の功績がみな広い」とある。尭《ぎょう》の朝政、衆の功績がみな広いことをいう。（原文の）仮の音は格、（意味は）至るである。『尚書』（説命《えつめい》篇下）に、「わが烈祖を補佐して、皇天に至らせる」とある。伊尹《いいん》が湯《とう》王を補佐し、功を天にまで至らせたことをいう。尭の時には洪水が九年あり、湯王の時には大日照りが七年続いた。
[四九]高宗《こうそう》は、殷《いん》の王である。小乙《しょういつ》の子で、名を武丁《ぶてい》という。（殷の祖である）湯《とう》王を祭ろうとしたところ、飛んできた雉《きじ》が鼎《かなえ》の耳にのぼって鳴いた。（これを戒めと考えて）高宗は徳を修め、殷は中興した。成《せい》王が、周《しゅう》公の忠節を疑うと、雷が落ち大風が吹くという異変があった。（これを戒めと考えて）成王は過ちを改め、ほとんど刑罰が行われなくなった。
[五〇]『尚書』（尭典篇）に、「（尭は）二女を嬀《ぎ》の岸に降ろし、虞舜《ぐしゅん》の嬪《ひめ》とさせた」とある。三母とは、后稷《こうしょく》の母である姜嫄《きょうげん》、文王の母である大任《たいじん》、武王の母である大姒《たいじ》をいう。『詩経』大雅（生民）に、「その初めに民を生んだ、それは姜嫄」とあり、また、（『詩経』大雅 大明）「大任は妊娠し、この文王を生んだ」とあり、また、（『詩経』大雅 思斉）「太姒は徽音《よきおと》（よい評

判）をつぎ、多くの子があった」とある。

［五一］『詩経』（周頌　雝）に、「すでに（父である）烈考に助けられ、また文母に助けられた」とある。これが徳を佐《たす》けることである。

［五二］（原文の）閾《しきみ》とは、門限である。『春秋左氏伝《しゅんじゅうさしでん》』（僖公　伝二十二年）に、「婦人は送迎する際に門よりは出ず、兄弟を見るにも閾を超えない」とある。

［五三］（原文の）麓《ろく》とは、記録である。大いに万機の政策を記録することをいう。『尚書』（舜典篇）に、「大麓に納《い》れる」とあり、また、（『尚書』武成篇に）「（商王の受は無道にも）天の百物を損ない断ち切る」とある。

［五四］『周易』（繋辞上伝《けいじじょうでん》）に、「象を懸《か》けるのが明らかであるのは、日月より大いなるものはない」とある。

［五五］（原文の）攄《ちょ》と烝烝について）『広雅』（釈詁）に、「攄とは、舒《の》べるということである」とある。孔安国《こうあんこく》は『尚書』（堯典篇）に注をつけて、「烝烝《じょうじょう》とは、ほぼ進進と同じ様子である」としている。

［五六］（原文の邸について）『蒼頡篇《そうけつ》』に、「邸とは、舎のことである」とある。

［五七］（原文の詔について）詔とは、（ここでは「みことのり」ではなく）、告げるということである。

［五八］『論語』（陽貨篇）の孔子の言葉である。人が終日飽食に耽《ふけ》り、心に道義を持たないことを指した言葉である。難しいであろうとは、（こうした態度では）ついに遠大なる志を持ち、それを実現することが難しいことをいっている。

［五九］（原文の）堅とは、よい車をいい、（原文の）良とは、よい馬をいう。『墨子《ぼくし》』（辞過篇）に、「聖王は衣服の法をつくり、よい車よい馬を尊ぶことは知らなかった」とある。

［六〇］『尚書』（周官篇）に、「学ばなければ、壁に向かう（ようなもので何もみえない）」とある。

［六一］「小侯」について、解説は明帝紀を見よ。

［六二］先公とは、鄧禹《とうう》のことをいう。鄧禹には、子が十三人おり、それぞれに一経を守らせた。それゆえ「文徳」というのである。

［六三］（原文の羅網に触れずとは）よく自らに誓って修正することをいう。

［六四］『説苑《ぜいえん》』に、「晉《しん》の霊《れい》公は驕り高ぶり、九層の台《うてな》を作らせた。晉国は、このため財政が逼迫し、人民は貧窮したが、（霊公は）台が未完に終わるのを恥とした。そこで命令を出して、「左右の臣で我を諫める者は斬る」とした。荀息《じゅんそく》はそこで、（霊公に）お目通りを願った。霊公は、「諫めるつもりか」と訊ねた。息は、「めっそうもございいせん。臣はすごろくの駒を十二個重ねられるのですが、さらに九つほど鶏の卵をその上に乗せてみようと思います」と言

った。霊公は、「危ないではないか」と言った。息は、「またこれ以上に危ないことがございます。公は九層の台を作り、民草に畑仕事や織仕事をさせておりません。晉の社稷が一たび滅びることになりましたら、（高楼が完成したところで）我が君は一体何を遠望されるのでしょうか」と言った。霊公は、「わたしの間違いであった」と言い、台を壊した」とある。

［六五］（原文の）内外とは、新野君《しんやくん》が薨去したことと和帝と殤帝の二帝が崩御したことをいう。

論にいう、鄧《とう》皇太后は、天子に代わって政務を執ること終身に及び、号令を自ら出した。この手法は（成王の摂政を務めた）周《しゅう》公に範を取ったのであろうが、（政権を返還しなかったように、周公の政治の）良さには遠く及ばず、その実は（天子が成長した後には政権を）奉還（するという摂政）の大義を欠き［一］、安《あん》帝に（鄧皇太后を恐れて）側目《そくもく》を使わせ、名目だけの位に襟を正させ［二］、直諫の士に憤懣《ふんまん》を懐かせ、上書を宮門に掲げさせるにまで至った［三］。これほどまで帝威を借りたのでは、もはや惑乱というほかはない［四］。ところが、建光《けんこう》と改元して以降、王権が安帝に帰すると［五］、名賢の臣は誅戮《ちゅうりく》され、佞臣《ねいしん》は徒党を組んで栄達するなど［六］、漢《かん》朝衰退の兆しが現れた［七］。このため（鄧皇太后が）政権を握り続けて誹謗を受けたのも、願うところは自らのためでなく、心を焦がし病を患って、なお自らに強いたのは、ただ国を思えばこそだったと知れる［八］。だから班昭《はんしょう》が説得すれば宮門を開いて（兄の鄧騭《とうしつ》を）辞職させ［九］、その甥に罪があれば髪を剃って謝罪させた［一〇］。だが杜根《とこん》が誅殺された件だけは、その忠誠を評価しなかったのであろうか［一一］。やはり田畑に踏み込んだ牛だからといって、これを取り上げるのはやりすぎである［一二］。

［李賢注］

［一］（原文の）前政とは、周公《しゅう》をいう。（原文の）辟とは、君主である。『尚書《しょうしょ》』（洛誥篇《らくこく》）に、「わたしは子《あなた》に、明らかに君主の地位を復《かえ》します」とある。周公は摂政となっていたが、また（成長に伴い政権を）成王《せい》に返還したことを言っている。このとき鄧《とう》皇太后は、返還しなかったので、欠けるというのである。

［二］（原文の）器とは、神器をいい、帝位に譬えている。

［三］（原文の）象魏《しょうぎ》とは、宮城の門である。（原文の）直生とは、杜根《とこん》たちが上書して、鄧皇太后に、政権を返上すべきと請願したことをいう。

［四］（原文の）借とは、仮《かり》と同義である。（原文の）殆《たい》とは、近いことである。言いたいのは、

鄧太后が政権を安帝《あん》に返上しなかったのは、惑いに近いということである。

［五］鄧皇太后は、建光《けんこう》年間〔正しくは永寧《えいねい》二〔一二一〕年〕に崩御し、政権は安帝に帰した。

［六］安帝は、乳母の王聖《おうせい》およびその娘の伯栄《はくえい》を重用し、宮掖《きゅうえき》に出入りさせ、賄賂を横行させた。太尉《たいい》の楊震《ようしん》および鄧騭《とうしつ》などは、みな宦官に讒言《ざんげん》され、誅殺された。

［七］（原文の）斁《えき》とは、敗れることである。安《あん》帝が親政すると、漢《かん》の衰亡は、いよいよ甚だしくなった。このため徴候があったというのである。

［八］言いたいのは、（鄧皇太后が）朝廷での権力に固執して、百官の誹謗を招いたのは、願うところは己が身のためでなく、ただ国を憂えてのためであったということである。

［九］鄧皇太后の兄である大将軍《だいしょうぐん》の鄧騭《とうしつ》が、母の死去に伴い、（服喪のため）上書して辞職を願い出た。鄧皇太后は許さなかったが、班昭《はんしょう》に尋ね（たところ、許すべきだと諭されたので）、これを許した。その言辞は（『後漢書《ごかんじょ》』列伝七十四　列女　曹世叔妻伝として掲げられる）班昭の列伝に見える。

［一〇］鄧后の兄である鄧騭の子にあたる鄧鳳《とうほう》が、賄賂を受けてその事が露顕した。鄧騭は、妻と鄧鳳の髪の毛を剃り、天下に謝罪した。その言辞は（『後漢書』列伝六　鄧禹伝附）鄧騭伝に見える。

［二二］（原文の）誠とは、信用である。言いたいのは、まだ鄧皇太后の信用を得ていなかったということである。

［二三］『春秋左氏伝《しゅんじゅうさしでん》』（宣公 伝十一年）に申叔時《しんしゅくじ》が、「（世の人が）牛を引いて人の田畑を荒らしたので、（田主は）牛を取り上げたと言います。牛を引いて踏み荒らしたのは、まこと有罪です。しかしその牛を取り上げるのは、罰として重すぎましょう」といっている。これを杜根に喩えたのである。上書の際には自ら「罪あり」と言うものだが、鄧皇太后がこれを殺したのは、やりすぎも甚だしいのである。

皇后紀第十下

閻皇后紀

安《あん》思《し》閻《えん》皇后は、諱を姫《き》といい〔一〕、河南尹滎陽《かなんいんけいよう》県の人である。祖父の閻章《えんしょう》は、（明《めい》帝の）永平《えいへい》年間〔五八～七五年〕に尚書《しょうしょ》となり、二人の娘を貴人《きじん》とした。閻章は、努力して経典に通じ、長年官位が上がっていないので、昇進して公卿《こうけい》となるべきであったが、顕宗《けんそう》（明帝）は（閻章が）貴人の外戚であるため、（中央の要職には）任用せず、転任して歩兵校尉《ほへいこうい》となった〔二〕。閻章は閻暢《えんちょう》を生み、閻暢が閻皇后を生んだ。

閻皇后は、才色兼備で、元初《げんしょ》元〔一一四〕年、選ばれて掖庭に入り、とても寵愛されて貴人となった。元初二〔一一五〕年、立てられて皇后となった。閻皇后は、安《あん》帝の寵愛を独占して嫉妬深く、安帝が宮人の李氏《りし》に情をかけ、皇子の劉保《りゅうほ》を生むと、李氏を鴆毒《ちんどく》により殺害した〔三〕。元初三〔一一六〕年、閻皇后の父である侍中《じちゅう》の閻暢を長水校《ちょうすいこう》尉《い》とし、北宜春《ほくぎしゅん》侯に封建して〔四〕、食邑五千戸を賜った。元初四〔一一七〕年、閻暢が卒すると、諡して文《ぶん》侯とした。子の閻顕《えんけん》が後を嗣いだ。建光《けんこう》元〔一二一〕年、鄧《とう》皇太后が崩御し、安帝は親政を始めた。閻顕および弟の閻景《えんけい》・閻耀《えんよう》・閻晏《えんあん》は、ならびに九卿《きゅうけい》や校尉《こうい》となり、禁兵《きんぺい》を預かった。延光元《えんこう》〔一二二〕年、改めて閻顕を長社《ちょうしゃ》侯に封建し〔五〕、食邑を一万三千五百戸とした。閻皇后の母を追尊して滎陽君《けいようくん》とした〔六〕。閻顕や閻景の子は、みな歯が生え替わったばかりの子供であったが〔七〕、すべて黄門侍郎《こうもんじろう》となった。閻皇后への寵愛は盛んで、兄弟もたいへん朝権を振りかざしていたので、閻皇后はついには大長秋《だいちょうしゅう》の江京《こうけい》や中常侍《ちゅうじょうじ》の樊豊《はんほう》たちと共謀して皇太子の劉保を誹謗《ひぼう》し、廃嫡させて済陰《せいいん》王とした。

延光四〔一二五〕年春、閻皇后は安帝に従って章陵《しょうりょう》に行幸したが、安帝は道中で病を発し、葉《しょう》県〔河南省葉県の南西〕で崩御した。閻皇后と閻顕《えんけん》兄弟、および宦官の江京・樊豊などは、「いま安帝は道中に崩御され〔八〕、済陰王は京師に健在である。公卿がこれを即位させれば、帰還したとたん（我らは）大害を被ろう」と共謀した。そこで偽って、安帝の病気はとても重いと称して（遺体を寝台車である）臥車《がしゃ》に移した。進むこと四日、馬車を馳せ駆けさせて宮に戻った。次の日、偽って司徒《しと》の劉熹《りゅうき》を郊廟《こうびょう》と社稷《しゃしょく》へ赴かせ、天に告げて安帝の延命を請わせた。その夕方、喪を発した。閻皇后を尊んで皇太后とした。閻皇太后は臨朝し〔九〕、閻顕を車騎将軍《しゃきしょうぐん》・儀同三司《ぎどうさんし》とした。閻皇太后は、長く国政を専断しようと思い、幼帝の擁立を画策し、閻顕たちと禁中で定策して、済北恵《せいほくけい》王の劉寿《りゅうじゅ》の子である北郷《ほくきょう》侯の劉懿《りゅうい》を迎え〔一〇〕、立てて皇帝とした。閻顕は、大将軍《だいしょうぐん》の耿宝《こうほう》が位も高く実権も重く〔一一〕、前朝で権勢を誇ったのを忌み嫌い、役人に諷諭《ふうゆ》して、耿宝およびその与党である中常侍の樊豊、虎賁中郎将《こほんちゅうろうしょう》の謝惲《しゃうん》、謝惲の弟である侍中《じちゅう》の謝篤《しゃとく》、謝篤の弟である大将軍長史《だいしょうぐんちょうし》の謝宓《しゃふく》〔一二〕、侍中の周広《しゅうこう》、安帝の乳母であった野王君《やおうくん》の王聖《おうせい》、王聖の娘の王永《おうえい》、王永の婿である黄門侍郎の樊厳《はんげん》らは、互いにおもねりあう党を結び、権威を持ち、禁中に探りを入れ、意見を合わせており、大逆不道であると上奏させた。樊豊と謝惲と周広などは、みな獄に下されて死に、家族は比景《ひけい》県〔ヴェトナム高平省宋河下流の高牢下村〕に流罪となった〔一三〕。謝宓と樊厳は、死一等を減じられ、頭髪を剃り首枷をはめる刑とされ、耿宝は、落されて則亭《そくてい》侯となり、国に帰らせて戻し、自殺させた。王聖母子は雁門《がんもん》郡に流した。こうしたのち閻景を衛尉《えいい》とし、閻耀を城門校尉《じょうもんこうい》とし、閻晏を執金吾《しっきんご》とした。閻兄弟は要職を握り、賞罰は閻氏の思うままとなった。

少《しょう》帝は、即位して二百数日で危篤となり、閻顕の兄弟、および江京などは、みな左右に控えていた。江京は、閻顕を招いて密談して、「北郷侯の病は治りません。次期皇帝を定めるべきかと存じます。以前（我々は）済陰王を立てませんでした。今度もしこれが即位すれば、後に必ず報復されましょう。速やかに（済陰王以外の）諸王の子を招き、即位させる者を選ぶべきです」と言った。閻顕は当然であるとした。少帝の死去に伴い、江京から閻皇太后に上申し、済北《せいほく》王と河間《かかん》王の子を招かせた。（王子らがまだ）到らぬうちに、中黄門《ちゅうこうもん》の孫程《そんてい》は、共謀して江京たちを誅殺し、済陰王の劉保を即位させた。これが順《じゅん》帝である。閻顕・閻景・閻晏と与党は、みな誅殺され、閻皇太后は離宮に軟禁され、一族は比景県に流罪となった。翌年、閻皇太后が崩御した。位にあること十二年であった。（安帝の）恭陵《きょうりょう》に合葬した。

順帝の母である李氏は、洛陽《らくよう》城の北に葬られていたが、帝は最初はそれを知らず、あえて耳に入れる者もなかった。閻皇太后が崩御すると、左右の者がこれを申し上げた。帝は感極まって哀悼を発し、自ら墓所に行き、改葬して皇后の礼により葬儀を行った。追尊して恭愍《きょうびん》皇后と諡し、恭北陵《きょうほくりょう》に葬り、策書をつくり（それを金で閉じた箱である）金匱《きんき》に納め、世祖廟《せいそびょう》に安置させた[一四]。

［李賢注］

［一］諡法《しほう》に、「思慮深く、誤らないことを思という」とある。

［二］『漢官儀《かんかんぎ》』に、「（歩兵校尉は）比二千石で、宿衛の兵を統括し、北軍中候《ほくぐんちゅう》に属する」とある。

［三］鴆《ちん》とは、毒のある鳥である。蝮《まむし》を喰らう。その羽を酒の中で掻《か》き混ぜると、これを飲んだものはたちまち死ぬ。

［四］北宜春《ほくぎしゅん》は、県であり、汝南《じょなん》郡に属する。豫章《よしょう》郡に宜春県があるので、区別するため北の字を加えた。故城は唐《とう》の豫《よ》州汝陽《じょよう》県の西南にある。

［五］長社《ちょうしゃ》は、県であり、潁川《えいせん》郡に属する。『前書音義《ぜんしょおんぎ》』に、「その社の中の樹が、にわかに成長したため、長社と名付けられた」とある。唐の許州《きょしゅう》県である。

［六］『続漢書《しょくかんじょ》』（志二十九・三十 輿服 上下）に、「婦人を君主に封建する際には、儀礼は公主《こうしゅ》に準え、（油彩の絵を描いた幌車である）油軿軿車《ゆけんへいしゃ》にのり、帯綬《たいじゅ》は（彩り豊かな組み紐である）采《さい》組《そ》によって緄帯《こんたい》をつくり、それぞれをその綬の色のようにして、黄金の辟邪《へきじゃ》（のための神獣）をその首にかけて帯とする」とある。

［七］『大戴礼記《だたいらいき》』（本命篇）に、「男子は八歳で歯が生え替わり、女子は七歳で歯が生え替わる」とある。（原文の）齓《しん》とは、歯が抜け替わることである。音は初刃《しょじん》の反《はん》。

［八］（原文の）晏《あん》とは、晩である。臣下はあえて「帝が崩御した」とは口にしない（で「晏駕」という）。同様の表現に「晩駕で出る」というものもある。

［九］蔡邕《さいよう》の『独断《どくだん》』（下巻）に、「少《しょう》帝が即位すると、皇太后が代行して摂政となり、前殿に臨み、群臣を召す。皇太后は東を向いて着座し、少帝は西を向いて着座する。群臣が事を奏じ上書する際は、みな二通作成し、一通を皇太后に奉り、一通を少帝に奉る」とある。

［一〇］恵《けい》王は、名を寿《じゅ》といい、章《しょう》帝の子である。

［一一］耿弇《こうえん》の弟である耿舒《こうじょ》の孫である。

［一二］『善文《ぜんぶん》』に、「謝惲《しゃうん》は、字《あざな》を伯周《はくしゅう》という。謝宓《しゃふく》は、字を仲周《ちゅうしゅう》という。謝篤《しゃとく》は字を季周《きしゅう》という」とある。

［一三］比景《ひけい》は、県の名であり、日南《にちなん》郡に属する。『前書音義』に、「日が頭上にあたり、影が自分の真下にできる（地域である）ので、これに（比景と）名付けた」とある。

［一四］恭陵《きょうりょう》の北にあるので、これによって（恭北陵と）名づけた。『漢官儀《かんかんぎ》』に、「（恭北陵に）陵園令《りょうえんれい》と食監《しょくかん》をそれぞれ一人置き、官秩は共に六百石である」という。金匱《きんき》とは、閉じるのに金を使うものである。

梁皇后紀

順烈梁《じゅんれつりょう》皇后は、諱を妠《のう》といい［一］、大将軍《だいしょうぐん》の梁商《りょうしょう》の娘で、恭懐《きょうかい》皇后の弟の孫である。后が生まれた際、光り輝く瑞祥があった。若くして女性としての仕事をよくこなし、史書を好み、九歳で『論語《ろんご》』を諳《そら》じ、『韓詩《かんし》』を修め〔二〕、大義を摑《つか》んだ。常に（模範とすべき）列女の図画を左右に置き、これにより自らの戒めとした〔三〕。父の梁商は、高くこれを評価して、密かに弟たちに語り、「我らが先祖の梁統《りょうとう》は、河西全域を安寧にし、生かした者は数え切れない〔四〕。位人臣を極めこそしなかったが、徳を積んだら必ず報われるものであるという。もし余福が子孫に受け継がれるものであれば、この娘に現れるのではなかろうか」と言った。

永建《えいけん》三〔一二八〕年、姑《おば》と共に選ばれて掖庭に入った。このとき十三歳であった。人相見の茅通《ぼうつう》が后を見ると、驚いて再拝して祝辞を述べ、「これはいわゆる日角《にちかく》・偃月《えんげつ》、貴相の極致で、臣もかつて見たことがございません」と言った。太史《たいし》が卜占《ぼくせん》すると「寿房《じゅぼう》」の兆《きざし》を得、また筮占《ぜいせん》すると坤《こん》卦より比《ひ》卦に変ずる吉兆を得た〔五〕。ついに貴人《きじん》に立てられた。（后は）いつも特に多く召されたが、従容として順《じゅん》帝に断りを入れ、「そもそも陽（である皇帝）は博く施すことを徳とし、陰（である皇后）は専有しないことを義とします。螽斯《いなご》が多くの子を生むのは（周《しゅう》の文《ぶん》王が百人の子をもうけたように）、福が興ることになります〔六〕。願わくは陛下には雲雨が均しく万民を潤すよう、思いをいたされ、魚の目刺しのように（宮女を）順序よく並べ[七]、わたしに（順帝の寵愛を独占しているという）他人からの誹謗を受けさせないようにしてください」と申し上げた。これにより順帝はますます（梁皇后を）敬愛した。

陽嘉《ようか》元（一三二）年春、役人が皇后を立てることを奏上して、「乗氏《じょうし》侯の梁商は、先帝の外戚です[八]。春秋の義によれば、妃を娶る場合には、大国より迎えるものです[九]。梁小貴人を天子の位に配して、皇后の位を正すべきです[一〇]」とした。順帝はこれに従い、寿安殿《じゅあんでん》で梁貴人を立て皇后とした[一一]。梁皇后は、若いころから聡明で慈愛に満ち、加えて前世の皇后の得失に鑑みて、徳を保つため皇后位に推されたにもかかわらず、あえて驕慢の心を持たなかった。日食や月食といった天譴《てんけん》が現れるごとに[一二]、平素の美しい衣裳を脱ぎ、自らの罪を天に詫びた。

建康《けんこう》元（一四四）年、順帝が崩御した。梁皇后には子が無く、虞美人《ぐびじん》の子である劉炳《りゅうへい》が即位した。これが沖《ちゅう》帝である。梁皇后を尊び皇太后とし、梁皇太后が臨朝した。沖帝も次いで崩御したので、また質《しつ》帝を立て、（梁皇太后が）なお朝政を握り続けた。

このとき揚《よう》州と徐《じょ》州で猛威を振るう賊が州郡を荒し廻り、西羌《せいきょう》と鮮卑《せんぴ》および日南《にちなん》郡の蛮夷《ばんい》が城邑を攻めて略奪したため、租税は煩雑で頻繁であり、官民ともに困窮枯渇していた。梁皇太后は、夙夜に努め、誠意を持ち賢者を頼りにし、太尉《たいい》の李固《りこ》たちに委任して、忠良の人材を抜擢して、節約を尊んだ。利権をあさり汚職を行う罪悪は、多く誅殺されて位より追われた〔一三〕。兵を分けて討伐を行い、反乱集団は消滅した。このため海内は粛然とし、宗廟は安寧となった。しかし、兄である大将軍《だいしょうぐん》の梁冀《りょうき》は、質《しつ》帝を鴆毒で殺害し、専権を振るって暴虐を行い、忠良の臣下を疎んじ損ない、しばしば邪説を吹聴して梁皇太后を誤らせ、ついには桓《かん》帝を立てて、李固を誅殺した。梁皇太后もまた宦官に籠絡され、官爵を与えて宦官を寵愛することが多く、これにより（梁皇太后は）天下の人々の望を失った。

和平《わへい》元〔一五〇〕年春、（梁皇太后は）政権を桓帝に返した。梁皇太后は、寝たきりとなり、症状はいよいよ重く、輦に乗って宣徳殿《せんとくでん》に行き、宮中の官吏および梁氏一族を謁見した。詔を下して、「朕は、もとより胸の下にしこりがある。さきごろより、加えてむくみが出て、食事が喉につかえるようになり、次第に身体がだるくなってきた〔一四〕。近ごろ（わたしの平癒を祈って）内外に心を使わせ祈らせている。わたしが自ら考えるところでは、日に日に衰弱し、もう二度と起き上がり、群公や公卿《こうけい》と一緒にいることはないであろう。（桓帝という）聖嗣を擁立しながら、久しく養育して、その終始を見られないことは残念でならない。いま皇帝と大将軍の兄弟を股肱の臣に託す。それぞれ自ら励むがよい」とした。のち二日して崩御した。位にあること十九年、四十五歳であった。（順帝の）憲陵《けんりょう》に合葬された。

虞美人は、良家の子女であることから、十三歳で選ばれ掖庭に入り（沖《ちゅう》帝を生み）〔一五〕、また娘の舞陽長公主《ぶようちょうこうしゅ》を生んだ。漢《かん》の勃興以来、皇帝の生母が尊寵されないことはなかった。しかし順帝はまだ美人に爵号を与えないまま崩御し、また沖帝も早くに崩御し、さらに大将軍の梁冀は、政権を掌握すると、他氏の台頭を忌み嫌った。ゆえに虞氏は抑圧されて位も上がらず、ただ「大家」と呼ばれるだけであった。

陳《ちん》夫人は、家はもともと魏《ぎ》郡にあったが、若くして（歌い姫である）声伎《せいぎ》として勃海《ぼっかい》孝《こう》王の劉鴻《りゅうこう》の後宮に入り、寵愛を受けて、質帝を生んだ。しかしまた、梁氏のため栄達するには及ばなかった。

熹平《きへい》四〔一七五〕年、小黄門《しょうこうもん》の趙祐《ちょうゆう》〔一六〕、議郎《ぎろう》の卑整《ひせい》が上言して〔一七〕、「春秋の義に、「母は子によって貴い」とあります〔一八〕。漢の儀典では、生母を尊崇し、およそ外戚となったもので、恩寵を加えられない者はおりません。いま沖帝の母である虞大家《ぐたいか》、質帝の母である陳夫人は、共に皇帝を生みながら、まだ称号がありません。そもそも臣子という賤しい身分ですら、死後に追贈の制度があります。ましてや二母は、ご存命でありながら、尊貴で顕要な位を受けなければ、先世を尊び、後世に範を垂れることにならないのではないでしょうか」とした。桓帝はその言葉に感じ入り、虞大家を憲陵貴人《けんりょうきじん》、陳夫人を渤海孝王妃《ぼっかいこうおうき》とし〔一九〕、中常侍《ちゅうじょうじ》に節を持たせて印綬を授けさせ、太常《たいじょう》を派遣して大牢《たいろう》の礼により（順帝の）憲陵《けんりょう》・（沖帝の）懐陵《かいりょう》・（質帝の）静陵《せいりょう》に報告させた〔二〇〕。

［李賢注］

［一］（『逸周書《いつしゅうしょ》』）諡法解《しほうかい》に、「徳を取り業を尊ぶことを烈という」とある。声類《せいるい》に、「妠《のう》とは、娶ることである。音は納」とある。

［二］（韓詩とは）韓嬰《かんえい》の伝えた『詩経《しきょう》』である。

［三］劉向《りゅうきょう》は、『列女伝《れつじょでん》』八篇を撰述し、列女の容貌を図に描いた。

［四］梁商《りょうしょう》の曾祖父の梁統《りょうとう》は、更始《こうし》二（二四）年に中郎将《ちゅうろうしょう》・酒泉太守《しゅせんたいしゅ》となり、涼《りょう》州を慰撫した。このとき河西は混乱しており、衆議は梁統に素より威信のあったことから、梁統を盟主に推して竇融《とうゆう》と共に五郡を保全した。

［五］易《えき》の坤卦《こんか》の六五の爻《こう》は、変ずれば比卦《ひか》となる。比卦の九五の象伝に、「比《した》しむべきを顕《あき》ら

かにする吉は、九五の爻が位の正と中を得て、中道の道により親しむからである」という。九五に居てその位を得、下が上に応じる姿を象っており、それゆえに吉なのである。

〔六〕『詩経』国風《こくふう》（螽斯《いなご》の）詩序に、「言いたいのは后妃が螽斯のように嫉妬をしなければ、子孫が多く残されるということである」という。（『詩経』）大雅（思斉）に、「（周《しゅう》の文《ぶん》王の妃である）太姒《たいじ》は（大姜や大任の）美しい徳音を嗣《つ》いで（よく徳を修め家を斉《ととの》えたので）、多くの男子にめぐまれた」とある。

〔七〕『周易《しゅうえき》』（乾卦 象伝《たんでん》）に、「雲は空中を流れ行き、やがて雨となって地上を潤し、万物は活動を開始して、潜伏していたものは形を眼の前に現わす」とある。（『周易』）剝《はく》卦 六五に、「魚の目刺しのように、宮中の女官をずらりと引き連れ、（王の寵愛を受けるようにすれば）よい」とある。剝卦は、坤卦が下で艮卦が上、五陰と一陽（から成り）、多くの陰は下にある。頭の向きを揃えて並んでいる様子が、魚の目刺しに似ている。

〔八〕梁商の祖姑は、章《しょう》帝の貴人《きじん》で、和《わ》帝を生んでいる。

〔九〕『春秋公羊伝《しゅんじゅうくようでん》』（該当無し）に、「天子が紀《き》から妃を娶った。紀は、もと子爵であり、先に尊重して侯としたのは、王者は小国より娶らないことを言うためである」という。

〔一〇〕（原文の「正位坤極」について）、内の位を正すため、陰徳の極（である坤極）に居るのである。『周易』（家人卦 彖伝）にいう、「女は位を内に正す」と。

〔一一〕寿安《じゅあん》は、徳陽宮《とくようきゅう》の内殿の名である。

〔一二〕（原文の）讁は、責という意味である。『礼記《らいき》』（昏儀篇）に、「陽事がよろしきを得ないときには、そのとがめが天に現れ、そのために日食が起こる。陰事がよろしきを得ないときには、そのとがめが天に現れて、そのために月食が起こる」とある。

〔一三〕（原文の貪叨罪慝について）財を貪ることを叨《とう》という。慝《とく》とは、悪である。

〔一四〕（原文の）寖《しん》とは、漸くという意味である。

〔一五〕『続漢書《しょくかんじょ》』に、「虞美人《ぐびじん》の父である虞詩《ぐし》は郎中《ろうちゅう》となり、虞詩の父である虞衡《ぐこう》は屯騎校尉《とんきこうい》であった」とある。

〔一六〕『続漢書』（志二十六 百官三）に、「小黄門《しょうこうもん》は、六百石であり、宦官が任ぜられ、定員は無い。皇帝の左右に侍り、尚書の事を承ることを職掌とする。皇帝が内宮にあるときには、宮中と外朝、および中宮以下のすべてのことを通じさせ、もろもろの公主および王大妃たちの病み苦しむところがあれば、使者として状態を問う」とある。

〔一七〕『風俗通義《ふうぞくつうぎ》』に、「卑氏《ひし》は、鄭《てい》の大夫《たいふ》である卑諶《ひたん》の後裔である。漢に卑躬《ひきゅう》がおり、北平太守《ほくへいたいしゅ》となっている」とある。

［一八］『春秋公羊伝』（隠公元年）に、「桓《かん》公は幼いが貴く、隠《いん》公は長じているが卑しい。桓公はなぜ貴いのか。母が貴いのである。母が貴いのなら子はなぜ貴いのか。子は母によって貴く、母は子によって貴いのである」とある。

［一九］孝《こう》王は、名を鴻《こう》といい、章帝の子である千乗貞王《せんじょうていおう》劉伉《りゅうこう》の孫である。劉鴻から質《しつ》帝が生まれ、質帝が立てられるにあたり、勃海《ぼっかい》に転封された。

［二〇］懐陵《かいりょう》は、沖《ちゅう》帝の陵である。静陵《せいりょう》は、質帝の陵である。

匽皇后紀

孝崇匽《こうすうえん》皇后は、諱を明《めい》といい［二一］、蠡吾《れいご》侯の劉翼《りゅうよく》の媵妾《ようしょう》〔腰元〕であり［二二］、桓《かん》帝を生んだ。桓帝は即位して翌年、（父の）劉翼を追尊して孝崇皇《こうすうこう》とし、その陵を博陵《はくりょう》と呼び、后を博園貴人《はくえんきじん》とした。和平《わへい》元〔一五〇〕年、梁《りょう》皇太后が崩御すると、すぐさま博陵に行かせ、后を尊んで孝崇《こうすう》皇后とした。司徒《しと》を派遣して節を持たせて、策書を奉じて（皇后の）璽綬《じじゅ》を授け、乗り物や衣服を贈り、儀礼に必要な品々を備えた。宮を永楽《えいらく》と名付け、永楽太僕《えいらくたいぼく》や永楽少府《えいらくしょうふ》以下の官を置くことは、みな（皇帝の母に対して行う）長楽宮《ちょうらくきゅう》の故事のようにした［二三］。また虎賁衛士《こほんえいし》と羽林衛士《うりんえいし》を置き、宮室を建て、鉅鹿《きょろく》郡の九県を分けて、孝崇皇后の湯沐邑《とうもくゆう》とした。位にあること三年、元嘉《げんか》二〔一五二〕年に崩御した。桓帝の弟である平原《へいげん》王の劉石《りゅうせき》を喪主とし〔四〕、東園《とうえん》で製作した画梓寿器《がしじゅき》・玉匣《ぎょくこう》・飯含《はんがん》などの葬具を蔵《おさ》めさせ、礼儀の次第は（和帝の生母の梁貴人である）恭懐《きょうかい》皇后に準えた〔五〕。司徒に節を持たせ、大長秋《たいちょうしゅう》に弔祀を奉じさせ、（葬儀料である）賻銭《ふせん》は四千万〔六〕、布は四万匹を賜与し、中謁者僕射《ちゅうえつしゃぼくや》に喪《なきがら》を典護させ、侍御史《じぎょし》に大駕《たいが》の鹵簿《ろぼ》を護衛させた〔七〕。詔を下して安平《あんぺい》王の劉豹《りゅうひょう》・河間《かかん》王の劉建《りゅうけん》・勃海《ぼっかい》王の劉悝《りゅうかい》〔八〕、長社長公主《ちょうしゃちょうこうしゅ》と益陽長《えきようちょう》公主《こうしゅ》の二長公主〔九〕、諸国の諸侯で京師より三百里以内の者、中二千石《ちゅうにせんせき》・二千石《にせんせき》・県《けん》令《れい》・県長《けんちょう》・国相《こくしょう》に及ぶまで、みな葬儀に参列させた。将作大匠《しょうさくたいしょう》が土を埋め戻し、廟を補修して、博陵に合葬した。

〔李賢注〕

〔一〕匽は、音が偃《えん》である。

〔二〕蠡吾《れいご》侯の劉翼《りゅうよく》は、河間《かかん》王の劉開《りゅうかい》の子であり、和《わ》帝の孫である。

〔三〕『漢官儀《かんかんぎ》』に、「皇帝の祖母を長信宮《ちょうしんきゅう》と称し、皇帝の母を長楽宮《ちょうらくきゅう》と称する。長信少府《ちょうしんしょうふ》と長楽少府《ちょうらくしょうふ》と職ごとに吏が置かれ、みな宦官がこれに当たる」とある。

［四］劉石《りゅうせき》は、蠡吾侯の劉翼の子であり、桓《かん》帝の兄である。

［五］東園《とうえん》とは、署の名称であり、少府《しょうふ》に属して、棺の製造を掌《つかさど》る。梓の木で棺を作り、漆でこれに画を描く。寿器《じゅき》と称するのは、その長久を願うためであり、寿堂《じゅどう》・寿宮《じゅきゅう》・寿陵《じゅりょう》と同じである。『漢旧儀《かんきゅうぎ》』に、「梓の棺は長さ二丈（約4.6ｍ）、幅は四尺（約92㎝）である」という。玉匣《ぎょくこう》とは、腰より下を（玉の）箱で包み、足に到ったところで亦た縫《ぬ》い、黄金で縷《いと》を作（る金縷玉衣《きんるぎょくい》であ）る。飯含《はんがん》とは、口に含ませる珠玉である。

［六］『春秋公羊伝《しゅんじゅうくようでん》』（隠公元年）に、「貨財を賻《ふ》という」とある。

［七］『漢官儀』に、「天子の車駕の次第を鹵簿《ろぼ》という。大駕《だいが》・法駕《ほうが》・小駕《しょうが》がある。大駕は公卿《こうけい》が奉引し、大将軍《だいしょうぐん》が添え乗りし、太僕《たいぼく》が御す。属車は八十一乗で、千乗万騎を備え、侍御史《じぎょし》が左にあって馬を駕し、礼法を乱した者を検挙する」とある。ここでは儀事を車駕の様式にならったので、侍御史に監護させたのである。

［八］悝は、音が恢《かい》である。

［九］長社公主《ちょうしゃこうしゅ》は、桓《かん》帝の姉であり、耿弇《こうえん》の弟である耿覇《こうは》の玄孫である耿援《こうえん》が娶った。益陽公主《えきようこうしゅ》は、桓帝の妹であり、侍中《じちゅう》の寇栄《こうえい》の従兄の子が娶った。

梁皇后紀

桓《かん》帝の懿献《いけん》梁《りょう》皇后は、諱を女瑩《じょえい》といい〔一〕、順烈《じゅんれつ》梁《りょう》皇后の妹である。桓帝がまだ蠡《れい》吾《ご》侯であったころ、梁《りょう》皇太后が帝を徴《め》し、后と婚姻させようとしたが、まだ婚儀に及ばぬうちに〔二〕、質《しつ》帝が崩御したので、皇帝に立てられた。翌年、役人が梁皇太后に上奏して、「『春秋《しゅんじゅう》』（公羊伝 桓公八年）には、王后を紀より迎える際、（すでに王后に指名しているので）途中の道から王后と称した、とあります〔三〕。いま大将軍《だいしょうぐん》の梁冀《りょうき》の妹君は、（皇后となって）順烈梁皇后の優れた美しい徳を継承しております〔四〕。結婚は、すでに梁皇太后により決められておりますので〔五〕、どうか礼儀を明らかに、時を選んで結納の品を進めるべきです〔六〕。三公《さんこう》・太常《たいじょう》に命じて婚礼の礼儀を調査させますように」と申し上げた。上奏は認可された。そこで孝恵《こうけい》皇帝の納后の故事に則り、皇后を迎えるため黄金二万斤を賜与し、結納の品は鴈・璧・乗馬・束帛とすること、旧典の通りとした〔七〕。建和《けんわ》元〔一四七〕年六月、（后は）はじめて掖庭に入り、八月に立てられて皇后となった。

当時は（梁皇后の姉にあたる）梁皇太后が臨朝し、（兄にあたる）梁冀が政治を専断していた。このため梁皇后だけが（桓帝の）寵幸を得て、それ以下の者は進見すらされなかった。梁皇后は、姉と兄の権勢を傘に着て、恣《ほしいまま》に贅沢《ぜいたく》を極め、宮室は彫刻で華麗にし、服装は奇抜で華やかなものとし、工芸品や装飾品の制作は、前代の倍に及んだ。梁皇太后が崩御すると、ようやく恩愛は衰えた。梁皇后には子が無かったので、ひそかに（他の宮女の妊娠に）恨みを懐き、宮人に妊娠する者が出ても、迫害を免れた者は少なかった。桓帝は梁冀を恐れ、あえて怒りを顕さなかったが、梁皇后への御見は、さらに稀になった。延熹《えんき》二〔一五九〕年にいたり、梁皇后は憂いと怒りのあまり崩御した。位にあること十三年、懿陵《いりょう》に葬った。この年、（桓帝は）梁冀を誅殺すると、懿陵を廃止して貴人《きじん》の塚とした。

〔李賢注〕

〔一〕（『逸周書《いっしゅうしょ》』）謚法解《しほうかい》に、「温和であり聖善であることを懿といい、聡明であり叡智を持つことを献という」とある。

〔二〕（原文の）嘉礼とは、婚礼のことである。

〔三〕『春秋公羊伝《しゅんじゅうくようでん》』（桓公八年）に、「祭公《さいこう》が来て、王后を紀より迎えた」とある。公羊伝は、「祭公とは何か。天子の三公《さんこう》である。（迎える女性を娶る前に）王后と呼ぶのはなぜか。王者は（すべての天下を支配するので）外というものはない。（天子が王后に指名すれば）その言葉により（すでに王后に）成るからである」としている。

［四］（原文の）胥とは、当たることである。（原文の）紹とは、嗣ぐことである。（原文の）聖善とは、母をいう。言いたいのは、妻を娶るには親に当たり、受け嗣ぐということである。『詩経《しきょう》』（国風 凱風）に、「母はたいへん素晴らしい人である」という。

［五］（梁）皇太后が先に令を出して結婚することを許していたことを言うのである。『詩経』大雅 大明に、「天は下士を昭監しており、天の寵命がすでに文《ぶん》王の身に降った」とある。

［六］（原文の）徴とは、成ということである。幣を納めて婚姻をなすのである。

［七］『漢旧儀《かんきゅうぎ》』に、「皇后を娶るには、黄金万斤を賜与する」とある。呂后《りょこう》は恵《けい》帝のため（自分の娘の）魯元公主《ろげんこうしゅ》の娘である張皇后を娶った。そのために特別にその礼を盛んにしたのである。『儀礼《ぎらい》』（士昏礼）に、「納采《のうさい》には、鴈を用いる」とある。鄭玄《じょうげん》は注をつけて、「採った礼物を納めるのである。鴈を用いるのは、陰陽に従って往来する性質を評価するからである」としている。『周礼《しゅらい》』（冬官考工記 玉人）に、「王者は、穀圭《こくけい》により女を娶る」とある。鄭玄は注をつけて、「士大夫《したいふ》以上は、玄纁《げんくん》の束帛《そくはく》を用いる。天子はさらに穀圭を加え、諸侯はさらに大璋《たいしょう》を加える」としている。礼では圭と称するが、ここでは璧も用いるとされている。

形制は異なるが、玉であることは同じである。乗馬とは、四匹の馬である。（『礼記《らいき》』）雑記下に、「納幣には一束、束は五両、両は五尋」とある。つまり端ごとに二丈となる。

鄧皇后紀

桓《かん》帝の鄧《とう》皇后は、諱を猛女《もうじょ》といい、和熹《わき》鄧《とう》皇后の従兄《いとこ》の子にあたる鄧香《とうきょう》の娘である。母の鄧宣《とうせん》は、初め鄧香に嫁いで、后を生んだ。（のちに）改めて梁紀《りょうき》に嫁いだ。梁紀は、大将軍《だいしょうぐん》の梁冀《りょうき》の妻である孫寿《そんじゅ》の舅である。后は若くして父を失い、母に従って生活していたので、（母の再婚相手である梁紀の姓に従い）姓は梁氏を名乗っていた。梁冀の妻は、后の美貌に目をつけ、永興年間〔一五三～一五四年〕に進めて掖庭に入れ、采女《さいじょ》となって、とても寵愛された〔二〕。翌年、兄の鄧演《とうえん》を南頓《なんとん》侯に封建して、特進《とくしん》とした。鄧演が卒すると、子の鄧康《とうこう》が嗣いだ。懿献梁《いけんりょう》皇后が崩御し、梁冀が誅殺されると、后を立てて皇后とした。桓帝は、梁氏を憎んでいたので、（鄧皇后を）改姓させて薄氏《はくし》とし、鄧皇后の母である鄧宣を長安君《ちょうあんくん》に封建した。延熹《えんき》四〔一六一〕年、役人は、「皇后は、郎中《ろうちゅう》の鄧香の娘であり、他姓に改めるべきではございません」と上奏した。そこでまた鄧氏となった。追封して、鄧香に車騎将軍《しゃきしょうぐん》・安陽《あんよう》侯の印綬を授け、さらに鄧宣と鄧康を大県に転封し、鄧宣を昆陽君《こんようくん》とし、鄧康を沘陽《ひよう》侯とし、賞賜は巨万の額に及んだ[二]。鄧宣が卒すると、（葬儀にあたっての）贈り物と葬礼は、みな皇后の母の儀礼に依拠した。鄧康の弟である鄧統《とうとう》が、嗣いで昆陽侯に封建され、位は侍中《じちゅう》となり、鄧統の従兄である鄧会《とうかい》が安陽侯を嗣いで虎賁中郎将《こほんちゅうろうしょう》となり、また鄧統の弟である鄧秉《とうへい》を淯陽《いくよう》侯とした。そのほかの宗族も、列侯《れっこう》や郎将となった。

　桓帝は、寵愛する女性が多く、広く宮女を集めて五、六千人に至り、その下働きの女性に至っては、またこの倍の数に及んだ。それでも鄧皇后は、（皇后という）尊位を頼んで驕慢で、桓帝が寵愛する郭貴人《かくきじん》と互いに誹謗《ひぼう》しあった。延熹《えんき》八〔一六五〕年、詔により鄧皇后を廃位し、暴室《ぼうしつ》に送り、（鄧皇后は）憂死した[三]。位にあること七年であった。（洛陽《らくよう》の北の）北邙山《ほくぼうさん》に葬られた。従父《おじ》である河南尹《かなんいん》の鄧万世《とうまんせい》と鄧会は、ともに獄に下されて死んだ。鄧統たちもまた暴室に送られ、官爵を免じられ、本郡に帰され、財産は官に没収された。

［李賢注］

〔一〕采は、択という意味である。（采女という名称は、女性を）採択することに因んで名をつけたのである。

〔二〕巨は、大という意味である。（巨万、すなわち）大万とは、万の万倍をいう。

〔三〕『漢官儀《かんかんぎ》』に、「暴室《ぼうしつ》は掖庭の内にある。暴室丞《ぼうしつじょう》が一名おかれ、宮中の婦人で病にかかった者への世話を職掌とする。皇后や貴人で罪があった場合には、（病人と同様に）また暴室に送られるのである」とある。

竇皇后紀

桓思竇皇后《かんしとう》は、諱を妙《みょう》といい、章徳竇皇后《しょうとくとう》の従祖弟《またいとこ》の孫娘で、父は竇武《とうぶ》である。延熹《えんき》八〔一六五〕年、鄧《とう》皇后が廃位された。后は選ばれて掖庭に入って貴人《きじん》となり、その冬、立てられて皇后となった。（しかし、父竇武の故に皇后となった竇皇后への）御見はたいへん稀で、桓《かん》帝の寵愛は采女の田聖《でんせい》らに注がれた。永康《えいこう》元〔一六七〕年冬、桓帝は病床にあり、田聖など（寵愛する）九人の女性をみな貴人とした。（桓帝は）崩御したが継嗣がおらず、竇皇后は皇太后となった。竇皇太后は臨朝して定策し、解犢亭《かいとくてい》侯の劉《りゅう》宏《こう》を立てた。これが霊《れい》帝である。

竇皇太后は、嫉妬深くて残忍であり、田聖らへの怒りを溜め込んでいたので、桓帝の柩がまだ前殿にあるのに、それでも田聖を殺させた。また残りの八貴人もすべて殺そうとしたが、中常侍《ちゅうじょうじ》の管覇《かんは》と蘇康《そこう》が苦言を呈したので取りやめた。このとき竇皇太后の父である大将軍《だいしょうぐん》の竇武は、宦官を誅殺しようとしていた。中常侍の曹節《そうせつ》たちは、偽の詔で竇武らを殺し、竇皇太后を南宮の雲台《うんだい》に移し、竇一族を比景《ひけい》県〔ヴェトナム高平省宋河下流の高牢下村〕に流罪とした。

竇氏が誅されたとはいえ、霊帝はなお竇皇太后には（霊帝を）擁立した功があるとして、建寧《けんねい》四〔一七一〕年十月朔《さく》、群臣を率いて南宮を訪れ、自ら（竇皇太后に）贈り物をして、長寿を言祝《ことほ》いだ。黄門令《こうもんれい》の董萌《とうぼう》は［二］、これを機にしばしば竇皇太后のためにその怨み言を訴えた。霊帝は深くこれを納れ、竇皇太后の生活のための歳費の支給を以前より増やした。中常侍の曹節と王甫《おうほ》は、董萌が竇皇太后と結託することを憎み、讒言をして（竇皇太后が霊帝の生母である）永楽宮《えいらくきゅう》を誣告《ぶこく》しているとして（霊帝を激怒させ）［三］、董萌は連坐して獄に下されて死んだ。熹平《きへい》〔一七二〕元年、竇皇太后の母は（配流先の）比景県で卒し、竇皇太后は、悲しんで病気となって崩御した。位にあること七年であった。（霊帝の）宣陵《せんりょう》に合葬された。

［李賢注］
［一］『漢官儀《かんかんぎ》』に、「黄門令《こうもんれい》は、秩六百石である」とある。
［二］（永楽宮《えいらくきゅう》は）霊《れい》帝の母の住居である。（原文の）訕《せん》とは、誹謗である。

董皇后紀

孝仁董《こうじんとう》皇后は、諱は不明で、河間《かかん》国の人である。解犢亭《かいとくてい》侯の劉萇《りゅうちょう》の夫人となり〔一〕、霊《れい》帝を生んだ。建寧《けんねい》元〔一六八〕年、霊帝が即位すると、（父の）劉萇を追尊して孝仁《こうじん》皇《こう》とし、陵を慎陵《しんりょう》と呼び、后を慎園貴人《しんえんきじん》とした。（外戚の）竇氏《とうし》が誅殺された翌年、霊帝は中常侍《ちゅうじょうじ》に貴人を迎えにいかせ、あわせて貴人の兄である董寵《とうちょう》を召して京師に至らせた。（董皇后に）尊号を奉り孝仁《こうじん》皇后と呼び、南宮の嘉徳殿《かとくでん》に住まわせ〔二〕、宮を永楽と称した。董寵を執金吾《しつきんご》に任じた。（しかし董寵は）後に偽って永楽后《えいらくこう》からの依頼であると請託した罪により、獄に下されて死んだ。

竇《とう》皇太后の崩御に伴い、（董皇后が）初めて朝廷の政治に関与すると、霊帝に官を売って財貨を求めさせ、自ら金銭を貯めて、金銭で部屋を満たした。中平《ちゅうへい》五〔一八八〕年、董皇后の兄の子である衛尉《えいい》で脩《しゅう》侯の董重《とうじゅう》を驃騎将軍《ひょうきしょうぐん》とし〔三〕、兵千余人を率いさせた。

はじめ、董皇后は、自ら皇子の劉協《りゅうきょう》を養い、しばしば霊帝に（劉協の）立太子を勧め、（皇子劉弁の母である）何《か》皇后はこれを恨んでいたが、議が決定しないうちに霊帝は崩御した。何皇太后が臨朝すると、董重は何皇太后の兄である大将軍《だいしょうぐん》の何進《かしん》と権勢を争い、董皇后が政治に参与しようとするごとに、何皇太后はそれを邪魔した。董皇后は憤慨して罵詈雑言を吐き、「おまえ（何皇太后）がいま威張り散らしているのは、おまえの兄（である何進の権勢）に依拠しているのか［四］。驃騎将軍（の董重）に命じて何進の首を刎《は》ねて持って来るがよい」といった。何皇太后はこれを聞くと、何進に告げた。何進は三公《さんこう》および弟である車騎将軍《しゃきしょうぐん》の何苗《かびょう》らと上奏し、「孝仁皇后は、元の中常侍である夏《か》惲《うん》、永楽太僕《えいらくたいぼく》の封諝《ほうしょ》たちに州郡と結ばせ［五］、各地の珍宝・財貨を一人占めにし、すべて（永楽宮の）西省《せいしょう》へ納めさせました［六］。（平《へい》帝の母である衛姫《えいき》にもとづく）蕃后《ばんこう》の故事では、（蕃后は）京師に留まれません［七］。乗り物や衣裳は規定どおりのものを支給し、食事も規定どおりのものを支給いたします。どうか永楽后を洛陽《らくよう》の南宮より本国へと遷しますように」とした。上奏は認可された。何進はそこで兵を挙げて驃騎府《ひょうきふ》を囲み、董重を捕らえ、董重は官より罷免されて自殺した。董皇后は憂い恐れて、病により俄《にわ》かに崩御した。皇后の位に在ること二十二年であった。世間では悪いのは何氏であるとされた。喪《なきがら》は河間国に帰され、（霊帝の）慎陵《しんりょう》に合葬された。

［李賢注］

［一］劉萇《りゅうちょう》は、河間孝王《かかんこう》の劉開《りゅうかい》の孫である劉淑《りゅうしゅく》の子である。

［二］嘉徳殿《かとくでん》は、九竜門《きゅうりゅうもん》の内側にある。

［三］脩《しゅう》は、唐《とう》の徳州県であり、故城は徳州県の南にある。「脩」の字は、唐では「蓨」につくる、音は条である。

［四］（原文の）輈張《ちゅうちょう》とは、強い梁《はり》のよう（に威張り散らすこと）である。

［五］『漢官儀《かんかんぎ》』に、「永楽太僕《えいらくたいぼく》は、宦官を用いて任命する」とある。

［六］（原文の）辜較《こかく》については、解釈が霊帝紀にある。西省《せいしょう》は、永楽宮《えいらくきゅう》を司るところである。

［七］蕃后《ばんこう》とは、平《へい》帝の母である衛姫《えいき》をいう。時に王莽《おうもう》が摂政を行い、その専権を恐れ、后を京師に留まらせなかった。このため「故事」というのである。

宋皇后紀

霊《れい》帝の宋《そう》皇后は、諱は不明で、扶風平陵《ふふうへいりょう》県の人である。粛宗《しゅくそう》の宋貴人《そうきじん》の（父の）従曾孫である。建寧《けんねい》三〔一七〇〕年、選ばれて掖庭《えきてい》に入り貴人となった。翌建寧四〔一七一〕年、立てられて皇后となった。父の宋酆《そうほう》は執金吾《しつきんご》であり、不其郷《ふききょう》侯に封建された[一]。宋皇后は（霊帝からの）寵愛を受けておらずに（皇后の）正位に居ったため、後宮の寵愛を受けた姫たちは、みな皇后を誹謗《ひぼう》した。はじめ中常侍《ちゅうじょうじ》の王甫《おうほ》は、法を曲げ勃《ぼっ》海王《かいおう》の劉悝《りゅうかい》と妃の宋氏《そうし》を殺したが[二]、妃は宋皇后の姑《おば》であった。王甫は宋皇后がこれを怨むことを恐れ、太中大夫《たいちゅうたいふ》の程阿《ていあ》と共にでっちあげて、「宋皇后が（巫蠱《ふこ》などの）左《さ》道《どう》により呪詛《じゅそ》をしております」と上言した[三]。霊帝はこれを信じた。光和《こうわ》元〔一七八〕年、ついに廃位を命じる辞令を下して（皇后の）璽綬《じじゅ》を取り上げた。宋皇后は、自分で暴室《ぼうしつ》に至り、憂死した。位にあること八年であった。父と兄弟は、みな誅殺された。多くの中常侍や小黄門《しょうこうもん》で禁中にある者は、みな宋氏が罪無きことを哀れみ、互いに金を出し合って、廃后と宋酆父子の亡骸を引き取り、宋氏の旧来の墓地である皐門亭《こうもんてい》に納めた[四]。

霊帝は、後に夢に（父の）桓《かん》帝を見た。（夢の中で桓帝は）怒って、「宋皇后に何の罪があるのか、それなのに邪悪な人間（の讒言）を聴き用い、宋皇后の命を絶たせたのか。勃海王の劉悝は、すでに自ら（勃海王から癭陶《えいとう》王に）身分を貶していたのに、さらに誅殺された。いま宋氏と劉悝は自ら天に訴え、上帝は激怒しておられる［五］。おまえの罪は救いがたい」と言った。夢は、とても明瞭であった。帝は目を覚まして恐ろしく思い、この事を羽林左監《うりんさかん》の許永《きょえい》に［六］、「この夢は何の予兆であろう。罪を祓《はら》うには、どうすべきであろうか」と尋ねた［七］。許永は、「宋皇后は親しく陛下と共に宗廟を継承し、（天下の）母として中国に臨み、年を経ること久しいものがありました。天下は（皇后である宋氏の）教化を被り、（宋皇后の）悪事を指摘する声も上がっておりませんでした。それにも拘《かかわ》らず（陛下は）虚妄の讒言を聞き入れ、（宋皇后を）無実の罪に陥れ、身は極刑に処し、その禍は家族にまで及び、天下の民はみな（宋皇后を）悼まない者はございませんでした。勃海王の劉悝は、桓帝の母の弟として、藩国をいただいてより、いまだかつて過ちはありませんでしたが、陛下は詳しく取り調べもせずに、無実の罪に当てられました。そのむかし晉侯《しん》（景公）が刑罰を誤ると、祟り神が髪を振り乱して地まで届かせ（現れて刑罰を戒め）る夢を見たと言います［八］。天道は、すべてお見通しで、鬼神は欺《あざむ》けませせぬ。どうか（宋皇后を）改葬し、冤魂を安んじられ、宋皇后の流罪となった一族を帰し、また勃海王の先封を戻せば、咎《とが》は消えることでしょう」と答えた。帝は用いられず、果たして崩御した。

〔李賢注〕

〔一〕不其《ふき》は、県であり、琅邪《ろうや》郡に属する。故城は唐の莱《らい》州即墨《そくぼく》県の西南にあり、おそらくこの県の一つの郷であろう。其の音は基《き》。『三輔決録注《さんぽけつろくちゅう》』に、「宋酆《そうほう》は、字を伯遇《はくぐう》という」とある。

〔二〕熹平《きへい》元（一七二）年、王甫《おうほ》は劉悝《りゅうかい》を誣《そし》るために中常侍《ちゅうじょうじ》の鄭颯《ていそう》と結託して、劉悝を即位させようとしていると誹《そし》った。劉悝は自殺し、妃は獄中に死んだ。

〔三〕『礼記《らいき》』（王制篇）に、「邪道により衆を乱すものは死刑にして、許してはならない」とある。鄭玄《じょうげん》は注をつけて、「左道《さどう》とは、巫蠱《ふこ》（により呪いをかけることなど）のたぐいである」としている。

〔四〕『詩経《しきょう》』（大雅 緜）に、「そこで皐門《こうもん》を立てる」とある。注に、「王の（外城の門である）郭《かく》門《もん》を皐門という」とある。『漢官儀《かんかんぎ》』に、「（洛陽《らくよう》の）十二の門にはみな亭がある」とある。

〔五〕上帝とは、天である。（原文の）震とは、動くことである。『尚書《しょうしょ》』（洪範篇）に、「帝はそこで激怒した」とある。

〔六〕『続漢書《しょくかんじょ》』（志二十五 百官二）に、「羽林左監《うりんさかん》は、定員一名であり、官秩は六百石、羽林左《うりんさ》騎《き》を率いる」とある。羽林右監《うりんゆうかん》も同様である。「永」の字は、ある本では「詠」につくる。

［七］（原文の）禳《じゅう》とは、除くことをいう。

［八］『春秋左氏伝《しゅんじゅうさしでん》』（成公伝十年）に、「晋《しん》侯は大きな幽鬼を夢に見た。地に届く長髪を振り乱し、手で胸をうち、躍り上がって、「（おまえが）我が子孫を殺したのは不義である。我は天帝に願い出（ておまえを罰することを許され）たぞ」と言った」とある。杜預《どよ》は注をつけて、「（夢に見たものは、祟りをする死霊であり、原文の）厲《れい》は鬼である。（それは）趙《ちょう》氏の先祖である。晋侯は、これよりさきに趙同《ちょうどう》・趙括《ちょうかつ》を殺しており、このため（死霊は）怒ったのである」としている。

何皇后紀

霊思《れいし》何《か》皇后は、諱《いみな》は不明で、南陽《なんよう》郡宛《えん》県（河南省南陽市）の人である。家はもともと屠殺業者であったが、選ばれて掖庭に入った[一]。身長は七尺一寸（約164cm）と大柄であった。皇子の劉弁《りゅうべん》を生み、（劉弁を）史道人《しどうじん》の家に養わせたので、（劉弁は）史《し》侯と呼ばれた[二]。（皇子を生んだので）后を任命して貴人《きじん》とし、とても寵愛された。（何皇后の）性格は凶悪で、後宮で震え上がらぬ者はなかった。光和《こうわ》三（一八〇）年、立てられて皇后となった。翌光和四（一八一）年、何皇后の父である何真《かしん》に追号して、車騎《しゃき》将《しょう》軍《ぐん》・舞陽宣徳侯《ぶようせんとく》とし、何皇后の母である興《こう》を舞陽君《ぶようくん》とした。このとき王美人《おうびじん》は妊娠していたが[三]、何皇后を恐れて、薬を飲んで堕ろそうとした。しかし胎盤は安定したままで動かず、またしばしば太陽を背負う光景を夢見た。光和四〔一八一〕年、（王美人は）皇子の劉協《りゅうきょう》を生んだ。何皇后は、このため美人を酖殺《ちんさつ》した。霊《れい》帝は大いに怒り、何皇后を廃そうとしたが、多くの宦官が固くすがって何皇后を取りなしたため取りやめにした。董《とう》太后は自ら劉協を養い、（このため劉協は）董《とう》侯と呼ばれた。

王美人は、趙《ちょう》国の人である。祖父の王苞《おうほう》は、五官中郎将《ごかんちゅうろうしょう》であった。美人は容姿端麗で、聡明で才能があり、書道と会計にも明るかった[四]。良家の子女として基準に叶った相貌であることで、選ばれて掖庭に入った。霊帝は、劉協が若くして母を喪ったのを哀れみ、また王美人を偲《しの》び、「追徳賦《ついとくふ》」と「令儀頌《れいぎしょう》」を作った。

中平《ちゅうへい》六〔一八九〕年、霊帝が崩じ、皇子の劉弁が即位すると、何皇后を尊んで皇太后とした。何皇太后が臨朝した。何皇太后の兄である大将軍《だいしょうぐん》の何進《かしん》は、宦官を誅殺しようとして、逆に宦官に殺され、舞陽君もまた乱兵により殺された。并州牧《へいしゅうぼく》の董卓《とうたく》は召されて、兵を率いて洛陽《らくよう》に入り、朝廷を恣《ほしいまま》にして、ついには少《しょう》帝（劉弁）を廃して弘《こう》農《のう》王となし、劉協を立てた。これを献《けん》帝という。弘農王を抱えて玉座よりおろし、北面して臣と称させた。（自らの子である劉弁が皇帝から臣下に降されたので）皇太后は涙にむせび、群臣も悲しみに包まれて、あえて物を言う者はなかった。董卓はまた議を起こして、何皇太后が（孝仁董皇后である）永楽宮《えいらくきゅう》を追い詰め、憂死させたことを（嫁と姑の間の礼である）婦姑《ふこ》の礼に逆らうものであるとした。そこで（何皇太后を）永安宮《えいあんきゅう》に徙《うつ》し、酖毒を飲ませ、（何皇太后は）弑殺《しいさつ》されて崩御した。皇后・皇太后の位に在ること十年であった。董卓は献帝に奉常亭《ほうじょうてい》に出て、哭泣して哀悼させ[五]、公卿《こうけい》はみな（喪服である）白い衣服で朝会をしたが、喪には服さなかった[六]。（何皇太后は霊帝の陵墓である文陵の墓域内の）文昭陵《ぶんしょうりょう》に合葬された。初め何太后が新たに立ち、（前漢《ぜんかん》の高祖 劉《りゅう》邦《ほう》と後漢《ごかん》の光武《こうぶ》帝 劉秀《りゅうしゅう》の）二祖の廟に拝謁するにあたり、物忌みしようとしたが、そのたびに異変が起こった。このような事がしばしば続き、結局（二祖の廟に拝謁することを）果たせなかった。時の有識者は、心秘かに怪異とした。のち果たして何氏のために漢の祚は傾けられて没落した（二祖はこれを嫌って拝謁を受けなかったのである）。

翌年、山東《さんとう》に（袁紹《えんしょう》を盟主とした）義兵が決起し、董卓の乱を討伐しようとした。董卓は弘農王を閣上に招き、郎中令《ろうちゅうれい》の李儒《りじゅ》に酖毒を進めさせ、「この薬を飲めば、凶事を避けられます」と言った。弘農王は、「わたしは病気ではない。わたしを殺そうとしているだけであろう」と言い、飲もうとしなかった。（李儒は）強引にこれを飲ませようとした。（弘農王は）止むを得ず、妻の唐姫《とうき》および宮人と、惜別の宴を開いた。酒が行き渡ると、王は悲歌して、「天道（に従うこと）は簡単というが、我《わたし》はどうして艱《くる》しいのであろう。万乗（の天子の地位まで）を棄て、藩王の身分に退いた。（それなのに）逆臣に迫られて、命を永らえることができぬ。ここに汝（唐姫）から去って、幽冥の世界に逝こう」とした。こうして唐姫を起ち舞わせた。唐姫は、袖をあげて歌い〔七〕、「皇天は崩れて、后土も壊れました〔八〕。（そうした困難な情勢の中、あなたは）身は皇帝となられましたが、その天命は短く砕け散りました。死ぬことと生きることとは、路を異にし、これにより（二人は）離ればなれになります。わたしはどうして孤独な心の中の悲しみを抑えられましょうか」とした。こうして涙を流して嗚咽した。坐にいた者はみな啜《すす》り泣いた。弘農王は唐姫に、「おまえは王者の妃である。吏民の妻にはなれないであろう。自愛せよ。これより永久の別れである」と言い、ついに薬を飲んで死んだ。このとき十八歳であった。

唐姫《とうき》は、潁川《えいせん》郡の人である。弘農王が薨去したので、郷里に帰った。父である会稽太《かいけいたい》守《しゅ》の唐瑁《とうぼう》は、再婚させようとしたが、姫は誓いを立てて従わなかった。李傕《りかく》が長安《ちょうあん》を陥れるに及び、兵を派遣して関東を探させ、略奪して姫を捕らえた。李傕はこれを妻にしようとしたが、（唐姫は）決して許さず、最後まで自らの素性を名乗らなかった［九］。尚書《しょうしょ》の賈詡《かく》がこれを知り［一〇］、事情を献《けん》帝に申し上げた。献帝は聞いて悲愴に感じ、詔を下して、唐姫を迎え、（弘農王の）園陵中に置くことにし、侍中《じちゅう》に節を持たせて弘農王の妃に任命させた。

初平《しょへい》元〔一九〇〕年二月、弘農王を元の中常侍《ちゅうじょうじ》趙忠《ちょうちゅう》が予め築造していた墓室に葬り［一一］、諡して懐《かい》王とした。献帝は、母の王美人の兄である王斌《おうひん》を呼び、王斌は妻子を連れて長安に到った。（献帝は王斌に）邸宅と田地を賜り、奉車都尉《ほうしゃとい》に任じた。興平《こうへい》元〔一九四〕年、献帝が元服すると、役人は皇后の立位を奏上した。詔を下して、「朕は、生まれつき定まった運命が弘くなく、禍乱に遭遇し、先祖の業績を継いで、古来の典章制度を輝かす功績を挙げてはいない。皇母（である王貴人）は、さきに薨去したが、まだ墓地すらも決まっていない。礼章として闕けており、心中は（墓葬すらあげていないことに）塞がれたままである［一二］。三年間の喪中は、吉事を言わないものである。ひとまずその後を待て」とした。ここで役人は王美人を追尊して霊懐《れいかい》皇后となし、（霊帝の陵墓である文陵の墓域内の）文昭陵《ぶんしょうりょう》に改葬し、儀は（章《しょう》帝の）敬陵《けいりょう》と（安《あん》帝の）恭陵《きょうりょう》の二陵と同様にし［三］、光禄大夫《こうろくたいふ》に節を持たせ行司空事《こうしくうじ》として璽綬《じじゅ》を奉らせた。王斌は河南尹《かなんいん》の駱業《らくぎょう》と共に（王貴人の改葬の際に最後の）土をかぶせた。王斌は帰還すると執《しつ》金吾《きんご》に遷り、都亭侯《とていこう》に封建された［四］。食邑は五百戸であった。（王斌が）病没すると、前将軍《ぜんしょうぐん》の印綬を贈られ、謁者《えっしゃ》が葬儀を取り仕切った。長子の王端《おうたん》が爵位を継いだ。

［李賢注］

［一］『風俗通義《ふうぞくつうぎ》』に、「漢《かん》は、八月に戸籍調査（と共に掖庭に入庭させる女性探し）をする。何《か》皇后の実家は、金帛を調査員に賄賂として贈り、入庭を求めた」とある。

［二］道人《どうじん》とは、道術を操る人をいう。『献帝春秋《けんていしゅんじゅう》』に、「霊《れい》帝は、しばしば子を亡くしたので、あえて正式な名を付けず、道人である史子眇《ししびょう》の家に養育させ、史《し》侯と呼んだ」とある。

［三］（原文の娠《しん》について）『春秋左氏伝《しゅんじゅうさしでん》』（昭公伝元年）に、「（周《しゅう》の武《ぶ》王の夫人である）邑姜《ゆうきょう》がちょうど身ごもっていたとき」とある。杜預《どよ》は注をつけて、「懐妊することを娠という」としている。音は之刃《しじん》の反《はん》、ある音は身である。

［四］会計とは、その数を会《あ》わせて数えることをいう。

［五］華延旧《かえんきゅう》の『洛陽記《らくようき》』に、「洛陽城内に奉常亭《ほうじょうてい》がある」とある。

［六］凶事があって（白い）素服で朝会する、これを白衣《はくい》の会《かい》という。『春秋左氏伝』（隠公伝十一年）に、「葬と書かないのは、喪に服さないためである」とある。

［七］（原文の）抗とは、挙げることである。

［八］『史記《しき》』（巻八十三 魯仲連伝）に、「周の烈《れつ》王が崩御すると、周人は斉《せい》の威《い》王に説いて「（周の烈王の死去は）天は崩れ地は坼《さ》ける（ほどの衝撃である）」と言った。

［九］（唐姫《とうき》は）自ら少《しょう》帝の姫《き》であるとは名乗らなかった。袁宏《えんこう》の『後漢紀《ごかんき》』（巻二十七 献帝紀）に、「李傕《りかく》に略奪されたが、あえて自ら名乗らなかった」とある。

［一〇］『三国志《さんごくし》』（巻十 賈詡伝）に、「賈詡《かく》は、字を文和といい、武威《ぶい》郡姑臧《こぞう》県の人である。若いころに漢陽《かんよう》郡の閻忠《えんちゅう》は、賈詡と会い異才として、「詡には張良《ちょうりょう》・陳平《ちんぺい》のような謀才がある」と言った」とある。

［一一］趙忠《ちょうちゅう》は、生前に成壙《せいこう》を作っており、そこに葬った。

［一二］『詩経《しきょう》』（曹風 鳲鳩《しきゅう》）に、「心が固く結ばれる」とある。

［一三］敬陵《けいりょう》は、章《しょう》帝の陵であり、恭陵《きょうりょう》は、安《あん》帝の陵である。

［一四］およそ都亭は、すべて城内の亭である。漢の制度では、大県の侯の位は三公《さんこう》に準え、小県の侯の位は上卿《じょうけい》に準え、郷侯《きょうこう》・亭侯《ていこう》は中二千石《ちゅうにせんせき》に準えられる。

伏皇后紀

献《けん》帝の伏《ふく》皇后は諱を寿《じゅ》といい、琅邪《ろうや》国東武《とうぶ》県の人〔一〕、大司徒《だいしと》の伏湛《ふくたん》の八世孫である。父の伏完《ふくかん》は、落ち着いて度量が大きく、爵の不其《ふき》侯を継ぎ、桓《かん》帝の娘である陽安公主《ようあんこうしゅ》を娶り〔二〕、侍中《じちゅう》に至った。初平《しょへい》元〔一九〇〕年、（献帝の）大駕に従って長安《ちょうあん》に遷った。后はこのとき掖庭《えきてい》に入り貴人《きじん》となった。興平《こうへい》二〔一九五〕年、立てられて皇后となり、伏完は執金吾《しっきんご》となった。献帝はやがて東（の洛陽《らくよう》）に帰ることとしたが、李傕《りかく》と郭汜《かくし》たちは献帝（の軍）を曹陽《そうよう》県〔河南省陜県の西〕で破った。献帝は夜陰に隠れて黄河を渡って逃げ〔三〕、（夫人以下皇后に従う）六宮の女官たちはみな徒歩で陣営を出立した〔四〕。伏皇后が自ら手に縑《きぬ》数匹を持っていると、董承《とうしょう》は符節令《ふせつれい》の孫徽《そんき》に（皇后を）刃で脅かさせてこれを奪い、かたわらの従者を殺し、その返り血は皇后の衣を汚した〔五〕。やっと安邑《あんゆう》県〔山西省夏県の北西〕まで至ったが、御服は穴があき破れ、ただ棗《なつめ》と栗《くり》だけが食糧であった。建安《けんあん》元〔一九六〕年、伏完を輔国将軍《ほこくしょうぐん》に任じ、その儀礼は三公《さんこう》と同様のものとした。伏完は政権が曹操《そうそう》の掌中にあるため、みずから外戚として尊重されることを嫌い、印綬を返還して、中散大夫《ちゅうさんたいふ》に任じられ、ついで屯騎校尉《とんきこうい》に移った。建安十四

〔二〇九〕年に卒し、子の伏典《ふくてん》が継いだ。

献帝は許《きょ》県〔河南省許昌県の東〕に都を置いて（曹操の保護下に入って）からは、皇帝という位を守るだけの存在となっ（て実権はなかっ）た。（献帝のまわりを固める）宿衛の兵は曹氏の腹心や姻戚でない者はなかった。議郎《ぎろう》の趙彦《ちょうげん》はかつて献帝のために時勢にかなった計略を進言したが、曹操は憎んでこれを殺した。その他にも内外となく、（曹操に逆らうものの）多くが誅殺された。曹操が後に用事があって殿中に入侍した。献帝は憤懣に堪えず、「君がもし朕を補佐する気であれば、手厚くせよ。そうでないなら恩をかけるつもりで見捨ててくれ」と言った。曹操は色を失い、うつむいたり仰向いたりしながら宮中より出でることを求めた。旧来の儀礼では、三公が兵士を引き連れて朝見する場合には、虎賁《こほん》の兵士に太刀を執ってその両側に整列させるならわしであった。曹操は宮中から出で、左右を見たが、冷や汗が流れて衣服の背中を濡らすほどであった〔六〕。（曹操は）これ以降あえて朝請しなくなった。董承の娘が（献帝の）貴人となり、曹操が董承を誅殺した際（曹操は）董貴人も捕らえて殺害した。献帝は董貴人が身ごもっていることを理由に〔七〕、しきりに命乞いをしたが、殺害を止めることはできなかった。伏皇后はこれ以来（曹操に）恐怖を感じ、父の伏完に手紙を出し、曹操の残虐と逼迫の実情を訴え、密かに（曹操暗殺を）図らせた。しかし伏完はあえて（反曹操の乱を）起こさなかった。建安十九〔二一四〕年に到り、（伏皇后が反曹操の反乱を計画させてい た）事が漏れた。曹操は大いに怒り、献帝を脅して伏皇后を廃位させ、いつわりの策書をつくらせて言った、「伏皇后寿《じゅ》は、卑賤の身より、（皇后という）尊極に登ることを得、皇后の坐である椒房におること〔八〕、二紀（二四年）に及ぶ。それなのに（周の文王の母である）大任《たいじん》や（武王の母である）大姒《たいじ》のような立派な美徳がなく〔九〕、また身を慎み己を養う福にも乏しい〔一〇〕。それなのに密かに妬みを懐き、邪心を隠し持っている。これでは天命を継承し、祖宗に奉ずるに相応しい（皇后である）とは言えない。いま御史大《ぎょしたい》夫《ふ》の郗慮《ちりょ》に節を持たせ策詔させせよう。皇后の璽綬を返還し〔一一〕、退去して中宮より避け、みずからの館に移させる。ああ傷ましいことだ。寿が自分からこうした結果を招いたのである。しかしながらこれを法で裁くことをしなかったのは、幸とするところが多いはずである」とした。また尚書令《しょうしょれい》の華歆《かきん》を郗慮《ちりょ》の副《そえ》とし〔一二〕、兵を整えさせて宮に入り皇后を捕らえようとした。（皇后は）戸を閉めて壁の中に隠れたが、華歆はみつけて皇后を引きずり出した。このとき献帝は外殿にあって、郗慮を坐に招いていた。皇后は髪を振り乱し裸足のままで涙をながしながら（献帝の前を）よぎって別れの言葉をのこし、

「またあなたとともに生きることはかないませんか」と訴えた。献帝は、「我が命とて何時まであるかわからんのだ」と答えた。振り返って郗慮に、「郗公、天下にこんな事があるものなのか」と言った。ついに皇后を引っ立て暴室に送り、（皇后は）幽閉されたまま崩御した。（伏皇后が）生んだ二人の皇子は、ともに酖毒により殺された。伏皇后は位にあること二十年であったが、（殺害の際に連坐した）兄弟および宗族の死者は百人あまりにのぼり、母の伏盈《ふくえい》ら十九人は涿《たく》郡に流罪となった。

［李賢注］

［一］東武《とうぶ》は（県であり）、唐《とう》の密《みつ》州諸城《しょじょう》県である。

［二］陽安《ようあん》は県であり、汝南《じょなん》郡に属する。故城は唐の豫《よ》州朗山《ろうざん》県の東北にある。

［三］（献帝が河を）渡った所は唐の陝《せん》州陝県の北にある。『水経注《すいけいちゅう》』（巻四 河水）に、「銅翁仲《どうおうちゅう》の像が沈められた所、これが献《けん》帝が東遷した際にひそかに河を渡った場所である」とある。

［四］『周礼《しゅらい》』（天官 内宰）に、「王后は六宮の人を率いる」とあり、鄭玄《じょうげん》が注をつけて、「六宮の人とは、夫人以下、皇后の六宮に分居する者である」と言っている。

［五］（原文の）濺《せん》の音は子見の反《はん》である。

〔六〕（原文の）浹《しょう》は、徹である、音は子協の反である。

〔七〕（原文の姙について）『説文解字《せつもんかいじ》』（巻十二下）に、「姙《にん》とは、孕《はら》むことである」とある。音は仁蔭の反。

〔八〕『漢官儀《かんかんぎ》』に、「皇后を椒房と称するのは、山椒がたくさんの実を結ぶこと（から子孫が多くなり栄えると）の意味を込めて呼ぶのである」とある。『詩経《しきょう》』（唐風 椒聊）に、「山椒の実が茂り、升にも盈ちるほど（この人の子孫の蕃り盛んであることよ）」とある。

〔九〕大任《たいじん》は文《ぶん》王の母、大姒《たいじ》は武《ぶ》王の母。（原文の）徽とは、美である。『詩経』（大雅 文王之什 思斉）に、「（文王の妃である）大姒は（大姜や大任の）麗しい徳音を嗣いだ」とある。

〔一〇〕『春秋左氏伝《しゅんじゅうさしでん》』（成公 伝十三年）に、「人は天地の中に生を受けるが、これを命という。命をよくする者はこれを養い福を受け、それができない者は敗れて禍を受ける」とある。

〔一一〕蔡邕《さいよう》『独断《どくだん》』に、「皇后は赤綬玉璽《せきじゅぎょくじ》である」とあり、『続漢書《しょくかんじょ》』（巻三十 輿服下）に、「皇帝は黄赤綬である、四采《さい》の黄赤縹紺《こうせきひょうこん》であり、（黄色・赤色・空色・紺色で模様を出すが、黄色が主体の）淳黄圭《じゅんこうけい》である。綬の長さは二丈九尺九寸（約6.9 m）であり、五百首あった。太皇太后・皇太后の場合、その綬はみな皇帝と同じである」とある。

〔一二〕『三国志《さんごくし》』魏書に、「華歆《かきん》は字を子魚《しぎょ》、平原《へいげん》郡高唐《こうとう》県の人。荀彧《じゅんいく》に代わって尚書令《しょうしょれい》となった。

郗慮《ちりょ》は字を鴻預《こうよ》といい、山陽《さんよう》郡高平《こうへい》県の人である」とある。

曹皇后紀

献穆曹《けんぼくそう》皇后は、諱を節《せつ》といい〔一〕、魏《ぎ》公の曹操《そうそう》の次女である。建安《けんあん》十八〔二一三〕年、曹操は三人の娘である、曹憲《そうけん》と曹節《そうせつ》と曹華《そうか》を進めて（献《けん》帝の）夫人とした。迎えるにあたり、束帛と黒色の布帛五万匹を下賜し、年少の娘は国元で成長するのを待つことにした〔二〕。建安十九〔二一四〕年、（三人は）みな貴人《きじん》となった。伏《ふく》皇后が誅殺されると、翌〔二一五〕年、曹節を立てて皇后とした。曹魏《そうぎ》が禅譲を受ける際に、使者を派遣し（皇后の）璽綬《じじゅ》の返還を求めると、皇后は怒って与えなかった。このようなことが数度あった後、皇后は使者を呼び入れて、自ら何度もこれを詰《なじ》り、璽を軒下に投げ捨てて〔三〕、泣きながら、「天は璽《あなた》に味方しない」と言った。左右の者はみな仰ぎ見ることができなかった。位にあること七年であった。曹魏が成立すると、皇后は山陽《さんよう》公の夫人となった。それより四十一年後、曹魏の景元《けいげん》元〔二六〇〕年に薨去した。（献帝の）禅陵《ぜんりょう》に合葬されたが、（その際の）車服・礼儀は、みな漢《かん》制によって行われた。

［李賢注］

［一］（『逸周書《いつしゅうしょ》』）謚法解《しほうかい》に、「徳を布き義を執ることを穆《ぼく》という」とある。

［二］（年を国に待つとは、年少の娘を）留めて国に住まわせ、成長するのを待つことである。

［三］（原文の）抵《てい》とは、投げうつことである。（原文の）軒《けん》とは、格子模様の欄干《らんかん》である。

論にいう、前漢《ぜんかん》のころには皇后は謚《おくりな》が無く、みな皇帝の謚に因《ちな》んで称号をつけていた。（高祖劉邦《りゅうほう》の皇后である）呂氏《りょし》が政治を専横し、（昭《しょう》帝の皇后である）上官《じょうかん》皇后が臨制しても、ことさらに特別な称号を付けなかった［一］。（光武《こうぶ》帝の）中興以後になり、明《めい》帝は初めて（光武帝の皇后である陰《いん》皇后に）光烈《こうれつ》の謚を用い、そののちはみな謚に「徳」の一字を添えることにし、本来の徳の賢愚・優劣に関わりなく、区別なしに同じやり方を貫いた。ゆえに馬《ば》皇后と竇《とう》皇后の二皇后は、ともに徳と称するのである。それ以外はただ、皇帝の庶母と（皇太子ではなく藩王の地位から天子の位を継いだ）藩王の母親に、追尊の重みをつけるため、特別な称号を追尊している。（和《わ》帝の母の梁《りょう》貴人である）恭懐《きょうかい》皇后や（桓《かん》帝の母である）孝崇《こうすう》皇后は、こうした事例である。初平《しょへい》年間（一九〇～一九三年）、蔡邕《さいよう》が初めて後から（和帝の鄧《とう》皇后の謚を）和熹《わき》と謚して（謚の原則を）正し［二］、

（安帝《あん》の）安思閻《あんしえん》皇后や（順帝《じゅん》の）順烈梁《じゅんれつりょう》皇后以下には、みな謚の原則に従い（それぞれの謚を）加えたのである。

［李賢注］

［一］上官《じょうかん》皇后は、昭《しょう》帝の皇后（の上官氏）である。

［二］『蔡邕集《さいようしゅう》』（巻八 和熹鄧《わきとう》后）謚議《しぎ》に、「前漢《ぜんかん》のころには、皇后は謚がありませんでした。明《めい》帝に至って初めて光烈の称号を用い、これ以後は、そのまま帝号へ「徳」の字を加えて、謚をすることになり、上下・優劣が、混淆して一となりました。これは『逸周書《いつしゅうしょ》』謚法解《しほうかい》の「大いなる行いには、大いなる名を授け、小さな行いには、小さな名を授ける」という礼制と違っております。謚法には、「功があり、人を安んじたものを熹という」とあります。帝と后とは一体ですので、礼もまた同じであるべきです。大行皇太后《たいこう》の謚は、和熹とすべきです」とある。

賛《さん》にいう、坤《こん》（すなわち地である女性）は、広く厚い徳を持ち、すべての物を載せ、陰（である女性）は、家の中を守って女らしく正しい道を行うものである［一］。『詩経《しきょう》』

(国風 関雎《かんしょ》)ではよきつれ合いを褒め称え[二]、『周易《しゅうえき》』では(帝乙《ていいつ》の若い娘の婚姻を嘉して)帰妹《きまい》を褒め称えている[三]。多くの天子のつれ合いは、ここに貞淑の徳を示した[四]。(皇后は)この良哲の人である天子に寄り添うことを、自分に天が賜った福禄とした。政治は閨《ねや》に持ち込まれず、礼は椒房《しょうぼう》に広められた[五]。徳によって皇后に登る(明《めい》帝の馬《ば》皇后や和《わ》帝の鄧《とう》皇后のような)こともあり、寵愛によって皇后に進む(安《あん》帝の閻《えん》皇后や霊《れい》帝の何《か》皇后のような)こともある[六]。身は最高の地位に置かれ、一族に恩沢が及ぶ[七]。それでいてなお光よりも輝かしくあろうとし、山よりも高くあろうとする。無理に皇帝を凌《しの》ごうとすれば障害は多く、皇后の道を進んでいけば必ずや順調である[八]。咎《とが》は驕《きょう》婦《ふ》がまとうもので、福は貞婦を祐《たす》けるものである。幸福の訪れは自分の行為に応じ、不幸の到来も自分の行為によろう。

[李賢注]

[一]『周易《しゅうえき》』(坤卦 彖伝《たんでん》)に、「坤(すなわち地)は、広く厚い徳を持ち、動物・植物・鉱物などあらゆる物をその上に載せる」とあり、また、『周易』(家人卦 彖伝)に、「(家庭を治める道は)女が家の中を守り、女らしく正しい道を行い、男が家の外に出て、男らしく正しい道

を行うことが肝要である」という。

[二]（原文の）逑《きゅう》とは、匹である。『詩経《しきょう》』（国風 関雎《かんしょ》）に、「しとやかな淑女は、君子のよきつれ合い」とある。言いたいのは、后妃に関雎《かんしょ》（で歌われているような、よきつれ合いとして）の徳があり、君子の良きつれ合いとなるべき、ということである。

[三]兌《だ》が下で震《しん》が上なのは、帰妹《きまい》の卦である。婦人の嫁ぐことを帰といい、妹は若い娘の呼称である。兌は陰が少なく（若い女性を示し）、震は陽が長じ（年配の男を示す）、少陰が長陽を戴くのは、（若い娘が年配の男の盛んに活動していることを見て）悦び慕って、進んでお嫁に行こうとするのである。これが帰妹の象である。六五の陰爻《いんこう》が九二の陽爻と互いに応じて、五は王侯に準えられるので、易に、「（殷の王である）帝乙《ていいつ》は妹を嫁がせた」というのである。

[四]（原文の）祁祁《きき》とは、衆が多いことをいう。（原文の）孋《れい》もまた儷《れい》という意味である。（原文の）観とは、示すことである。言いたいのは、諸后はみな貞淑の徳を示し、皇后に配属されて儷となった、ということである。李賢《りけん》が案ずるに、『字書《じしょ》』に「孋」字は無いが、伝えられている音は麗《れい》であるが、蕭該《しょうがい》は音を離《り》とする。

[五]班固《はんご》の「西都賦《せいとふ》」に、「後宮には、掖庭《えきてい》と椒房《しょうぼう》があり、これは后妃の住まいです。（そこには）蘭林《らんりん》・蕙草《けいそう》・披香《ひこう》・発越《はつえつ》（……などの殿舎が連なっております）」とある。蘭林《らんりん》は、殿舎

の名であり、そのため（本文では）蘭闈《らんけい》といっている。椒屋《しょうおく》とは、すなわち椒房のことである。

〔六〕徳によって皇后の地位に登るとは、明《めい》帝の馬《ば》皇后・和《わ》帝の鄧《とう》皇后などをいう。寵愛によって皇后に進むとは、安《あん》帝の閻《えん》皇后・霊《れい》帝の何《か》皇后などをいう。

〔七〕『春秋公羊伝《しゅんじゅうくようでん》』（僖公三十一年）に、「河海は千里を潤す」とある。

〔八〕『周易』の屯卦の象伝に、「六二が（屯難に遭って、屯如と）行き悩んだのは、陰爻（である女性）が陽爻（である男性）を凌いだからである」とある。また『周易』坤卦に、「雌馬は陰類で陰に属する地と同類であるから、地上をどこまで行っても疲れることはない」とある。王弼《おうひつ》の注に、「地上をどこまで行っても疲れることがない理由は、陰の徳に順って行くためである」という。

漢《かん》の制度では、皇女《こうじょ》はみな県公主《けんこうしゅ》に封建され、儀服《ぎふく》は列侯《れっこう》と同じであった〔一〕。公主のうち尊崇される者は、長公主《ちょうこうしゅ》の称号を加えられて、儀服は蕃王《はんおう》と同じであった〔二〕。諸王の娘は、みな郷公主《きょうこうしゅ》と亭公主《ていこうしゅ》に封建され、儀服は郷侯《きょうこう》と亭侯《ていこう》と同じであった〔三〕。ただし粛宗《しゅくそう》は、特別に東平憲《とうへいけん》王の劉蒼《りゅうそう》と琅邪孝《ろうやこう》王の劉京《りゅうきょう》の娘を封建して県公主としている〔四〕。のちに安《あん》帝と桓《かん》帝の妹も、また長公主に封建され、これの待遇は、皇女と同じであった〔五〕。皇女で県公主に封建された者の生んだ子は、母の封爵を嗣いで列侯となり〔六〕、みな封国を後世に伝えた。郷公主と亭公主の封地は、伝えて嗣ぐことはできなかった。公主に仕える者の職掌や品秩について、詳細は百官志にある〔七〕。（公主については）別に紀伝を立てるほどではないため、皇后紀の末に付した。

〔李賢注〕

〔一〕漢《かん》の法制では、大県の列侯《れっこう》は、（儀服を）三公《さんこう》に準える。

〔二〕蔡邕《さいよう》は、「皇帝の娘を公主《こうしゅ》といい、姉妹を長公主《ちょうこうしゅ》という」とする。（しかし）建武《けんむ》十五〔三九〕年、（光武《こうぶ》帝は）舞陽公主《ぶようこうしゅ》を封建して長公主としている。つまり皇帝の娘も尊崇されてまた長公主となる。ただ皇帝の姉妹だけというわけではない。（『後漢書《ごかんじょ》』志二十九・三十の）輿《よ》服志《ふくし》に、「長公主は、赤いフェルトを張った幌車に乗り、諸侯と同じ赤綬である」という。

〔三〕郷侯《きょうこう》と亭侯《ていこう》は、（儀服を）中二千石《ちゅうにせんせき》（である九卿《きゅうけい》）に準える。

〔四〕（『後漢書』列伝三十二 光武十王）東平王伝に、「劉蒼《りゅうそう》の娘五人を封建して県公主とした」とある。孝王劉京《りゅうけい》の娘について、光武十王 琅邪孝王京伝に、その人数は見えない。

［五］（李賢《りけん》が）案ずるに、鄧禹《とうう》の玄孫である少府《しょうふ》の鄧褒《とうほう》は舞陰長公主《ぶいんちょうこうしゅ》、耿弇《こうえん》の曾孫である侍中《じちゅう》の耿良《こうりょう》は濮陽長公主《ぼくようちょうこうしゅ》、岑彭《しんぽう》の玄孫である魏郡太守《ぎぐんたいしゅ》の岑熙《しんき》は涅陽長公主《でつようちょうこうしゅ》、来歙《らいきゅう》の玄孫である虎賁中郎将《こほんちゅうろうしょう》の来定《らいてい》は平氏長公主《へいしちょうこうしゅ》を娶っており、（これら長公主は）みな安《あん》帝の妹である。長社公主《ちょうしゃこうしゅ》と益陽公主《えきようこうしゅ》は、桓《かん》帝の妹である。解説は上（の孝崇匽皇后紀）を見よ。

［六］馮定《ふうてい》〔正しくは馮石《ふうせき》〕は、獲嘉公主《かくかこうしゅ》の子であり、（母の封爵である）獲嘉侯を嗣いだ。馮奮《ふうふん》は、平陽公主《へいようこうしゅ》の子であり、（母の封爵である）平陽侯を嗣いだ。これらは母の爵位を嗣いだ類いである。

［七］沈約《しんやく》の謝儼《しゃげん》伝に、「范曄《はんよう》が撰述した（『後漢書』の）十志は、すべてみな謝儼に託されていた。（志の）調査と撰述が終わろうとしていた時、范曄が反乱を謀り、誅殺される事件に遭い、（謝儼は、これまで撰述した書物を）すべて蠟で固めて車の覆いにした。劉宋《りゅうそう》の文《ぶん》帝は（范曄たちを裏切った）丹陽尹《たんよういん》の徐湛之《じょたんし》に命じて、謝儼の邸宅に行き捜索させたが、手に入れられなかった。劉宋は、これを一代の損失と残念がったという。ゆえに范曄の志は、いま存在しない」とある。『続漢書《しょくかんじょ》』（志二十六 百官三）に、「それぞれの公主の家令《かれい》は定員一名であり、官秩は六百石である。丞《じょう》は一名であり、官秩は三百石である。そのほか所属の吏について、増減に決まりは無い」とある。『漢官儀《かんかんぎ》』に、「長公主（に置かれる官）は、傅《ふ》は定員一名で

あり、私府長《しふちょう》は定員一名であり、食官《しょくかん》は定員一名であり、永巷長《えいこうちょう》は定員一名であり、家令《かれい》は一名である。官秩はすべて六百石であり、それぞれに付属の員吏がいる。郷公主《きょうこうしゅ》（に置かれる官）は、傅は定員一名であり、官秩は六百石であり、僕《ぼく》は定員一名であり、官秩は六百石であり、家丞《かじょう》は定員一名であり、官秩は三百石である」という。

皇女の義王《ぎおう》は、建武《けんむ》十五〔三九〕年に舞陽《ぶよう》長公主《ちょうこうしゅ》に封建されて、陵郷《りょうきょう》侯・太僕《たいぼく》の梁松《りょうしょう》に降嫁した〔一〕。（のち）梁松は誹謗の罪に当たり誅殺された。

皇女の中礼《ちゅうれい》は、建武十五〔三九〕年に涅陽公主《でつようこうしゅ》に封建されて、顕親《けんしん》侯・大鴻臚《だいこうろ》の竇《とう》固《こ》に降嫁した〔二〕。粛宗《しゅくそう》は（涅陽公主を）尊重して涅陽長公主とした。

皇女の紅夫《こうふ》は、建武十五〔三九〕年に館陶公主《かんとうこうしゅ》に封建されて、駙馬都尉《ふばとい》の韓光《かんこう》に降嫁した。韓光は淮陽《わいよう》王の劉延《りゅうえん》の謀反に連坐して誅殺された。

皇女の礼劉《れいりゅう》は、建武十七〔四一〕年に淯陽公主《いくようこうしゅ》に封建されて、陽安《ようあん》侯・長楽少府《ちょうらくしょうふ》の郭璜《かくこう》に降嫁した〔三〕。郭璜は竇憲《とうけん》の謀反に連坐して誅殺された。

皇女の綬は〔四〕、建武二十一〔四五〕年に酈邑公主《れきゆうこうしゅ》に封建されて、新陽《しんよう》侯の世子である陰豊《いんほう》に降嫁した。（のち）陰豊は公主を殺害して、誅殺された〔五〕。

世祖《せいそ》光武《こうぶ》帝は、五人の皇女をもった。

［李賢注］

［一］舞陽《ぶよう》は、県であり、潁川《えいせん》郡に属する。梁松《りょうしょう》は、梁統《りょうとう》の子である。（『後漢書《ごかんじょ》』列伝二十四梁統伝附）梁松伝に、「光武《こうぶ》帝の娘である舞陰公主《ぶいんこうしゅ》を尚《めと》った」とある。また（『後漢書』列伝六鄧禹伝附）鄧訓伝《とうくんでん》に、「舞陰公主の子である梁扈《りょうこ》に、罪があった。鄧訓は、梁扈と交遊があった（ので連坐した）」とある。ここで「舞陽」とするのは誤りである。

［二］涅陽《でつよう》は（県であり）、南陽《なんよう》郡に属する。顕親《けんしん》は県であり、漢陽《かんよう》郡に属する。竇固《とうこ》は、竇融《とうゆう》の子（ではなく竇融の弟である竇友の子）である。

［三］郭璜《かくこう》は、郭況《かくきょう》の子である。

［四］「綏」の字は、ある本では「緩」の字に作る。

［五］酈《れき》は県であり、南陽郡に属し、音は擲亦の反《はん》である。新陽《しんよう》は県であり、汝南《じょなん》郡に属する。陰豊《いんほう》は、陰就《いんしゅう》の子である。

皇女の姫《き》は、永平《えいへい》二〔五九〕年に獲嘉長公主《かくかちょうこうしゅ》に封建されて、楊邑《ようゆう》侯・将作大匠《しょうさくたいしょう》の馮《ふう》柱《ちゅう》に降嫁した〔一〕。

皇女の奴《ど》は、永平三〔六〇〕年に平陽公主《へいようこうしゅ》に封建されて〔二〕、大鴻臚《だいこうろ》の馮順《ふうじゅん》に降嫁した〔三〕。

皇女の迎《げい》は〔四〕、永平三〔六〇〕年に隆慮公主《りゅうりょこうしゅ》に封建されて〔五〕、牟平侯《ぼうへい》の耿襲《こうしゅう》に降嫁した〔六〕。

皇女の次《じ》は、永平三〔六〇〕年に平氏公主《へいしこうしゅ》に封建された〔七〕。

皇女の致は、永平三〔六〇〕年に沁水公主《しんすいこうしゅ》に封建されて〔八〕、高密侯《こうみつ》の鄧乾《とうけん》に降嫁した。〔九〕

皇女の小姫《しょうき》は、永平十二〔六九〕年に平皐公主《へいこうこうしゅ》に封建されて〔一〇〕、昌安侯《しょうあん》・侍中《じちゅう》の鄧《とう》蕃《はん》に降嫁した〔一一〕。

皇女の仲《ちゅう》は、永平十七〔七四〕年に浚儀公主《しゅんぎこうしゅ》に封建されて、軮侯《おう》〔一二〕・黄門侍郎《こうもんじろう》の王《おう》度《ど》に降嫁した〔一三〕。

皇女の恵《けい》は、永平十七〔七四〕年に武安公主《ぶあんこうしゅ》に封建されて、征羌侯《せいきょう》の世子である黄門侍郎の来稜《らいりょう》に降嫁した〔一四〕。安《あん》帝が尊んで長公主とした。

皇女の臣《しん》は、建初《けんしょ》元〔七六〕年に魯陽公主《ろようこうしゅ》に封建された〔一五〕

皇女の小迎《しょうげい》は、建初元〔七六〕年に楽平公主《らくへいこうしゅ》に封建された［一六］。

皇女の小民《しょうみん》は、建初元〔七六〕年に成安公主《せいあんこうしゅ》に封建された［一七］。

顕宗明帝《けんそうめいてい》は十一人の皇女をもった。

［李賢注］

［一］獲嘉《かくか》は県であり、河内《かだい》郡に属する。楊邑《ようゆう》は県であり、太原《たいげん》郡に属する。馮柱《ふうちゅう》は、馮魴《ふうほう》の子である。

［二］平陽《へいよう》は県であり、河東《かとう》郡に属する。

［三］（馮順《ふうじゅん》は）馮勤《ふうきん》の子である。

［四］「迎」の字は、あるいは「延」の字に作る。

［五］隆慮《りゅうりょ》は県であり、河内郡に属する。

［六］牟平《ぼうへい》は県であり、東萊《とうらい》郡に属する。耿襲《こうしゅう》は、耿弇《こうえん》の弟である耿舒《こうじょ》の子である。

［七］平氏《へいし》は県であり、南陽《なんよう》郡に属する。だれそれに降嫁したと言わないのは、子細が明らかでないからで、思うに史官《しかん》の記録がこれを欠いているのである。他の箇所でも記されていないものはみなこうしたことである。

〔八〕沁水《しんすい》は県であり、河内郡に属する。
〔九〕鄧乾《とうけん》は、鄧震《とうしん》の子であり、鄧禹《とうう》の孫である。
〔一〇〕平皐《へいこう》は県であり、河内郡に属する。
〔一一〕昌安《しょうあん》は県であり、高密《こうみつ》国に属する。鄧蕃《とうはん》は、鄧襲《とうしゅう》の子であり、鄧禹の孫である。
〔一二〕「軮《おう》」の字は、志では「軑《てい》」の字に作り、音は冠《かん》である。顔師古《がんしこ》は、「またの音は徒系《とけい》の反《はん》である」としている。
〔一三〕軮《おう》は県であり、江夏《こうか》郡に属する。王度《おうど》は、王符《おうふ》の子であり、王覇《おうは》の孫である。
〔一四〕征羌《せいきょう》は県であり、汝南《じょなん》郡に属する。来棱《らいりょう》は、来褒《らいほう》の子であり、来歙《らいきゅう》の孫である。
〔一五〕魯陽《ろよう》は県であり、南陽《なんよう》郡に属する。
〔一六〕楽平県《らくへいけん》は、（もとの）太清《たいせい》県であり、東《とう》郡に属する。章《しょう》帝が改名した。
〔一七〕成安《せいあん》は県であり、潁川《えいせん》郡に属する。

皇女の男《なん》は、建初《けんしょ》四〔七九〕年に武徳長公主《ぶとくちょうこうしゅ》に封建された。

皇女の王《おう》は、建初四〔七九〕年に平邑公主《へいゆうこうしゅ》に封建されて〔一〕、黄門侍郎《こうもんじろう》の馮由《ふうゆう》に降嫁した。

皇女の吉《きつ》は、永元《えいげん》五〔九三〕年に陰安公主《いんあんこうしゅ》に封建された[二]。

粛宗章帝《しゅくそうしょう》は三人の皇女をもった。

［李賢注］

［一］平邑《へいゆう》は県であり、代郡《だい》に属する。唐《とう》の魏郡《ぎ》昌楽《しょうらく》県の東北にまた平邑城がある。

［二］陰安《いんあん》は県であり、魏《ぎ》郡に属する。

皇女の保《ほ》は、延平《えんぺい》元〔一〇六〕年に脩武長《しゅうぶちょう》公主《こうしゅ》に封建された[一]。

皇女の成《せい》は、延平元〔一〇六〕年に共邑公主《きょうゆうこうしゅ》に封建された[二]。

皇女の利《り》は、延平元〔一〇六〕年に臨潁公主《りんえいこうしゅ》に封建されて[三]、即墨侯《そくぼく》・侍中《じちゅう》の賈建《かけん》に降嫁した[四]。

皇女の興《きょう》は、延平元〔一〇六〕年に聞喜公主《ぶんきこうしゅ》に封建された[五]。

和《わ》帝は四人の皇女をもった。

［李賢注］

［一］脩武《しゅうぶ》は県であり、河内郡《かだい》に属する。

［二］共《きょう》は県であり、河内郡に属する。

［三］（臨潁《りんえい》は）県であり、潁川郡《えいせん》に属する。

［四］即墨《そくぼく》は県であり、膠東国《こうとう》に属する。賈建《かけん》は、賈参《かさん》の子、賈復《かふく》の曾孫である。

［五］聞喜《ぶんき》は県であり、河東郡《かとう》に属する。

皇女の生は、永和《えいわ》三〔一三八〕年に舞陽長公主《ぶようちょうこうしゅ》に封建された。

皇女の成男《せいなん》は、永和三〔一三八〕年に冠軍長公主《かんぐんちょうこうしゅ》に封建された［一］。

皇女の広《こう》は、永和六〔一四一〕年に汝陽長公主《じょようちょうこうしゅ》に封建された［二］。

順《じゅん》帝は三人の皇女をもった。

［李賢注］

［一］冠軍《かんぐん》は県であり、南陽郡《なんよう》に属する。

［二］汝陽《じょよう》は県であり、汝南郡《じょなん》に属する。

皇女の華《か》は、延熹《えんき》元〔一五八〕年に陽安長公主《ようあんちょうこうしゅ》に封建されて、不其侯《ふきこう》・輔国将軍《ほこくしょうぐん》の伏完《ふくかん》に降嫁した［一］。

皇女の堅《けん》は、延熹七〔一六四〕年に潁陰長公主《えいいんちょうこうしゅ》に封建された［二］。

皇女の脩《しゅう》は、延熹九〔一六六〕年に陽翟長公主《ようてきちょうこうしゅ》に封建された。

桓《かん》帝は三人の皇女をもった。

［李賢注］

［一］伏完《ふくかん》は、伏湛《ふくたん》の七世孫である。

［二］潁陰《えいいん》は県であり、潁川《えいせん》郡に属する。

皇女の某は、光和《こうわ》三〔一八〇〕年に万年公主《まんねんこうしゅ》に封建された。

霊《れい》帝は一人の皇女をもった。

後漢年表

更始《こうし》三（二五）年	四月	耿純《こうじゅん》が劉秀《りゅうしゅう》を天子に勧進した。
建武《けんむ》元（二五）年	六月己未《きび》	劉秀は、皇帝の位に即き、元号を建武《けんむ》とし、天下に大赦《たいしゃ》。
	十月癸丑《きちゅう》	光武《こうぶ》帝、都を洛陽《らくよう》に定める。
建武二（二六）年	正月壬子《じんし》	洛陽城の南に天を祀る郊兆《こうちょう》を立てる。
建武三（二七）年	閏 月甲辰《じゅんげつこうしん》	光武帝、六軍を統率して赤眉を降服させる。
	二月己未	高廟を祠り、高祖 劉邦《りゅうほう》に即位を報告し、伝国璽《でんこくじ》を受け継ぐ。
建武六（三〇）年	二月	大司馬《だいしば》の呉漢《ごかん》が、董憲《とうけん》・龐萌《ほうぼう》を捕らえ、山東《さんとう》を平定。
建武八（三二）年	閏月	光武帝が自ら隗囂《かいごう》を征伐し、河西大将軍《かせいだいしょうぐん》の竇融《とうゆう》が合流。
建武十二（三六）年	十一月	呉漢が、成都《せいと》の公孫述《こうそんじゅつ》を攻め滅ぼし、天下平定。
建武十四（三八）年	正月	洛陽の南宮《なんきゅう》に前殿を建てる。
建武十六（四〇）年	二月	交阯《こうし》郡の女性である徴側《ちょうそく》が、反乱を起こす。
建武十九（四三）年	六月戊申《ぼしん》	母の郭《かく》皇后が廃位された皇太子の劉彊《りゅうきょう》を東海《とうかい》王とし、陰《いん》皇后の子劉《りゅう》 陽《よう》を皇太子とし、名を劉荘《りゅうそう》（後の明《めい》帝）と改めさせる。
建武二十三（四七）年	十月	高句麗《こうくり》の使者が楽浪《らくろう》郡に到り、後漢《ごかん》に服属。
	十二月	匈 奴《きょうど》の薁鞬日逐《いくけんにちちく》王の比《ひ》が、後漢に服属。
建武三十二（五六）年	二月	泰山《たいざん》で封禅をする。

中元元《ちゅうげん》（五六）年	十月	明堂《めいどう》・霊台《れいだい》・辟雍《へきよう》と地を祀る北郊《ほくこう》の兆域《ちょういき》を造成する。光武帝の即位を正統化する予言書である図讖《としん》を天下に宣布。
中元二（五七）年	正月	倭《わ》の奴《な》の国王が、使者を派遣して貢ぎ物を献上。
	二月戊戌《ぼじゅつ》	光武帝が、南宮の前殿に崩御、享年六十二。明《めい》帝が三十歳で即位。陰《いん》皇后を陰皇太后とする。
	三月丁卯《ていぼう》	光武帝を原陵《げんりょう》に埋葬し、廟号を世祖《せいそ》とする。
永平《えいへい》元（五八）年	正月	光武帝の原陵に上り、元会儀《げんかいぎ》と同様の朝会を行う（上陸の礼）。
永平二（五九）年	正月	光武帝を明堂に祀《まつ》り、冠冕《かんべん》・衣裳・玉佩《ぎょくはい》・絇屨《くく》を定める。
	三月	辟雍《へきよう》に行幸し、初めて大射《たいしゃ》の礼を行う。
永平三（六〇）年	二月甲子《こうし》	貴人《きじん》の馬氏《ばし》を皇后とし、劉炟《りゅうたつ》（後の章《しょう》帝）を皇太子とする。
永平五（六二）年	十二月	侵入した北匈奴《きたきょうど》を南匈奴《みなみきょうど》の単于《ぜんう》が退ける。
永平八（六五）年	十月	洛陽の北宮が完成し、辟雍《へきよう》に臨み三老《さんろう》・五更《ごこう》を養う。
永平十三（七〇）年	十一月	楚《そ》王の劉英《りゅうえい》が謀反し、王位を廃して国を除く。
永平十五（七二）年	三月	孔子《こうし》の宅に行幸し、孔子及び七十二人の弟子を祠る。
永平十七（七四）年	十一月	車師《しゃし》国に侵攻し、西域都護《さいいきとご》・戊己校尉《ぼきこうい》を設置。
永平十八（七五）年	八月壬子	明帝崩御、享年は四十八。章帝が、十九歳で即位。
	八月壬戌《じんじゅつ》	孝明《こうめい》皇帝を顕節陵《けんせつりょう》に葬る。
建初《けんしょ》元（七六）年	正月	詔を下して、刑罰を用いない寛治を奨励。

建初三（七八）年	三月癸巳《きし》	貴人《きじん》の竇氏《とうし》を皇后とする。
建初四（七九）年	十一月	白虎観会議《びゃくこかんかいぎ》で、後漢《ごかん》としての儒教経義を定める。
建初五（八〇）年	冬	西域仮司馬《さいいきかしば》の班超《はんちょう》が、疏勒《そろく》国を撃破。
建初七（八二）年	六月甲寅《こういん》	皇太子の劉慶《りゅうけい》を廃嫡して清河《せいが》王とし、皇子の劉肇《りゅうちょう》（後の和《わ》帝）を立て皇太子とする。
元和《げんわ》二（八五）年	二月甲寅	初めて後漢四分暦《ごかんしぶんれき》を用いる。
元和三（八六）年	十月	西域長史《さいいきちょうし》の班超が、討伐して疏勒王を斬る。
元和四（八七）年	七月	鮮卑《せんび》族が、北匈奴の単于を撃破して斬る。
章和《しょうわ》元（八七）年	十月	西域長史の班超が、莎車《さしゃ》国を大破。大月氏《たいげっし》国が使者を派遣して扶《ふ》抜《はっ》と獅子《しし》を献上。
章和二（八八）年	二月	章帝が章徳前殿《しょうとくぜんでん》に崩御、享年は三十三。和帝が十歳で即位。竇《とう》皇后を尊んで皇太后とし、竇皇太后が朝政に臨む。
永元《えいげん》元（八九）年	六月	車騎将軍《しゃきしょうぐん》の竇憲《とうけん》が、南匈奴の単于と共に、北匈奴を破り、私渠比《しきょひ》鞮《てい》海に到る。北単于が、弟の右温禺鞮王《ゆうおんぐうていおう》を派遣して帰順。
永元二（九〇）年		大月氏国が西域長史の班超を攻撃したが、反撃して降服させる。
永元三（九一）年	正月	和帝が元服。
永元四（九二）年	六月	竇憲が弑逆を図り、竇憲とその朋党を誅殺。
永元六（九四）年	九月	西域都護の班超が、焉耆《えんき》国と尉犁《いり》国を破り、西域五十余国を平定。

年	月	事項
永元十四（一〇二）年	六月	皇后の陰氏《いんし》を廃位し、父の特進《とくしん》の陰綱《いんこう》が自殺。
永元十六（一〇四）年	十一月	北匈奴が臣と称して貢ぎ物を献上。
元興《げんこう》元（一〇五）年	十二月辛未《しんび》	和帝が章徳前殿に崩御、享年は二十七。殤《しょう》帝が生誕百余日で即位。
		鄧《とう》皇后を尊んで皇太后とし、鄧皇太后が臨朝。
延平《えんぺい》元（一〇六）年	八月辛亥《しんがい》	殤帝が崩御、享年は二。鄧皇太后は、兄の車騎将軍の鄧騭《とうしつ》に劉祜《りゅうこ》（後の安《あん》帝）を迎えさせ、長安《ちょうあん》侯とし、皇帝の継嗣とした。
	八月癸丑	安帝が十三歳で即位。鄧皇太后が臨朝を続ける。
	九月乙亥《いつがい》	西域諸国が反乱を起こし、西域都護である任尚《じんしょう》を攻撃。
永初《えいしょ》元（一〇七）年	六月壬戌	西域都護を廃止。先零種《せんれいしゅ》の羌族《きょうぞく》が反乱。
	十月	倭国が、使者を派遣して奉献。
永初二（一〇八）年	正月	車騎将軍の鄧騭が、種羌《しゅきょう》に冀《き》県の西で敗北。
	十月	征西校尉《せいせいこうい》の任尚が、先零羌《せんれいきょう》に平襄《へいじょう》県で大敗。
永初三（一〇九）年	正月	安帝が元服。
	十月	南単于が反乱を起こし、中郎将《ちゅうろうしょう》の耿种《こうちゅう》を美稷《びしょく》に包囲。
永初四（一一〇）年	正月	度遼 将軍《とりょうしょうぐん》の梁慬《りょうきん》・遼東太守《りょうとうたいしゅ》の耿夔《こうき》が南単于を撃破。
	三月	南単于が降服。
元初《げんしょ》三（一一六）年	五月	度遼将軍の鄧遵《とうじゅん》が、南匈奴を率い先零羌を大破。
元初四（一一七）年	十二月	任尚と騎都尉《きとい》の馬賢《ばけん》が、先零羌を大破し、虔人羌《けんじんきょう》が降伏して、隴《ろう》

		右《ゆう》を平定。
永寧《えいねい》元（一二〇）年	四月	劉保《りゅうほ》を皇太子とし、永寧と改元して、天下に大赦《たいしゃ》。
永寧二（一二一）年	三月	皇太后の鄧氏が崩御。
	五月	特進侯《とくしんこう》の鄧騭と度遼将軍の鄧遵《とうじゅん》が、共に誹《そし》られて自殺。
延光《えんこう》三（一二四）年	九月丁酉《ていゆう》	皇太子の劉保を廃位して済陰《せいいん》王とする。
延光四（一二五）年	三月丁卯	安帝は葉《しょう》県行幸の道中で崩御、享年三十二。
	三月辛未	閻《えん》皇后が、皇太后となって臨朝し、兄の大鴻臚《だいこうろ》の閻顕《えんけん》が車騎将軍となり、済北恵《せいほくけい》王の劉寿《りゅうじゅ》の子にあたる北郷《ほくきょう》侯の劉懿《りゅうい》を擁立。
	三月乙酉《いつゆう》	北郷侯が皇帝（少《しょう》帝）に即位。
	十月辛亥	少帝が薨去したが、閻顕と宦官の江京《こうけい》は、喪を発せず次を探す。
	十一月丁巳《ていし》	中黄門《ちゅうこうもん》の孫程《そんてい》ら十九人が江京らを斬り、済陰王の劉保を擁立。尚《しょう》書《しょ》の郭鎮《かくちん》が、閻顕の弟の閻景《えんけい》を斬る。
	十一月戊午《ぼご》	順《じゅん》帝（劉保）は、嘉徳殿《かとくでん》に行幸し、閻顕らを誅殺。
永建《えいけん》二（一二七）年	二月	護烏桓校尉《ごうがんこうい》の耿曄《こうよう》が、南単于を率いて鮮卑《せんぴ》を撃破。
	六月	西域長史の班勇《はんゆう》らが、焉耆国・尉犂国・危須《きしゅ》国を撃破。
永建四（一二九）年	正月	順帝が元服。
永建七（一三二）年	正月	皇后に梁氏《りょうし》を立てる。
陽嘉《ようか》元（一三二）年	十一月	郡国の孝廉《こうれん》の察挙を四十歳以上に限定。

永和《えいわ》四（一三九）年	正月	中常侍《ちゅうじょうじ》の張逵《ちょうき》・蘧政《きょせい》・楊定《ようてい》らが、外戚の梁商《りょうしょう》が天子の廃立を謀っていると誣告した罪で、誅殺される。
永和六（一四一）年	八月	大将軍《だいしょうぐん》の梁商が薨じ、河南尹《かなんいん》の梁冀《りょうき》を大将軍とする。
漢安《かんあん》元（一四二）年	八月	侍中《じちゅう》の杜喬《ときょう》ら八人の使者を巡行させ、教化を宣諭し、地方官の善悪を調査した。
建康《けんこう》元（一四四）年	四月	劉炳《りゅうへい》（後の沖《ちゅう》帝）を皇太子とし、建康と改元した。
	八月庚午《こうご》	順帝が崩御、享年三十。沖帝が二歳で即位。梁皇后を尊んで梁皇太后とし、梁皇太后が臨朝。
建康二（一四五）年	正月	沖帝が崩御、享年三。梁皇太后は、梁冀と禁中で定策して、清河王の劉纘《りゅうさん》（後の質《しつ》帝）を迎える。
永憙《えいき》元（一四五）年	正月	質帝が八歳で即位。
本初《ほんしょ》元（一四六）年	閏月甲申《こうしん》	大将軍の梁冀が鴆毒《ちんどく》を飲ませ、質帝は崩御、享年は九。梁皇太后は、梁冀と禁中で定策し、蠡吾《れいご》侯の劉志（後の桓《かん》帝）を擁立。
	閏月庚寅《こういん》	桓帝が十五歳で即位。梁皇太后が、臨朝称制を続ける。
建和《けんわ》元（一四七）年	二月	沛《はい》国より（曹魏《そうぎ》の勃興の予兆として漢《かん》の赤に代わる）黄龍《こうりゅう》が（曹《そう》操《そう》の出身地である）譙《しょう》県に現れたと報告がある。
建和二（一四八）年	正月	桓帝が元服。
	十月	長平《ちょうへい》県の陳景《ちんけい》が、黄帝《こうてい》の子と名乗り官府を置き、また南頓《なんとん》県の管《かん》

		伯《はく》も真人《しんじん》と称し、共に挙兵を謀るが誅殺される。
和平《わへい》元（一五〇）年	正月	梁皇太后が、桓帝に政権を返上。
元嘉《げんか》二（一五二）年	正月	西域長史の王敬《おうけい》が、于寘《うてん》国に殺される。
永寿《えいじゅ》二（一五六）年	七月	鮮卑が、雲中《うんちゅう》郡に侵寇した。泰山《たいざん》郡の賊の公孫挙《こうそんきょ》が、青《せい》州と兗《えん》州と徐《じょ》州の三州に侵寇した。中郎将の段熲《だんけい》がこれを斬った。
延熹《えんき》元（一五八）年	十二月	鮮卑が辺境に侵寇。使匈奴中郎将《しきょうどちゅうろうしょう》の張奐《ちょうかん》が、南匈奴の単于を率いて撃破。
延熹二（一五九）年	八月丁丑《ていちゅう》	梁冀より大将軍の印綬を取り上げ、梁冀は自殺。内外の宗族数十人を誅殺。
	八月壬午《じんご》	梁冀打倒に功績のあった単超《ぜんちょう》ら五人の宦官《かんがん》を県侯《けんこう》とする。
延熹三（一六〇）年	閏月	反乱した焼何羌《しょうかきょう》を張掖《ちょうえき》郡で護羌校尉《ごきょうこうい》の段熲が大破。
	十二月	武陵蛮《ぶりょうばん》が江陵《こうりょう》国に侵寇し、車騎将軍の馮緄《ふうこん》が討伐。
延熹四（一六一）年	十一月	中郎将の皇甫規《こうほき》が、先零羌と沈氏羌《しんていきょう》を撃破。
延熹八（一六五）年	正月	中常侍の左悺《さわん》に苦《こ》県で老子《ろうし》を祠らせる。
延熹九（一六六）年	七月	使匈奴中郎将の張奐が、南匈奴・烏桓《うがん》・鮮卑を討伐。
	九月	ローマ帝国王の安敦《あんとん》が、使者を派遣して奉献。
	十二月	南匈奴と烏桓が、一族を率いて張奐に降服。
		司隷校尉《しれいこうい》の李膺《りよう》ら二百余人が、誣告により党人《とうじん》とされ獄に下され

		る。
延熹十（一六七）年	正月	当煎羌《とうせんきょう》が武威《ぶい》郡に侵寇し、護羌校尉の段熲が鸞鳥《らんちょう》県で大破。西《せい》羌《きょう》はすべて平定される。
永康《えいこう》元（一六七）年	六月庚申《こうしん》	天下に大赦して党錮《とうこ》を除き、永康と改元。
	十二月	桓帝が徳陽前殿《とくようぜんでん》で崩御、享年三十六。竇《とう》皇后を尊んで皇太后とし、
	丁丑	竇皇太后が臨朝。竇皇太后は、父の城門校尉《じょうもんこうい》の竇武《とうぶ》と禁中で定策し、解瀆亭《かいとくてい》侯の劉宏《りゅうこう》（後の霊《れい》帝）を迎える。
建寧《けんねい》元（一六八）年	正月庚子《こうし》	霊帝が十二歳で即位。
	二月	段熲が、先零羌を逢義山《ほうぎさん》で大破。
	九月	中常侍の曹節《そうせつ》が、詔を偽り太傅《たいふ》の陳蕃《ちんばん》・大将軍の竇武らを殺害。
建寧二（一六九）年	七月	破羌将軍《はきょうしょうぐん》の段熲が、先零羌を射虎塞《しゃこさい》で大破し、東羌《とうきょう》をすべて平定。
	冬十月丁亥《ていがい》	中常侍の侯覧《こうらん》が、太僕《たいぼく》の杜密《とみつ》・長楽少府《ちょうらくしょうふ》の李膺らを党人として弾劾させて獄に下す。死者は百名余にのぼる。
建寧四（一七一）年	正月甲子	霊帝は元服して大赦したが、党人は赦さなかった。
熹平《きへい》元（一七二）年	七月	宦官《かんがん》が司隷校尉の段熲に太学生《たいがくせい》千人余りを逮捕させる。
熹平四（一七五）年	三月	五経《ごきょう》の文字を正し、石に刻んで太学の門外に立てる。

光和《こうわ》元（一七八）年	十月	西邸《せいてい》で関内侯《かんだいこう》・虎賁《こほん》・羽林《うりん》などを売官。側近に三公《さんこう》を一千万銭、九卿《きゅうけい》を五百万銭で売らせる。
光和二（一七九）年	四月	中常侍の王甫《おうほ》と太尉《たいい》の段熲が獄に下されて死んだ。
光和四（一八一）年	十月	屋台を後宮に造り、采女《さいじょ》を売り子にして楽しむ。
光和七（一八四）年	二月	鉅鹿《きょろく》の張角《ちょうかく》が自ら黄天と称し、各地区の帥は三十六方に分かれ、黄色い頭巾を着け、同日に反乱（黄巾《こうきん》の乱）を起こす。
	三月壬子	天下の党人を赦す。北中郎将《ほくちゅうろうしょう》の盧植《ろしょく》に張角を討伐させ、左中郎《さちゅうろう》将《しょう》の皇甫嵩《こうほすう》と右中郎将《ゆうちゅうろうしょう》の朱儁《しゅしゅん》に、潁川《えいせん》郡の黄巾賊の討伐を命じる。
	六月	盧植が黄巾賊を破り、張角を広宗《こうそう》県に包囲したが、宦官が盧植を誣告して罪に当てる。中郎将の董卓《とうたく》を派遣して張角を攻めるが勝てず。
	十月	皇甫嵩が黄巾賊を下曲陽《しもきょくよう》県で破り、張角の弟である張宝《ちょうほう》を斬る。 朱儁が宛城《えんじょう》を攻略し、黄巾賊の別帥である孫夏《そんか》を討つ。
中平《ちゅうへい》元（一八四）年	十二月己巳《きし》	天下に大赦し、中平と改元。
中平二（一八五）年	三月	北宮伯玉《ほくきゅうはくぎょく》らが三輔《さんぽ》に侵寇し、左車騎将軍《さしゃきしょうぐん》の皇甫嵩を派遣するが勝てず。

	十一月	車騎将軍の張温《ちょうおん》が北宮伯玉を美陽《びよう》県に破る。中郎将の董卓に先零羌を討伐させるが勝てず。
中平四（一八七）年	四月	涼州刺史《りょうしゅうしし》の耿鄙《こうひ》が、金城《きんじょう》郡の賊の韓遂《かんすい》を討ち大敗。扶風《ふふう》郡の馬《ば》騰《とう》と漢陽《かんよう》郡の王国《おうこく》が、謀反して三輔《さんぽ》に侵寇。
中平五（一八八）年	四月	葛陂《かっぱ》の黄巾賊が郡県を攻め陥す。太尉の曹嵩《そうすう》を罷免。
	八月	西園八校尉《せいえんはちこうい》を設置。
	十月甲子	霊帝は自ら無上将軍《むじょうしょうぐん》と称し、兵威を平楽観《へいらくかん》に輝かせる。
中平六（一八九）年	夏四月丙辰《へいしん》	霊帝が南宮の嘉徳殿《かとくでん》で崩御、享年三十四。
	四月戊午	劉弁《りゅうべん》が十七歳で即位。何《か》皇后を皇太后とし、何皇太后が臨朝。
光熹《こうき》元（一八九）年	四月	天下に大赦し、光熹と改元。皇帝の弟である劉協《りゅうきょう》（後の献《けん》帝）を封建して渤海《ぼっかい》王とする。
	八月戊辰《ぼしん》	中常侍の張譲《ちょうじょう》・段珪《だんけい》らが、大将軍の何進《かしん》を殺害。
	八月庚午	張譲・段珪らが、少《しょう》帝と陳留《ちんりゅう》王を北宮の徳陽殿《とくようでん》に行幸させる。
	八月辛未	司隷校尉の袁紹《えんしょう》が、宦官を殺戮。張譲・段珪らは、少帝と陳留王を浚い小平津《しょうへいしん》へ逃走。尚書《しょうしょ》の盧植が追撃すると、河に身を投げる。少帝は陳留王と粗末な車で帰還。
昭寧《しょうねい》元（一八九）年	八月	天下に大赦《たいしゃ》し、昭寧と改元。并州牧《へいしゅうぼく》の董卓が、執金吾《しっきんご》の丁原《ていげん》を殺害、宮中の権力を掌握。

永漢《えいかん》元（一八九）年	九月甲戌《こうじゅつ》	董卓が少帝を廃位して弘農《こうのう》王とする。献帝が九歳で即位。
	九月乙酉	董卓が自ら太尉《たいい》となり、鈇鉞《ふえつ》と虎賁《こほん》兵を受ける。
	十一月癸酉《きゆう》	董卓が自ら相国《しょうこく》となる。
初平《しょへい》元（一九〇）年	正月	山東《さんとう》の州郡で袁紹を盟主に反董卓の義兵が決起。
	正月丁亥	都を長安《ちょうあん》に遷す。
	三月乙巳《いっし》	献帝は長安に入り、未央宮《びおうきゅう》に行幸。
初平二（一九一）年	二月	董卓が自ら太師《たいし》となる。袁術《えんじゅつ》が将軍の孫堅《そんけん》に董卓の将軍の胡軫《こしん》を大敗させる。董卓が、洛陽《らくよう》の後漢《ごかん》の諸皇帝の墓陵を暴く。
初平三（一九二）年	正月	袁紹と公孫瓚《こうそんさん》が界橋《かいきょう》に戦い、公孫瓚が大敗。
	四月辛巳《しんし》	董卓を誅殺する。司徒《しと》の王允《おういん》が録尚書事《ろくしょうしょじ》となり、朝政を総覧。
	四月丁未《ていび》	董卓の部隊長の李傕《りかく》・郭汜《かくし》・樊稠《はんちょう》・張済《ちょうせい》が京師を攻撃。
	六月甲子	李傕が、司徒の王允とその宗族を殺す。
初平四（一九三）年	三月	袁術が揚州刺史《ようしゅうしし》の陳温《ちんおん》を殺し、淮南《わいなん》を拠点とする。
	十月	公孫瓚が、大司馬《だいしば》の劉虞《りゅうぐ》を殺し、幽《ゆう》州を支配。
興平《こうへい》元（一九四）年	八月	袁術の将の孫策《そんさく》が揚州刺史の劉繇《りゅうよう》を曲阿《きょくあ》県で大破、孫策は江東《こうとう》を拠点とする。
興平二（一九五）年	十一月	皇帝軍が李傕・郭汜と東澗《とうかん》に戦って大敗。
	十二月	袁紹が将の麴義《きくぎ》を派遣し、公孫瓚《こうそんさん》を鮑丘《ほうきゅう》で大破。

建安元《けんあん》（一九六）年	正月	上帝《じょうてい》を安邑《あんゆう》に郊祀し、天下に大赦し、建安と改元。
	七月甲子	皇帝は洛陽に到り、元の中常侍である趙忠《ちょうちゅう》の屋敷に行幸。
	八月辛亥	鎮東将軍《ちんとうしょうぐん》の曹操《そうそう》が、自ら領司隷校尉《りょうしれいこうい》・録尚書事となった。
	十一月丙戌《へいじゅつ》	曹操が自ら司空《しくう》・行車騎将軍事《こうしゃきしょうぐんじ》となる。
建安二（一九七）年	春	袁術が天子を自称。袁紹が自ら大将軍となる。
建安三（一九八）年	十二月癸酉	曹操が呂布《りょふ》を徐州で斬る。
建安四（一九九）年	三月	袁紹が公孫瓚を易京《えきけい》に攻めて生け捕る。
	六月	袁術が死去。
建安五（二〇〇）年	九月	曹操と袁紹が官度《かんと》に戦い、袁紹が敗走。
	十月	孫策が死去し、弟の孫権《そんけん》が事業を継承。
建安七（二〇二）年	五月	袁紹が死去。
建安九（二〇四）年	八月戊寅《ぼいん》	曹操が袁尚《えんしょう》を破り冀《き》州を平定、冀州牧《きしゅうぼく》を兼ねる。
建安十（二〇五）年	正月	曹操が袁譚《えんたん》を破り青《せい》州を支配。
建安十一（二〇六）年	三月	曹操が高幹《こうかん》を破り幷《へい》州を支配。
建安十二（二〇七）年	八月	曹操が烏桓を柳城《りゅうじょう》県に大破し、蹋頓《とうとつ》を斬る。
建安十三（二〇八）年	六月	三公《さんこう》を廃止して丞相《じょうしょう》を設置、曹操が丞相となる。
	七月	曹操が南征して荊《けい》州の劉表《りゅうひょう》を攻める。
	八月	劉表が死去し、子の劉琮《りゅうそう》は曹操に降伏。

	十月	曹操は孫権を討伐したが、孫権の将の周瑜《しゅうゆ》に烏林《うりん》・赤壁《せきへき》で敗れる。
建安十六（二一一）年	九月	曹操が韓遂《かんすい》・馬超《ばちょう》を破り、函谷関《かんこくかん》より西を平定。
建安十八（二一三）年	五月	曹操が、自ら立って魏《ぎ》公となり、九錫《きゅうせき》を与えられる。
建安十九（二一四）年	五月	劉《りゅう》備《び》が、劉璋《りゅうしょう》を破り、益《えき》州を拠点とする。
	十一月丁卯	曹操が、皇后の伏氏《ふくし》とその一族と二皇子を殺す。
建安二十（二一五）年	正月甲子	貴人《きじん》の曹氏《そうし》を立てて皇后とする。
	七月	曹操が漢中《かんちゅう》を破り、張魯《ちょうろ》が降伏。
建安二十一（二一六）年	四月	曹操は、自ら爵位を進めて魏《ぎ》王を名乗る。
建安二十四（二一九）年	五月	劉備が漢中を奪う。
	七月	劉備が自ら漢中王と称す。
建安二十五（二二〇）年	正月庚子	魏王の曹操《そうそう》が薨去、子の曹丕《そうひ》が魏王を嗣ぐ。
延康《えんこう》元（二二〇）年	十月乙卯《いつぼう》	献帝は退位し、魏王の曹丕が天子と称する。
延康二（二二一）年		劉備が皇帝を蜀《しょく》で称し、孫権も呉《ご》で王を名乗り、天下三分。

本書は、二〇〇一年から二〇一六年にかけて汲古書院より刊行された『全譯後漢書』（全十九冊）のうちの「第二冊　本紀（二）」を底本とし、范曄が著した『後漢書』の本紀と李賢がつけた注を現代日本語に翻訳し、収録したものである。

渡邉義浩（わたなべ　よしひろ）

1962年、東京都生まれ。文学博士。早稲田大学文学学術院教授。専攻は「古典中国」学。
著訳書に、『後漢国家の支配と儒教』（雄山閣出版）、『三国志よりみた邪馬台国』（汲古書院）、『全譯論語集解』（主編、同）、『全譯後漢書』（主編、同）、『儒教と中国──「二千年の正統思想」の起源』（講談社選書メチエ）、『「論語」──孔子の言葉はいかにつくられたか』（同）、『漢帝国──400年の興亡』（中公新書）、『孫子──「兵法の真髄」を読む』（同）、『三国志辞典』（大修館書店）、『論語集解──魏・何晏（集解）（上／下）』（早稲田文庫）、『後漢書 本紀［一］／本紀［二］／志［一］／志［二］／列伝［一］』（同）など多数。

早稲田文庫 004

後漢書《ごかんじょ》 本紀《ほんぎ》［二《に》］

2023年 6 月 30 日　初版第1刷発行
2024年 10 月 31 日　初版第2刷発行

訳　者　渡邉義浩
発行者　須賀晃一
発行所　株式会社　早稲田大学出版部
〒169-0051　東京都新宿区西早稲田 1-9-12
電話　03-3203-1551
https://www.waseda-up.co.jp/

印刷・製本　中央精版印刷株式会社
校正・校閲　海老沢基嗣
装丁　精文堂印刷株式会社デザイン室

ISBN 978-4-657-23006-5